이승만 평전

권력의 화신, 두 얼굴의 기회주의자

이승만 평전

권력의 화신, 두 얼굴의 기회주의자

김삼웅

Syngman Rhee

두레

일러두기

1. 이 책은 『'독부' 이승만 평전: 권력의 화신, 두 얼굴의 기회주의자』(책보세, 2012)의 개정판입니다.

2. 본문에서 책은 『 』, 글이나 논문은 「 」, 잡지나 신문은 《 》, 노래나 영화 등의 제목은 〈 〉 등으로 표시했습니다.

왜 '독재자 이승만' 평전인가

한국 수구세력의 결정적 과오의 하나는 이승만과 박정희 등 독재자에 대한 비호다. 이승만은 독립운동가로 알려졌지만 미국 망명 시절의 행적을 살펴보면 독립운동보다 오히려 친일에 가까운 언행이 적지 않았다. 독립운동단체를 분열시키고, 장인환·전명운·이봉창·윤봉길 의사의 의거를 테러 행위라고 비난했다. 이승만은 상하이 대한민국 임시정부와 대한민국에서 두 차례 축출되었다. 이승만은 영구집권을 획책하면서 3·15 부정선거에 저항하는 시민·학생 200여 명을 죽이고 6,000여 명에게 부상을 입힌 독재자다. 불과 60년 전의 일이고, 아직도 부상자가 그날의 분노를 삭이고 있다.

비단 3·15뿐만 아니다. 이승만은 발췌 개헌, 사사오입 개헌 등을 통해 헌법과 민주주의를 짓밟았다. 아무런 준비도 없이 그저 말로만 북진통일을 되뇌다가, 막상 인민군이 남침하자 혼자 도망치고 한강 다리를 폭파해 서울시민을 인민군 치하에 남겨두었다. 원조물자는 특권층에게만 안겨주어 국가 경제와 국민 생계는 파탄지경이 되었다. 친일경찰을 등용하여 독립지사들을 탄압하고 경찰국가체제를 만들었다. 총독부 판사 출신들로 사법부를 장악하게 하고 숱한 독립지사, 민주인사들을 처형했다.

이승만은 반민특위를 해체하고 친일파를 중용하여 민족정기와 사회정의를 짓밟았다. 그리고 일본군 출신 군인들이 쿠데타를 일으킬 온상을 만들고 독립지사들을 탄압했다. 김구 암살(이승만 자유당 정권의 비호하에 벌어짐), 조봉암 사법살인을 비롯하여 숱한 독립지사들과 그 후손들이 피눈물을 흘리도록 만들었다. 이승만 추종자들은 2011년 대법원의 재심에서 조봉암 선생 무죄선고를 접하고도 한마디 사죄도 하지 않았다.

수구세력의 이승만 부활 작업에는 분명한 목적의식이 담겨 있다. 자신들의 정체성에서 취약한 '친일'의 행적을 지우려는 것이다. 이것이 대한민국 임시정부를 폄훼하고 단독정부 수립일을 '건국절'이라 우기면서 이승만을 '건국의 아버지'로 내세우는 배경이다. 그리고 자신들이 대한민국의 정통세력이라 참칭하면서 항일독립운동, 평화통일운동, 민주화운동 세력을 '빨갱이→친북→용공→좌경→종북' 세력이라며, 그때그때 용어를 바꾸어가면서 매도한다.

이승만 정권의 경찰과 검찰, 어용언론은 3·15 부정선거를 규탄하는 어린 학생들의 호주머니에 불온 전단(삐라)을 몰래 집어넣어 이들을 용공으로 몰았는데, 4·19 시위 때도 그랬다. 지금도 저들은 비판세력의 입을 막거나 논리가 막히면 그 짓을 한다. 가히 정신질환 수준이다.

대한민국 헌법(전문)은 임시정부의 법통과 4월혁명의 정신을 국가정체성으로 선언한다. 이것은 친일세력과 독재세력을 배격하는 헌법의 기본 이념이고 정신이다. 그럼에도 친일파 후손들과 여기 빌붙은 족벌 언론인·지식인들은 이승만·박정희·전두환·노태우·이명박·박근혜로 이어지는 독재세력이 마치 이 나라의 '정통'인 것처럼 내세우는데, 이는 망발이다. 역사와 국민과 정의에 대한 모독이다. 도둑이 주인을 내쫓고 주인 행세하는 적반하장이다.

이승만의 추종자들은 마치 이승만이 대한민국을 '건국'한 것처럼 착각하고 있다. 아니 역사를 왜곡한다. 대한민국 임시정부는 말할 것도 없거니와 일제강점기 국내외 독립운동단체 460개 중에 민주공화제 국가의 건설을 추구하는 민주지향형이 244개로 53%를 차지했고, 제헌국회 의원 절대다수가 민주공화주의자였다. 대한민국 정부 수립은 결코 이승만의 독점물이 될 수 없다. 이승만은 오히려 내각책임제의 헌법 초안을 임의대로 대통령중심제로 바꾸는 등 초반부터 위인설관의 반공화주의적 행태를 서슴지 않았다.

이승만에 대한 평가는 찬양과 비난이 양극단으로 갈린다. 정직한 연구가들은 이승만의 공과功過를 '공 3, 과 7' 정도로 평가한다.

미국의 《사이언스 모니터》는 그를 "유엔의 문젯거리 아이"라 했고, 오언 래티모어는 "작은 장제스"라 평하고, 《워싱턴 포스트》는 "형편없고 비열하기 짝이 없는 이 박사"라 칭하고, 《크리스천 센추리》, 《맨체스터 가디언》, 《런던 타임스》, 《더네이션》은 다 같이 "독재적이며 야심에 차고 반동적이며 무책임하고 잔인한 사람"이라고 비난했다.

그러나 제임스 밴 플리트 장군은 일찍이 이승만을 "그의 체중과 같은 중량의 다이아몬드만 한 가치가 있는 사람"이라고 격찬하고, 존 F. 덜레스 미 국무장관도 "이 박사를 친구로 가진 것을 자랑으로 알며 그는 실로 훌륭한 정치가"라고 찬양한 일이 있다."[1]

이승만에 대한 정신의학적 분석도 들어둘 가치가 있다. "이승만 박사의 성격을 분석해본 결과 결국 야심, 충성, 반항, 증오, 고집, 자기주장, 의심, 질시, 타협 없는 강인한 자아 등으로 특징지을 수 있는 편집성 인격의 소유자임을 알 수 있다."[2]

이슬람 국가의 민중들은 반독재 민주화투쟁에 온몸을 던졌다. 그리고 독재자(세력)를 가차 없이 처단했다. 그런데 반독재투쟁의 '원조' 격인 한국에서는 독재자의 망령을 부르는 소리가 요란하다. 더 이상 대한민국 임시정부와 4월 혁명을 욕되게 해서는 안 된다. 더 이상 헌법정신이 짓밟혀서는 안 된다. 동상을 세우려거든 당신들 집 안에 세워라! 더 이상 역사를 왜곡하지 마라! 이것이 '독재자 이승만' 평전을 쓰는 이유다. 이승만의 전력을 있는 그대로 까발려서 공功은 공대로 과過는 과대로 평가하여 그가 '건국의 아버지'이기는커녕 '타매唾罵의 대상'임을 밝히고자 한다. 그가 초기에 계몽운동과 항일구국운동을 한 것은 그것대로 평가하겠지만, 중년 이후에 독립운동은커녕 많은 부분에서 독립운동을 방해한 사력史歷을 하나하나 추적해 그의 민낯을 보여줄 것이다.

이승만의 죄상을 논한다

군사독재자 박정희를 '환생'시켜 재미를 톡톡히 보아온 수구세력이 한때 '이승만 살리기'에 총력을 폈다. 그를 미화하는 책이 속속 출간되고, '국부' '건국의 아버지'란 용어가 거침없이 쓰였다. 남쪽은 '국부 환생', 북쪽은 3대에 걸쳐 '어버이 수령', 한반도의 역사는 혈족 중심 봉건시대의 과거로 역주하고 있는 형국을 보였다.

초대 대통령 이승만을 학문적으로 연구하는 것은 바람직한 일이다. 문제는 정략적인 '연구'와 역사왜곡에 있다. 뉴라이트 계열과 일부 족벌신문이 '일제강점기의 긍정적 부각 → 이승만의 분단정부 수립 → 박정희의 근대화론 → 이명박의 토목공사론 → 박근혜의 통일대박론'을 한국현대사의 정맥正脈 또는 정통으로 자리매김하면서 교과서를 뜯어고치는 등 역사를 왜곡하고 국민을 색맹으로 만들고자 했다.

수구 족벌신문들은 여전히 이승만과 박정희의 비판을 '자학사관'이라 매도한다. 일본 우익이 전범 재판, 군벌 해체 등을 자학사관이라 비판하면서 교과서 왜곡을 주도하는 것과 일맥상통하는 어법이다. 수구세력은 자신들이 현대사의 '정통'임을 내세우면서 거침없이 역사를 왜곡한다. 남의 사상을 검증하고 역사를 직접 쓰겠다고 덤비면서 어용 언론인·지식인들이 곡필曲筆을 휘두르는 사회는 비극의 막장일뿐더러, 이 같은 현상이 비극으로 종말을 고하는 것을 박근혜 탄핵과 이명박 재판의 역사가 증언한다. 그럼에도 아류亞流들은 끊임없이 전철을 밟는다.

이승만은 젊은 시절 한때 대단히 진보적이고 개혁적인 선각자였다. 독립협회에 소속되어 개화운동 참여, 만민공동회 연사와 《제국신문》 주필 역임, 6년여 투옥, 하와이 한인학원 운영과 《태평양잡지》 창간, 구미위원부의 외교활동, 제네바 국제연맹회의에 참석하여 한국 독립 호소 등은 업적에 속한다.

그러나 이승만의 과오, 아니 반민족·비민주적 행적은 열 손가락으로는 꼽을 수도 없을 만큼 넘쳐서 이런 업적을 덮고도 남는다.

하와이에서 한인소년병학교와 대한인국민회를 조직하여 독립운동을 한 무장독립운동가 박용만을 내쫓는 등 한인사회 분열을 획책한 일. 샌프란시스코에서 장인환·전명운 의사가 국적 스티븐스를 처단하고 재판을 받을 때 "예수교인으로서 살인재판의 통역을 원치 않는다"며 통역을 거부한 비애국적 행동. 이봉창·윤봉길 의거를 테러라며 임시정부에 무장투쟁 중단을 요구한 행위. 상하이 대한민국 임시정부가 수립될 때 국무총리에 추대되었으나 대통령 직위를 주장하고 자의로 대통령 직함을 참칭한 것. 미국에 눌러앉아 위임통치론 등 임시정부의 방침과는 따로 행동하다가 임정 대통령이 되고서는 의정원의 불신임과 탄핵을 받은 일. 해방 뒤 맥아더 장군의 주선으로 미 군복을 입고 귀국하여 좌우합작 반대, 미소공위 활동 비판, 김구·김규식 등의 남북협상 반대 등 통일정부 수립보다 단정 수립 노선을 추구한 행위. 제주 4·3 항쟁과 관련하여 국무회의에서 제주도민들을 강력히 처벌하라 지시하고 법에도 없는 계엄령을 선포하여 많은 도민이 참살당하는 상황을 제공한 일. 귀국 후 친일파들의 정치헌금을 받고, 반민특위를 폭력으로 해체한 데 이어 친일파를 중용하여 민족정기를 짓밟으면서 친일파 재등장의 계기를 조성한 일. 아무런 국방 대책 마련도 없이 말로만 북진통일을 외치다가 경회루에서 낚시하던 중에 북한군의 남침을 보고받고 서울시민을 버리고 줄행랑한 일. 한강철교를 폭파하여 수많은 인명을 희생시킨 무책임한 결정. 환도 뒤에는 적반하장으로 피난 가지 못한 시민들을 부역자로 내몰아 탄압한 몰염치한 행위. 국민방위군 사건, 보도연맹 사건 등으로 전국 각지에서 100만 명에 이르는 민간인이 학살당하게 만든 일. 제헌의원 선거 때 자신의 선거구에 출마하려는 독립운동가 최능진의 출마를 막고 나중에 내란음모죄로 몰아 보복 처형, 김구 암살 배후, 조봉암 사법살인, 장면 부통령 저격 사건 등 정적들을 제거한 잔혹한 행위. 발췌 개헌, 사사오입 개헌, 보안법 파동, 3·15 부정선거 등 권력 연장을 위해 수단을 가리지 않은 반민주독재 행위. 부정선거를 규탄하는 4·19 시민·학생들에게 발포하여 186명의 사망자, 6,026명의 부상자를 내게 만든 일 (…)

《경향신문》이 2005년에 실시한 정부 수립 60주년 여론조사에서 '가장 존경하는 인물'로 3.3%만이 이승만을 꼽았다(김구는 28.3%). 이는 국민의 절대다수가 이승만을 '국부'는커녕 그의 존재 자체도 제대로 인정하지 않는다는 사실을 여실히 보여준다. 그럼에도 '이승만 숭배자들'이 역사를 왜곡하면서 애써 방점을 찍은 대목은 자유민주주의와 시장경제체제를 확립하여 대한민국을 세운 '건국의 아버지'라는 대목이다.

그러나 분명한 것은 이승만은 민주주의를 짓밟았고 시장경제를 살리지도 못했다는 사실이다. 그의 대통령 재임 기간에 남한의 경제는 미국의 막대한 원조에도 불구하고, 6·25 전쟁으로 전 국토가 초토화된 북한보다도 오히려 뒤처졌다. 원조 물자는 소수의 권력자와 기업인들의 배만 불렸다. 이것을 시장경제체제라고 우기는 것은 진실과 학문을 모독하는 것이다.

독립운동 지도자들과 제헌의원들 대부분은 해방된 조국의 미래상을 민주공화제와 시장경제에 두었다. 이승만이 제헌헌법 제정 과정에서 가장 관심을 보였던 대목은 헌법의 내각책임제 초안을 대통령중심제로 바꾸는 일이었다. 그리고 자신의 권력독점을 위해서는 몇 차례나 헌법을 헌신짝 버리듯 바꾸고, 각급 선거를 경찰·관권을 동원하여 조작했다. 헌법은 이승만의 장기집권의 장식물이 되고, 선거는 3·15 부정선거가 말해주듯 선거라는 이름의 협잡이었다.

외신이 "한국에서 민주주의를 기대하기란 쓰레기통에서 장미꽃이 피기를 기대하는 것과 같다"라고 조롱했을 만큼, 그는 민주주의를 짓밟았고 국격을 실추시켰다.

이승만식 폭압통치나 형편없는 국정운영, 장기집권에 대한 향수가 아니라면, 그의 '국부' 추대를 위한 수구세력의 재평가 '작업'은 어떤 의미로도 용납될 수 없다. 사마천이 말한 대로 "역사는 있는 모습 그대로 파악해서 거기에 필주筆誅를 가함으로써 있어야 할 모습을 살리는 일"이다.

2020년 두물머리에서 김삼웅

차례

1.
젊은 날의 이승만, 출생과 성장

격동기에 태어나 서구사상의 세례를 받다

이승만이 태어난 1875년은 일제가 한반도에 본격적으로 침략의 마수를 드러낸 해다. 그해 1월 19일, 일본 정부 이사관 모리야마 시게루 등이 외무성의 새 서계書契(조선 시대에 일본 정부와 주고받던 문서)를 가지고 불쑥 부산 동래부에 나타났다. 조선 정부는 오만불손한 서계 내용을 보고 접수를 거부했다.

운요호 등 일본 군함 3척이 그해 4월 21일에 부산항에 무단 입항하여 행악行惡을 저지르고, 다시 8월 20일에 강화도 초지진 앞바다에 나타났다. 강화도 수병들이 상륙을 저지하기 위해 포격을 가하자 일본군은 퇴각하면서 영종진을 포격했다. 운요호 사건의 발단이다. 10월 12일에는 부산 앞바다에 정박 중이던 일본 해군 70여 명이 초량리에 난입하여 소요를 일으켰다. 일본이 조선 정부의 반응과 해안 수비 상태를 시험하기 위해 벌인 의도적인 도발이었다.

일본의 조선 침략 야욕은 이듬해에 더욱 노골화되었다. 일본 특명전권변리대신 구로다 기요다카와 부사 이노우에 가오루가 이른바 한일수호조약 체결의 명분으로 경기도 남양만에 나타났다. 1월 17일, 조선의 접견대신 신헌, 부관 윤자승이 강화영에서 이들과 회담을 가졌다. 최익현 등 유림들이 일본과의 통상조약에 반대하는 척소를 올리는 가운데 2월 2일 강압적인 분위기에서 최초의 불평등조약인 조일수호조규^{朝日修}^{好條規}('강화도조약'이라고도 부름)가 체결되었다.

이로써 일본의 본격적인 조선 침략이 시작되었다. 안으로는 삼남민란 등 500년 왕조체제가 혼란을 겪고, 밖으로는 제국주의 열강이 호시탐탐 침략의 마수를 드러내는 격동기였다.

몰락한 양반가의 막내아들, 십여 차례의 과거시험

이승만은 이런 한말의 풍운 속에서 1875년 3월 26일 황해도 평산군 마산면 능내동에서 아버지 이경선과 어머니 김해 김씨 사이에 3남 2녀 중 막내로 태어났다. 왕실 종친의 대우는 이경선의 12대조에서 끝나고, 사실상 몰락한 양반가였다. 손위의 두 형은 이승만이 태어나기 전에 천연두로 사망하여 사실상 5대 독자가 되었다. 어릴 때의 이름은 승용^{承龍}으로, '용이' 혹은 '용'으로 불렸는데, 이는 어머니가 용이 품속으로 내려오는 태몽을 꾸었기 때문이라 한다.[1]

아버지 이경선은 보학^{譜學}을 공부하는 유학자였으나 관직을 갖지 못하여 생활이 넉넉지 못한 가운데 풍수지리에 몰두하여 이를 생업으로 삼았다. 그는 왕족인 자기 가문의 운세가 쇠락해진 것은 조상의 묘를 잘못 쓴 데 있다고 여기면서, 방랑벽까지 겹쳐 전국을 유랑하며 명당을 찾는 데 열중했다. 이승만 연구가들 중에는 이경선이 풍류객이었다고 설명한다.

시골 훈장의 딸인 어머니는 독실한 불교신자로서 어린 아들에게 『천자문』을 가르치는 등 상당한 수준의 학식을 갖춘 여성이었다. 어머니는 5대 독자인 아들을 가르치기 위해 남편을 설득하여 1877년 황해도에서 서울로 거처를 옮겼다. 이승만이 2살 때다. 이승만의 가족은 남대문 밖 염동에서 살다가 1881년 낙동으로 옮기고, 1884년 다시 양녕대군의 위패를 모신 지덕사至德寺 근처의 도동 골짜기로 이사하여 이곳에서 오랫동안 살았다. 이 무렵 "집안은 완전히 몰락해 어머니의 삯바느질과 친척들의 도움으로 생계를 이어갔다."[2] 이승만은 도동에서 소년기를 보냈다.

이승만이 소년 시절을 보낸 도동 집은 우수현雩守峴(비가 오랫동안 내리지 않을 때 기우제를 지내는 마루턱) 남녘에 자리하고 있었다. 이 때문에 이승만은 나중에 자신의 아호를 우남雩南이라 지었다.[3]

가계는 조선왕조 창건자 이성계의 후예로서 이승만은 세종대왕의 형님인 양녕대군의 16대손이다. 이승만의 가계는 왕손이면서도 양녕대군의 다섯째 아들 이흔李訢의 서계庶系로서 오랫동안 벼슬길이 막혀 몰락 왕손이나 마찬가지였다.

이런 가계는 이승만에게 두 가지 상반된 성격으로 나타났다. 때로는 왕족의 후예라는 자부심과 특권의식으로 표출되지만, 한편으로는 만민공동회, 독립협회 참여와 같은 반왕조적 행동으로 분출되었다. 5대 독자로서 아버지의 권위주의적이고 가부장적인 기질을 물려받은 데다가 어머니, 누나들의 사랑을 독차지하면서 유아독존적 성격이 형성되었다. 이승만이 왕족의식을 갖게 된 데는 어렸을 적부터 아버지에게서 배운 보학譜學, 즉 족보 연구에서 비롯한 영향이 적지 않았을 것이다.

이승만은 조선왕조에 대해서는 강한 반발의식과 적개심을 가졌지만, 대외적으로는 왕족의식을 강력하게 표출하는 이중적인 모습을 보여주었다. 이러한 의식은 유년기부터 지속된 부친으로 인한 보학의 영향, 몰락한 방계로 처졌지만 왕손이라는 자긍심에서 비롯된 것으로 볼 수 있다.[4]

5살 때 이미 『천자문』을 떼었을 만큼 명석했던 이승만은 퇴직 판서 이건하가 세운 낙동서당에 입학하여 『동몽선습』 등을 배웠다. 그러다 10살 때 남대문 밖 도동으로 이사한 뒤, 양녕대군의 봉사손으로 대사간을 지낸 이근수가 운영하는 도동서당에 입학하여 사서삼경과 당송시문을 익히고 과거시험을 준비했다. 이승만은 10대 시절에 사서삼경을 비롯하여 『통감절요』, 『시전』, 『서전』에 이어 『삼국지』, 『수호전』, 『서상기』, 『전등신화』 등 소설을 읽었다.

이승만은 13살 때부터 11차례나 과거에 응시했다. 향시를 비롯하여 과거가 실시되면 빠지지 않고 응시했던 것 같다. 하지만 이 무렵에는 이미 과거제가 부패할 대로 부패하여 합격자를 미리 정해놓은 상태에서, 돈이나 권력의 배경이 없는 이승만이 급제할 리 없었다. 이승만보다 한 살 아래인 김구도 이 무렵 과거를 보았으나 똑같은 이유로 낙방하여 서당 공부를 중단하고 동학에 입교했다.

역설이지만 당시 과거제도가 문란하지 않았더라면 대단히 총명했던 이승만과 김구는 대한제국의 촉망받는 관리가 되어 전혀 다른 생애를 살아갔을지도 모른다.

어린 이승만은 사서오경을 열심히 읽고 붓글씨 쓰기에 정진했다. 과거시험에 필수였기 때문이다. 이 시기를 뒷날 비망록에서 이렇게 회고했다.

어머님은 내가 무거운 것을 들거나 돌을 멀리 던지는 놀이도 허락하지 않았다. 내가 붓글씨를 쓰는 데 중요한 손의 신경조직을 상할까 두려워하셨기 때문이다. 어느 친구가 거문고 연주법을 가르쳐주겠다고 한 적도 있지만 나는 글씨를 연마하는 데 방해가 될까 해서 이것도 사양했다. 훗날 나는 그때 음악을 배우지 못한 것을 무척 후회하곤 했는데 그때 배워두었더라면 나이가 든 지금 많은 도움이 되었을 것이다.[5]

이승만은 성장하면서 점차 야심적이고 노력형이 되었다. 머리가 총명하고 붓글씨도 잘 써서 이웃사람들에게서 칭찬을 받고 으쓱해하기도 했다. 젊었을 적에 의형제를 맺고 해방 뒤 정부에서 함께 일하기도 했던 신흥우申興雨는 당시를 이렇게 회상한다.

이승만은 황해도 평산에서 태어났는데, 어린 시절 가정 사정에 의해서 서울로 이사해서 친척인 이근수의 지반(근거지)인 남대문 밖 도동에 살 곳을 마련했다. 당시 이근수는 매우 유력한 사람이었다. 이승만이 일곱 살이 되자마자 이근수는 고명한 한문학자를 자기 집에 고용해서 이승만에게 학문을 가르치게 했는데, 천재인 이승만은 학생들 중에서 항상 학업성취에 순위를 차지했다. 나의 큰형과 다음 형이 이승만 씨와 함께 공부를 했기 때문에 나도 자연적으로 그와 친하게 되었고, 나중에는 의형제가 되었다. 그는 16, 아니면 17세에 사서삼경을 모두 떼었고, 과거시험을 쳤다.[6]

이승만은 13살 때부터 과거시험에 응시했지만 번번이 낙방했다. 13살에 응시할 수 있었던 것은 그해 14살이 된 왕세자(뒤에 순종)와 동갑인 14살까지 응시할 수 있게 했기 때문인데, 이때 이승만은 조급한 아버지

1893년. 서당에 다니던 시절에 아버지(가운데), 서당 친구 김흥서(맨 왼쪽)와 함께.

가 시키는 대로 나이를 한 살 속이고 이름(승룡)을 승만承晩으로 고쳐 응시했다고 한다.[7]

이때 승만으로 바꾼 그의 이름이 한국현대사에 긍정적이든 부정적이든 크게 기록되었다.

이승만에게 과거시험은 유일한 출세 수단이자 생계의 희망이었으므로 등과登科에 대한 집념이 강할 수밖에 없었다. 출세 욕망이 큰 것과 반대로 번번이 과거에 떨어지면서, 이승만은 체제에 대해 불만을 품게 되었다. 이승만은 과거급제가 금품으로 이뤄지며, 생진시도 고관대작의 자제들에게만 돌아간다며 과거제도와 그 체제를 이끈 고종에 대해 강한 반감을 가졌다.[8]

이승만은 16살 때인 1891년, 부모가 간택한 동갑내기 마을 처녀 음죽 박씨와 혼인했다. 박씨 부인은 뒷날 남편 이름에서 승承자를 따서 승선承善으로 개명했을 정도로 남편을 사랑했으나 버림을 받았다. 박씨 부인은 1894년에 첫아이를 낳았지만 아이는 곧 사망하고, 1898년 둘째 아이를 낳아 이름을 봉수鳳秀라 지었다.

> 그(박씨 부인)는 성격이 급하기도 했으나 매우 '진보적'인 사람으로 구습에 구애받지 않았다. 그는 남보다 먼저 머리를 서양식으로 올려서 따기도 했고, 또 거리에 나갈 때 너울을 쓰지 않고 나가기도 했다. 1898년에 이승만이 체포된 후 그는 여자의 몸으로 황제에게 남편을 풀어줄 것을 요구하는 상소문을 올리기도 했고, 사흘 밤낮을 덕수궁 앞에서 꿇어앉아서 탄원을 하기도 했다. 이렇듯 그는 남편 못지않게 진취적인 여인이었다.
>
> 여자로서 그는 예쁘지는 않았다고 전해진다. 오른쪽 얼굴의 눈과 귀 사이에 5센티미터 정도의 검은 점이 있기도 했다. 그러나 그는 이승만이 감옥에서 지내는 동안 그리고 이승만이 출옥한 후에도 시아버지를 모셨다. 아이가 태어난 것은 이승만이 감옥에 들어간 지 얼마 안 되는 때였다.[9]

이승만은 10대 소년 시절의 대부분을 남산 밑 도동에서 살았다. 복숭아밭이 많아 마을 이름이 도동이었다고 한다. 1945년, 이승만은 33년간의 망명생활에서 돌아와 도동마을을 찾아갔다. 그리고 즉흥시 한 편을 지었다.

桃園故舊散如煙	복사골 옛 벗들 연기처럼 사라졌네
奔走風塵五十年	분주했던 풍진 50년
白首歸來桑海變	흰머리로 돌아오니 산과 물도 변했구나
斜陽揮淚古祠前	옛 사당 앞에서 노을에 눈물짓네[10]

생애의 갈림길이 된 배재학당 입학

이승만은 1894년 갑오경장으로 과거제도가 폐지되면서 더 이상 과거를 볼 수 없게 되자 신학문에 눈을 돌려 영어를 배우게 되었다. 이 무렵 김 구는 동학에 참여함으로써 두 사람의 길이 갈렸다.

이승만은 관계官界로 나가는 등용의 길이 차단되면서 1895년(20살) 4월 2일에 미국 감리교 선교사 아펜젤러가 세운 배재학당에 입학했다. 배재학당은 1895년 조선 정부 외아문과 전 8조의 '배재학당합동'이라는 계약을 체결하여 해마다 조선 정부가 추천하는 학생 200명을 받아들여 가르치게 되었다. 이건하의 낙동서당에서 함께 배웠던 서당친구 신긍우 申肯雨(신흥우의 형)의 권고를 받은 이승만은 배재학당 영문부에 입학하여 영 어 공부에 열중하는 한편 역사·지리·산수·성경 등 교양과목을 이수했 다.

그리고 학당에서 의무화한 아침예배에도 빠지지 않고 참례하여 설 교를 들었다. 이승만이 배재학당에 입학한 것은 세상이 바뀌어 영어는 관직을 얻는 데도 필요하거니와 생계수단이 된다는 점도 작용했다. 배 재학당에서는 고학생들이 생활비를 벌면서 공부할 수 있는 여건을 마련 해주었다.[11]

우수한 성적이었던 이승만은 6개월 만에 이 학당의 영어 조교사로 발탁되고 제중원濟衆院에 근무하는 미국 장로교 여성 의료선교사 파이팅 양과 제콥슨 양에게 한국어를 가르치면서 월봉 20달러를 받게 되었다. 이는 생활에 큰 보탬이 되었을뿐더러 학업에 자신감을 심어주었다. 이승만은 1895년 말에 단발령이 내려지자 상투를 자르고 전통과 결별하는 과단성을 보이기도 했다.

이승만은 배재학당에서 미국 선교사들에게서 영어 말고도 중요한 것들을 많이 배웠다. 특히 미국 독립전쟁사(건국사), 남북전쟁사, 법치주의 원칙 아래에서 미국민의 정치적 자유 등에 눈뜨게 되었다. 이렇게 '혁명적인' 사상에 눈뜬 그는 절대군주제에서 신음하는 한국 동포들을 위해 기독교 국가의 민주주의 제도를 도입하는 일에 일생을 바치기로 마음먹게 되었다.[12]

이승만의 배재학당 입학은 평생 신앙하게 되는 기독교에 접하게 되고 미국(인)과의 깊은 인연을 맺게 되는 계기가 되었다. 생애를 두고 중요한 두 가지가 이때에 인연이 된 것이다. 그의 배재학당 시절은 1895년 4월 입학부터 1897년 7월까지 2년 남짓이다. 이 2년여 기간은 이승만의 생애에서 가장 중요한 시기였다.

이승만은 어릴 적부터 어머니에게 불교의 교리를 가르침 받았다. 그래서 어느 정도 불교에 심취하게 되었다. 과거시험을 준비하면서는 유교 경전을 섭렵한 유학도이기도 했다. 그래서 배재학당에 들어가 기독교를 신앙하기까지 적잖은 심적 갈등을 겪었을 터이다. 20살 전후에 불교·유교·기독교를 두루 겪는 흔치 않은 경험이었다.

먼저, 불교를 접하고 받은 인상을 이승만은 다음과 같이 말했다.

나의 모친은 유교의 도리를 내게 가르쳐주시면서도 매년 내 생일이 되면 나를 절간으로 보내 공양을 드리게 했다. 북한산 한적한 곳에 있는 아름다운 절에서 내가 느꼈던 첫 인상은 지울 수가 없다. 영적인 분위기와 금욕적인 환경에서 모든 것이 너무나 달라 보였기에 내 자신이 바로 기묘하게 벽에 그려진 온갖 극락과 지옥의 그림들에 둘러싸인 연꽃의 천국, 500나한羅漢들의 세계에 있는 것 같았다.[13]

이승만과 그의 어머니가 불교에서 기독교, 정확히는 서양 의약에 호감을 갖게 된 사연이 있다. 이승만이 6살 때에 갑자기 두 눈에 심한 통증을 느꼈다. 하마터면 실명할 위기였다. 어머니가 불공을 드리고 온갖 치료를 다했으나 효과가 없었다. 그러던 중에 어떤 친척이 서양 의사를 소개해주었는데, 어렵게 찾아간 서양 의사가 준 '물약 한 병'으로 통증이 낫고 다시 광명을 되찾을 수 있었다. 이승만은 기독교에 관심을 갖게 된 배경을 이렇게 설명한다.

나의 관심을 끄는 한 가지 이상한 사실은 1,900년 전에 죽은 한 인간이 내 영혼을 구원해줄 수 있다는 것이었다. "이 사람들은 온갖 놀라운 일들을 한 사람들이라고 알려져 있는데 그런 우스꽝스러운 말을 믿을 수가 있단 말인가. 아마 그들은 자신들을 믿지 않으면서 무지한 사람들만 그런 것을 믿게 하기 위해 여기에 와 있을 거야. 그러니 가난하고 무지한 사람들만 교회에 가는 것은 놀랄 일이 아니지. 위대한 부처님의 진리와 공자님의 지혜로 무장된 학식 있는 선비라면 저런 말을 절대 믿게 되지 않을 거야"라고 혼자 중얼거렸다.[14]

배재학당 시절이 이승만에게 모두 좋았던 것만은 아니다. 춘생문春生門 사건(고종을 경복궁에서 구출하여 미국 공사관으로 피신시키고, 김홍집 내각을 전복시키려 했던 사건)에 연루되어 평산 누님댁에 3개월간 피신해 있기도 했다. 하지만 모의나 거사 과정에 참여하지 않아서 다시 공부를 계속할 수 있었다.

1897년 7월 8일, 이승만은 배재학당 졸업식에서 졸업생 대표로 영어연설을 했다. 주제는 '한국의 독립'이었다. 한국 역사상 최초의 영어연설이었다. 졸업식에는 내부대신 박정양을 비롯하여 정부 대신들, 배재학당 학교장 아펜젤러를 비롯하여 벙커, 존슨, 헐버트 등 선교사와 교사, 미국 공사, 영국 총영사, 한성부 판윤 이채연 등 내외 귀빈 다수가 참석했다. 이날 이승만은 영어연설로 일약 서울 장안의 주목받는 청년으로 명성을 얻었다.

배재학당 졸업식 때 이승만의 연설을 지켜본 아펜젤러 교장은 자신이 편집한 《The Korean Repository(한국휘보)》(1897년 7월호)에서 이승만의 연설이 "전체 졸업식 프로그램 중에서 가장 야심적인 부분"이었다고 했다.

이제 막 피어나는 이 졸업생 대표는 '한국의 독립'이라는 주제를 택했는데, 이는 한국에서 처음 있는 대학 졸업식사의 주제로서 참으로 적절한 것이었다. 이 나라의 독립만이 젊은이들이 받아온 훈련의 결과를 필요로 하는 일터를 제공할 것이다. 국가의 독립은 실질적이고 굳건하며 영속적이어야 한다는 것이 행사에 활기를 불어넣어주는 것 같은 그날의 정신이었다. 이 씨의 어법은 상당히 좋았고, 그의 감정은 거침없이 표현되었으며, 그의 발음은 똑똑했으며 명확했다.[15]

서재필의 영향 그리고 서구의 자유민권사상

배재학당을 다니면서 이승만에게 기독교 신앙이나 외국인 선교사와의 교제 그리고 영어회화도 중요했지만, 그에게 가장 크게 감명을 준 것은 1896년 5월부터 매주 들었던 서재필 박사의 강의였다. 당시 서재필과 이 승만의 나이차는 11살에 불과했지만 그 존재감과 지명도 그리고 학식의 크기와 깊이에서는 초등학생과 대학생의 차이만큼이나 격차가 컸다.

이승만은 서재필의 영향으로 배재학당 내에 조직된 협성회協誠會에 참가했다. 협성회는 서재필의 강의에 자극을 받은 제자 13명이 중심이 되어 조직했는데, 1898년에는 회원이 300명까지 늘었다. 초기 회장에 양 홍묵, 부회장에 노병선, 서기에 이승만이었으며, 그 뒤 이익채·유영석·이 승만·한치유 등이 돌아가며 회장을 맡았다.

토론회 주제는 자주독립·자유민권·자강개혁 등이었다. 50여 차례에 걸쳐 진행된 토론회에는 일반 시민도 많은 관심을 갖고 참여하고 다른 사회단체와 지방에도 영향을 끼쳐 토론이 대중화·다양화되는 계기가 되 었다.

협성회는 토론의 내용을 홍보하기 위해 기관지 《협성회보》를 발 행했다. 이승만은 이 회보에 토론 내용을 정리해서 싣는 등 열정을 쏟 았다. 이 일은 이승만이 사회참여활동, 언론활동을 하게 된 계기가 되 었다.

서재필(1866~1951)은 18살에 과거에 장원급제하고, 국비로 일본 도쿄 육군유년학교에 입학하여 이듬해 졸업했다. 다시 조선으로 돌아와 왕 에게 사관학교 설립을 진언하며 조련국 사관장이 되었다. 20살 때 김옥 균·홍영식이 일으킨 갑신정변에 참여해 정부를 전복시켰으나 3일 천하로 끝나면서 일본을 거쳐 미국으로 망명하게 된다.

가족은 역적으로 몰려 부모, 형, 부인은 자결하고 동생은 참형당했으며, 2살 된 아들은 굶어 죽었다. 미국에 귀화한 서재필은 워싱턴 대학 의과대학에 입학하고, 졸업 후 세균학을 연구하여 박사학위를 받았다. 1894년 갑오개혁 때 귀국하여 독립협회를 창립하고, 1896년에는 《독립신문》을 창간하는 등 개화·개혁의 선각자 역할을 하고 있었다.

이승만의 눈에 서재필은 위대한 선각자였다. 그로부터 두 사람의 인연은 해방 뒤 이승만이 집권하면서 귀국한 서재필을 냉대할 때까지 오랫동안 지속되었다.

그 학교(배재학당)에 입학할 당시 나의 큰 욕심은 거기서 영어 한 가지만을 잘 배우는 것이었다. 그러나 나는 그곳에서 영어보다 더 중요한 걸 배웠음을 깨달았다. 그것은 정치적 자유의 개념이었다. 한국의 일반 백성이 무자비하게 당하는 정치적 억압에 대하여 조금이라도 아는 사람이라면 한 젊은이가 평생 처음으로 기독교 국가에서는 국민이 법률에 의해 지배자의 횡포로부터 보호받는다는 얘기를 들었을 때 그의 마음속에 어떠한 혁명이 일어났을지 쉽게 상상할 수 있을 것이다. 나는 속으로 '우리가 그와 같은 정치적 원칙을 채택한다면 나라의 핍박받는 동포들에게 커다란 축복일 것'이라고 다짐했다.[16]

이렇게 배재학당에서 서구식 교육을 받은 이승만은 서구식 재능과 사고를 갖추고 사회에 나왔다.

언론인 및 개혁정치가로 성장하다

《협성회보》 발간으로 언론활동 시작, 그리고 《제국신문》

이승만이 배재학당을 다닐 즈음, 전통에서 근대로, 쇄국에서 개국으로, 봉건에서 개화로 가는 길목에 선 조선 사회는 격렬한 변화의 진통을 겪고 있었다. 1895년 8월 20일, 일제가 보낸 폭도들에게 명성황후가 살해당했다. 그해 11월 15일, 정부는 개화의 조처로 단발령을 내리고, 이듬해(1896) 1월 1일을 기해 연호를 건양建陽으로 하고 태양력의 공식 사용을 공포했다.

일제의 명성황후 참살 소식이 알려지면서 각지에서 의병이 일어나고, 춘천에서는 친일 관찰사가 처단되었다. 을미의병이다. 1896년 2월에는 아관파천으로 친일내각이 붕괴되고 친러내각이 들어서면서 총리대신 김홍집이 광화문 앞에서 군중에게 타살되었다. 3월 9일, 김구가 일본 육군 중위 쓰치다 조스케를 명성황후 살해범으로 지목하여 처단했다. 4월 7일에는 서재필이 한국 최초의 민간신문 《독립신문》을 창간하고, 7월 2일에는 회장 안경수, 위원장 이완용, 고문 서재필 체제로 독립협회가 설립되었다. 최초의 근대적 관민단체다.

고종은 연호를 광무光武, 국호를 대한제국으로 하고, 1897년 10월 12일에 황제 즉위식을 거행함으로써 청국과의 전통적 종속관계를 청산하고 완전한 자주독립국임을 선포했다(청은 실제로도 청일전쟁에서 패함으로써 조선에서의 지배력을 상실했다). 독립협회와 유림까지 나서서 '칭제건원稱帝建元'을 건의한 결과였다. 하지만 고종이 개혁을 을미사변·아관파천 등으로 추락한 황실의 권위를 다시 높이는 기회로 삼아 황권 강화에만 역점을 둔 나머지 근대적 국정개혁은 뒷전으로 밀렸다. 모처럼의 개혁이 국정 전반에 이르지 못한 것은 물론 국력을 모으지도 못한 결과가 되고 말았다.

정부가 황실 위주의 개혁사업을 벌이는 동안 열강의 조선 침탈이 극에 이르렀다. 굶주린 야수가 된 열강은 사나운 발톱으로 조선의 각종 이권을 채갔다. 철도 부설권, 탄광 석탄 전매권, 금광 채굴권, 연해 어업권, 인삼 독점수출권, 서울 전차·수도 시설권, 압록강 유역과 울릉도 삼림 벌채권, 동해안 포경권 등 국가의 주요 자원이 일본·미국·러시아·영국·프랑스·독일에 속속 넘어갔다. 황실과 모리배로 변한 대신들이 작당하여 국가 자원의 노른자위를 외세에 헐값으로 팔아넘긴 것이다.

23살의 이승만은 정국이 요동치고 있는 가운데 정치적 개화의 야망을 품고 사회에 나왔다. 조선은 개국 이래 임진왜란과 병자호란 등 여러 차례 국난을 겪었지만, 이때처럼 친체제와 반체제, 지배층과 피지배층, 위정척사파와 개화파, 양반과 상민, 유교와 천주교 그리고 민족종교(동학) 등이 얽힌 총체적인 갈등과 분화를 동시에 겪은 것은 처음 있는 일이었다. 새로운 시대를 향한 진통일 수도 있었지만 붕괴의 서곡이기도 했다.

이승만은 1898년 1월 1일, 유영익·최정익과 함께 《협성회보》(당시 이름은 《협성회회보》) 창간을 주도하며 본격적으로 언론활동을 전개했다. 창간 당시 회장은 이익채, 신문을 전담한 회보장會報長은 양흥묵, 주필은 이승만이었다. 체제는 8호 활자, 2단 4면의 순우리말 주간지였다. 1면은 논설, 2면은 내보內報, 3면은 외보外報, 4면은 회중잡보會中雜報와 광고 등으로 구성되었다. 이승만은 비망록에서 자신이 《협성회보》의 편집인이었음을 밝혔다.

나는 배재학당에서 다른 이들과 같이 《협성회보》를 시작했고 내가 편집인으로 선출되었다. 정부 장관들을 포함한 이런저런 일들을 비판했던 이 조그마한 학교신문은 곧 일반인들의 주목을 받게 되었다. 그러자 아펜젤러 교장은 사설을 자신에게 제출해서 검열을 받으라는 것이었다. 그렇게 하지 않을 경우 우리는 그런 신문을 학교에서 발간할 수 없다는 것이었다. 그래서 우리는 학교의 테두리를 벗어나서 신문을 내기로 했는데, 당시 우리는 학교를 떠날 수 있을 만큼 독자적이었다. 그래서 유영석과 나는 한국에서 최초로 일간신문을 시작했다. 그 조그마한 일간지의 지면을 통해 나는 전력을 다해서 그 위험스러운 독트린인 자유와 평등에 대한 설교를 했다. 아펜젤러 교장을 비롯한 여러 사람들이 나더러 만약 내가 급진주의적 사상을 지속할 경우 오래 살지 못하게 될 것이라고 경고해주었지만 그 신문은 계속 발간되었다.[17]

이승만은 3월 9일 자 《협성회보》에 신체시 〈고목가古木歌〉를 발표했는데, 우리나라 최초의 신체시라는 평도 있다. 다음은 현대어로 옮긴 것이다.

슬프다 저 나무 다 늙었네
심악한 비바람 이리저리 급히 쳐
병들고 썩어서 반만 섰네
몇 백 년 큰 나무 오늘 위태(롭도다)

원수의 딱짝새 밑을 쪼네
미욱한 저 새야 쪼지 마라
쪼고 또 쪼다가 고목이 부러지면
네 처자 네 몸은 어디 의지(하려나)

버티세 버티세 저 고목을
뿌리만 굳혀 반근盤根 되면
새가지 새잎이 다시 영화榮華 봄 되면
강근强根이 자란 뒤 풍우 불외不畏(하리라)

쏘아라 저 포수 딱짝새를
원수의 저 미물, 나물 쪼아
비바람을 도와 위망危亡을 재촉해야
넘어지게 하니 어찌할꼬[18]

이승만은 이 시에서 조선왕국을 쓰러져가는 늙은 나무에, 나라를
좀먹는 탐관오리들을 딱짝새(딱따구리)로 비유하여 한탄하고 비판했다.

14호까지 한 회도 빠짐없이 발간된 《협성회보》는 신학문의 필요성
과 매관매직 탐관오리의 격퇴 등 사회개혁과 국민계몽 내용의 논설을

《협성회보》와 《매일신문》.

실었다. 이승만은 호마다 논설을 쓰면서 점차 사회의식을 깨쳐갔다.

《협성회보》는 1898년 4월 2일 종간되고, 4월 9일부터는 우리나라 최초의 일간지인 《매일신문》으로 개제하여 발간됐다.

《협성회보》와 비슷한 체제로 출발한 이 신문의 창간 사장은 양홍묵, 기자는 이승만과 최정식, 회계는 유영석이 맡았으며, 일반인으로부터 구독료를 받아 경영했다. 창간사에서 조국의 근대화를 위하여 문명 진보의 큰 기초적 구실을 수행할 것을 다짐한 이 신문은 러시아와 프랑스 정부가 토지와 탄광 등 이권을 요구해온 외교문서를 폭로하여 사회에 큰 충격을 주었다.

《매일신문》은 순한글 문체의 언문일치 문장을 사용함으로써 한글 신문 시대를 열고 외세에 저항하는 한국 신문의 전통을 확립하는 데 선구적인 역할을 했다. 하지만 오래지 않아 운영을 둘러싸고 내분이 일어나 1898년 7월 초에 이승만, 유영석, 최정식 등이 해임되었다. 결국 《매일신문》은 1899년 4월 4일 자(제279호)를 종간호로 문을 닫았다.

《매일신문》에서 해임된 이승만과 그의 동지들은 새로운 신문 발행을 준비했다. 1898년 8월 8일 정부에서 신문간행 인가를 받고, 8월 10일 《뎨국신문(제국신문)》 창간호를 냈다. 사장은 자본금을 단독 출자한 이종일, 편집제작은 유영석·이종면·장호근이 담당하고 이승만은 주필로 활약했다.

타블로이드판에 한글 전용 4면으로 매일 발행된 이 신문의 발행부수는 대체로 2,000부 내외였는데, 경우에 따라 4,000부 또는 1,000부를 발행하기도 했다. 비슷한 시기에 발행된 《황성신문》이 한자를 해독할 수 있는 소수 지식인 계층을 대상으로 한 신문이라면 《제국신문》은 일반 민중이 쉽게 읽을 수 있는 대중신문이었다.

《제국신문》이 발행되던 시기는 일제가 대한제국 정부의 내정까지 간섭하기 시작한 무렵이었다. 이 신문은 무능한 정부와 관리의 부패 및 일제의 국권침탈을 날카롭게 비판하고, 1904년 2월 23일에 강제 체결된 한일의정서를 "침략을 위한 침략의 제1보"라고 논박하면서 민족지의 면모를 보여주었다.

《제국신문》을 통해 이승만은 기개 높은 언론인으로서 정부를 비판하고 꾸역꾸역 한국으로 몰려오는 일본인들을 매섭게 비판했다. 《제국신문》에 쓴 이승만의 일본인 비판 기사를 일본인이 서울에서 발행한 《한성신보》에서 반박하는 기사를 싣고, 이승만이 다시 반박하여 시중의 화제가 되기도 했다.

이리하여 이승만은 《제국신문》을 통해 언론인으로서 위치를 확고하게 다져갔다. 한국의 국권을 침탈하려는 열강들의 야욕에 대한 그의 비판은 이미 외국 사신들의 주목을 받았다. (…) 그는 한국에 와 있는 일본인들의 거만하고 부당한 행위를 비난하는 글도 서슴지 않고 발표했다. 일례로 일본인 전당포 주인이 한국 군인을 폭행한 일이 있었고, 또 다른 경우에는 일본인이 한국 사람에게 칼을 휘둘렀는데, 일본 영사관 경찰은 가해자가 아닌 피해자를 구금하여 이승만의 노여운 공격을 받았다.[19]

구한말과 일제강점기, 그리고 해방공간에서 때로 협력관계와 경쟁 관계의 쌍두마차로 활약한 이승만과 김구는 이 시기에 벌써 두각을 나타내고 있었다. 김구는 명성황후 살해범이라는 쓰치다를 척살하여 사형수가 되고, 이승만은 민족지 주필로서 항일투쟁을 벌였다. 김구는 직접 행동으로, 이승만은 언론과 사회운동으로 일제와 싸우기 시작했다.

독립협회 활동과 반정부투쟁

이승만은 언론활동에만 만족하지 않았다. 갓 조직하여 활동을 시작한 독립협회가 열강의 이권 침탈을 비판하고 의회설립운동을 전개하는 한편 만민공동회 개최를 준비하자 연사로 나서는 등 사회활동에 주저하지 않았다. 일종의 정치활동이었다. 이승만의 60여 년에 걸친 장구한 정치활동은 이때부터 시작되었다.

이승만의 정치활동은 독립협회와 긴밀히 연계되어 이루어졌다. 이승만은 1898년 3월 10일 독립협회가 종로에서 개최한 제1회 만민공동회 연사로 정치활동의 첫발을 내딛었다. 만민공동회는 독립협회 정치운동의 돌파구로 서재필이 기획한 대규모 민중집회였으며, 독립협회 주도 세력은 배후에서 집회의 과격화를 막는 대신 배재학당과 경성학당의 학생들을 연사로 내세웠다. 서재필은 협성회의 토론에 적극 참여했던 이승만·문경호·현공겸·홍정우 등을 연사로 선정했고, 이승만은 총대위원總代委員으로 선출되었다.

이승만은 이날 러시아 세력의 철수를 강조했고, 이어 반러시아운동에 몰두했다. 이승만은 협성회를 배경으로 독립협회에 진출한 후 신진 소장파 일원으로 주목받았으며, 독립협회의 '러시아·프랑스의 이권 요구 반대운동'(5월 16일)과 '외국인 궁궐수비부대 창설 저지운동'(9월 17일) 등 반외세·반침략운동에 적극 참여했다.[20]

제국주의 열강의 먹잇감이 된 대한제국의 내정은 날이 갈수록 요동치고 있었다. 만민공동회는 부패 각료들을 파면하고 의회를 설립하라고 정부에 요구하고, 독립협회 간부들은 이를 관철하기 위해 황궁 정문 앞에서 사흘 밤낮을 농성했다. 많은 사람이 만민공동회에 참여하고 여론이 들끓자 정부는 박정양 내각을 출범시키는 한편 대신 6명이 협회 지도자들과 대면하기에 이르렀다. 여기서 만민공동회가 제의하여 대신들과 합의한 '헌의6조獻議六條'가 채택되었다.

'헌의6조' 중에는 국가 현안을 토의하기 위해 의회 격인 중추원의 관제를 고쳐 독립협회에서 절반인 25명을 천거하도록 하고, 고종이 이를 수락하여 입헌군주제가 실현되는 듯했다. 하지만 의회 설립은 물거품이 되고 말았다. 개화파의 등장에 두려움을 느낀 수구세력은 고종을 움직여 독립협회를 해산시키고 간부들을 체포하도록 했다. 이에 고종은 만민공동회에 참여했던 각료들을 파면하고 독립협회 지도자 20명을 체포하라고 명령하기에 이르렀다. 그리고 보부상들을 동원하여 만민공동회를 폭력으로 해산하고 간부들에게 테러를 가했다.

유약하고 몽매한 고종 그리고 역사의 흐름에 색맹이 된 수구세력이, 어렵게 싹을 틔운 근대적 의회 설립의 기회를 막고 애국적인 독립협회 간부들의 발을 묶었다. 그러나 이승만은 굽히지 않고 3월의 대중시위를 주도하는 등 개혁운동의 선두에서 힘차게 싸웠다. 그런데도 이승만이 체포되지 않은 것은 역시 체포를 모면한 거물 윤치호가 배후에 있었기 때문이다.

1881년, 17살의 최연소자로 신사유람단에 끼어 일본에 다녀온 후 개화사상에 눈을 뜨고 뒤에 미국에 유학하여 서양문물을 접한 윤치호는, 1883년 한미수호조약 비준 때 미국 공사 푸트의 통역관으로 귀국했다. 이듬해 갑신정변에 가담하여 실패하자 미국으로 망명했으며, 1895년 귀국하여 총리대신 비서관을 거쳐 학부협판이 되고, 이듬해 7월 서재필·이상재·이승만 등과 독립협회를 조직하여 회장과 독립신문 사장을 겸임했다. 종로네거리에서 만민공동회를 열고 회장 자격으로 헌의6조를 고종에게 올려 자주독립을 열망하는 민중의 뜻을 대변하는 등 당대의 실력자로 부상한 윤치호를 정부로서도 함부로 구속하지 못했다.

윤치호는 이승만이 개혁운동에 앞장서게 된 연유를 이렇게 밝혔다.

《제국신문》의 편집인인 이승만, 배재학당의 보조교원인 양홍묵이 나를 찾아왔고, 우리는 빠른 시일 내에 군중을 소집해야 한다고 합의했다. 그들은 나가서 다른 사람들의 도움을 얻어 경무청 앞에 군중을 모집하는 데 성공했고, 군중은 독립협회 사람들과 같이 처벌받기를 원한다며 구속해줄 것을 요구했다.[21]

고종의 우유부단과 태도 변화에 극도로 분노하고 실망한 이승만은

한국 감리교계 지도자 윤치호. 그는 독립협회 회장, 서울YMCA 부회장을 지냈으며, 105인 사건 (1911) 주모자로 체포되어 6년형을 선고받고 3년간 옥고를 치렀다. 그 무렵 미국으로 '피신'해 있던 이승만은 1913년 하와이에서 출간한 『한국교회 핍박』에 이 사진을 실었다. 그러나 윤치호가 1915년 2월에 특사로 풀려난 이후 두 사람의 관계는 소원해졌다.

왕조에 대한 반감과 저항의식이 더욱 강해질 수밖에 없었다. 그즈음에 다시 한번 정세 변화가 있었다. 독립협회 해산과 간부들의 체포, 정부가 동원한 보부상들에 의한 테러로 민심이 악화되자, 고종은 타협안으로 이승만 등 독립협회 간부 17명을 중추원 의관에 임명한 것이다. 이승만 은 23살에 대한제국의 중추원 의관이 되었다.

중추원은 종래 의정부에 딸린 관청으로 임직이 없는 자를 일정한

사무를 맡기지 않은 채 우대하는 의미로 두었던 중추부中樞府를 1894년 중추원으로 고치고, 이듬해 사무장정事務掌程을 만들어 내각의 자문기관으로 활용했다. 특별한 실권은 없으나 국정 자문 역할의 상징성으로 여론의 관심을 모았다. 일제강점기 조선총독부가 설치한 중추원과는 다르다.

그러나 이승만의 중추원 의관 활동은 오래가지 못하고 1899년 1월 2일에 공식적으로 끝났다. 그리고 며칠 뒤인 1월 9일, 순검들에게 체포되어 경무청으로 호송되었다. 박영효 등과 공모해서 고종을 폐위하고 공화정부를 세우려 했다는 혐의였다. 이를 밝히기 위해서는 박영효의 존재를 알아둬야 한다.

철종의 사위인 박영효는 1882년 수신사에 임명되어 김옥균 등과 일본을 시찰하고 돌아와 국정개혁을 시도했다. 그러나 민태호 등을 중심으로 하는 수구파가 집권하는 바람에 개혁은 실패했다. 1884년 10월, 우정총국 청사 낙성식을 계기로 갑신정변을 일으켜 수구파를 제거하고 정권을 잡았지만 3일 천하로 끝나자 일본으로 망명했다. 1894년 갑오경장으로 사면되어 귀국할 수 있었고, 김홍집 내각에서 내부대신으로 재임하면서 자주적 개혁을 시도했으나 또다시 좌절을 맛본 뒤 다시 일본으로 망명했다.

이승만은, 박영효 일파가 고종을 폐위하고 일본에 피신 중인 의회군 이강李堈을 황제로 옹립하여 박영효 중심의 혁신내각을 구성하려는 쿠데타 음모에 연루되었다는 혐의를 받았다. 1898년 10월에 박영효 추종자들이 일본에서 비밀리에 귀국하여 일본 공사관이 제공한 자금으로 친위대 소속 군인 150명과 자객 30명을 규합하여 고종을 폐위하려는 거사에 가담했다는 것이다. 이 때문에 정부가 만민공동회를 대하는 태도가 돌변하자 미국인 의사 해리 셔먼의 집에 피신해 있던 이승만은 1899년 1월 9일 도피하다가 체포되었다. 체포되기에 앞서 보부상과 대결하여 기적적으로 탈출한 일도 있었다. 이를 두고 이승만은 "보이지 않는 그의 손이 나를 인도해서 구원해준 것이 틀림없다"라며 기독교의 신심을 토로했다.

이승만의 정치활동은 정부 전복음모 혐의로 구속되면서 중단되고, 그는 20대 초기에 '사형수'로 파란만장한 정치 생애의 서막을 열었다. 김구도 이 무렵 사형수가 되었다. 이승만이 살아 있을 당시에 『우남 이승만 전』을 쓴 서정주는 이 무렵의 정황을 이렇게 전한다.

'기울어가는 나라를 바로잡기 위해서는 현 정부기구를 완전히 뜯어고쳐야 한다. 어리무던한 중추원 따위에 만족해서는 안 된다'고 생각한 그는, 이 일을 구체적으로 추진시키기 위해 이규완·황흥·전덕기·박용만·정순만 등의 소위 진고개파(상동청년회)와도 연락하여서, 유신파의 대동단결을 꾀하는 한편, 오래잖아서는 드디어 그 실천에 착수하여, 황위를 황태자에게 넘기게 함으로써 대개혁운동을 일으킬 방침을 세우고, 그때에 설립되어 있던 청년회의 이름으로, "황제는 나이가 많으시니 황태자에게 자리를 옮기셔야 한다"는 뜻의 격문을 박아 서울 장안에 골고루 뿌리게 했다.

그러나 그에게는 방대한 계획의 서곡일 따름이었던 이 격문 사건이 뜻밖에도 그의 일생에 일대변환을 가져오는 결과가 되고 말았다.[22]

서정주의 기록이 정확하다면 당시 이승만의 목표는 왕권 타도나 왕조 교체의 쿠데타가 아니라 황태자에게 선위하라는 정치 음모 수준이었던 것 같다. 하지만 고종으로부터 가뜩이나 미움을 받았던 박영효와 이승만은 국사범으로 몰려 중형을 선고받았다. 이승만은 경무청 평리원(고등재판소)을 거쳐 한성감옥서漢城監獄署에 갇히는 신세가 되었다.

신앙과 교육에 열성을 바친 감옥생활

이승만이 구속되자 각국 주한 선교사와 공·영사들이 나서서 그의 무죄를 변론하는 동시에 경무청 고문관 설필림(스트리플링)에게는 미국 공사(1월 17일 미국 공사 앨런은 외부대신 박제순에게 이승만을 석방해줄 것을 요구했다가 거부당했다)가 특별히 부탁하여 이승만의 신변을 보호토록 했다. 덕분에 그는 특별한 죄수들만 수용하는, 이른바 특별감방인 온돌방에서 별 고초를 겪지 않고 지낼 수 있었다.

이 방에는 유신파인 서상대徐相大라는 전직 군수가 이미 들어 있었고, 《매일신문》의 동지 최정식崔貞植도 나중에 들어와 같이 있게 되었다. 이를 기화로 수감된 지 얼마 뒤 세 사람은 탈옥을 기도했다.

미리 준비한 육혈포(권총)를 한 자루씩 가지고 탈옥을 감행한 세 사람은 쫓아오는 파수병들을 위협하면서 감옥 담을 넘는 데 성공했다. 그러나 이승만은 갑자기 다리에 쥐가 올라 꼼짝없이 파수병에게 체포되고 말았다. 파수병에게 권총을 쏜 최정식은 체포되어 처형되었고, 서상대만 탈출에 성공해서 중국으로 빠져나갔다.

다시 붙들린 이승만은 이번에는 지독한 처우를 받았다. 황국협회 회원인 악질 경무사 박돌북朴乭北은 이승만에게 온갖 고문을 가하여 여러 번 기절시켰고, 그럴 때마다 이승만이 죽었다는 소문까지 나돌았다. 그리고 살인범 등 흉악범만 가두는 맨땅바닥 감방에 갇혀 머리에는 큰

칼, 다리에는 차코가 채워진 채 제대로 앉을 수도 누울 수도 없는 고통을 겪어야 했다.

커다란 양곡창고를 개조하여 만든 이 감방은 굵은 기둥이 기와지붕을 받치고 있었다. 그 안은 사방 30자쯤 되는 감방 세 개로 나뉘어 있었으며, 그 한가운데로 좁은 복도가 있었다.

감방은 난방장치가 전혀 되어 있지 않았고 이불도 죄수가 스스로 준비해야 했다. 마룻바닥에는 쌀가마니가 깔려 있을 뿐이었다. 단 하나의 석유 등잔이 복도에 걸려 있었다. 인간으로서는 차마 견디기 어려운 곳이었다.

이승만은 홍종우(훗날 김옥균을 암살한 이) 판사로부터 사형선고를 받고 이 캄캄하고 습기 찬 감방에서 살인강도들과 함께 웅크린 채 목이 잘리는 날만 기다리고 있었다. 이런 생활이 7개월 동안 이어지고 있을 때 황제의 특사령이 내렸다. 사형에서 종신징역으로 감형된 것이다. 이에 이 지옥굴에서 벗어나 유기수의 감방으로 옮겨졌다.

이승만이 언제 한성감옥서로 이감되어 그곳에서 긴 옥고를 치렀는지는 분명한 자료가 남아 있지 않다. 무기수로 감형된 이승만은 한성감옥서로 옮겨져서 비교적 수월한 옥살이를 하게 되었다. 미국 선교사들과 국내외 동지들이 힘써준 덕분이었다.

이승만과 함께 한성감옥에서 생활한 사람 중에는 신흥우·박용만 등 독립협회 친구들이 있었다. 이승만은 한성감옥서에서 『한영자전韓英字典』을 만들고 《제국신문》의 논설을 쓰기도 했으며, 특히 『독립정신』을 저술하기도 했다. 이 책은, 1904년 러일전쟁 발발을 보고 "비록 세상에 나가서 한 가지 유조有助한 일을 이룰 만한 경륜이 없으나 이 어찌 남아의 무심히 들어앉았을 때리요"라는 동기에서 2월 19일부터 5개월 동안 집필

이승만의 한성감옥서 동지들. 앞줄 오른쪽부터 시계방향으로 김정식, 이상재, 유성준, 홍재기, 강원달, 이승만, 안명선, 김린, 이승인(이상재의 아들), 어느 소년(아버지 대신 복역).

한 것으로, 이승만의 젊은 시절의 시대정신과 국제사회에 관한 인식, 신념, 철학을 살펴볼 수 있다. 그 밖에 그는 『한국교회 핍박』(1913)을 저술하고, 『청일전기淸日戰記』(1900년 청일전쟁의 교훈을 다룬 중국 서적 『중동전기본말中東戰紀本末』을 한글로 번역한 것인데, 1917 하와이에서 재출간)를 번역하기도 했다.

이승만은 『독립정신』의 총론에서 "우리 대한은 태풍을 만난 배와 같다"라고 설파하고 모두 50개의 주제에 걸쳐 자주독립정신, 입헌정치를 비롯한 정치제도의 중요성, 세계정세의 흐름, 미국 독립의 역사, 청·러·일의 각축과 일본인의 의도 등을 기술했다. 그리고 결론에 '독립정신 실천 6대 강령'을 실었다.[23]

이승만의 이 저술은 옥중에 함께 있던 이동녕·신흥우·정순만 등이 읽고 이상재의 교열을 거친 다음 박용만이 미주로 반출하여 이승만의 프린스턴 대학 재학 시절인 1910년 하와이에서 처음으로 출판되었다. 23살에 투옥되어 6년 동안 옥중에서 학습한 뒤에 쓴 저술이라고는 하지만 30살의 청년으로서는 놀라운 박식과 함께 뚜렷한 세계관에 입각한 저술이다. 박용만의 "우리 조선 4,000년 역사에 처음으로 부르는 소리요 또한 처음으로 듣는 소리인저"라는 소견을 곁들여 이 책이 출판되자 교포들 간에 큰 화제가 되었고, 일부는 국내로도 흘러들어와 그를 지지하는 측에서는 '민족의 성경'이라는 과찬을 서슴지 않았다.

외교와 여론 환기에 의해 독립을 성취해야 한다는 이후의 일관된 그의 주장은 이 저술에서도 이미 나타나고 있었지만, 이는 바로 6년간 옥중생활에서 체득한 것이었다. 『독립정신』에는 1903년 이승만이 한성감옥서에서 이상재의 아들 이승인과 함께 찍은 사진도 싣고 있다.

이승만이 감옥에 있을 때 독립협회 동지 7명이 함께 들어와 있었다. 그중에는 어릴 때부터 친하게 지낸 신흥우와 나중에 친교가 두터워진 박용만도 있었다.

노바스코티아에서 선교사로 활동하다가 조선에 온 해로이드 여사가 신약성서를 차입해준 것이 이승만에게는 기독교 신앙을 키우는 계기가 되었다. 이승만은 1904년 장로교 목사 제임스 S. 게일의 도움으로 기독교에 관심을 갖게 되었다. 당시까지만 해도 기독교를 피상적으로 인식하는 정도에 불과했는데 감옥생활을 하면서 신심이 두터운 크리스천으로 성장했다.

이승만은 감방에서 되도록 많은 사람이 들을 수 있도록 성서를 큰 소리로 읽었다. 감금된 사람들은 지루한 시간의 고통을 조금이라도 벗어나기 위해서는 어떠한 수단도 상관할 바 없다는 생각이 있어서 그의 성서 낭독에 즐겨 귀를 기울였다.

『인간 이승만』을 쓴 이원순은 "기도가 영교靈交의 자연스러운 수단이 되고 하루의 시종이 된 이승만 후년의 습관은 이때에 이룩된 것"이라고 지적했다. 이원순은 "괴로운 감옥생활은 그를 갑작스럽게 성장시켰다. 즉 정치와 인생에 대한 그의 철학을 이룩하는 계기를 마련해주었다. 신에 대한 신앙과 동지에 대한 신뢰를 얻게 된 것은 감옥 속에서였다"라고 썼다.

이원순은 또한 "그의 감방생활 6년 동안, 그가 행한 성서의 낭독과 기도의 결과로 40명 이상의 죄수가 기독교로 개종했다. 훗날 그는 가끔 당시의 일을 흐뭇하게 회상하며 그리스도의 신앙으로 불안이 어떻게 사라져버렸는지를 생생하게 그려보았다. 죄수들이 예배하고 성서를 읽는 것을 금지할 책임이 있는 간수들까지도 이승만의 설교를 들으려고 감방 앞으로 모였다. 그리고 그들 가운데도 개종자가 나타나서 감방은 마치 교회로 변한 것 같았다"라며, 이승만의 옥중 선교활동에 대해 이야기했다.

이승만이 옥살이를 할 때는 일제의 침략 마수가 본격적으로 뻗치기 전이어서 감옥생활이 비교적 자유스러웠음을 짐작할 수 있다. 이승만과 그의 동지들은 감옥에서 수형자들에게 종교 교육부터 시작해서 정규 학교와 같은 교육을 실시했다. 배재학당에서 교편을 잡은 한편 종교협회의 회장이었던 벙커 목사가 그들에게 종교서적 150권을 차입해준 것이 큰 보탬이 되었다. 이승만은 간수장의 허가를 얻어 이 책과 다른 책을 합쳐서 네 개의 커다란 감방 사이에 회람문고를 설치했다.

당시 감방에는 어른과 소년 죄수들이 같은 방에 수용되어 있었다. 그래서 이승만은 먼저 소년수들을 가르치기 위해 반을 편성했다.

과목은 산수·지리·일본어·역사 등으로, 여러 명의 죄수 교사들에

한성감옥서 수감 시절. 옥중에서 함께 성서 공부를 하던 이들과 함께. 왼쪽에서 셋째가 이승만. 앞에 선 어린아이는 이승만의 아들 이봉수.

의해 실시되었다. 이승만은 여러 과목을 강의했는데, 특히 미국 책에서 배운 민주주의에 대하여 상세히 강의했다.

얼마 뒤에는 어른 죄수들의 반도 편성되었다. 이승만과 그의 동지들은 어른 죄수들도 열심히 가르쳐 문맹을 깨치고 애국심을 불러일으켰다. 이승만의 감옥생활은 신앙을 위한 성서 공부와 죄수들에 대한 교육으로 잠시 쉴 틈도 없었다.

이승만이 옥고를 치를 당시 당국의 여러 가지 배려로 죄수들을 교육시키거나 옥중문고를 만들어 책을 읽게 하는 등 비교적 유익한 옥중생활을 할 수 있었지만, 어디까지나 감옥은 감옥이었다.

그 당시에도 옥중집필이 일체 금지되고, 특히 필기도구의 반입이 금지되었다. 그러나 이승만은 차입되는 염료染料로 잉크를 만들고, 묵은

잡지 위에 글을 썼다. 이런 방법으로 여러 차례에 걸쳐《제국신문》에 논설을 써 보냈다.

이승만은 감옥생활 중에 비교적 행운이 따랐던 것 같다. 감방 안에는 당시 저명한 시인이자 학자인 이요인李要仁과 문재文才로 소문난 유성준兪成濬(유길준의 동생)이 함께 있어서 세 사람은 가끔 시 짓기 경합을 벌였다. 다음은 이승만이 지어 신문에 발표한 시〈사립봉인구면소紗笠逢人舊面疏〉가운데 유명한 구절이다.

鐵鏁結人新情密   쇠사슬에 매인 사람들 사이에 새로운 정이 두터
　　　　　　　　　워지고
紗笠逢人舊面疏   사립 쓴 사람을 만나서 생소치 않고 구면 같구나

이승만이 이때 쓴 옥중 시 가운데〈옥중의 세모〉도 화제가 되었다.

밤마다 긴긴 회포 닭이 울도록
이 해도 다 가니 집이 그리워
사람은 벌레처럼 구멍에 살고
세월은 냇물 따라 급히 흐르네
어버이께 설 술 한잔 올려 보고파
솜옷 부쳐준 아내 보고 싶어
헤어보니 이 겨울도 열흘뿐인데
삼 년을 매어 둔 말 한가롭구나.

이승만은 틈틈이 옥중생활의 감상을 적어 당시 미국인 선교사 존

스가 편집하여 발행하고 있던 《신학월보神學月報》에 기고하기도 했다. 이를 통해 그 무렵 이승만의 감옥살이의 단면을 살필 수 있다.

허구한 옥중생활이 어느덧 6년이 되오니 자연히 인간고초도 많이 겪었거니와, 고초 중에서 경력이 생겨 항시 세상을 대하여 말하고 싶은 것이 무궁무진하나 그렇지 못한 사정이 여러 가지이므로 귀 월보月報를 볼 때마다 침울할 뿐이더니, 다행히 오늘 기회가 있기에 옥중 경력의 두 가지 긴요한 것을 말하고자 하는데 이 두 가지인즉, 첫째 깨달음이요, 둘째 감사한 일이다. 그중에 내가 홀로 특별한 기회를 얻어서 외국의 여러 가지 서적을 얻어 진야작심하여 같이 있는 친구를 권면하여 가르치매 몸 이르는 곳에 스스로 문풍文風이 생기더라.

다행히 본 간수장 김영선 씨와 차장 이중진 씨가 도임한 이후로 감옥도 차차 변하여 진보한 것이 많거니와, 총명한 아이들을 교육할 일로 종종 의논하다가 작년 음력 9월에 비로소 각 칸에 있는 아이 수십 명을 불러내서 한 칸을 치우고 '가갸거겨'를 써서 읽히니 혹 웃기도 하고 혹 흥도 보고 책망하는 자도 있는지라.

배우기를 원하는 어른이 여럿인 고로 한 칸을 또 치우고 좌우로 나누어 영어와 지리와 문법을 공부하여 성취함이 대단히 빠르니 이는 다 전에 한문과 외국 언어에 연숙한 선비들이라 그 공효의 빠름을 이상히 여길 바 아니라. 이 어른의 방은 신흥우 씨와 양이종 씨가 거하여 가르치는데, 공부 여가에는 성경 말씀과 옳은 도리로 진야근면하여, 나는 매일 한 시를 나누어 두 군데를 가르치매 관계되는 일이 적지 아니하여 자연히 분주하나 성취되어가는 것이 재미로워 괴로운 줄을 깨닫지 못할 터라.

작년 예수 탄일에 우리도 다행히 구원하심을 얻는 사람이 되어 기쁜 정성도 측량없거니와, 만국민의 영광스러운 명일 옥중에서도 처음 경축하는 것이 또한 용이치 않는 기회인고로 관원과 죄수들이 우연히 수합한 돈이 뜻밖에 수백 냥이 된지라 다과를 준비하고 관민 40여 명이 모여 저녁에 즐거이 경축할 새 그 지낸 예식은 다 말할 수도 없으며, 이날 오전에 벙커 목사가 예물을 후히 가져오고 위로차로 오셨다가 모인 아이들을 보고 대단히 기뻐하며 매 주일날 와서 가르치기를 작정하매 관원들이 다 감사히 치사하였으며, 서적실을 설치하여 죄수들로 하여금 임의로 책을 얻어 보게 하려 하매 성서공회에서 기꺼이 찬조하여 50원을 보조하기를 허락하여 400냥 돈을 들여 책장을 만들고 각처에 청구하여 서책을 수합收合하자 심지어 일본과 상하이의 외국 교사들이 듣고 책을 원조한 자 무궁한지라.

이 험한 옥중에서 이 험한 고질을 겪으며 무사히 부지하여 있는 것은 하나님의 특별히 보호하신 은혜가 아니면 인력으로 못하였을 바이요, 하나님의 사랑하시는 자녀들을 감화시키는 힘을 내게 주시지 아니하였으면 이 일에 도움이 되지 못하였을 것이요, 하나님의 거룩하신 뜻으로 세상 죄인들을 감화시키는 교사 아니면 적잖은 재정으로 서적실을 졸지에 설치하였을 수 없을지라.

이것이 나의 이른바 하나님의 은혜를 감사함이니 이 깨달음과 감사함으로 나날이 힘쓰면 오늘 심는 겨자씨에서 가지가 생겨 공중에 나는 새가 깃들게 될 줄 믿겠나이다.[24]

청년 이승만, 석방되다

이승만이 수형생활을 하고 있을 때 내외 정세는 급변하고 있었다. 1904

년 2월 6일, 일본 군함 60여 척이 조선 파견군과 러시아 정벌군을 싣고 사세보 항을 출발하여 인천 해상에서 러시아 함정 2척을 격파하고 그 길로 서울에 들어왔다. 2월 9일, 일본은 러시아에 전쟁을 선포함으로써 러일전쟁이 시작되었다.

서울에 주둔한 일본군은 경의선 공사를 강제로 착공하고, 일본 추밀원 의장 이토 히로부미가 특파대사로 조선에 파견되어 친일세력이 세를 얻게 되었다. 4월에는 군사침략의 중추기관이 된 일본군 주차사령부가 용산에 설치되었다. 그리고 조선의 치안을 일본군이 담당하게 되는 군사경찰제가 시행되고, 8월에는 한일 외국인 고문 초빙에 관한 의정서 체결로 이른바 '고문정치'가 시작되었다. 대한제국은 일본의 군사외교적인 겁박으로 풍전등화의 신세가 되고 있었다. 친일매국단체 일진회가 조직된 것도 이 무렵이었다.

이런 급격한 정세 변화 가운데 옥중의 정치수들은 한 가닥 석방의 희망을 갖게 되었다. 실제로 1904년 봄과 여름에 옥문이 열려 많은 정치범과 동지들이 석방되었고, 이승만도 8월 9일에야 풀려났다. 6년에 이르는 긴 옥고였다. 1903년 3월에는 콜레라가 감옥까지 전염시켜 이틀 동안에 죄수 40명이 발병하는 등의 역경 속에서도 그는 건강한 모습으로 석방되었다.

이원순은 『인간 이승만』에서 이승만의 석방 모습을 두고 "간수가 감방 문을 열었을 때 그는 잠시 떨리는 다리로 선 채 벽과 천장 그리고 마룻바닥을 응시하고 있었다. 가지가지의 비참한 나날과 굴욕을 받았던 장소라고는 하나 많은 추억과 감회가 가득 차 갑자기 그곳을 뒤로하고 떠날 수가 없었던 것"이라고 그렸다.

1904년 8월 9일, 이승만은 5년 7개월간의 한성감옥서 수형생활 끝에 "일본 공사 하야시 곤스케의 도움으로" 조기 출감했다. 배일운동가 이승만이 일본 공사의 도움으로 조기 석방된 것은 역사의 아이러니다. 이승만 역시 다른 식자들처럼 러일전쟁에서 일본이 이기기를 바랐다. 어느덧 그의 나이도 서른을 바라보았다. 사형에서 무기, 그리고 다시 10년 징역으로 감형되어 옥살이를 하다가 6년 만에 조기 석방된 이승만은 뒷날 비망록에서 "나는 그 감옥에서 얼마나 감사했는지 잊을 수가 없고, 6년 동안의 감옥생활에서 내가 받았던 축복에 대해 나는 평생 감사할 것"[25]이라고 했다.

감옥이란 묘한 곳이어서 강한 사람은 더욱 강해지고, 약한 사람은 더욱 약해진다. 이승만이 많은 공부를 하고, 신앙인이 되고, 저술할 수 있었던 한성감옥서는 그에게 '인생대학'이었다.

6년 동안의 옥중 독서와 집필 활동은 이승만의 생애 중에서 가장 집중적인 학문, 사상적 도야陶冶의 시기였고 수학의 시기였다. 옥중수학을 통해 이승만은 서구 학문과 정세에 대해 좀더 정확히 알 수 있게 되었고, 또 영어에 능통하게 되었다. 이승만은 출옥한 뒤 영어를 능숙하게 말하고 쓸 수 있는 수준에 도달했다.[26]

이승만이 감옥에서 풀려나올 무렵 조선왕조는 마지막 가쁜 숨을 몰아쉬고 있었다. 1904년 1월, 정부는 러일전쟁 발발을 앞두고 국외중립을 선언했다. 조선을 두고 쟁탈전을 벌이는 러시아와 일본의 전쟁에 중립을 선언한다고 해서 사자와 호랑이가 먹잇감을 포기할 리 없었다. 러일전쟁에서 승기를 잡은 일본은 재빨리 군대를 서울에 진주시키고(2월 9일), 한일의정서를 강제로 체결했다.

외부대신 서리 이지용과 일본 공사 하야시 곤스케 사이에 체결된 의정서는 "한국 정부는 일본을 굳게 믿고 시정의 개선에 관한 충고를 받아들일 것, 일본은 한국 황실의 안전을 도모할 것, 일본은 한국의 독립과 영토보전을 보장할 것, 제3국의 침략이나 내란으로 한국이 위험에 처할 때 일본은 신속히 필요한 조치를 취하며 한국 정부는 이러한 일본의 행동을 쉽게 하기 위해 충분한 지점을 언제든지 사용할 수 있도록할 것, 한국과 일본은 서로의 승인을 거치지 않고는 이 협정의 취지에위반되는 협약을 제3국과 맺지 못한다"라는 내용으로 되어 있다.

이 협정으로 한국은 러일전쟁에서 일본의 간접적 협력자가 되었으며 그들의 내정간섭을 받게 되었다. 일본은 이를 근거로 하여 한국에 주차사령부를 설치하고(4월 3일), 정부는 러시아와 체결했던 모든 조약과 협정 폐기를 선언했다. 청일전쟁과 러일전쟁을 통해 대륙세력을 제압한 일본은 영일동맹에 이어 미국과 '가쓰라-태프트 밀약'을 준비하는 등 해양세력과 손을 잡고 한국을 송두리째 집어삼키려 들었다.

일본 정부는 1904년 5월 내각 비밀회의에서 적당한 시기에 한국을보호국화 또는 병합한다는 내용의 '대한방침'을 마련하고, 6월에는 일본공사 하야시가 한국 영토의 3할이 넘는 황무지 개간권을 요구했다.

국가의 운명이 백척간두에 선 시기에 출옥한 이승만은 내외 정세를 살피면서 당시의 상황을 이렇게 기록했다.

내가 감옥의 낡은 철문을 걸어 나왔을 때, 한국 정부에 대한 러시아의 영향력은 이미 분쇄되었고, 승리한 일본군은 한국의 목을 조르고 있었다. 일본은 한국의 독립을 위해 싸우고 있다고 전 세계에 알려져 있었고, 그래서 서방국가들의 정신적 내지는 물질적인 지원을 받고 있었는데, 지금 일본은 한국을 그들의 군대 손아귀에 넣었고, 그들이 보호할 것이라고 약속했던 바로 그 삶을 한국에서 약탈하기 시작했다.[27]

유영익은 『젊은 날의 이승만—한성감옥생활(1899~1904)과 옥중잡기 연구』에서 이승만의 옥중생활을 18가지로 요약했는데, 청년 이승만의 면모를 일목요연하게 볼 수 있는 대목이다.

1. 이승만은 만민공동회의 '급진적'인 청년층 지도자로서 후기 독립협회에 서 추진한 국권수호 및 민권신장 운동에 크게 기여하는 동시에 독립협 회의 몰락을 재촉한 장본인이기도 했다.

2. 이승만은 '유약·몽매'한 고종 황제를 폐위시키고 그 대신 의화군 이강을 새 황제로 추대하면서 박영효 중심의 강력한 혁신정부를 수립하려던 박 영효 일당의 쿠데타 음모에 가담했다는 이유로 한성감옥에 투옥되었다.

3. 국사범으로 체포·구금되었던 이승만이 평리원 재판에서 '태1백·종신징 역'형을 선고받았지만 5년 7개월 만에 석방될 수 있었던 것은 미국 공 사 앨런의 끈질긴 석방 압력과 법부대신 이지용의 주선이 주효했기 때 문이다.

4. 이승만이 갇혀 있던 한성감옥은 생지옥이었지만 이승만은 그 안에서 한규설의 원력 비호 덕택으로 비교적 편안하며 창조적인 영어囹圄생활 을 할 수 있었다.

5. 이승만은 옥중에서 다수의 정치범들과 어울리되 그중에서도 특히 이상 재·이원긍·유성준·김정식·홍재기 등 '독립협회 잔당'들과 깊이 사귀었다.

6. 이승만은 영어 기간 미국·캐나다 출신 개신교 선교사들로부터 적극적인 비호를 받았다.

7. 이승만은 국내의 양반층 지식인 가운데 거의 처음으로 옥중에서 기독 교로 개종했고, 개종 후 약 40명의 동료 죄수 및 옥리를 개종시켰다.

8. 이승만은 김영선 감옥서장을 설득하여 감옥 안에 '옥중학당'과 '서적실'

을 설치·운영했다.

9. 이승만의 『옥중잡기』는 40개의 문건으로 구성되어 있다.

10. 이승만은 옥중에서 엄청난 양의 독서를 했는데 그가 읽은 책들은 청
    말 중국 개혁가들에게 영향을 준 것들이었다.

11. 이승만은 옥중에서 10여 권의 책을 번역 내지 저술하고 80여 편의 신
    문·잡지 논설을 집필·기고했다.

12. 이승만은 우수한 한학자였으며 수준 높은 영어 문장가였다.

13. 이승만은 단군신화에 입각한 민족주의 사관을 따르되 동학농민봉기
    와 의병운동에 대해서는 비판적이었다.

14. 이승만의 멸청蔑淸·공로恐露·반일反日·친미親美 사상은 한성감옥에서
    확고히 형성되었다.

15. 기독교 개종을 통해 '근대적 인간'으로 탈바꿈한 이승만의 인생관과 정
    치관에 근본적 변화가 일어났다.

16. 한성감옥은 이승만에게 여러모로 유익했던 '대학 이상의 대학'이었다.

17. 이승만은 1905년 이전에 국내에서 지명도가 가장 높은 청년층 명사
    였다.

18. 이승만은 위재였지만 그에게는 인간적 약점도 있었다.[28]

이승만이 풀려나게 된 배경에 관해 연구가들 사이에는 이견이 따
른다. 정병준은 '일본 공사 하야시 도움설'을, 유영익은 '미국 공사 앨런
의 압력과 법부대신 이지용의 주선설'을 댄다. 아마 어느 쪽이든 다 직
간접적으로 연관이 되었을 것이다.

2.
일신의 영달을 앞세운 '겉치레' 독립운동

초기 외교활동의 실패 그리고 미국 유학

상동청년학원 교장 이승만

출옥한 이승만은 기울어가는 나라를 걱정하면서 자신의 진로를 고심했다. 그동안 옥중생활에 도움을 준 사람들과 기관을 찾아 인사하고, 동지들과도 만나 진로를 논의했다.

독립협회에서 함께 활동한 전덕기가 상동교회에서 전도사로 시무하면서 많은 역할을 하고 있었다. 상동교회는 이후 민족운동의 요람이 되었다.

그는 다시 신문사로 돌아가거나, 학교에서 교사직을 맡거나, 교회에서 전도사가 되거나, 아니면 관리 내지는 외교관이 될 수도 있었다. 그렇지 않으면 다시 정계로 뛰어들어 개혁을 부르짖는 정치인이 될 수도 있었다. 이처럼 많은 갈림길을 두고 그와 그의 친구들은 며칠을 보냈을 것이다. 그러나 불행히도 이승만이나 그의 지인들 중 아무도 이 시절에 관한 기록을 남기지 않았다.[1]

이승만의 출옥을 계기로 상동교회의 전덕기와 먼저 출감한 박용만 등은 상동교회 부설 상동청년학원 교장으로 이승만을 초빙했다. 1904년 10월 15일이었다.

상동청년학원은 하와이 사탕수수밭 노동자로 이민 간 인부들과 국내 광산노동자들이 푼푼이 모아 보낸 돈과 국내의 가난한 이웃들이 모은 돈 700원으로 설립·유지되었다. 교장에 취임한 이승만은 사회 각계에 상동청년학원을 도와줄 것을 호소했다.

우리 이 청년회에는 권세 있는 양반도 없고 외국 선교사의 돕는 힘도 없이 이 구차롭고 간고한 친구들이 이만치 (노력하고 있사오니) 위하여 그치지 말고 기도하시며 자라는 대로 도와주기를 (바랍니다). 우리나라 사람끼리 하는 일을 우리나라 사람이 특별히 돌아보아야 외국 친구들도 달리 보려니와 하느님께서 특별히 도와주실 줄 믿습니다.[2]

이승만은 이 학교에서 성경, 영어, 산술, 지지(지리), 국문, 역사 등의 과정을 가르쳤다. 명망 있는 외부 인사와 교회 내의 유능한 청년들이 교사 일을 맡아 학생들을 지도했다.

교사가 되어준 선생들은 각 분야에서 유명한 학자들이었다. 성경은 전덕기, 국어는 주시경, 영어는 스클랜튼 부인(나중에는 남궁억), 세계사는 헐버트, 국사는 장도빈과 최남선, 수학은 유일선, 체육은 김창환, 교련은 이필주, 한문은 조성환 등이 맡았다. 장안에 널리 알려진 이들은 강사로서 손색이 없을 뿐 아니라 모두 애국지사였다.[3]

교사들은 모두 무보수로 봉사했다. 교장 이승만도 마찬가지였다. 상동청년학원은 지금의 중학교 교육과정이었다. 학생들의 의기는 대단히 높았고 교사들은 기울어가는 나라를 구하려는 애국충정에서 열심히 가르쳤다. 학생들은 목총을 들고 군사훈련도 받았는데, 이들이 부른 군가에서 학교 교육정신의 일단을 엿볼 수 있다.

무쇠골격 돌근육 소년남자야
애국의 정신을 분발하여라
다다랐네 다다랐네 우리나라에
소년의 활동시대 다다랐네
만인대적 연습하여 후일 전공 세우세
절세영웅 대사업이 우리 목적 아닌가[4]

이승만이 이 학교 교장으로 봉직한 것은 불과 3주밖에 되지 않았다. 곧 미국으로 떠나야 했기 때문이다. 하지만 상동청년학원은 1914년 전덕기 목사가 사망할 때까지 7회에 걸쳐 졸업생 50~60명을 배출하고, 신채호가 자주 글을 쓴 《가뎡잡지(가정잡지)》와 《수리학잡지》 등을 발간하여 청년·여성계몽과 국민교육에 기여했다.

이 학교는 외국 선교사들이 아닌 순전히 한국인들의 손으로 설립된 중학교육기관으로, 이후 신민회에서 세운 평양의 대성학교 등 전국의 많은 사립학교의 모델이 되었다. 청년 지사 전덕기의 기여가 적지 않았다.

이승만이 갑자기 미국으로 떠나게 된 데는 까닭이 있었다. 당시 다수의 식자들은 일제의 침략이 더욱 가속되는 상황에서 나라를 지키는 일은 미국의 힘을 빌리는 길밖에 달리 없다고 믿었다. 이승만과 상동청년학원 동지들도 마찬가지였다. 이들은 그 법적 근거를 조미수호통상조약에 두었다.

조미수호통상조약은 1882년(고종 19) 조선과 미국이 국교 수립과 통상을 목적으로 맺은 조약을 말한다. 일본의 조선 진출을 막으려는 청나라 북양대신 리훙장李鴻章의 알선으로 미국의 슈펠트 제독은 1882년 3월에 청나라 사신 마건상·정여창 등과 함께 인천에 들어와, 조선 측 전권대신 신헌, 부관 김홍집과 전문 14조로 된 수호통상조약을 맺었다. 이에 따라 이듬해 5월 초대 미국 전권공사 푸트가 입국하여 비준서를 교환하고, 조선 정부에서도 그해 6월 전권대신 민영익, 부관 홍영식을 미국에 보냄으로써 두 나라의 교류가 시작되었다.

조약의 주요 내용은 "조선이 제3국으로부터 부당한 침략을 받을 경우에 조약국인 미국은 즉각 이에 개입, 거중조정을 행사함으로써 조선의 안전을 보장한다. 미국은 조선을 독립국의 한 개체로 인정하고 공사급 외교관을 상호 교환한다. 치외법권은 잠정적이다. 관세자주권을 존중한다. 조미 양국 국민은 상대국에서의 상업활동 및 토지의 구입, 임차의 자유를 인정한다" 등이다.

이 조약은 조선이 일본과 맺은 여러 조약에 비하여 불평등이 배제된 주권 독립국 간의 최초의 쌍무적 협약이었다. 조선은 이 조약의 체결로 수백 년간 유지해온 조·청 간의 종속관계를 청산하고 자주독립국의 일원으로 국제사회에서 주권국가로 인정받게 되었다.

이승만과 상동청년학원 동지들은 당시 정부에서 가장 유력한 개혁주의자인 민영환·한규설의 제안에 따라 조미수호통상조약에 의거, 미국 대통령에게 탄원해보자는 논의를 하게 되었다.

상동학원에 그가 같이 관여했다는 사실을 놓고 볼 때, 그 여정旅程은 이승만이 주도적으로 관련한 것이 아니라고 봐야 할 것이다. 후일 기록된 이승만의 비망록은 민영환과 한규설이 그가 미국으로 떠나는 아이디어를 냈다

1904년 11월, 이승만이 미국으로 떠나기에 앞서 찍은 가족사진. 오른쪽부터 첫째 부인 박 씨, 이승만, 아들 봉수, 아버지 이경선, 큰누나. 뒷줄은 조카(큰누나 아들).

는 인상을 주고 있다. 명성황후의 조카인 민영환은 이 시기에 가장 걸출한 지도자 중 한 사람이었고, (…) 진보주의자들에게 매우 동정적이었다. 한규설은 군인이었지만 마찬가지로 특출했다. 그는 군주가 총애하는 사람으로서 정부의 여러 고위직을 거쳤고, 1905년 총리대신으로 임명되었다. 그런데 이들은 일본의 침략으로 인해 심기가 심히 불편해 있었다.[5]

이승만은 이 무렵 미국 파견 문제와 관련해 고종으로부터 은밀히 만날 것을 궁녀를 통해 전달받았으나 찾아가지 않았다. 이는 이승만이 고종을 조선의 역대 군왕 중 가장 유약한 겁쟁이라고 보았고, 게다가 자신을 투옥한 것에 대해 증오심을 품고 있었기 때문으로 보인다.

외교활동을 위한 첫 번째 여정

이승만은 민영환과 한규설의 밀지를 받고 마침내 미국으로 길을 떠났다. 1904년 11월 4일 오후, 이승만은 수행원 이중혁과 서울을 출발해, 이튿날 제물포에서 미국 선박 오하이오호를 탔다. "항해 첫날은 거센 날씨로 하룻밤 동안 배는 캄캄한 바다 위를 헤매다가 첫 새벽에야 겨우 다시 출발했다."[6]

배는 목포를 거쳐 부산에 들렀다가 11월 8일 저녁에 다시 출항했다. 이날 조국을 떠난 이승만은 이 여정이 1910년 일시 귀환할 때까지 5년여 동안의 긴 여정이 될 줄은 미처 몰랐을 것이다. 배는 일본 시모노세키를 거쳐서 11월 28일 새벽에 하와이 호놀룰루에 기착했다.

일찍이 서양문명에 대해 책을 읽고 여러 사람들로부터 들어온 터였지만, 막상 하와이에서 지켜본 이국의 자연과 사람들의 모습은 놀라기에 충분했다. 조국은 11월 말이면 초겨울인 데 비해 하와이는 야자수 그늘 아래 반나체 여성들이 활보하는 한여름이었다. 부두에는 미국 선교사들과 윤병구 목사 등 동포들이 마중 나와 있었다.

하와이에는 1903년부터 1905년까지 진행된 한인 노동이주 때 건너온 한인들이 살고 있었는데, 이들 대부분은 사탕수수밭에서 일했다. 이민자는 7,226명, 이 가운데 남자가 6,048명, 여자가 637명, 아이들이 541명이었다.[7] 이후 을사늑약으로 외교권이 박탈되면서 해외 이민은 쉽지 않았다. 하와이 노동이민도 길이 막혔다. 이승만이 하와이를 방문했을 무렵에는 약 5,000명의 한인 이주노동자들이 사탕수수 농장에서 혹독한 노동에 시달리고 있었다.

삼등객 중에서는 오직 이승만만이 상륙이 허가되어 윤병구 목사,

1904년 12월, 워싱턴으로 가다가 시카고에서 그곳 한인 유지들과 함께(맨 오른쪽이 이승만).

감리교단 감독 존 D. 웨드먼 박사를 비롯한 많은 인사들의 열렬한 환영을 받았다. 그는 누아누 계곡 가까이에 있는 한국인 교회로 안내되었다. 그날 저녁에 일행은 호놀룰루에서 약 30킬로미터 떨어진 에와의 한국인 농장을 방문했다. 그곳에 있는 한국인은 200명이 넘었다.[8]

교회에서 교포들을 상대로 밤늦게까지 국내 사정을 설명한 이승만은 노자를 도움 받아 시베리아호를 타고 하와이를 떠나 12월 6일 샌프란시스코에 도착했다.

이곳에서 남캘리포니아 대학에 유학 중인 감옥 동지 신흥우를 만나고, 며칠 뒤 열차편으로 로스앤젤레스, 시카고를 거쳐 워싱턴으로 향했다. 경비를 줄이기 위해 이중혁은 캘리포니아에 남기로 했다.

12월 31일 저녁에 워싱턴에 도착한 이승만은 다음 날 한국공사관을 방문하여 일등서기관 홍철수를 만났다. 홍 서기관은 민영환으로부터 이승만에게 모든 협조를 제공하라는 연락을 받은 터였다. 그런데 이 시기에 이미 주미 한국공사관에는 일제의 입김이 작용하여 참사관 김윤정이 일제 앞잡이 노릇을 하고 있었다.

이승만은 민영환과 한규설의 서한을 아칸소 주 출신의 상원의원 A. 딘스 모어에게 전달했다. 동양을 잘 아는 모어는 국무장관 존 헤이와 면담을 주선하겠다고 약속했다. 며칠 뒤 이승만은 모어와 국무성을 방문해 헤이 장관과 만났다. 이 자리에서 이승만은 헤이에게 1882년 체결한 조미수호조약의 이행을 촉구하고, 긍정적인 의견을 들었다. 이승만은 민영환과 한규설에게 이를 상세히 보고하는 편지를 썼다. 그러나 더 이상 행운은 따르지 않았다.

불행하게도 그해 여름 헤이 장관이 사망하고 엘리휴 루트가 국무장관에 임명되었다. 그리고 8월에 미국 포츠머스 시에서 러·일 강화회의가 열렸다. 일본의 로비를 받은 루스벨트 대통령의 제의로 미국에서 강화회의가 열리게 된 것이다. 이로써 미국과 일본은 더욱 유착되어갔다. 이 무렵 하와이 교포 4,000여 명은, 윤병구 목사의 지도로 루스벨트 대통령에게 탄원할 것을 결의했다. 미국은 조미수호조약을 준수하여 한국의 독립을 지켜주라는 것이다. 사절로 윤병구와 이승만을 위촉했다. 탄원서 요지는 다음과 같다.

러일전쟁에 승리를 거둔 후 일본은 우리의 정치적 독립과 영토적 안전을 존중하고 보장키로 한 조약을 무시하고 대한제국의 침략을 합리화하려고 기도하고 있습니다. 때문에 양국의 강화조약을 조정하는 귀대통령께서

1905년 8월 8일, 포츠머스 강화회의가 열리기 전에 러시아와 일본 대표단의 기념사진. 번호 순서대로 러시아 수석대표 윗테(①), 부대표 로젠(②), 일본 수석대표 고무라(③), 부대표 다카히라(④).

1882년의 조미수호조약 정신에 입각하여 일본의 계책을 중지케 하고 한국이 일본의 손에 들어가지 않도록 주선해줄 것을 앙청하나이다.[9]

윤병구와 이승만은 필라델피아에 체류 중인 서재필을 찾아가 탄원서의 자문을 받고, 워싱턴으로 가서 루스벨트 대통령에게 면담을 요청했다. 두 사람은 며칠 뒤 대통령 사저에서 루스벨트를 면담할 수 있었다. 대통령은 반갑게 맞으면서 탄원서를 공사관을 통해 외교 경로로 전달해줄 것을 당부했다.

두 사람은 마치 일이 성사된 것처럼 한량없이 기뻤다. 그러나 "루스벨트가 이승만과 윤구병을 만난 것은 외교적 제스처에 불과했을 뿐으로, 이승만은 희롱당하는 것을 몰랐고 미국의 선의를 믿고 있었다."[10]

아니나 다를까, 이승만과 윤병구의 기쁨은 잠시뿐이었다. 우선 친일로 변신한 김윤정 공사가 본국 정부로부터 지령이 없는 한 탄원서를 미국 대통령에게 보낼 수 없다고 단호히 거부했다. 김윤정으로서는 고종 황제를 매몰차게 비판하는 두 청년의 탄원서를 백악관에 제출하는 일이 쉽지 않았을 것이다. 그는 일본에 대단히 우호적인 외교관으로 변신해 있었다. 두 사람은 애국심을 들어 호소도 하고 협박도 해보았지만 소용이 없었다.

설령 탄원서가 루스벨트에게 전달되었다 해도 미국이 일제의 한국 침략을 저지했을 가능성은 희박했다. 태프트 미 육군장관이 일본 수상 가쓰라와 비밀회담을 갖고자 일본으로 가는 길에 하와이에 들렀을 때 한인 교포들은 방일의 의도도 모른 채 성대한 환영연을 베풀었다. 감리교 집사인 웨드먼 박사의 소개로 태프트가 한국의 두 대표에게 루스벨트 면담을 위한 소개장을 써주었기에 그를 '친한파'로 알았기 때문이다. 하지만 루스벨트 정부는 이미 일본과 내밀한 협력관계를 맺고 있었으므로 탄원서 한 장으로 미국의 대일정책을 바꾸기는 난망한 상황이었다.

일본에 도착한 루스벨트의 특사 태프트는 7월 31일 일본 수상 가쓰라와 비밀협정을 맺고, 미국의 필리핀 지배를 일본이 인정함을 전제로 미국은 "일본이 한국에 대한 보호권을 확립하는 것이 러일전쟁의 논리적 귀결이며, 극동의 평화에 직접 공헌할 것으로 인정한다"라고 하여, 한국을 식민지화하려는 일본의 침략정책을 방조하는 밀약을 체결했다. 미국이 이처럼 조미수호통상조약을 헌신짝처럼 버림으로써 이승만의 의욕에 찬 외교활동은 아무런 성과도 없이 물거품이 되었다. 냉혹한 제국주의 열강의 뱃속을 모르는 아마추어 외교관의 해프닝에 그치고 만 셈이다.

가쓰라-태프트 밀약을 통해 미국의 '묵인'을 얻어낸 일제는 1905년 11월 17일에 군대를 동원해 강박으로 을사늑약을 체결하고 한국의 외교권을 박탈했다. 외교권뿐만 아니라 서울에 조선통감부가 설치되면서 사실상 통치권이 일제로 넘어갔다.

결국 이승만의 '독립유지외교'는 실패로 돌아갔지만, 이는 이후 그의 진로에 큰 영향을 끼쳤다. 30살에 불과했던 이승만에게 미 상원의원, 국무장관, 대통령 등 정관계 고위 인사를 만나 한국 독립 문제를 청원·협상해본 경험은 자랑스러운 것이었으며, 이는 그가 대미 외교 일변도의 외교노선을 형성하는 데 큰 역할을 했다. 특히 루스벨트와 면담함으로써 국내외에서 이승만의 명성이 높아졌다. 미국에서는《뉴욕 타임스》,《워싱턴 포스트》등에 이승만의 외교활동이 소개되었고, 국내에서는 박장현(박용만의 숙부)의 기고로 "김윤정이 배신해서 이승만의 활동이 좌절되었다"라는 내용이《황성신문》에 보도되었다. 특히《황성신문》에는 이승만이 "한국 인민의 대표자요 독립주권의 보존자요 애국열성의 의기남자요 청년지사"로 묘사되었다.[11]

'일진회 대변인' 의혹설

이승만이 미국으로 건너가 루스벨트 대통령을 만나게 되는 과정에서 '일진회 대변인'을 자처하는 등 당시 미국 신문의 보도를 중심으로, 그가 일진회 소속이 아니었는가 하는 의혹이 따른다.

최근《한겨레》가 당시 미국 신문 기사들을 검색한 결과, 이승만과 윤병구는 대한제국과 고종을 적극 부정하고, '일진회의 대변인'을 자처한 것으로 드러났다. 또 "일본이 전쟁에서 승리하고 있는 것을 기뻐한다"고 말하는 등 일본 쪽에 우호적인 태도를 보인 사실도 나타났다. 옛 독립협회, 동학 계열 세력들이 1904년 결성한 일진회는 당시 한반도에서 영향력 있는 대 중조직으로 활동했으며, 1905년 11월 일본에 조선의 외교권을 맡기는 데 찬성하면서 친일단체로 바뀐다.[12]

기사를 보도한 《한겨레》는 이 자료들을 미 의회도서관에서 제공하는 신문검색 서비스(chroniclingamerica.loc.gov)를 활용해 찾아냈다고 출처를 밝혔다. 기사 내용은 이렇다.

《뉴욕 데일리 트리뷴》 1905년 8월 4일 자 7면에 실린 「오이스터 베이의 한 국인들」이란 제목의 기사가 대표적이다. 이 기사는 루스벨트를 만나기 위 해 온 윤병구와 이승만이 "우리는 황제의 대표자가 아니라 '일진회'라는 단 체의 대표자로서 대통령에게 청원서를 전달할 것을 위임받았다"고 말한 것을 인용·보도했다. 기사는 또 이들이 "황제는 한국인들의 이익을 대변 하지 못하고 있다"며 "수천 명의 회원들로 이뤄진 일진회가 빠르게 성장하 고 있으며, 곧 국무를 장악하고 정부 구실을 할 것(will take hold of affairs and conduct the government)"이라고 말했다는 내용도 전했다.

《스타크카운티 데모크라트》 8월 8일 자는 "윤병구와 이승만은 자 신들이 러시아 영향력 아래 놓인 황제를 대표하고 있지 않으며, 힘 있는 단체인 '일진회'의 대변인이라고 밝히고 있다"라고 했고, 《워싱턴 타임스》 8월 4일 자는 "이들은 '일진회'로 알려진 한국의 거대 진보정당을 대표한다고 주장하고 있다"라고 보도했다.

　당시 미국 매체들은 러시아와 일본 두 열강의 위협을 함께 우려하면서도 일본에 더욱 우호적인 이들의 태도에 주목했다. 《뉴욕 데일리 트리뷴》은 "러시아 사람들은 줄곧 적이었고, 우리는 이 전쟁(러일전쟁)에서 일본이 이기고 있는 것에 기뻐한다"라는 윤병구의 말을 빌려, "일본과 러시아 사이에서 이들은 전자(일본)를 주인masters으로 선택하는 데 주저함이 거의 없다"라고 보도했다. 《스타크카운티 데모크라트》는 같은 내용의 기사에 아예 "한국은 삼켜질 것을 주저하고 있지만, 러시아보다는 일본의 목구멍을 선호한다"라는 제목을 달았다.

　이런 자료들은 기존 '고종 밀사설'을 부정하는 근거가 될 것으로 보인다. 윤병구와 이승만이 루스벨트를 만날 수 있었던 직접적인 계기는 당시 '가쓰라-태프트 밀약'을 맺으러 일본으로 향하던 육군장관 태프트가 하와이 한인 대표인 윤병구에게 써준 소개장이었다. 그러나 그 외에는 뚜렷한 대표성을 내세우기 어려웠기에, 실질적 연관은 없지만 신흥 정치세력인 일진회를 내세워 취약한 대표성을 보강하려 했을 가능성이 크다는 것이다. 또 이들의 당시 노선은 뚜렷하게 '반대한제국, 반고종, 반러, 친일'이었다.

　이승만은 자서전 등을 통해 "루스벨트는 '공식 외교 채널로 청원서를 보내'라고 했으나, 주미 공사 김윤정이 '친일'로 돌아서서 여기에 협조하지 않았다"라고 주장해왔다. 그러나 기사들을 보면, 대한제국 관리인 김윤정으로서는 대한제국과 고종을 부정하는 윤병구와 이승만을 지원할 이유가 없다고 판단한 것으로도 해석할 수 있다.

　주진오 상명대 교수는 "대한제국과 황제를 철저히 부정하고 당시 이미 일본 쪽에 기울어져 있던 미국에 (이승만이) 일본 입장을 편든 것이,

제대로 된 '국권 수호'인지 의문스럽다"라고 했다.[13]

유학생활 중에 남긴 오점들

구국 외교활동에 실패한 이승만은 귀국을 단념하고 눌러앉아 공부하기
로 작정했다. 어느 정도 읽고 말하는 데 불편이 없을 만큼 영어에는 자
신이 있어서 대학에 진학하는 데 큰 어려움은 없었다. 또 고국을 떠날
때부터 여차하면 미국에서 공부할 요량으로 여러 가지 준비를 해온 터
이기도 했다.

조국을 떠날 때 이승만은 가슴속에 밀사의 사명 말고도 미국에서
대학교육을 받으려는 야심을 품고 있었다. 미국으로 떠나기에 앞서 그는
게일, 언더우드, 벙커, 질레트, 스크랜턴, 프레스턴 등 한국 내의 저명한
선교사들로부터 미국 교계 지도자들 앞으로 쓴 추천서 19통을 두둑이
챙겨두었다.

추천서에서 이들 선교사는 이구동성으로 이승만이 정치범으로 '7
년간' 감옥생활을 할 때 동료 죄수들 40여 명을 기독교로 개종시킨 사실
을 강조하고, 그가 장차 한국 기독교계에서 주도적 역할을 할 것을 장담
하면서, 그에게 2~3년간의 교육 '완성' 기회를 베풀어줄 것을 부탁했다.[14]

이승만은 미국 기독교계 인사들의 지원으로 1905년 가을 학기부터
조지워싱턴 대학에 입학했다. 그는 입학한 그해 부활절에 햄린 목사로
부터 세례를 받아 더욱 기독교에 애정을 보였다. 배재학당을 다닌 것이
고등학교 졸업으로 인정되어 학부 2학년에 편입할 수 있었다. 1907년 6
월에 졸업할 때까지 2년간 새로운 기분으로 공부에 전념했다. 이승만은

학부과정에서 영어·경제학·역사·철학·수학·구약학 등을 수강했다. 역사·철학 등 인문학 분야는 성적이 무난했으나 수학·경제학 등은 성적이 저조했다.

조지워싱턴 대학을 마친 이승만은 서재필 등의 주선으로 보스턴에 있는 하버드 대학에 입학했다. 하버드 대학에서는 역사학·정치학·경제학을 택했지만 경제학 등에서 낮은 성적을 받아, 1년 이내에 석사학위를 끝내고 곧바로 박사과정을 마치려던 계획에 차질을 빚었다. 이 대학에서 2년 내에 박사학위를 받기 어렵다고 판단하고, 국내에서부터 친분이 있었던 프린스턴 신학교 출신 북장로교 홀 선교사를 통해 프린스턴 대학에 새로 입학했다.

1908년 9월부터 1910년 7월 중순까지 2년 동안 프린스턴 대학원에서 공부하게 된 이승만은 국제법을 전공하고 미국사와 철학사 과목들을 부전공으로 택했으며, 프린스턴 신학교에서는 종교 과목을 신청하여 청강하기도 했다. 프린스턴 대학의 총장은 뒷날 28대 미국 대통령이 된 우드로 윌슨이었다.

이승만은 마지막 학기에 엘리엇 교수의 지도를 받으며 「Neutrality As Influenced by the United States(미국의 영향을 받은 국제법상 중립)」라는 박사학위 논문을 준비했다. 한국의 영세 중립화를 학문적으로 탐구한 것이 아니라 1776년부터 1872년까지 미국이 국제법에 규정되어 있음에도 지키지 않았던 전시중립을 다룬 내용이다. 그의 학위논문은 심사위원 3명의 교수로부터 '우수' 평점을 받아 통과되고 1910년 7월에 박사학위를 받았다. 그의 이 논문은 1912년에 프린스턴 대학 출판부에서 간행되었다.

프린스턴 대학에서 박사학위를 받기 전에 이승만은 하버드 대학에 편지를 띄워 그 대학에서 석사학위를 받게 해달라고 요청했다. 1909년 하버드 대학 측은 그에게 미국사 한 과목을 여름방학에 택하여 B 학점 이상의 성적을 얻어내면 석사학위를 주겠노라고 답했다. 이승만은 이 권고를 받아들여 하버드 대학의 1909년 하계대학에서 이 과목을 이수하여 B 학점을 받음으로써 1910년 2월에 하버드 대학 석사학위를 받았다.[15]

이승만의 학력과 학위 취득 과정에는 의문점이 적지 않았다. 초기에는 이승만의 동지였으나 뒷날 정적이 된 이현구는 자서전에서 "고등학교도 졸업하지 않은 이승만이 통상 12년 이상 소요되는 학부와 박사과정을 단 5년 만에 어떻게 수료할 수 있었는지 미스터리"[16]라고 의문을 제기했다.

이승만이 이렇게 빠른 기간에 박사학위를 받을 수 있었던 가장 큰 이유는 미국의 주한 선교사를 비롯한 미국 기독교계의 전폭적인 지원 때문이었다. "선교사들은 이승만이 정치가가 아닌 '크리스천'으로 목사가 되어주길 원했고, 이런 측면에서 이승만의 미국 유학은 특별한 교육과정이었다."[17]

이승만이 고속으로 박사학위를 받은 것은 선교사들이 힘을 써준 '특별한 교육과정'의 결과일 수도 있다. 박사학위와 석사학위를 같은 해에 받은 것도 납득이 안 되기는 마찬가지다. 어쨌거나 이승만은 미국의 명문 대학에서 철학박사 학위를 받고, 이후 '이 박사'로 불리게 되었다.

이승만에게 박사라는 칭호가 아호처럼 붙기 시작한 것은 1910년 11월 23일 《신한민보》가 보도한 "리 박사 귀국"이라는 기사를 보도하면서부터인 듯하다. 이 신문은 "미국에 유학하던 철학박사 리승만 씨는 10월 10일 오후 8시에 남대문 정거장에 도착했다"라는 내용을 단신으로 전했다. 이후 이승만에겐 '철학박사 이승만' 또는 '이승만 박사'라는 칭호가 꼬리표처럼 따라다니기 시작했다.[18]

이승만의 유학비용은 대부분 미국 기독교계의 지원으로 충당되었고, 일부는 이상재와 전덕기 등 국내 인사들의 도움도 받았다. 조지워싱턴 대학에서도 목회장학금을 받았지만 생활은 늘 궁색하기 그지없었다.

이승만에게 미국 유학이 학문의 기회만은 아니었다. 서울의 옥중 동지 박용만이 미국에 올 때 데려온 외아들(이봉수)이 병사하는가 하면, 자신은 생애에 두고두고 씻지 못할 몇 가지 오점을 찍었다.

그 대표적인 사례가 장인환·전명운 의사의 미국인 스티븐스 처단과 관련한 통역 거부 사건이다. 스티븐스는 악질 친일파였다. 원래 일본 외무성 고용원으로 일하다가 1904년 제1차 한일협약이 체결된 뒤 일본 정부의 파견으로 한국 정부 외부外部 고문에 취임했다. 우리 정부의 봉급을 받으면서도 시종 일본의 충실한 앞잡이 노릇을 했으며, 을사늑약이 강제되자 일본의 입장을 대외적으로 선전하기 위해 1908년 3월 정략 휴가를 얻어 일시 귀국했다.

샌프란시스코에 도착하자마자 기자회견에서 한국민이 일본의 보호정치를 찬양하고 있다면서 "을사조약은 한국민을 위해 취해진 당연한 조치이며, 한국민은 독립할 자격이 없는 무지한 민족"이라는 망언을 일삼다가 우리 교민들로부터 구타를 당했다. 그러나 그는 뉘우치기는커녕 친일언동을 멈추지 않았다. 그러던 3월 23일, 재미 한국인 장인환과 전명운에 의해 캘리포니아 오클랜드 역에서 사살되었다.

두 의사의 의거는 한국 사회는 물론 미국에도 큰 충격을 주었다. 오클랜드 의거는 일제의 국권 침탈이 시작된 이래 최초의 의열투쟁으로, 이듬해 안중근 의사의 이토 히로부미 처단으로 이어졌다. 두 의사의 재판을 위한 의연금이 미국 본토, 하와이, 멕시코, 국내, 연해주, 만주, 중국 등지를 포함해 한국인이 거주하는 세계 각지에서 도착해 7,390달러가 모아졌다.

이때 법정 통역으로 경찰서 신문 때부터 수고한 양주삼 전도사 대신 하버드 대학에서 유학 중인 이승만을 초청했다. 하지만 "1908년 7월 16일에 이승만이 샌프란시스코에 와서 형편을 살피고 통역하기를 거절했는데, 그 이유는 시간 관계로 오래 있을 수 없으며 예수교인의 신분으로 살인재판 통역을 원하지 않는다 하고 8월 25일 동부로 갔다."[19]

이승만이 내세운 이유 중 학생 신분으로서 '시간 관계'는 어느 정도 이해할 수 있다고 하더라도 예수교인의 신분으로 '살인재판'을 통역할 수 없다는 말은 그의 역사인식과 애국심에 적잖게 의문이 가는 대목이다. 이승만은 어려운 살림의 교포들이 푼푼이 모아 보낸 비용으로 보스턴에서 비행기를 타고 왔다가 다시 비행기를 타고 돌아가버렸다.

장인환의 의거는 국내외 한국 기독교인들에게도 각성하는 계기를 주어 민족운동에 깊이 참여하도록 이끌었다. 물론 일부에서는 이승만이 "예수교인의 신분으로 살인재판 통역을 원하지 않는다"라고 했던 것처럼 이 사건을 외면하려고도 했지만, 그 대신 통역을 맡은 신흥우를 비롯하여 한인 기독교인들은 대부분 장인환의 의거에 적극 관심을 갖고 의연금을 보내는 등 힘을 모았다. 특히 상항교회는 스티븐스 사건의 대응을 논의한 장소를 제공했을 뿐 아니라 최정익, 정재관, 문양목, 백일규, 장나득 같은 교인들이 이 사건에 적극 관여하여 정당한 재판을 받도록 하기 위해 노력했고, 양주삼 전도사는 한동안 재판에서 통역으로 활동했다. 그리고 장인환이 감옥에 갇혔을 때에는 그를 석방하려는 운동에 참여했고, 1918년에는 대한인국민회 회장 강영소와 황사선이 출옥 후 생계보장서를 제출하여 이듬해 석방에 기여했다. 이렇게 장인환의 민족독립을 위한 의거는 한인교회, 특히 상항교회가 민족적 성격을 형

성하는 데 크게 영향을 끼쳤다.[20]

이렇듯 미국의 교포들과 기독교인들이 구명운동에 나서고 있을 때, 이승만이 '발을 뺀' 데에는 당시 미국 사회 주류 여론의 부정적인 반향도 크게 작용했다. 황인종이 대낮에 대로에서 백인을 총살한 사건에 격분했고, 안중근의 이토 히로부미 저격과 관련시켜 '동양의 문명국'인 일본의 견해에 동조하는 쪽이었다. 동부에서 공부하던 이승만은 언제 끝날지 모르는 재판을 위해 학업을 포기한 채 서부인 샌프란시스코에 장기 체류할 수 없었고, 무엇보다 미국 교회의 지원을 받으며 학업 및 생활을 유지하던 예비 선교사의 입장에서 '살인사건'에 개입하길 거부한 것이다. 스티븐스가 루스벨트 대통령의 가까운 친구라는 점도 이승만이 통역을 거부한 배경이기도 했을 것이다.

이승만의 또 하나의 오점은 '덴버회의' 사건이다. 1908년 6월, 재미 동포사회 대표 40여 명은 콜로라도 주 덴버 시에서 열리는 민주당 대통령 후보 선출대회에 맞추어 해외동포대표자회의 소집을 발기하고 덴버 회의를 열기로 했다. 이승만을 기다리기 위해 예정 날짜를 두 번씩이나 연기한 끝에 이승만을 의장으로 선출했다. 당초 이 회의는 박용만이 대일무장투쟁을 위한 군사학교 설치를 목적으로 발기한 것인데, 결과적으로는 이승만의 교육·출판활동을 통한 점진적 독립운동 결의가 채택되었다. 이는 기독교 교육을 통한 점진적 실력양성 노선 및 외교 노선이라는 이승만의 독립운동 방략이 반영된 결과였다.[21]

이 '사건'을 계기로 이승만과 박용만은 독립운동 노선을 둘러싸고 차츰 대립의 수위를 높여가게 되고, 초기의 미주 지역 동포들의 무장투쟁 독립운동 방략이 크게 수정되는 계기가 되었다.

덴버회의와 스티븐스 사건은 이승만의 향후 노선이 기독교 교육·

출판 등에 의한 점진적 실력양성운동으로 향할 것이며, 한국인들의 정서보다는 미국인들의 여론을 중시할 것임을 보여주는 지표였다. 이승만은 개인·집단, 사회·국가 등 각 층 위에 존재하는 현실적 힘의 우열을 인정했고, 자신이 속한 쪽이 우세하지 않는 한 이 현실에 순응하는 쪽을 택했다. 이는 그의 현실주의적 정치관으로 이어졌다.[22]

그래서 이승만은 끝내 '혁명가'가 되지 못했다. 가톨릭신도 안중근이 이토 히로부미를 처단하고, 기독교인 김구가 쓰치다를 척살하면서 독립운동에 몸을 던질 때, 이승만은 기독교 신자로서 오직 미국 주류사회의 여론을 중시하면서 장인환·전명운 의거와 안중근 의거를 비난하고 무장투쟁론자 박용만을 배척하기에 이르렀다.

짧은 귀향, 긴 미국 생활

미국에서 박사학위를 받은 이승만은 1910년 10월 10일 한국으로 돌아왔다. 여기서 '귀국'이라 표현하지 않고 '돌아왔다'고 한 것은 나라가 이미 망했기 때문이다. 그해 8월 29일 대한제국은 병탄조약을 통해 국치를 겪고 멸망한 상태였다.

나라가 망한 사실을 알고 있는 이승만은 망명하거나 해외에서 독립운동을 벌이지 않고 돌아오는 길을 택했다. 나라는 망했지만 그는 '금의환향'이었다. "미국에 유학하던 철학박사 리승만 씨는 10월 10일 오후 8시에 남대문 정거장에 도착했다"라는 (비록 1단짜리 기사지만) 언론의 조명을 받으면서 돌아왔다.

1910년 11월에 제1차 총회가 샌프란시스코에서 개최될 당시 대한인국민회 중앙총회 산하에 북미·하와이·시베리아·만주 등지에 지방총회가 설립되고, 그 지방총회 내에 다시 지역별로 나누어 120여 개나 되는 지방회를 구성하고 있었다. 이러한 고무적인 상황에서 이승만이 귀국의 길을 택한 것은 무엇 때문일까? 그것은 다름 아닌 일본을 상대로 하는 '소모적인' 독립운동보다는 한국민의 교육과 교화가 급선무라는 '현실적'

판단 때문이었다.[23]

5년 만에 돌아온 조국은 참담한 지경이었다. 지사 몇 명이 병탄에 반대하여 자결하고, 일부는 망명하고, 많은 사람이 침묵하는 가운데 친일파들만 날뛰는 세상이 되었다. 일제는 병탄과 함께 대한제국이라는 국호를 없애고 조선이라 쓰도록 했다. 《황성신문》은 폐간시키고, 《대한매일신보》는 《매일신보》로 이름을 바꾸어 총독부 기관지로 만들었다. 병탄에 앞세워 써먹었던 일진회를 비롯한 모든 사회단체도 해산시켰다. 토사구팽이었다.

일본 군부에서도 악독하기로 소문난 데라우치 마사타케가 초대 조선총독으로 부임하여 가혹한 무단통치를 시행했다. 4천 년 역사, 3천 리 강토가 일제에 짓밟히고, 2천만 동포가 일제의 노예가 되었다. 이즈음에 이승만은 '금의환향'하여 교회활동을 시작했다.

독립운동은 도외시하고 종교활동에만 전념

국파산하재國破山河在. "나라는 망했어도 산하는 그대로"라는 중국 시인 두보杜甫의 시 〈춘망春望〉 첫 구절 그대로였다. 나라는 망했으나 백성과 산천은 그대로였다. 주인이 바뀌었을 뿐이다. 종교행사나 관혼상제가 아니면 서울에서는 장성한 남자 3명이 함께 걸어 다니는 것도 금지되었다. 새 주인이 된 조선총독부는 조선인을 이렇듯 억압과 무단으로 다스렸다.

이 무렵 이승만은 미국 대학에서 졸업을 앞두고 서울 YMCA 총무 질레트로부터 1년간 황성기독교청년회의 '한국인 총무'로 일해줄 것을 요청하는 편지를 받았다. 급료는 연봉 900달러를 주겠다는 조건이었다.

적잖은 금액이었다. "질레트는 이승만의 취업 문제로 (조선통감부) 부통감 소네 아라스케를 만나 상의했는데, 부통감은 이승만의 YMCA직 취임에 대해 호의적인 반응을 보였다고 하면서 부통감과는 서로 잘 아는 사이이므로 귀국 후 이승만의 신변에 별 문제가 없을 것이라고 귀띔해주었다."[24]

일제로서는 장인환 재판 통역을 거부하는 등 이승만의 비반일非反日적인 저간의 행동을 알고 있기에 굳이 들어오는 것을 반대할 이유가 없었을 것이다. 통감부와는 우호적인 YMCA 총무 질레트가 신원을 보증함으로써 일이 쉽게 성사되었다. "자신은 반일운동 또는 혁명을 선도할 의도는 없지만 통감부가 어떻게 볼지 의문이라고 걱정하면서, 자신에 대한 감시를 우려하고 있었다. 그에게는 이 시기 민족운동에 대한 관심보다는 선교사업에 비중이 있었다."[25]

1910년 9월 3일, 뉴욕 항에서 출발한 이승만은 런던, 파리, 베를린, 모스크바 등 유럽 대도시를 둘러보고 시베리아 횡단철도를 통해 만주로 와서 압록강 다리를 건너 한 달여 만인 10월 10일 서울에 도착했다. 고국을 떠난 지 5년 11개월 만이었다. 이승만이 돌아왔을 때 국내에서는 물론 미국 유학 시절에 지원을 아끼지 않았던 민영환은 을사늑약에 반대하여 조약 폐기를 상소했으나 뜻을 이루지 못하자 자결하고, 한규설은 병탄 뒤에 파면되어 낙향한 실정이었다. 그가 기댈 곳은 기독교계뿐이었고, 다행히 이상재가 후견인이 되어주었다.

이승만은 1912년 초까지 YMCA 학생부·종교부 간사로 종교·교육활동에 종사했다. 이승만은 귀국 후 처음 약 6개월간은 주로 서울에서 학생운동을 지도했다. 특히 YMCA 학교에서 성경과 '만국공법'(국제법)을 강의하여 훗날 자신의 추종자가 될 임병직·윤치영·허정·이원순·김영섭 등을 가르쳤다. YMCA 국제위원회에 제출한 보고에 따르면, 이승만은 매주 오후에 성경반을 인도했고, 매회 평균 189명의 학생들을 만났다. 또 이승만은 각 학교마다 YMCA를 조직·관리하고, 학생 YMCA 연합토론회를 개최했다.[26]

1911년 5~6월에 전국 순회전도에 나선 이승만은 YMCA 지방 조직 건설에 적잖은 역할을 하는 가운데 지방 기독교계 유지들과 교우했다. 그는 또 YMCA 국제위원회 총무 모트 박사의 저서 『학생청년회의 종교상 화합』과 논문 「신입학생 인도」를 번역하여 서울 YMCA에서 출판하는 등 신앙활동에 전념한 반면, 한국 체류 5년여 동안 민족문제나 독립운동과 관련해서는 전혀 활동이 없었다. 오히려 "반일운동에 관심이 많았던 학생들에게 유학을 통해 많은 지식을 갖겠다는 꿈으로 대치시켰다."[27]

1910년 12월, 이회영 일가와 이상용 일가 등 명문가들이 재산을 모두 처분하여 만주로 망명했다. 매국노 이완용을 척살하려다 체포된 이재명이 서울에서, 이토 히로부미를 처단한 안중근이 만주 뤼순감옥에서 일제에 의해 사형을 당했다. 수많은 애국지사들이 두 의사의 순국정신을 이어받아 일제에 저항하거나 추도 시문을 남겼으나 이승만의 흔적은 어디에도 보이지 않았다. 그는 오히려 의열투쟁을 테러 행위라고 비난하는 입장이었다. 만주와 해삼위(블라디보스토크) 등지에서는 여전히 의병들이 무장투쟁을 전개하고 있었다.

귀향한 이승만은 얼마 동안은 동대문 밖 낙산 중턱의 본가에서 지냈다. 이승만이 미국에 있는 동안 아내는 74살의 시아버지를 봉양하며 어려운 살림을 겨우 꾸려가고 있었다. 아내는 남편이 미국으로 부를 것에 대비하여 상동교회의 서양 부인에게 영어를 배우기도 하면서 그의 소식을 애타게 기다렸다.

그러나 이승만은 5년 만에 만난 아내와 동거하지 않았다. 아들 봉수를 미국으로 데려갈 때부터 부부 사이에는 태평양을 사이에 두고 사이가 틀어졌다. 남편은 신학문을 가르치기 위해 아들을 보내라 하고, 아내는 유일한 어린 혈육을 떼어 보내지 않으려 했다. 아들은 결국 1906년 2월 필라델피아에서 디프테리아를 앓다가 사망하고 말았다. 부부 사이에는 돌이키기 어려운 상처가 되었다. 더구나 아내는 시아버지 이경선이 생계를 도외시할뿐더러 며느리 구박이 심해서 남편 없는 가정불화를 겪기까지 했다.

미국에서 개명된 신식 여성들과 함께 공부하고 그들을 지켜보다가 귀향하여 생활고에 찌들어 훌쩍 늙어버린 아내를 보았을 때, 이미 새로운 정이 솟기는 어려웠을 것이다. 젊은 시절부터 부부의 금실이 좋지 않았다는 기록도 보이지만, 옥중에서 아내를 애타게 그리는 한시를 여러 편 지은 것으로 보면 부부관계는 좋았던 것 같다.

이승만이 1899년 1월 감옥에 갇혔을 때 아내 박승선은 갓난아이를 업고 덕수궁 앞에 거적을 펴고 사흘이나 임금에게 남편의 석방을 읍소할 정도로 열녀였다. 또 남편의 유학 시절 노령의 시부모를 효성으로 모셨다. 박승선은 귀국한 남편의 마음을 돌려보려고 노력했으나 허사였다.

이승만은 종로 YMCA 부근에 집을 얻어 1912년 3월에 다시 미국으로 갈 때까지 혼자 살았다.[28] 남편이 미국으로 돌아가고 난 뒤 박승선은 시아버지의 장례를 혼자 치르고 외롭게 지내다가 패승悖僧에게 폭행을 당하는 등 고통스러운 생애를 보냈다. "누항陋巷에서 신음하는 이승만 박사 부인, 남편을 생이별한 지 우금 16년 종교와 교육에 몸과 맘을

바쳐, 패승에게 폭행까지 당해"[29]라는 신문보도가 있었다. 그는 1917년
생 이은수를 양자로 맞아들여 여생을 지냈다.

'105인 사건' 벌어지자 친일파 주선으로 도미

이승만은 노령의 아버지, 그리고 이미 마음이 떠난 아내를 남겨두고,
1912년 3월 26일에 다시 미국으로 떠났다. 잠시 일본에 들러 가마쿠라
에서 열린 '한인학생대회'에서 의장을 맡아 학생복음회를 발족하고, 4월
10일 감리교 동북아 총책인 해리스 감독과 함께 미국으로 떠났다. 미국
미니애폴리스에서 개최되는 국제 감리교대회에 한국의 평신도 대표로
참석한다는 명목이었다.

이승만의 출국 시기와 배경에 석연치 않은 부분이 적지 않았다. 일
제는 1911년 데라우치 총독 암살음모 사건을 조작하여 신민회 회원 등
700여 명을 체포했다. 105인을 최종 기소하여, '105인 사건'으로 불리지
만 '신민회 사건'으로도 불릴 만큼 신민회 간부, 회원들이 많았다. 일제
가 한국의 대표적 기독교인과 신민회 간부들을 일망타진하기 위해 이
사건을 날조한 것이다. 총독부는 1911년 음력 9월부터 '연루자'들을 체포
하기 시작하여 1912년까지 전국에서 700여 명을 구속했다.

윤치호, 양기탁, 임치정, 이승훈, 안태국, 유동열, 옥관빈, 차리석,
선우혁을 비롯하여 상동교회의 전덕기 목사 등이 체포되었다. 기소자
123명 중 93명이 기독교인(천주교 2명 포함)으로 크리스천이 전체의 76%를
차지했다. 이들 중 세례교인과 목사·장로·집사 등 교회 지도급 인사도 적
지 않았다. 사건에 연루된 미국인 24명은 모두 개신교 선교사들이었다.

이 사건을 조작한 아카시 겐지로는 러시아에서 근무할 때 배운, 제정 러시아가 폴란드인 등에게 가한 가혹한 고문 방법을 그대로 시행하여 피의자 중 김근형과 정희순이 심문 과정에서 사망하고, 전덕기는 고문 후유증으로 얼마 뒤에 사망했다.

105인 사건의 피비린내 나는 고문·학살극이 자행되고 있을 때 이승만은 이 사건에 연루되지 않았고, 일본 정부가 발행한 일본인 여권으로 해외로 나갈 수 있었다. 그의 출국을 주선한 인물은 친일파로 소문난 미국인 감리교 감독 해리스였다. "그는 출국 허가를 일본 정부에서 얻어 주었고, 여행 내내 이승만에게 일본의 한국 통치 사실을 받아들여 상황에 적응하라고 역설했다."[30]

숱한 민족주의자, 기독교인들이 고난을 겪는 105인 사건의 와중에 친일파 목사의 주선으로 해외로 떠난 이승만에게 민족의식이나 독립운동 같은 과제는 관심사에서 멀어져 있었다. 올리버는 "미국 교계에 이름이 알려진 이승만을 체포한다면 국제적으로 상당한 말썽이 빚어질 것으로 경고"했기 때문이라 했지만, 105인 사건 때 개신교 선교사 등 미국인 24명이 구속된 것으로 보아 진실과는 차이가 있다.

이승만은 옥중에서 쓴 『독립정신』에서 어떠한 고난이 있더라도 조국에서 활동해야 한다면서 "맹세코 외국에 입적하지 말 것"을 강조하고, 괴로움을 피하여 외국으로 넘어가는 것은 인류로 태어난 본의가 아니라고 역설했다. 그래 놓고서 자신은 망명이 아닌 도피성 해외 나들이를 떠났다.

이승만은 미국 미네소타 주 미니애폴리스에서 열리는 국제회의에 참석하기 위해 미국으로 여행하는 도중 일본에 들러 그곳에서 열흘간 머물렀다. 그가 시모노세키에 도착하자, 한국 유학생 수십 명이 한국

YMCA 회관(옛 대한제국 주일공사관 자리)에 운집하여 이승만을 환영해주었다. 이 환영회에는 백남훈이 사회를 보고 조용은(일명 조소앙)이 환영 연설을 했다. 이어서 1주일간 한인학생대회에 참가하고, 4월 10일에 해리스와 함께 다시 미국으로 떠났다. 긴 여정 끝에 미국에 도착한 이승만은 5월 1일에 예정대로 미니애폴리스의 국제기독교감리회 총회에 참석하고, 뉴저지 주의 윌슨 지사와도 몇 번 만났다.

8월 14일, 이승만은 네브래스카 주 헤이스팅스로 박용만을 찾아가 그가 세운 한인소년병학교 학생들을 만나 격려하고 박용만과 향후 진로를 상의했다. 한성감옥서에서 이승만과 의형제를 맺고 먼저 출감한 박용만은 미국으로 건너가 1905년 네브래스카 주에 있는 링컨 고등학교에서 1년간 수학하고, 1906년 헤이스팅스 대학에서 정치학 학사학위를 받았다. 1909년에 네브래스카 커니농장에서 독립운동 인재 양성을 목적으로 한인소년병학교를 설립하여, 이승만이 이곳을 방문했을 때는 1기 졸업생 13명을 배출하고 있었다.

박용만은 이에 앞서 1911년 미주에 설립된 재미동포 단체인 대한인국민회 기관지 《신한민보新韓民報》의 주필로 활동하고, 『국민개병설』과 『군인수지』를 저술하여 발간했다. 박용만은 본격적으로 대일무장투쟁을 준비하기 위해서는 교포가 많이 사는 하와이를 근거지로 삼아야 한다고 판단, 1912년 여름에 하와이로 건너갔다. 하와이 지방총회 기관지 《신한민보》의 주필이 되어 항일 논조를 폈으며, 1914년에는 농장을 임대하여 동포 청년들과 공동으로 경작하여 항일무장독립운동단체인 대조선국민군단을 조직, 군사훈련을 실시했다.

이 무렵 이승만의 정체성에는 많은 변화가 일고 있었다. 《워싱턴포스트》와 한 회견에서 "(병탄 이후) 불과 3년이 지나기도 전에 한국은 낡

1912년 8월. 이승만이 네브래스카 주 헤이스팅스를 방문했을 때 만난 한인소년병학교 야구팀. 뒷줄 가운데가 교장 박용만이다.

은 인습이 지배하는 느림보 나라에서 활발하고 떠들썩한 산업경제의 한 중심으로 변모했다. 오늘의 서울은 주민의 피부색깔을 제외한다면 (미국의) 신시내티와 다를 것이 없다"[31]라고 일제의 식민통치를 두둔했다. 보수 우익세력이 제기하는 '식민지근대화론'의 원조라 할 수 있다.

이승만은 1912년 후반까지 뉴저지 주 트렌턴 시의 YMCA에서 머물다가 1913년 1월 10일 하와이로 떠났다. 기차로 시카고와 로스앤젤레스를 거쳐 샌프란시스코에서 1월 28일에 호놀룰루행 기선을 타고 이레 만인 2월 3일 오전에 호놀룰루에 도착했다.

일신의 영달에 기운 교포사회의 '문제아' 이승만

하와이 정착 이후 친일언행 서슴지 않은 이승만

이승만이 호놀룰루에 도착할 당시 하와이 8개의 유인 섬에는 한인 교포 6,000여 명이 흩어져 살고 있었다. 대부분이 백인 소유 사탕수수 농장 노동자로 일했고, 자작농으로 성장하거나 도시로 진출하여 채소상, 재봉소, 이발관 등을 운영하거나 상업에 종사하는 교민도 일부 있었다. 이승만은 오아후 섬 푸우누우 구역에 교포들이 마련해준 조그마한 집에 보따리를 풀었다. 그의 긴 하와이 거주는 이렇게 시작되었다. 독립군주국이었던 하와이 제도는 1851년 미국 보호령이 되었다가 1893년 하와이 공화국을 거쳐, 1898년 미국과 합병조약을 맺고 1900년에 정식으로 미국 영토로 편입되었다.

이승만의 하와이 정착을 교포사회에서는 별로 반기지 않았다. 장인환 의거 당시 통역을 거부하고, '한가한' 주제로 학위논문을 쓰고, 105인 사건이 나자 도피해 왔다는 등의 곱지 않은 인식 때문이었다. 다음은 당시 하와이에 살던 한 교포의 기록을 현대문으로 옮긴 것이다.

1913년에 이승만 씨가 하와이에 왔다. 이 씨가 일찍이 본국에 들어갔다가 재미를 못 보고 청년회 대표 명의를 띠고 미주로 나왔다. 사면을 돌아보아야 자기를 그렇게 환영하는 곳도 없고 또 발붙일 곳도 그리 많지 아니한 것은 이승만 씨의 학위가 영세중립학이라, 그 학식을 가지고는 별로 쓸 곳이 없고, 한인이 모인 곳이라고는 미국에 하와이나 캘리포니아뿐인데, 캘리포니아 한인은 장인환 재판 시에 통역하기를 거절한 고로 달게 여기지 아니하고, 하와이에서는 당시 박용만 씨를 청하여 국민회에 인도자로 봉대하고 한인사회가 일신 건설되고 있는 때에 비유컨대 수탉 두 마리가 한 횃대에서 서로 용납지 못하는 것같이 두 호걸이 한 섬 중에서 각자 주장이 다른 이상에 화목이 병진하기에 곤란하지나 아니할까 하는 의아가 전혀 없지 아니하여 국민회로서는 이승만을 초청할 뜻이 없었는데 부지중에 이승만 씨가 하와이에 도착했다. 당시 국민회 총회장 박상하 씨가 개인적으로 통신 연락이 있었던 것이라 한다.[32]

이승만은 적응력과 처세술에 능란했다. 호놀룰루에 도착한 즉시 하와이, 아우이, 카우아이 등 교포들이 많이 사는 곳을 찾아다니며 격려하고 고국의 소식을 전하면서 자기를 소개했다. 이곳에서 뿌리내리고 살기 위해서는 교포들의 지원이 필요했기 때문이다.

하와이에 정착한 이승만이 가장 먼저 서두른 것은 영문 월간지 발행이었다. 이를 통해 자신의 위치를 굳히고, 국제정세를 살피면서 독립정신을 살리기 위해서였다. 하지만 교포들은 영문 잡지에 별로 호응하지 않았다. 교포들이 원하는 것은 한글 잡지를 통해 국내 소식을 듣고 일제와 싸울 수 있는 길을 찾는 일이었다. 그래서 창간한 것이 《태평양잡지Korean Pacific Magazine》라는 순한글 월간지였다.

《태평양잡지》는 1939년 12월에 《태평양주보》로 제호를 바꿀 때까지 국제정세와 외국 사정 및 외국 지도자 동정, 동서양의 정치사상과 정치 제도, 민중 계몽과 풍습 개량, 일제의 식민통치와 한국 현실, 사회주의·공산주의 비판과 기독교 민족주의 강조 등의 논설과 보도를 중심으로 편집되었다.

이승만은 하와이를 중심으로 폭넓게 활동했다. 감리교 선교부에서 설립한 한인기숙학교의 교장을 맡아 이 학교 이름을 한인중앙학원으로 바꾸고, 교포 자녀들에게 영어·성경·한국사 등을 가르쳤다. 1914년 8월에는 박용만이 창설한 대조선국민군단병학교의 교사 낙성식에 참석하여 선전 축사를 했다.

한편 그는 호놀룰루의 신한국보사를 통해 『한국교회의 핍박』을 발간했는데, 여기서 무력항쟁이나 의열투쟁을 공박했다. "한국인들은 불평한 마음에서 우러나오는 혈기지용血氣之勇을 억누르고 형편과 사정을 살펴 기회를 기다리면서 안으로는 교육과 교화에 힘쓰고 밖으로는 서양인에게 우리의 뜻을 알려 동정을 얻게 되면 순풍을 얻어 돛단 것같이 우리의 목적지에 도달할 수 있다"[33]라고 썼다.

《태평양잡지》에 기고한 이승만의 논설에 교민들이 크게 분노한 일도 있었다.

당시 이승만 씨가 경영하던 《태평양잡지》가 사회에 파급되었던 평판에 한 구절이 기억된다. 주로 그 잡지의 주론이 영세중립을 써왔는데, 그 논조는 우리에게 부당하거든 하물며 약한 나라로 강자에게 먹힌 것을 찬성할까 보냐. 이에 인도국이 영국에 식민지가 되어서 안락을 누린다는 것, 필리핀은 미국의 통치를 받는 것, 안남(베트남)이 법국(프랑스)의 식민지가 되어서 다들 안전한 생활을 하고 평화로이 안전하다는 것이다. 이 씨가 실로 이것을 흠모하고 바라는 바가 아닌가? 더구나 놀란 것은 일본 기사를 적은 논리 중에는 '일본 천황폐하께옵서 군함을 탑승하시고 관병식을 하셨다'는 문구까지 쓴 때가 있다. 그래서 한족의 애국혼의 반역이라는 여론도 커졌거니와 해삼위(블라디보스토크) 한인 신문에서는 이에 반박을 시작하여 상당한 논전이 종횡되고 민심이 착란하여졌는데 《태평양잡지》 변명 중에는 너희가 택견질을 잘하면 서로 받고차기로 하여보자, 인종적으로나 문화적으로나 아라사(러시아)보다 일본이 친근하지 아니한가? 사상적 주장은 고사하고 열등의 낮은 논전이 이를 가상할 수 있었다.[34]

이승만의 "대일관은 현실주의적이고 대세 추종적인 것이었으며, 신념에 근거했다기보다는 개인적 이해와 결부된"[35] 것이었다. 그의 일련의 언행을 살펴보면 반일, 배일, 독립운동 같은 의지나 개념을 찾기 어렵다. 그는 경술국치를 당해 많은 애국지사들이 해외 망명길에 나설 때 '금의환향'을 결행하고, 105인 사건을 오히려 비판하면서 이를 피해 미국으로 건너갔다. 심지어 미국 언론을 상대로 일제의 무단통치 상황을 옹호하기까지 했다. 이 시기 이승만의 정체성은 '뼛속까지'는 몰라도 상당한 친일·친미의식으로 물들어 있었던 것이 아닌가 싶다.

미일 간의 평화가 지속되면 이승만은 대일 유화적인 자세를 취했다. 특히 그가 활동의 근거지로 삼은 하와이에서는 일본인들의 영향력이 강했고, 1941년 태평양전쟁 발발 이전에는 미일 간의 우호 분위기가 지배적이었다. 이승만은 하와이에서 기독교·교육·언론계의 지도자로 활동했는데, 하와이 소수민족 중에서 영향력이 강했던 일본인을 적극적으로 배척하는 것은 스스로의 입지를 허무는 일이었다. 이승만이 노골적인 반일언론·반일운동이나 무력·폭력 노선을 취하지 않은 데는 하와이의 특수한 상황이 상당부분 작용했다.[36]

이승만은 "1910년대 중반 이후 하와이 YMCA에서 일본인 지도자들과 함께 간부진으로 활동했다." 그뿐만 아니라 "이승만은 1922년 9월 하와이로 귀환했는데, 기자회견을 통해 대일전은 불가능하며 새로운 조선총독이 많은 개혁을 단행해 한국인들의 성원을 얻고 있다"라고 발언했다. 그해 이승만을 교주로 하는 한인기독교회 건립식이 개최되었을 때 하와이 한인사회 최초로 일본 총영사가 참석해 기부금을 내기까지 했다."[37]

'트러블 메이커' 이승만의 배신행위

이승만은 하와이에서 어느 정도 자리를 잡고 세력을 형성하면서 박용만과 갈등을 빚었다. 1915년 5월, 그는 대한인국민회 하와이 지방총회의 주도권과 재정 문제를 놓고 박용만 측과 다툼을 벌였다. 박용만이 지도하던 대한인국민회의 주도권을 빼앗으려 한 것이다.

대한인국민회는 1908년 장인환·전명운 의거를 계기로 재미 한인사회의 여러 단체들이 통합하면서 발족되었다. 샌프란시스코의 공립협회와 하와이의 합성협회가 통합하여 국민회가 되고, 국민회는 다시 미국 본토의 대동보국회와 결합하여 대한인국민회로 발전하여 미국 한인사회의 명실상부한 독립운동 중심기관이 되었다.

대한인국민회는 입법과 행정의 분권제를 채택하여 지방회는 일반회원으로 구성된 평의회가, 지방총회와 중앙총회는 각 지방회와 지방총회에서 선임된 대의회와 대표회가 각각 의결권을 행사하는 입법기관이 었고, 중앙총회·지방총회·지방회 등의 임원은 행정권을 행사하는 기능을 갖는 행정기관의 역할을 맡았다. 한마디로 임시정부와 비슷한 기능을 했는데, 박용만이 핵심 역할을 해왔다. 박용만은 일찍이 이승만과 한성감옥서에서 의형제를 맺고, 이승만이 옥중에서 집필한 『독립정신』 원고를 몰래 미국으로 반출하면서 그의 외아들을 미국으로 데려다주었다. 게다가 미국 본토에서 정처 없이 떠돌던 이승만을 하와이로 초청하여 안주시키기까지 했다. 그런데 이승만은 대한인국민회와 하와이 지역의 주도권을 차지하려는 욕심에 눈이 멀어 다시없는 친구이자 은인인 박용만을 제거하고자 나선 것이다.

박용만의 무장투쟁론과 이승만의 종교·외교활동이라는 독립운동 방략이 부딪히게 된 측면도 적지 않았다. 박용만은 《국민보國民報》 주필로서 항일무장투쟁론을 전개하는 한편 하와이의 한 농장을 임대하여 동포 청년들과 공동경작하면서 항일무장독립운동단체인 대조선국민군단을 창설하고 군사훈련을 실시하여 독립군 124명을 양성했다. 이들은 낮에는 파인애플 농장에서 10시간 이상 노동하고 야간에는 '둔전屯田식' 군사 교련을 받았다. 대부분 대한제국 군인 출신들이었다. 교련기구로 단총, 군도, 나팔, 목총 등을 갖추고 실전훈련을 실시했다. 하와이의 대한인국민회가 재정을 지원한 결실이었다. 그런데 이승만은 대한인국민회 회관 신축 등을 반대하면서 박용만 측과 맞섰다.

대저 이승만 씨를 우리는 인도자로 섬기는데 이 씨는 우리를 무시하고 우리가 이룩해놓은 일이나 또한 우리가 장차 하고자 하는 일이나 도시 일일이 반대하는데 우선 국민회관 건축을 반대한다. 그 집은 왜 짓느냐, 건축

1915년. 대한인국민회 하와이 지방총회.

을 하면 누가 있겠느냐, 또는 국민회는 할 필요가 무엇인가 하면서 몇 번씩
이나 중앙학원으로 청하여 만찬을 대접하며 백방으로 총회관 건축을 방
해한다. 그 이면을 살펴보면 다른 이유가 아니라 대개 재정이 타방면으로
쓰이지 아니하여야 자기가 다 수람하여 자용자제하겠다는 의욕이라.[38]

대한인국민회는 완전히 두 쪽으로 분열되었다. 사태를 수습하고자
열린 임시총회는 이승만 계열 청년들이 국민회관을 점령하고, 간부들을
폭행하여 난장판을 만들었다. 이승만은 자기를 비난한다고 유동면과 현
관진 등을 볼셰비키 간당이라고 몰아 하와이 주정부에 출국시켜달라고
소송을 제기했다. 분을 참다못한 총회장 김종학이 권총으로 자살을 꾀

했으나 미수에 그쳤다.[39]

이승만에게는 '트러블 메이커'라는 별명이 따른다. 그가 가는 곳마다 분쟁과 분열이 생겼기 때문이다. '하와이 풍파' 사건이 대표적으로 꼽힌다. 그 밖의 사례를 보자.

리 박사 승만 씨가 각 지방에 순행하며 소위 교육기관을 빙자하고 일반 동포의 공동한 의무금을 자기에게로 직접 바치라 함에 각 지방 동포들은 반신반의 (…) 일반 국민의 정공되는 의무금을 어찌 개인에게 바칠 이유가 있으며, 개인으로 어찌 공금을 직접 받을 권리가 있으랴 함에 이 박사의 주론이 동포가 나에게 바치기를 원하면 관계가 없노라 하거늘 만일 4천 동포의 의무금으로 일개인의 사업을 경영할진대 결단코 반대가 없지 못할 것이오. 공회 기관에서 사업을 할지라도 임시의회를 경유치 않고는 도저히 실행치 못할 일이라 하매 이 박사의 말이 내가 직접 동포에게 투표를 받아 단행하겠노라 한즉 (…)[40]

5월 28일(1918년) 하오 9시 또 한 번의 이승만 씨의 고발을 당하여 78인 대의원이 경무청에 포박되었으니 (…) 총회장 안현경 씨가 신문사 재정을 흠축하고 총회관 방세를 받아먹고 또 총회관 기지 값을 환롱하며 (…)

주식회사 구채를 받아 자기 광탁을 채우며 또 남녀 학생 수 3인의 휴대금 500원을 잘라먹은 사건은 금년 정월 의회에 탄로가 된 바 소위 정월 의회는 총회장 안현경 씨와 재미 이승만 씨가 몇몇 대의원들을 난당으로 몰아 경무청에 잡아 가두고 그 사람으로 하여금 의회에 참석치 못하게 한 후 일반문제를 다 숨기고 다만 자기들을 옹호하는 몇 사람으로 더불어 내각을 조직하고 (…) 또 박용만 씨가 군단을 조직하여 일본과 싸우고자 한다고 횡설수설로 고소하다가 그것이 다 효력을 얻지 못하여 소위 난당은 다 무죄 백방되었으니 그때 고발의 결과는 곧 이것이라.[41]

이승만은 마침내 하와이 한인사회의 주도권을 장악하게 되었다. 그 대신 한인사회는 갈가리 찢겨졌다. 이승만은 1916년 3월에 여학생 기숙사를 확장하여 한인여자성경학원으로 발족시키고, 1917년 8월에는 태평양잡지사를 통해 『독립정신』(제2판)을 출판했다. 1918년 7월에는 호놀룰루에 신립교회를 설립하고, 한인여자성경학원을 남녀공학제의 한인기독학원으로 개명·개편했다.

1918년 11월 25일, 샌프란시스코의 대한인국민회는 정한경·민찬호와 함께 이승만을 대한인국민회의 파리강화회의 한인대표로 선출했다. 1918년 말 1차 세계대전이 끝나면서 국제적으로 큰 변화가 예상되는 시점이었다. 대한인국민회는 여러 차례 논의를 거쳐 대표단을 파견하기로 하고, 이승만이 하와이 대표 자격으로 선출되었다.

1차 세계대전은 독일과 4개 연합국(영국·프랑스·이탈리아·미국) 간의 휴전(1918. 11. 11)이 성립되면서 5년 동안 희생자 4,000여만 명의 피로 유럽을 물들인 끝에 간신히 마무리되었다.

유럽 대륙이 전란에 휩싸이고 이승만이 하와이에서 종교활동과 동지들 간의 헤게모니 쟁탈전에 빠져 있을 때 한국에서도 국내외적으로 많은 변화가 일고 있었다. 일제는 이른바 토지조사사업(1912. 8)으로 조선 민족의 생활터전을 빼앗고, 신민회 사건의 1심 공판을 열어 105인에게 유죄를 선고했다(1912. 9). 그해 전라도에서 임병찬이 독립의군부를 조직하여 대일항전에 나섰다.

안창호가 미국 샌프란시스코에서 흥사단을 조직하고(1913. 5), 그 무

안창호.

럽 채기중이 경북 풍기에서 광복단을 조직해 친일부호들의 재산을 빼앗아 만주독립군의 군자금으로 보냈다. 경북 달성군에서 조선국권회복단이 결성되고(1915. 1), 상하이에서 박은식과 여운형 등이 신한혁명당을 창당하여 독립운동의 전진기지를 만들었다.

독립운동가로서 대종교 교조인 나철이 자결하고(1916. 9), 김립·윤해·문창범 등이 블라디보스토크에서 전러한족회중앙총회를 조직하여 러시아 지역의 항일전선을 구축하고(1917. 5), 상하이에서는 신규식 등이 동제사를 조선사회당으로 개칭, 스톡홀름의 국제사회주의자 대회에 조선독립요구서를 제출하여 승인받았다(1917. 8). 사업가 안희제는 백산무역을 설립해 해외 독립지사들에게 자금을 조달했다(1917. 11).

대한광복회 총사령 박상진 등에게 사형이 선고되고(1918. 2), 일제는 토지조사사업에 이어 임야조사사업(1918. 5)을 벌여 조선인의 임야를 수탈했다.

이동휘 등이 하바로프스크에서 한인사회당을 조직하고(1918. 6), 여운형·김구·신석우 등이 상하이에서 신한청년당을 창당했다(1918. 8). 만주에서는 대표적 국내외 항일운동가들이 서명한 대한독립선언서를 발표하고(1918. 11), 여운형이 파리강화회의와 윌슨 미국 대통령에게 보내는 한국독립청원서를 미국 대통령 특사에게 전달했다(1918. 11).

파리강화회의 참석 좌절로 무너진 '절친 윌슨' 신화

앞에서 기술한 항일 관련 기사만 대충 살펴보아도 한민족은 결코 일제에 굴복하지 않고 치열하게 저항한 것을 알 수 있다. 항일지사들은 국제정세의 흐름을 지켜보면서 국제정세의 동향에도 민감하게 대응했다. 1919년 초에 1차 세계대전의 전승국들이 연합국과 동맹국 간의 평화조약을 협의하기 위해 파리에서 강화회의를 열었다. 이를 파리강화회의(또는 파리평화회의)라고 부른다.

한국 독립지사들이 파리강화회의를 주목하게 된 것은 유럽에서 오랫동안 억눌려왔던 민족주의가 꿈틀거리고 있었기 때문이다. 유럽에서는 제국주의 열강에 짓밟혀왔던 약소 민족국가들 사이에 민족자결주의가 움트고 있었다.

1919년 1월 유럽과 연합국들의 지도자들은 평화를 보장하기 위한 규정들을 만들고, 황폐화된 상황을 타개할 수 있는 새로운 국제질서를 마련하기 위하여 파리로 몰려왔다. 초청된 국가는 모두 27개 국가로서 전 세계 인구의 4분의 3을 대표하는 중요한 회의였다. 강대국들의 조치는 예상했던 대

서재필.

로였다. 모든 인명과 재산 피해를 독일에 강제로 떠넘겨 독일은 엄청난 빚
더미 위에 올라앉게 되었다. 그러나 그것으로 모든 문제가 해결된 것은 아
니었다. 연합국 간의 무조건적인 결속력은 전쟁의 종결과 동시에 균열이
생겼고, 그에 따라 각국의 이해와 미래에 대한 전망을 놓고 미묘한 신경전
이 벌어지고 있었다.[42]

이승만은 1919년 1월 6일에 호놀룰루를 출발하여 15일에 샌프란시
스코에 도착, 열차편으로 로스앤젤레스에 들러 1월 22일에 대한인국민
회 중앙총회장 안창호를 만나고, 뉴욕을 거쳐 2월 3일에 필라델피아에
서 서재필을 만났다. 이승만은 서재필·정한경·장택상·민규식과 회동하
고, 필라델피아를 떠나 워싱턴으로 달려가 파리행 여권을 마련하고자
했다.

이승만은 미국 국적이 아니어서 해외여행이 자유롭지 못했다. 여권

을 받기 위해 월슨 대통령을 면담하고자 했으나 월슨은 프린스턴 대학 제자이기도 한 이승만을 만나주지 않았다.

이승만은 필라델피아를 떠나 워싱턴으로 달려가 파리행 여권 취득 노력에 박차를 가함과 동시에 일시 귀국 중인 월슨 대통령을 면담하려고 애썼다. 2월 27일에 그는 미 내무장관 레인의 소개로 국무장관 대리 폴크를 만나 그에게 파리행 여권을 시급히 발급해줄 것을 요청했다. 폴크는 월슨 대통령에게 품신한 후에 대답해주겠노라고 답했다. 그 후 폴크는 대통령으로부터 "이 박사가 (파리에) 오는 것은 유감"이라는 내용의 회답을 받고 3월 5일 이승만에게 여권 발급 불가를 통고했다. 그런데 이승만은 이틀 전(3월 3일)에 백악관 비서실장 투멀티로부터 월슨 대통령의 면담 사절통보를 받고 이에 유감을 표하는 서한을 발송(3월 4일)한 바 있었다. 이 무렵 백악관과 국무부 측이 이승만에게 보여준 일련의 냉대는 이 박사가 월슨과의 절친한 친구로서 월슨 대통령의 신임이 두텁다는 신화를 여지없이 깨뜨리고 말았다.[43]

　결국 이승만과 그 일행의 파리강화회의 참석이 불가능하게 되었다. 그 대신 한민족의 대표로는 상하이에서 여운형이 파견한 김규식이 참석할 수 있었다. 김규식은 미국 로노크 대학에서 박사학위를 받고 귀국하여 YMCA 초대 이사 겸 서기를 지내고, 도쿄 세계학생기독교연맹대회 한국 대표로 참가하고, 중국 상하이로 망명한 뒤 박달학원을 설립하여 영어교수 등을 지냈다.
　1918년 11월에 미국 월슨 대통령의 비공식 대표인 찰스 크레인이 중국을 방문하여 파리강화회의의 중요성을 역설한 것을 들은 여운형이

파리강화회의 대표단.

김규식을 만나 파리강화회의 참석을 요청하여 김규식이 참석하게 된 것
이다.

1918년 11월 28일, 김규식은 조선 문제를 전 세계에 폭로 항변할 결
심을 하고 장덕수와 서병호 등 30여 명으로 조직한 신한청년당의 외교
책임자가 되어 단신으로 파리로 출발했다.

여운형은 당시 톈진에 머물고 있던 김규식과 연락을 취하여 그를 상하이
로 불렀고 프랑스 파리로 파송했는데 이 일은 여러 측면에서 획기적이었
다. 이 당시 국내외 각처의 지사들은 모두 강화회의에 조선 대표를 보내야
한다는 생각을 하고 있었고, 미국과 하와이에서, 러시아 영토인 연해주에
서, 그리고 중국 광둥성에서 대표를 파견하기 위해 노력하고 있었는데, 결
국 여운형이 파송한 김규식만이 회의 중에 파리에 도착할 수 있었다. 김규
식의 파송은 한국독립운동사의 중요한 부분이기도 하지만 장래 여운형의

갈림길이 되었다. 각처의 단체들이 하고자 하면서도 이루지 못한 일을 성공적으로 이룩함으로 해서 전도사 여운형은 무명씨無名氏 신분에서 일약 독립운동가 여운형으로 부각되었기 때문이다.[44]

파리강화회의는 시작되기 전의 의도와는 다른 방향으로 진행되었다. 1919년 1월 18일부터 6월 28일까지 베르사유 궁전에서 27개국 70명의 대표가 참석했다. 하지만 주요 결정은 미국·영국·프랑스·이탈리아·일본 5개국 정부의 수반과 외상들로 구성된 최고이사회에서 이루어졌다. 패전국들은 일방적으로 결정된 강화조건에 서명해야만 했다. 윌슨의 민족자결주의는 연합국들의 거센 비난을 받았다. 이탈리아 대표들은 회의 도중에 퇴장하고 중국은 강화조약의 비준을 거부했다. 산둥반도에 있던 독일의 제반 권익을 일본이 승계했기 때문이다. 미국 의회도 국제연맹 규약이 포함된 강화조약의 비준을 거부했다.

'위임통치론' 속에 감춘 야망, 그리고 '이완용보다 더 큰 역적'

이승만은 파리강화회의 참석이 좌절되면서 새로운 방안을 모색했다. 이른바 '위임통치 청원'이다. 이승만과 정한경은 1919년 2월 25일에 작성한 〈위임통치 청원서〉를 우편으로 미국 윌슨 대통령과 파리강화회의에 제출했다. 청원서 내용이 알려지면서 국내외 독립운동진영에서는 크게 격분했다.

상하이에 대한민국 임시정부가 수립되고 의정원에서 국무총리 후보에 이승만이 거론되면서 다시 한번 위임통치론이 문제가 되었다. 의정원 의원이자 사학자인 신채호는 "미국 위임통치를 청원한 이승만은 이완용이나 송병준보다 더 큰 역적이오. 이완용은 있는 나라를 팔아먹었지만 이승만은 아직 나라를 찾기도 전에 팔아먹으려 하지 않소! 그런데도 우리 대표로 나설 수 있단 말이오?"라고 했으며, 군무총장 이동휘는 "이승만이 위임통치를 건의하는 바람에 정부 대표로 가 있는 김규식 박사가 어려움을 겪고 있다. 위임통치를 요청하려면 뭐 하러 파리까지 갔느냐? 그러니 불필요한 오해를 낳은 위임통치 청원을 철회한다는 성명서를 내는 게 어떻겠느냐?"라고 건의했으나 이승만은 이를 거부했다.[45]
독립운동진영에서 문제 삼은 이승만의 청원서 한 대목이다.

저희들은 자유를 사랑하는 천오백만 한국인의 이름으로 각하께서 여기에 동봉한 청원서를 평화회의에 제출하여주시옵고, 연합국 열강이 장래 한국의 완전한 독립을 보장한다는 조건하에 일본의 현 통치로부터 한국을 해방시켜 국제연맹의 위임통치하에 두는 조처를 취할 수 있도록 지지하여주시기를 간절히 청원하는 바입니다.[46]

이승만은 이 청원서에서 한반도는 모든 나라의 이익에 도움이 되는 중립적인 상업지역으로 바뀔 뿐 아니라, 동양에서 어떤 특정 국가의 세력 확장을 방지하고 평화를 유지하는 데 도움이 되는 완충국이 될 것임을 강조했다. 요컨대 완전독립으로 가는 중간단계로서 위임통치를 설정하고 그것이 이 지역에 관심을 갖는 나라들에게 정치적·경제적으로 이익이 될 수 있음을 주지시키고자 한 것이다.[47]
독립지사들은 이 내용이 외신을 통해 알려지면서 분통을 터뜨렸다. 더욱 분기탱천한 것은 3월 14일, 정한경이 미국 신문과 한 회견에서

"한인들이 원하는 것은 국제연맹 회의에서 한국을 관할하되, 민주정치를 쓰는 미국이 한국 정치를 고문하여 차츰 한국의 기초를 굳건히 하고자 하는 데 있다"라고 설명한 대목이다. 한마디로 일본의 통치 대신 미국의 지배를 받자는 내용이다.

정한경은 한 발 더 나아갔다. 3월 21일 자 《뉴욕 타임스》 기고문 「한국의 호소」에서 "한국의 모든 계층의 인민들은 한마음으로 파리강화회의와 국제연맹의 위임통치를 호소하고 있다"라고 주장했다. 국내는 물론 해외 한인사회에서 3·1 만세시위가 거세게 전개되던 시점이었다. 정한경은 이승만의 측근으로서 늘 그와 함께 행동해왔다. 이러한 정한경의 발언들은 이승만의 의중으로 인식되었다. 이승만의 위임통치론은 민족의 절대독립을 절체절명의 대의요 목표로 삼고 투쟁해온 민족주의 계열은 물론 사회주의(공산주의) 계열의 독립지사들에게도 용납할 수 없는 친미사대주의 발언으로 치부되었다. 이승만이 해방 뒤 한때 반탁운동에 참여했다가 곧 미 군정과 협력하면서 단독정부 수립 노선을 택한 데는 이와 같은 뿌리 깊은 사력이 작용했다.

이승만과 정한경은 3·1 혁명 소식이 미국에 전해지고 난 다음에도 여전히 위임통치 문제를 가지고 미국 언론의 주목을 끌고자 했다. 이승만은 중국 상하이에 대한민국 임시정부가 수립되었다는 통보를 받고서야 비로소 절대독립을 주장하기 시작했다. 3·1 혁명을 전후한 시점에서 제기되었던 위임통치 청원은 거족적으로 표출된 한국민의 독립의지를 손상시켰고, 이승만의 입장에서 볼 때도 스스로 외교독립론의 명분과 정치적 입지를 약화시키는 결과를 가져왔다. 그것은 대한민국 임시정부의 분열과 이승만의 대통령직 '탄핵'으로까지 연결되었기 때문이다.[48]

방대한 이승만 연구 저서를 남긴 정병준은 이승만의 '노골적인 반일운동'은 3·1 혁명 이전까지 한 차례도 없었다고 지적한다. '독립운동가 이승만'의 위상이 반쪽 나는 기록이다.

대외적으로 이승만은 미국 정세와 하와이 내 자신의 입지에 따라 대일관에서 유화적 자세와 반일을 오고 갔지만, 한인사회 내부에 대해서는 언제나 반일 구호를 내세웠다. 이승만은 자신의 종교활동과 교육활동이 모두 독립과 반일을 위한 것이라고 한인들에게 설명했다. 그러나 1915년의 국민회 쿠데타와 1918년 이즈모호 사건 등은 이승만의 대내적 반일구호가 실제로는 자신의 정치적 기반 강화를 위한 도구일 뿐이라는 의심을 불러일으키기에 충분했다. 적어도 1919년 이전까지 이승만은 단 한 차례도 노골적인 반일운동을 벌인 적이 없었다.[49]

3.

분열을 부른 야망, 순진한 외교주의

탄핵당한 임시정부 대통령, 현실성 없는 외교독립론

1919년 3·1 혁명은 한민족의 근현대사에 결정적인 분수령이 되었다. 비록 침략자들을 몰아내지는 못했으나 국민의 거국적인 저항은 일제를 공포의 도가니로 몰아넣었고, 한민족이 나아갈 새로운 역사의 이정표를 세웠다. 3·1 혁명의 결과 상하이에 대한민국 임시정부가 수립되고, 임시정부가 민주공화제를 선포함으로써 우리나라도 20세기의 세계사적 조류에 합류했다.

국치 이래 희망을 잃고 노예처럼 살던 한민족은 3·1 혁명을 계기로 근대적 민족의식에 눈뜨게 되고, 수많은 청년들이 나라를 되찾기 위해 국내외 독립전선에서 목숨을 바쳐 항쟁하게 되었다. 3·1 혁명은, 태평양 건너에서 민족의식을 망각한 채 '한가한' 외교활동의 실속 없는 말만 되뇌던 이승만에게도 새로운 각성과 분기의 계기가 되었다.

이승만은 3월 10일, 서재필에게서 국내의 3·1 혁명 소식을 전해 들었다. 이 소식은 상하이에 머물던 현순 목사가 3월 9일 미국에 있는 안창호에게 알리고, 안창호가 서재필에게, 서재필이 다시 이승만에게 전보를 통해 알려주었다.

필라델피아에서 열린 한인자유대회.

미국에서 활동하는 독립지사들은 미국 독립운동의 요람지로 독립
기념관이 있는 필라델피아에서 4월 14일 한인대회를 열었다. 14일부터
16일까지 사흘 동안 필라델피아 소극장에서 열린 이 대회에는 서재필,
이승만, 윤병구, 민찬호, 정한경, 임병직, 김현철, 장기영, 천세권, 유일
한, 김현구, 조병옥, 노디 김 등 재미 독립지사 150여 명이 참석했다.

이 대회에서 「미국 정부에 보내는 호소문」과 「노령임시정부 지지문」
등을 채택하고, 「3·1 독립선언서」를 낭독한 다음 참가자들이 "대한공화
국 만세!" "미국 만세!" 등의 구호를 외치며 회의장에서 독립기념관까지
시가행진을 벌였다. 필라델피아의 한인 시위행진 소식은 미국 언론에도
보도되었다.

이승만이 여러 임정에서 정부 수반으로 추대된 까닭

3·1 혁명 후 국내외에서는 몇 갈래로 임시정부 수립에 나섰다. 이미 그전에 해외에서 임시정부 수립이 시도되었다. 1914년 블라디보스토크에서 이상설·이동휘 등이 대한광복군정부를 수립하고, 1917년 상하이에서 신규식과 조소앙 등 17명이 대동단결선언을 통해 임시정부 수립을 제창했다. 본격적인 임시정부 수립은 3·1 혁명 직후에 전개되었다. 기미독립선언서에서 '조선이 독립국'임을 선언하였으니, 이를 대변하는 민족대표기구 설립은 당연한 수순이었다.

1919년 3~4월에 국내외에 걸쳐 모두 8개의 임시정부가 수립·선포되었다. 그중 조선민국임시정부, 신한민국임시정부, 대한민간정부, 고려공화정부, 간도임시정부 등은 수립 과정이 분명하지 않은 채 전단으로만 발표되었다. 실제적인 조직과 기반을 갖추고 수립된 정부는 러시아의 연해주임시정부, 중국의 상하이임시정부, 국내의 한성임시정부였다.

3월 초에 이교헌·윤이병·윤용주·최현규·이규갑 등이 정부 수립을 논의하고, 4월 2일에 각계 대표 20여 명이 인천 만국공원에서 한성임시정부 수립 선포를 결의했다. 참여 인사는 천도교 대표 안상덕, 기독교 대표 박용희·이규갑, 유림 대표 김규, 불교 대표 이종욱 등이었다. 그 후 4월 23일, 서울 서린동의 중국 요리점 봉춘관에서 13도 대표 24명이 참석하여 국민대회를 개최하고 한성정부 수립을 선포했다. 국민대회는 '선포문'에서 "국민대회는 민의에 기인하여 임시정부를 조직하고 국민대표로서 파리강화회의에 출석할 의원을 선정하고 약법을 제정하여 이를 선포한다"라고 밝혔다.

한성정부는 '약법'에서 "국체는 민주제를 채택할 것, 정체는 대의제를 채택할 것, 국시는 국민의 자유와 권리를 존중하고 세계 평화와 행복을 증진할 것" 등을 천명했다. 한성임시정부는 집정관총재에 이승만, 국무총리총재에 이동휘, 외무부 총장에 박용만, 내무부 총장에 이동녕, 군무부 총장에 노백린, 재무부 총장에 이시영, 법무부 총장에 신규식, 학무부 총장에 김규식, 교통부 총장에 문창범, 노동국 총판에 안창호, 참모부 총장에 유동열을 선출하여[1] 형식상으로는 정부 체제의 면모를 갖췄다.

한성임시정부에서 '집정관총재'로 선출된 이승만은 이후 미국에서 한성정부의 '대통령President'으로 행세했다. 심지어 상하이임시정부가 자신을 탄핵하자 한성정부가 정통이라고 내세우기까지 했다. 그런데 최근 한성정부의 실체가 당시 신문 보도와는 전혀 다른 것으로 밝혀지고 있다.

한성정부 정통성의 근거로 활용되는 13도 대표대회나 국민대회는 실재하지 않았다. 13도 대표대회는 4월 2일 인천 만국공원에서 열릴 예정이었으나 참석자는 기독교계 인물들과 경인지역 거주자 몇 명이었고, 4월 23일 국민대회 역시 소수 학생의 시위운동으로 종결되었다. 13도 대표회의와 국민대회는 국민적 합의 절차를 강조하기 위한 명분이었지, 실체가 존재하는 것은 아니었다.[2]

즉 한성정부는 지상紙上 정부의 성격이 강했고, '전단'으로 선포되었을 뿐 국민적 지지기반이나 동의 절차는 물론이고 대중적 호응도 받지 못했다는 것이다.[3]

전문가들의 일련의 연구에 따르면 한성임시정부는 몇 사람이 임의

대한민국 임시헌장.

적으로 국내외 지도적 인물들을 중심으로 '지상 조각'을 한 것으로 나타
났다. 따라서 이승만의 '집정관총재―대통령(호칭)'의 위치는 가상의 조직
에 따른 직위였을 뿐이다. 하지만 이승만은 한성정부의 정통성을 믿었
고, 이 직위에 자부심이 대단했다. 상하이임시정부가 일부의 거센 반대
에도 불구하고 그를 국무총리에 이어 대통령으로 선출한 것도 '한성정
부'의 위상에서 적잖게 영향을 받았다.

　상하이에서 대한민국 임시정부가 수립된 것은 1919년 4월 11일이
다. 일제로부터 국토와 주권, 인민을 완전히 되찾아 '정식' 정부를 수립
할 때까지 한시적으로 '임시'로 세운 정부였다. 상하이에서 국내외에서
모여든 조선의 각 도 대표 29명이 4월 10~11일 임시의정원 회의를 개최
하고 여기서 임시헌장 10개조와 정부 관제를 채택한 뒤, 임시정부를 수
립하여 대내외에 선포했다.

　임시헌장의 10개 조항에는 "대한민국은 민주공화제로 함(제1조), 대
한민국은 임시정부가 임시의정원의 결의에 의하여 이를 통치함(제2조),
대한민국의 인민은 남녀·빈부 및 계급 없이 일체 평등으로 함(제3조), 대

왼쪽 위부터 시계 방향으로 이승만, 안창호, 김규식, 이시영, 문창범, 이동휘.

한민국의 인민은 종교·언론·저작·출판·결사·집회·주소이전·신체 및 소유
의 자유를 향유함(제4조)" 등 근대적 민주공화제의 헌법 내용을 담았다.

　정부 수립 당시 임시의정원 의원은 이동녕, 현순, 손정도, 여운형,
이회영, 백남칠, 신채호, 조완구, 조성환, 최근우, 신석우, 조소앙, 조동
호, 선우혁, 이시영, 김동삼, 신익희, 이광수 등 29명이었다. 임시의정원
은 의장에 이동녕, 부의장에 손정도, 서기에 이광수·백남칠을 선출하고
나서 주요 의제 심의에 들어가 국호를 대한민국, 연호를 대한민국 원년
으로 정했다. 그리고 국무총리 이승만, 내무총장 안창호(차장 신익희), 외

무총장 김규식(차장 현순), 재무총장 최재형(차장 이춘숙), 교통총장 문창범
(차장 선우혁), 군무총장 이동휘(차장 조성환), 법무총장 이시영(차장 남형우),
국무원비서장 조소앙으로 내각을 구성했다.[4]

그런데 이승만이 44살 젊은 나이에 한성임시정부(대조선공화국), 노
령 대한국민의회, 상하이임시정부에서 각각 정부 수반의 직위를 맡게
된 배경은 무엇일까.

사실 그는 대한제국 시기에 고위 관직을 가졌던 사람도 아니었다. 만민공
동회 이후 국내에서 전개되었던 애국계몽운동이나 의병항쟁 그 어느 쪽에
서도 기여한 바가 없었다. 그런데도 이승만이 3개 임시정부에서 각각 수반
으로 추대된 것은 무엇보다도 그가 미국과 친밀한 관계를 갖고 있는 사람
으로 비쳤다는 점이 중요하게 작용했던 것으로 보인다. 그에게는 배재학당
시절부터 맺어진 미국인 선교사들과의 친밀한 관계가 늘 막강한 배경을
이루었다.[5]

이승만에 대해 "총명한 머리와 연설 능력과 유려한 문체가 있었고,
카리스마적인 자질이 있었다"라고 평한 주진오의 진단이 이어진다.

당시 국민들 사이에서 국내에 과장되게 알려졌던 그의 외교활동 성과도
큰 몫을 하였을 것으로 판단된다. 상하이임시정부의 운동노선이 외교론이
라는 점은 이미 잘 알려져 있는 사실이다. 이때 가장 주된 관심의 대상은
당연히 미국이었다. 그러므로 미국과의 외교관계를 잘 수행해낼 수 있는
사람으로 이승만이 주목된 것이 그가 '대통령'이라는 지위를 차지하게 된
배경을 이룬다고 할 수 있을 것이다. 게다가 '왕족의 후손'이라는 신화와

35일간에 불과했던 중추원 의관의 경력, 그의 구속이 사실은 박영효 역모 사건과 관련 때문이었지만 만민공동회 활동의 결과라는 인상도 유리하게 작용했을 것이다.[6]

상하이임시정부의 국무총리 선출을 둘러싸고 심한 논란이 일었다. 국무총리 이승만의 적격성에 대한 논란이었다. 이회영, 신채호, 박용만 등 무장독립운동 계열 인사들이 '위임통치론'을 제기한 이승만을 거세게 비판했는데, 의정원에서 이승만이 국무총리로 선출되자 이들은 결국 회의장에서 퇴장해버렸다. 이들은 외세에 의존하여 절대독립을 방해하는 사람이 새 정부의 수반이 될 수 없다고 강하게 주장했다.

이승만은 4월 15일, 하와이에서 상하이에 있는 측근 현순으로부터 임시정부 조직과 국무총리에 선출된 사실을 전문으로 정확히 전달받았다. 전문에는 각원의 명단도 포함되어 있었다. 이승만은 다음 날 의정원의 지침에 따라 현순이 보낸 "국무총리에 취임하든지 대리를 지정하라"라는 전문을 다시 받았다. 그러나 상하이임시정부는 5월 말에야 이동녕 의정원 의장 명의로 이승만에게 총리 선임 사실을 통보했다. 하와이에서 발행되는 《신한민보》를 통해서 이런 사실이 보도되면서, 이승만의 성가는 미주 한인사회에서 날로 높아갔다. 그런데도 이승만은 상하이로 가지 않고 미국에 머물러 있었다. 한성정부와의 관계 때문이었다.

'대통령'에 대한 집착, 현실성 없는 외교독립론 고집

3·1 혁명 이후 여러 곳에서 수립된 임시정부들은 각 정부가 추대한 정부

수반이나 각료가 서로 중복되어 있거나 국내외 각지에 떨어져 활동하고 있어 미취임 상태로 있는 경우가 대부분이었다. 따라서 각각의 정부도 제대로 기능하지 못할뿐더러 원활하게 활동하기도 쉽지 않았다. 이와 같은 문제를 해결하기 위해 단일정부로 통합하는 방안이 모색되었다.

8월 말, 상하이임시정부 국무총리 대리이자 내무총장인 안창호가 임시의정원 회의에서 한성정부 및 블라디보스토크의 국민의회정부와의 통합과 정부개편안을 제시했다. 이에 따라 몇 차례 논의한 끝에 9월 6일, 3개 정부를 통합하고, 정부 수반의 호칭을 대통령으로 하는 새 헌법과 개선된 국무위원 명단이 발표되었다.

통합임시정부가 정부수반을 국무총리에서 대통령으로 바꾸게 된 것은 이승만이 줄기차게 요구했기 때문이었다. 국무총리로 선출되고서도 상하이에 오지 않고 미국에서 활동해온 이승만은 국무총리가 아니라 대통령으로 행세했다. 그는 대통령 호칭에 강하게 집착했다. 미국식 정치와 문화에 깊숙이 젖어 있어서 미국의 정부수반 '프레지던트' 호칭이 의식에 각인된 까닭일 터였다. 그는 한성정부의 수반으로 추대될 즈음부터 '대통령'으로 자임했다. 《신한민보》와 한 회견에서도 자신을 대통령으로 호칭했다.[7]

5월 31일 신흥우에게서 한성정부 수립의 문건을 건네받은 이승만이 대한공화국 임시정부 국무령(집정관총재)의 직함을 버리고 처음으로 대통령으로 자임한 것은 1919년 6월 14일부터였다. 이승만은 구한국과 조약을 맺었던 열강들에게 대통령 명의로 한성정부의 탄생을 알리는 공식 서한을 보냈다.[8]

이승만은 상하이임시정부 직제에 '대통령'이 존재하지 않았는데도 불구하고 굳이 '대통령Present'을 자임한 것이다. 사소한 문제라 여길지 모르지만, 이는 헌법 위에 군림하려는 오만한 행태다. 해방 뒤 집권하여 몇 차례나 헌법을 뜯어고치고 무시하면서 멋대로 통치한 것도 따지고 보면 이때부터 '헌법 위에 군림'해온 오만함에서 발원한다.

이승만이 '대통령'을 자임한 것은 헌법에 비추어볼 때 분명 문제였다. 당시 상하이에 있던 안창호는 하와이 국민회에 전문을 보내 "대한민국 임시정부가 아직 대통령을 선정하지 않았다"라고 반박했다.[9]

그러나 이승만은 대통령이란 호칭을 계속 사용하겠다는 고집을 꺾지 않았다. 6월 17일, 이승만은 상하이로 전문을 보내 자신이 '대통령 명의'로 파리의 김규식과 이관용에게 신임장을 보냈고, 동맹국들에게 한국 독립을 인정하라는 '국서'를 보냈으며, 조만간 미국 의회에도 제의할 것이라고 통보했다. 이승만은 이 전문에서 외교사무는 워싱턴에서 주관할 터이니 서로 혼잡하지 않도록 하라고 지시했다. 또 6월 어느 날에 이승만은 일본 '천황'에게도 한성정부의 수립과 자신이 대통령으로 선출된 사실을 적시하며 일본의 철수를 촉구했다.[10]

이승만은 상하이임시정부가 대통령 호칭은 헌법에도 없는 '참칭'이라며 강하게 만류했음에도 계속 대통령 직함으로 행세하면서 오히려 임시정부에 정부 형태를 내각제에서 대통령제로 개편할 것을 요구했다. 마침내 임시정부는 통합정부를 출범하면서 개헌절차를 거쳐 직제를 바꾸었다. 위인설관爲人設官의 직제 개편에 따라 이승만은 숙원대로 임시정부의 '대통령'이 되었다.

'임시대통령' 이승만은 워싱턴에 활동본부를 설치하고, 대한한국임시정부 국제 명칭을 'Republic of Korea'로 정하고 외교활동에 나섰다. 이승만이 본격적으로 독립운동을 시작한 때는 바로 이 무렵부터이다.

이승만은 하와이에서 자신이 운영하는 태평양잡지사를 통해 3·1 혁명을 주체로 하는 『대한독립혈전기』를 발간했는데, 첫 장에 '대한민주국 대통령 이승만' 사진을 올리고 「대통령선언서」를 실어 교포들에게 배포했다.

이렇게 한인교포사회 내에 지지기반을 다진 그는 자신의 장점을 가장 잘 살릴 수 있는 독립운동의 방법, 즉 미국을 비롯한 강대국 정부와 파리강화회의를 겨냥한 외교·선전활동에 전력투구했다. 그는 '대한공화국 대통령' 명의로 6월 14일 미·영·불·이 등 열강 정부에, 그리고 6월 27일에는 파리강화회의 의장 클레망소에게 각각 한국에 '완벽한 자율적 민주정부'가 탄생했다는 사실과 자기가 그 정부의 '대통령'으로 선출되었다는 사실을 통고했다. 6월 18일에 그는 일본 '천황' 앞으로 국서를 발송, 한반도에 적법적인 '대한공화국'이 수립되었으므로 일본이 당장 이 정부를 인정하고 한반도에서 모든 일본 군대와 관리들(외교관 제외)을 철수시킬 것을 촉구했다. 이 국서는 이승만의 비서로 발탁된 임병직을 통해 워싱턴 주재 일본대사관에 전달되었다.[11]

이승만은 워싱턴 매사추세츠가 1894번지에 '대한공화국' 공사관을 개설하고, 유급 직원을 채용하여 외교사무를 맡겼다. 그리고 자신은 임병직 비서와 함께 미국 주요 도시를 순방하면서 교포들과 미국인들을 상대로 일제의 만행을 규탄하고 임시정부를 지지해줄 것을 호소했다. 이는 1919년 10월 초부터 이듬해 6월 말까지 8개월간 계속되었다. 그는 상하이임시정부가 현지 업무 집행을 거듭 요청해도 미국을 떠나려 하지 않았다.

한편 상하이임시정부는 수립 초기부터 정부령 제1호와 제2호를 잇달아 반포하여 내외 동포에게 납세를 전면 거부할 것(제1호)과, 적(일제)의 재판과 행정상의 모든 명령을 거부하라(제2호)는 강력한 포고문을 발령했다. 그리고 지방조직으로 연통부와 교통국을 설치한 데 이어 해외에는 거류민단을 조직하여 임시정부 관리 아래 두었다. 연통부는 지방행정조직이고, 교통국은 비밀통신조직이다. 그러나 1920년 말엽부터 일제의 정보망에 걸려 국내의 지방조직이 파괴되고, 3·1 혁명의 열기도 점차 사그라지면서 국내의 독립기금 송금과 청년들의 임시정부 참여가 크게 줄어들었다.

상하이임시정부는 이승만 대통령 선임을 둘러싸고 외무총장 박용만과 교통총장 문창범이 취임을 거부한 데 이어, 이회영과 신채호 등 무장투쟁 주창자들이 상하이를 떠나 베이징으로 올라가버렸다. 엎친 데 덮친 격으로 1920년 국무총리 이동휘가 러시아 정부가 지원한 독립자금을 독자적으로 처리하여 물의를 일으킨 끝에 1921년 임시정부를 떠났다. 이에 임시정부는 이동녕, 신규식, 노백린이 차례로 국무총리 대리를 맡아 정부를 이끌어야 했을 만큼 불안정한 상태로 운영되었다.

워싱턴에 머물던 이승만은 1920년 6월 29일에야 호놀룰루를 거쳐 운송선 웨스트하키호를 타고 20여 일간 항해한 끝에 12월 5일 오전 상하이에 도착했다. 미국 정부의 여권을 받지 못해 선창에 몸을 숨겨서 들어온 것인데, 비서 임병직이 수행했다.

상하이에 도착한 이승만은 여운형의 소개로 프랑스 조계에 있는 미국인 안식교 선교사 크로프트 목사의 집에 머물렀다. 그러던 12월 13일, 임시정부 청사를 방문해서 처음으로 국무위원, 의정원 의원들과 상면했다.

이승만이 뒤늦게 상하이로 오게 된 것은 이유필·신익희·윤기섭 등의정원 의원들의 초대장이 주효했다. 막중한 위치에서 부임하지 않고 미국에 머무는 이승만에게 이들이 '정중한' 초대장을 보낸 것이다.

정부 건설 초 내외 인심 통일에 미흡하고 만반 정부가 진흥되지 못하였음을 유감으로 생각하는 바이다. 민족의 사명을 부담하고 광복대업을 성공하려는 정부의 수뇌자들이 한 곳에 모여서 정책을 세우고 사업을 진전하여야 민중이 정부 방침 아래서 일치 행동을 취할 터인데 지금 임시대통령이 먼 곳에 있어서 정부 직원들을 회합하지 못하였고 정무를 살피지 않은 까닭에 일에 장애와 착오가 중첩되는 것이 중대관계이다.

워싱턴에 김규식과 서재필이 있어서 외무를 담당할 터이니 임시대통령이 그곳을 떠나도 외교에 영향이 없을 것이고 정부의 사무와 원동 군사운동과 인심융화에 관한 일들을 처리하자면 임시대통령이 정부에 부임하여야 하겠으므로 이에 이승만의 초대를 제의함.[12]

이승만을 맞은 임시정부 요인들은 환영연을 열어주고, 기관지 《독립신문》은 그동안 미온적이었던 태도를 바꾸어 열렬한 환영사로 격려했다. 이승만이 참석한 첫 국무회의 단면이다.

이동휘(국무총리)가 "제1차 세계대전 후에 민족자결주의가 세계 약소민족의 궐기를 일으키고 절대 자유독립을 실현시켜야 할 터인데, 이 박사의 위임통치 청원과 정한경의 자치론이 국제 국가에 혼란을 주고 우리 민족 자체의 독립정신을 현혹시키고 있어 사회 비난이 비등한데, 이 박사의 대책은 어떠한가?" 묻자 이승만은 "위임통치는 고의적인 동기에서 한 것이 아니고 그러한 문제라도 제시하여 한국 문제 선전을 시작하자는 뜻에서 한 것뿐

이승만 대통령의 상하이 도착 환영식. 태극기 아래 서 있는 사람들 왼쪽부터 손정도, 이동녕, 이시영, 이동휘, 이승만, 안창호, 박은식, 신규식, 장붕.

이며 그것이 독립을 부인하는 위임통치도 아니고, 그 문제는 지나간 일이고 지금은 국제적이나 한국 내에도 현혹되는 일이다. 사람들이 돌연히 여론을 조작하여 시비를 하는 것"이라고 답했다.[13]

이승만은 대단히 무책임한 발언을 했다. 장래 국가와 민족의 사활이 걸린 문제를 '고의적'이 아니라 '선전'을 목적으로 하게 되었다는 변명이었다. 그리고 사람들이 여론을 조작하여 시비를 한다고 몰아붙였다. 적반하장 격이다.

임시정부 국무위원들은 이승만이 정부가 수립된 지 1년 6개월 만에 왔으니 임시대통령으로서 무슨 방책을 준비해온 것으로 믿고 기다렸다. 그러나 아무런 방안도 내놓지 못하자 "임시대통령이 직접 현지에 머물면서 정부를 주관할 것"을 요구하고, "그것이 불가능하면 행정결재권을 국무총리에 위임하고, 국무총리는 매월 대통령에게 정무보고를 할 것"을 주장했다.

이에 대해 이승만은 "워싱턴 외교사업이 중요하기 때문에 그곳을 떠날 수 없고, 행정결재권도 내줄 수 없으며, 국정은 현상대로 유지할 것, 중요한 행정사건은 반드시 워싱턴에 보내서 대통령의 결재를 받아서 처리할 것"[14]을 내세웠다.

이승만에게 기대를 걸었던 임정 요인들은 실망하지 않을 수 없었다. 이에 반발하여 이동휘·안창호·김규식·남형우 등 거물급 지도자들이 속속 임시정부를 떠났다. 이승만은 이들을 붙들어 포용하는 대신 신규식·이동녕·이시영·노백린·손정도 등을 새 국무위원으로 임명하여 위기를 미봉하고자 했다.

당시 만주, 간도, 연해주 등지에서는 민족독립을 위한 무장독립전쟁단체들이 속속 결성되어 피나는 항일투쟁을 벌이고 있었다. 북로군정서, 대한독립군단, 대한광복군, 광복군총영, 의열단, 의군부, 대한신민단, 혈성단, 신대한청년회, 복황단, 창의단, 청년맹호단, 학생광복단, 자위단 등이 결성되고, 특히 1910년 신흥무관학교가 설립되어 체계적인 군사훈련을 통해 독립군 간부를 양성했다.

만주 각지에서 조직된 무장독립군 세력은 상호 연대하여 봉오동전투(1920. 6)와 청산리전투(1920. 10)를 승리로 이끌면서 국치 이래 최대의 항일대첩을 이루었다. 이에 대한 보복으로 일제는 훈춘 사건과 자유시 참변을 일으켜 조선인과 한인의용대를 무차별적으로 살육하는 만행을 저질렀다. 이런 상황인데도 상하이임시정부는 이승만의 독선과 독주로 요인들이 하나둘씩 떠나가고, 현실성 없는 '외교독립론'에 빠져 있었다.

이승만의 독단과 분열책동, 그리고 친일적 언동

이승만이 상하이에 도착한 지 한 달 만에 국무총리 이동휘가 사표를 제출하고, 뒤이어 안창호(노동국 총판), 김규식(학무총장), 남형우(교통총장) 등이 차례로 정부를 떠났다. 이승만을 수행했던 임병직의 회고에 따르면, 정부 각료들 사이에 독립운동 방법론을 둘러싸고 '강경론'과 '온건론'이 대립하고 있었다. 즉 강경론자들은 만주에서 무장활동의 본격화, 소련 및 중국 내 배일 정당과의 제휴 및 공동전선 구축, 국내에서의 게릴라전 전개와 총독부 고위 관리 암살 등을 주장했다. 이에 대해 이승만은 무장투쟁과 암살 활동은 국내 동포에 대한 일본의 탄압을 가중시키며, 공산당의 원조에 의하여 한국의 독립을 성취한다는 것은 조국을 다시 공산주의 국가의 노예로 만들자는 것이라고 주장하며 반대했다.[15]

임시정부는 독립운동 방략을 논의하면서 현실성 없는 이승만의 '외교독립론'의 미망에서 헤어나지 못한 채 분열되고 있었다. 게다가 이승만은 정무에 전념하지도 않았다. "상하이 체류기간 이승만은 틈을 내어 3월 5~10일에는 장붕(후일 임시의정원 의장)과 함께 난징南京을, 3월 25~27일에는 크로푸트(미국인 선교사) 부부와 함께 류허柳河를, 그리고 5월 24~25일에는 크로푸트 부부 및 신익희 등과 함께 쑤저우蘇州를 관광했다."[16]

이승만의 독선적인 정부 운영과 무대책에 실망한 임시정부 국무위원들과 의정원 의원들은 국민대회를 준비하면서 지도체제를 대통령중심제에서 국무위원중심제 즉 일종의 내각책임제로 바꾸는 개헌작업을 시도했다. 그러나 이승만이 이에 반대하면서 임정의 분열상은 더욱 가중되고, 이를 이유로 이승만은 1921년 5월 29일 마닐라행 기선 컬럼비아호를 타고 상하이를 떠났다. 이승만의 1년 반 동안 임시정부의 활동은 이로써 사실상 끝나게 되었다. 하지만 그는 대통령직을 사퇴하지 않고 임시정부를 떠났다.

6월 29일에 호놀룰루에 도착한 이승만은 민찬호 등과 대한인동지회를 조직하고, 동지회 창립석상에서 임시정부를 맹렬하게 비난했다.

내가 상하이에 갔던 목적은 임시정부 각원들을 단합결속하려 했던 것이다. 상하이 인사들의 재정이 곤란하여 바라기를 내가 돈을 많이 가지고 왔을까 하였는데 돈이 없다고 하니 낙심했고, 나에게 신출귀몰한 정략이 있을까 했으나 그 희망이 만족되지 아니하므로 공연히 트집을 잡아 혼란을 일으켰다. 국무총리 이동휘가 정부제도를 위원제도로 변경하자는데 이것이 러시아 공산제도인 까닭에 거절했더니, 그 감정으로 국무회의에서 시비를 일으키고 필경에 이동휘·안창호·김규식이 떠나갔다. 운동의 형편은 베이징에서 박용만이 무정부주의를 선전하여 인심을 현혹하게 하며 정부파괴운동을 하고 있다. 상하이에서 안창호파가 주장하는 국민대회라는 것은 파동을 일으켜 독립운동을 방해하는 것이다. 내가 과거에는 무리한 일을 당하여도 척추 없는 사람 모양으로 가만히 있었으나 지금 상하이와 베이징에 있는 사람들의 행동을 그대로 둘 수 없으니 상당한 조치가 있어야 하겠다. 세계 각국이 경찰과 군대와 감옥을 가지고 있는 것은 도덕만으

1921년 성탄절 무렵. 구미위원부 공관 앞에 선 직원들. 앞줄 왼쪽부터 시계 반대방향으로 이승만.
비서 매이본. 법률고문 돌프. 정한경. 서재필(위).
워싱턴에 있었던 구미위원부 공관의 모습(아래).

로는 질서를 유지할 수 없는 까닭이다. 우리는 아직 이러한 기구가 없으므로 악한 무리를 처치할 수 없는 터이니 여러분이 경찰도 되고 몽둥이도 되어서 악한 분자를 처치하는 데 일심협력해달라.[17]

이승만의 임시정부에 대한 격렬한 '증오심'이 적나라하게 표출된 발언이다. 그러나 발언은 대부분 허위와 왜곡이다. 특히 박용만과 안창호 등을 무고한 부분은 악의적이다.

상하이 인사들은 이승만에게 재정적 후원을 기대한 일이 없다. 임시정부에서 구미위원부에 대하여 "돈을 보내주십시오" 한 기사를 찾아볼 수가 없다. 도리어 미주 동포들이 상하이로 보낼 애국금을 이승만이 가로채서 쓴일이 허다하다. 이동휘의 정부를 위원제도로 변경하자는 제안은 내각책임제를 뜻하는 것이고 공산당 제도가 아니다. 당시 박용만은 베이징에서 여전히 독립군을 양성하여 항일전을 개시하자고 주장하면서 애국운동을 계속하고 있었고 무정부주의를 선전하여 정부 파괴를 꾀한 일이 없다. 안창호파가 파동을 일으켜서 독립운동을 방해하고 있다고 했으나 정신이상자가 아니고서야 누가 그 중상모략을 믿을 사람이 있을까. 안창호는 독립운동을 위한 단체를 가졌지마는 평생 독립을 방해하는 파당을 조직한 일이 없다. 그는 남의 단점을 말하지 아니하며, 건설적 대안을 제시할 뿐이요, 파괴적 비난을 말하는 기록을 찾을 수가 없다.[18]

이승만은 임시정부로부터 1921년 9월 29일에 태평양회의(워싱턴 군축회의)에 참석하라는 지침을 받고 하와이에서 워싱턴으로 돌아왔다. 그는 태평양회의 한국 대표단의 전권대사로 임명되었다. 태평양회의는 1921년

7월 11일에 미국의 신임 대통령 워런 하딩에 의해 제의되었다. 하딩이 파리강화회의가 유럽 중심의 국제 현안을 다루어 동아시아 문제를 해결하지 못했기에 동아시아·태평양 지역의 현안을 포괄적으로 다룰 국제회의를 워싱턴에서 갖자고 제의하고, 일본·영국·프랑스·이탈리아 등이 이 제안을 받아들이면서 개최하게 되었다.

상하이임시정부에서 자신의 위상이 흔들리는 것을 지켜보고 미국으로 돌아온 이승만은 워싱턴의 구미위원부를 한국위원회The Korean Commission로 바꾸고 활동 근거지로 삼았다.

파리강화회의에 참석했던 김규식이 8월 25일 워싱턴에 도착한 것을 계기로 이승만 등이 한국위원회를 발족했다. 한국위원회는 김규식을 위원장으로 위촉하고, 10월 10일 워싱턴회의에 참석하는 미 대표에게 「한국독립청원서」를 제출했다. 12월 1일에는 다시 「군축회의에서 드리는 한국의 호소」를 발표하는 등 노력했으나 제국주의 열강에게 한국의 독립문제는 안중에도 없었다. 워싱턴회의 역시 아무런 성과 없이 끝났다.

이승만은 1922년 2월 호놀룰루로 돌아왔다. 이로써 상하이에 이어 워싱턴의 활동에서도 자신의 한계를 알게 되었다. 이것은 그 이후 이승만이 하와이에 정착하게 되는 배경이 되었다.

하와이에 머물면서 활동하던 1923년 6월, 이승만은 임시정부 대통령으로서는 걸맞지 않은 행사를 열어 교포사회에 물의를 빚었다.

이승만은 1923년 6월 자신이 운영하는 한인기독학원의 남학생 12명, 여학생 8명으로 '하와이 학생 고국방문단'을 구성하고, 자신이 운영하던 학교 건축비 조달을 목적으로 호놀룰루 주재 일본 총영사관과 교섭하여, 이 학생들이 일본 여권을 갖고 한국을 방문케 했다. "이 시점에서 임시정부 대통령 이승만과 그의 '적국' 일본 정부의 관계는 명백히 비적대적이었다. 이러한 이승만의 유화적인 대일관과 태도는 1939년 워싱턴으로 건너갈 때까지 지속되었다. 이처럼 이승만의 대일관과 태도는 국제 정세의 변화 및 그의 활동 기반·조건과 긴밀히 연결된 것이었다."[19]

해방 뒤 자신이 수반으로 있는 정부에서 '독립운동'의 공적으로 최고훈장인 건국장을 받은 이승만에게 과연 독립에 대한 '의지와 열망'이 있었는지 의문이 들 때가 한두 번이 아니다. 그의 '대일 우호적' 언동은 여러 자료에 고스란히 남아 있다.

1904년 8월 9일, 러일전쟁 와중에 일본 공사 하야시의 도움으로 한성감옥서에서 석방되었다.[20]

"장·전의 스티븐스 저격 사건이나 안중근의 이토 히로부미 총격 사건은 국가의 명예를 손상시킨 살인범이었고, 일본과 같은 강국과 군사적으로 대치하는 것은 불가능한 꿈"이라는 망언을 서슴지 않았다.[21]

이승만은 1912년 11월 18일 자《워싱턴 포스트》회견에서 "지난 3년 사이에 한국은 전통이 지배하는 느림보 나라에서 활발하고 웅성대는 산업 경제의 한 중심으로 변했다"며 일제의 식민 지배를 사실상 옹호하는 발언을 일삼았다.[22]

1913년 하와이에서 강연 중 "청일전쟁 시 각국 군사들은 행위가 부정하여 그 나라 국기의 빛이 다들 흑암한 추태를 입었으나 오직 일본 군인은 행위가 단정하여 일본의 태양기는 광명한 일광을 받아 공중에서 기색이 늠름하게 휘달렸다"는 믿기지 않은 일제 찬양 발언을 했다.[23]

이승만은 1915년 《호놀룰루 애드버타이스》지에서 "나는 한국은 물론 하와이에서도 혁명운동을 꿈꾼 적이 없다"고 주장했다.[24]

이승만은 1915년 《호놀룰루 스타블렌틴》지에서 "우리는 어떤 반일적인 내용도 가르치지 않는다. 정반대로 우리는 전 인류를 사랑하라는 기독교 원리를 가르치고 있다. 나는 우리 백성들 가운데서 어떠한 반일 감정도 일으키길 원치 않는다"고 발언했다.[25]

이승만은 1919년 일본 '천황'에게 보내는 편지에서 "만약 한국에 자유를 준다면 일본에 감사하고 우정을 느낄 것이고, 만약 우리의 요구를 거절한다면 일본은 정복자로서 불신과 멸시를 받을 것"이라는 '굴욕적인' 언행을 보였다.[26]

이승만은 1922년 9월 하와이 귀환 기자회견에서 "대일전은 불가능하며 새로운 총독이 많은 개혁을 단행해 한국인들의 성원을 얻고 있다"는 망언을 거듭했다.[27]

이 밖에도 이승만의 대일 관련 망언은 수없이 많다. 최고 수훈의 독립운동가로 선정되어 훈장을 받기에는 그의 행적에 미심쩍은 점이 적지 않았다. 이승만은 독립운동가가 아니라 현실감각이 무딘 외교관이나 기독교 선교사라 해야 어울린다.

이승만이 무책임하게 떠나버린 상하이임시정부는 한때 구심을 잃고 극심한 분열상을 보였다. 의정원은 탄핵 발의에 앞서 미국으로 건너간 이승만에게 전보를 보내 수습을 요청했으나, 그는 여전히 자신의 입장만을 고수했다. 의정원의 전문과 이승만의 답신을 보자.

"임시대통령 이승만 각하, 정부의 형세가 급하니 유지 방침을 보내시고 난
국을 정돈하여주십시오."(1922. 4. 17) → "임시의정원 제공諸公, 노백린을 국
무총리로 임명하니 내각을 다시 조직하고 나의 결재를 받은 후에 실시하시
오."(1922. 4. 18)

"임시대통령 이승만 각하, 노백린은 국무총리직에 취임이 불능하고 정부에
각원이 없으니 무정부상태이오. 속히 책임을 이행하시되 5일 안으로 회답
하시오."(1922. 5. 16) → "임시의정원의 제공, 당신들이 소란을 일으키면 이
곳의 재정 수합하는 일이 방해되어서 제정 곤란을 당할 터이니 속히 정돈
하시오."(1922. 5. 22)

"임시대통령 이승만 각하, 시국이 지극히 어려운데 임시대통령과 국무위원
들이 정부에 대한 책임을 이행하지 못하므로 임시대통령 불신임안이 제출
되었으니 의향을 말씀해주십시오."(1922. 6. 25) → "임시의정원 제공, 국내에
서 13도 대표가 정부를 조직하고 이로써 정식 정부가 설립될 때까지 이행
하자는 약법이 있으므로 정식 후임자가 나오기 전에는 사면을 전할 곳이
없어서 사면하지 못하겠소."(1922. 6. 8)

"임시대통령 이승만 각하, 헌법에 의하여 후임자 선택의 책임이 임시의정
원에 있는 것이니 염려 마시고 사직하시오."(1922. 6. 9)[28]

'불신임'에 이어 결국 '탄핵'

임시정부와 이승만의 갈등은 접점을 찾지 못하고 점점 파국으로 치달았다. 이승만은 의정원의 사태 수습 요구를 외면하고 결국 더 이상 답신조차 보내지 않았다. 그에게 중국에 있는 임시정부 청사는 우선 신변의 불안감을 느끼게 하였고, 무엇보다 일제와 싸우는 것 자체가 무의미한 일로 인식되었다. 그의 국제정세를 바라보는 현실인식은 무장독립운동을 통해서는 일제를 타도할 수 없다는 생각이었다.

임시정부 의정원은 1922년 6월 10일 이승만 대통령 불신임안을 제출하여 이레간의 토의 끝에 6월 17일 재적의원 3분의 2의 찬성으로 불신임안을 의결했다. 임시정부 수립 6년여 만에 임시대통령 불신임안이 채택된 것이다. 다음은 5개항의 '불신임'의 이유다.

1. 임시대통령 피선 6년에 인민의 불신임이 현저하여 각지에서 반대가 날마다 증가되며 그 영향이 임시정부에 미치는데, 민중을 융화하지 못하고 감정으로만 민중여론을 배척하는 까닭에 분규와 파쟁이 조장되고 독립운동이 침체상태에 빠져 있다.

2. 임시대통령 이승만이 대미 외교사업을 빙자하며 미주에서 동포들이 상납하는 재정을 수합하여 임의 사용했고, 정부 재정을 돌아보지 않았으며, 국제연맹과 열강회의를 대상으로 하던 구미위원부 외교사무가 중단됨에도 불구하고 헛된 선전으로 동포를 유혹하여 외교용 모집을 계속하여 그 재정으로 자기의 동조자를 매수하고 있다.

3. 국무위원이 총사직을 제출했으나 임시대통령이 그 사직청원서를 처리하지 못하고 몽매한 처사로 여러 번 국무총리를 임명했는데, 당사자가 알

지 못하게 단독적 행사를 하여 혼란을 계속할 뿐이고 아직도 정부를 정
돈하지 못하고 있다.

4. 국무위원은 총사직을 발표한 다음 아직도 거취를 작정하지 못하고, 다
만 임시대통령의 처사를 기다린다고 하여 곤란한 시국에 대책 없이 앉
아서 감정적 행동으로 정부 위신을 타락시키고 있다.

5. 이상의 사실이 임시대통령과 국무원 불신임안 제출의 이유다.[29]

임시의정원의 '불신임' 결의에도 이승만은 강 건너 불구경하듯 했다.
무책임·독선·아집의 극치였다. 구미위원부의 사업을 빙자하여 임시정부의
허락도 없이 독립공채를 팔아 자신과 측근들의 활동비에 충당했다.

1925년 3월 11일, 임시정부 의정원 의원 곽헌·최석순·문일민·고준택·
강창제·강경신·나창헌·김현구·임득신·채원개의 명의로 '임시대통령 이승
만 탄핵안'이 발의되고, 임시대통령 심판위원장에 나창헌, 심판위원에
곽헌·채원개·김현구·최석순이 선임되었다. 심판위원회의 심의를 거쳐 임
시의정원에서 〈임시대통령 이승만 심판서〉를 의결하고 주문主文으로 "임
시대통령 이승만을 면직한다"라고 공표했다. 다음은 '면직 사유'의 일부
이다.

이승만은 구실을 외교에 가탁하여 직무지職務地를 떠나서 5년간 원양遠洋
의 한구석에 격재隔在하여 난국 수습과 대업 진행에 하등의 성의도 다하
지 않을 뿐만 아니라, 허무한 사실을 제조 간포刊布하여 정부의 위신을 손
상하고 민심을 분산케 하였음은 물론, 정부의 행정을 저해하고 국고 수입
을 방애妨礙하며 의정원의 신성을 모독하여 공결公決을 부인하고, 심지어
정부의 행정과 재무를 방해하며 임시 헌법에 의거 의정원의 선거로써 취임

한 임시 대통령으로서의 자기 지위에 불리한 결의인 의정원의 결의를 부인하여 한성漢城 조직 계통 운운함과 같음은 대한민국의 임시헌법을 근본적으로 부인하는 행위이다. 이와 같이 국정을 방해하고 국헌을 부인하는 자를 1일이라도 국가 원수의 직에 둠은 대업 진행을 기약할 수 없고 국법의 신성을 보장할 수 없을 뿐만 아니라 순국 제현이 명목瞑目할 수 없는 바로서 또한 충용忠勇의 소망이 아니기로 주문과 같이 심판함.[30]

이승만은 임시대통령에 취임한 지 6년여 만에 의정원의 '탄핵'으로 면직되었다. 헌법 절차에 따른 탄핵이었다. 이와 관련해 임시정부 기관지 《독립신문》은 다음과 같이 보도했다.

작년에 의정원 회의에서 이승만 대통령의 유고안이 통과된 후로 대통령의 행동은 더욱이 위법적 과실이 많은지라, 이로 인하여 의정원 내에서는 대통령에 대한 의론이 자못 불일不─하던바 마침내 대통령 탄핵안이 상정되어 거 18일 회의에서 탄핵안이 통과되고 원의 결의로 대통령 이승만을 심판에 부의했던바, 거 23일 회의에 심판위원의 보고를 접수하여 심판서의 주문 임시대통령 이승만을 면직함이라 한 면직 안이 결의로 통과되다.[31]

대한민국은 헌법 전문에서 대한민국 임시정부의 법통을 계승한다고 명시하고 있다. '법통'이란 '법과 전통'을 의미할진대, 임시정부의 초대 대통령이 탄핵당한 것은 불행하고 부끄러운 일이었다. 그런데 더욱 부끄러운 것은 이로부터 35년 뒤인 1960년 4월, 시민의 궐기로 이번에는 정식 대통령직에서 다시 쫓겨난 사실이다. 임시정부에서 탄핵된 이승만은 하와이에 머물면서 활동하고, 두 번째 탄핵 후에도 역시 하와이에서 망명생활을 했다.

임시정부는 이승만을 탄핵하면서 다음과 같이 '이승만의 범과犯過 사실'을 적시했다.

1. 임시대통령 이승만이 그 직임에 피선된 지 6년에 임시대통령의 선서를 이행하지 않았으며 정부 행정을 집정하지 않았고 직원들과 불목하여 정책을 세워보지 못했다.

2. 임시대통령 이승만이 대미 외교사업을 목적으로 설립한 구미위원부를 가지고 국무원과 충돌했고, 아무 때나 자의로 법령을 발포하여 질서를 혼란하게 하였으니 정부의 처사가 자기의 의사에 맞지 않으면 동조자들을 선동하여 정부에 반항했다.

3. 임시대통령 이승만은 그 직임이 국내 13도 대표가 임명한 것이라 하여 신성불가침의 태도를 가지고 임시의정원 결의를 무시하며 대통령 직임을 황제로 생각하여 국부라 하며 평생직업을 만들려는 행동으로써 민주주의 정신을 말살했다.

4. 임시대통령 이승만이 미주에 앉아서 구미위원부로 하여금 재미동포의 인구세와 정부 후원금과 공채표 발매금들을 전부 수합하여 자의로 처리하고 정부에 재정보고를 하지 않아서 재정 범위가 어느 정도까지 달했는지 알지 못하게 했다.

5. 임시대통령이 민중단체의 지도자들과 충돌하여 정부를 고립상태로 만들고 재미 한인사회의 인심을 선동하여 파장을 계속하므로 독립운동에 막대한 지장을 주었다.[32]

임시의정원은 탄핵의결서를 이승만에게 송부하면서 이의가 있으면

공소하라고 했으나 그는 끝내 함구했다. 그리고 1924년 10월 25일, 워싱턴에서 하와이로 귀환하여 임시정부를 신랄하게 비난했다.

이승만은 불신임과 탄핵을 당한 후 상하이임시정부와의 관계를 단절하고, 안현경·이종관·민찬호 등과 자신을 중심으로 조직한 동지회를 강화하는 한편, 구미위원부 등의 조직을 완전히 사조직화하고 독자행동으로 일관하면서 하와이 대한인국민회를 탈퇴하고 대한교민단을 만드는 등 한인사회의 분열을 심화시켰다.[33]

이에 상하이임시정부 의정원은 1925년 4월 10일에 이승만이 주도하고 있는 구미위원부의 폐지령을 공포했다. 그럼에도 이승만은 계속하여 워싱턴에 구미위원부를 존치했다(구미위원부는 이후 윤치영·김현구 등에 의해 명맥을 유지하다가 1928년부터 사실상 폐쇄상태가 되었다). 주로 하와이에 머물면서 활동하던 이승만은 1929년 10월 5일부터 이듬해 1월 8일까지 호놀룰루를 떠나 미 대륙 횡단 여행을 하기도 했다.

이승만은 1930년 말 하와이에서 《태평양잡지》를 《태평양주보》로 이름을 바꿔 속간하는 한편 대한인동지회를 개편하여 자신이 '종신총재'로 추대받았다.

이승만은 구미위원부의 폐지를 공포한 임시정부의 처사에 맞서 강력하게 반발하면서 한때 임정을 상하이에서 하와이로 이전할 계획을 세우기도 했지만 그럴 역량이 없었다. 한편 임시정부 내에서는 조소앙 등이 임정의 하와이 이전을 주장하기도 했다.[34]

이승만은 하와이에 체재하면서 한인사회의 여러 단체를 자기 중심으로 개편하면서, 여전히 아집과 독선을 일삼아 교포사회의 분열이 심화되었다. 이승만의 독재성은 윤치영이 초안을 작성했다는 동지회 규정이나 구미위원부 규약에 잘 나타나 있다.

"본회의 사명은 총재의 명령을 절대복종하며 상하이임정의 위신을 타락시키거나 불충불의한 국민이 있으면 본회가 일심하여 방어하며 상당한 방법으로 조처한다."(동지회 규정)

"집정관총재 이승만은 직권으로 구미위원부를 조직, 구미 각지에서 실행한 정부행정을 대행하고, 미주에서 출납되는 정부의 재정을 관리하여 집정관총재의 승낙을 얻어서 이행한다. 또 구미위원부 위원의 임기와 출척은 집정관총재가 자의 처단한다."(구미위원부 규약)[35]

태평양전쟁기의 외교활동과 독선에 따른 과오

충칭임시정부에 구미위원부 설치 요청

대한민국 임시정부는 1925년에 이승만이 탄핵되고 박은식이 제2대 대통령에 취임하면서 곧 국무령을 수반으로 하는 의원내각제로 개헌을 단행했다. 대통령 1인의 전횡을 방지하려는 의지가 담긴 것이다. 이 무렵 임시정부는 침체기여서 정부의 권위가 크게 실추된 상태였다.

임시정부가 활기를 되찾은 것은 1932년에 김구의 주도로 실행된 한인애국단원 이봉창의 도쿄 일왕(히로히토) 척살 시도와 윤봉길의 상하이 의거 등을 통해서였다.

특히 상하이에서 있었던 윤봉길 의거는 한국독립운동의 대중對中 관계에서 거대한 분수령이 되었다. 이 의거로 중국 정부가 임시정부를 바라보고 대하는 인식이 달라졌고 물질적 지원도 아끼지 않게 되었다. 임시정부가 있는 중국 관내는 물론 만주지역 독립운동단체에 대해서도 중국인들이 협조적인 태도로 돌아섰다.

그런데 이승만은 여전히 장인환·안중근 의사의 의거 당시 가졌던

'테러 인식'에서 헤어나지 못한 상태였다. 이봉창·윤봉길의 두 의거에 대해서도 그는 한국인의 전반적인 인식과는 크게 배치되는 발언을 일삼았다.

1932년 1월 8일에 이봉창 의사는 일왕 처단을 시도했고, 그해 4월 29일에 윤봉길 의사는 상하이에서 상하이 파견군 사령관 시라카와 요시노라 대장을 비롯한 일제의 군 고위 장성 및 유력 인사들을 폭살했다. 그리고 만주를 비롯하여 고국에 무장투사들이 잠입하여 일제의 간담을 서늘케 했다. 이때 이승만은 이러한 행동을 크게 비난하고 '어리석은 짓들'이라고 조소했다.

미국 신문《크로니클》의 보도에 따르면, 당시 이승만은 이른바 '비밀사절'을 상하이임시정부에 파견하여 '테러 행위'를 즉각 중지하도록 설득했다고 한다. 그가 내세운 명분은 "(그런 테러 행위는) 한국의 독립에 하등 도움도 되지 않을뿐더러 일본으로 하여금 한국민을 더욱 탄압하는 구실밖에 주는 것이 없다"라는 것이었다.[36]

일제는 1931년 9월 18일에 만주침략을 감행하고, 이듬해 3월 1일에 만주국을 세워서 지배권을 행사했다. 이에 중국이 국제연맹에 일본의 침략행위를 호소하자, 국제연맹이 조사단을 파견하여 사실을 조사하고 일본군의 철수를 권고했으나 일본은 이를 거부한 데 이어 1933년에 국제연맹을 탈퇴했다.

이후 일본은 본격적인 파시즘체제로 전환했으며, 1937년에 중국 본토를 침략하여 중일전쟁을 일으켰다. 1929년에 세계 대공황이 일어나자 독일·일본·이탈리아 등 후발 자본주의 국가에서는 식민지를 확대·재편성하여 제국을 건설함으로써 위기를 타개하려는 파시즘 세력이 등장했다. 이들이 대외팽창정책을 적극 추진하면서, 일본의 만주침략(1931), 이탈리아의 에티오피아 침략(1935), 일본의 중국 본토 침략(1937), 독일의 오스트리아 침략(1938) 등 세계 각지에서 침략전쟁이 잇따랐다.

한국의 독립운동진영은 중일전쟁을 한국 독립의 계기로 내다보았다. 눈 밝은 지도자들은 필연코 일본이 미국을 침략하는 미일전쟁까지도 점쳤다. 윤봉길 의거 이후 상하이를 떠난 임시정부는 1933년 3월 6일에 장쑤성江蘇省 자싱嘉興에서 임시의정원 회의를 개최하고 국무위원(전체 9명)을 선출했는데 그중에는 이승만도 포함되었다. 김구 주석이 국제정세를 내다보면서 국제연맹과 미국과의 관계에는 이승만이 필요하다고 생각한 배려였다. 이에 앞서 임시정부는 1932년 11월 10일, 이승만을 국제연맹에 한국 독립을 탄원할 전권대사로 임명했다.

하와이에 머물던 이승만은 1939년 3월에 워싱턴으로 건너가서 임시정부에 구미위원부를 부활해달라고 요청했다. 한인동지회의 연례대표대회에서 국제정세의 변화에 따라 구미위원부의 활동을 재개한다는 방침이 세워지면서 이승만이 다시 움직이게 되었다. 그러나 충칭임시정부는 구미위원부가 1925년 3월, 적법한 절차에 따라 폐지되었다는 사실을 지적하고 이승만의 활동을 '민간외교'로 규정지었다. 임시정부가 이승만을 신뢰하기 어렵다고 보았기 때문이다.

1939년 10월, 이승만은 김구 주석에게 편지를 보내 구미위원부의 활동을 임시정부가 공식으로 인정해주기를 거듭 요청했다. 한편 "1941년 4월 미주 지역의 한인단체들은 공동으로 해외한족대회를 열고, 미주 지역의 한인독립운동을 통일적으로 전개하기 위해 재미한족연합위원회를 구성하는 한편 워싱턴에 외교위원부를 설치하고 이승만을 외교위원으로 임명했다."[37]

충칭임시정부는 미일전쟁이 임박한 가운데 재미한족연합위원회의 요구를 받아들여 1941년 6월 4일에 이승만을 주미외교위원장으로 임명하고, "대한민국 임시정부 국무회의의 결의로써 철학박사 이승만을 주워싱턴 전권대표로 선임한다"라는 내용의 신임장을 교부했다.[38]

이로써 이승만은 충칭임시정부의 전권대표로 임명되어 대미외교의 전면에 나서게 되었다. 대통령직에서 탄핵되고 구미위원부 폐지령이 내려진 지 16년 만의 일이다. 이승만의 장기는 외교에 있었다. 그는 그동안의 침체를 벗고 활발하게 대미 외교에 열정을 쏟았다. 무엇보다 적극적으로 나선 것은 1941년 12월 7일 일본의 진주만 기습으로 시작된 미일전쟁이 조국의 독립으로 이어질 수 있다는 정세 판단 때문이었다.

이승만이 치열한 혁명가나 몸을 던진 독립운동가가 되지 못하고 정치인·외교관이 된 것은 '가능성의 추구' 때문이었지만 그것은 '현실'에 안주한 타협주의의 소산이기도 했다. 그는 일제가 강력한 제국일 때는 이에 도전하려 하지 않았다. 고종의 대한제국에서도 그랬고, 105인 사건 때도 마찬가지였으며, 임시정부 대통령 재임 당시에도 무장투쟁론을 한사코 배척했다. 멀리는 장인환·전명운 의거 당시 동포들의 간청에도 통역을 거부한 것은 강력한 미국 백인 주류사회와 척지는 것을 꺼렸기 때문이다.

이승만은 예리한 국제감각으로 미일전쟁에서 미국이 승리할 가능성이 충분하다고 보았다. 그래서 적극적으로 주미외교위원부 활동에 나선 것이다.

이승만이 추진하는 목표는 두 가지였다. 첫째는, 대한민국 임시정부가 미국의 승인을 받는 일이고, 둘째는 미국의 '무기대여법'에 따라 광복군이 미국의 군사적 지원을 받는 일이었다. 1942년 한 해 동안 이승만은 그를 후원하는 한미협회와 연계하여 미 대통령과 국무부, 군부 및 정보

기관들과 끈질기게 접촉했다. 그러나 소기의 성과를 거두지는 못했다.[39]

　주미외교위원부의 책임을 맡은 이승만은 정한경·이원순을 위원으로 임명하고, 임병직을 개인비서로 다시 채용했다(해방 후 이승만이 집권하면서 임병직은 외무장관, 정한경은 주일대표부 초대 공사, 이원순은 대한상공회의소 주미대표에 기용되었다). 결국 주미외교위원부는 구미위원부의 판박이가 되어 이승만 직속의 외교기구로 기능하는 데 그치게 되었다.

변죽만 울리다 대부분 허사로 끝난 외교활동

이승만은 미국을 상대로 지속적으로 외교적 노력을 기울였으나 노력만큼 성과를 거두지는 못했다. 양대 현안이라고 할 임시정부 승인과 참전국의 지위 획득은 끝내 거부되었다. 군사적 지원 문제도 해결을 보지 못했다. "미 국무성은 이승만을 대한민국 임시정부 또는 한국민의 대표로서가 아니라 어디까지나 개인 자격으로서의 접촉만을 허락했다. 이 시기 이승만의 외교활동을 뒷받침하고 있던 임병직이나 이원순은 나중에 발간한 회고록에서 그들이 미국 정부로부터 모욕에 가까운 냉대를 받았음을 솔직히 시인했다."[40]

　이승만은 공식으로 대미 외교활동의 전면에 나서게 되었는데, 이때 눈여겨볼 것은 그의 모든 외교활동이 1925년에 임시정부에 의해 폐지된 구미위원부의 연장선상에서 이루어지고 있었다는 점이다. 곧 이승만은 임시정부 외무부의 관할을 받는 주미외교위원부가 아니라 구미위원부의 위원장 또는 임시정부 초대 대통령의 자격으로 미국 정부와 접촉하려 했다.[41]

이승만은 구미위원부 활동을 재개하는 동시에 주미외교위원부를 측면에서 지원할 한미협회를 조직하여 미국 조야의 지지세력 확보에 나섰다. 협회의 주요 인물은 크롬웰(캐나다 대사 역임), 스태거스(변호사), 더글러스(대학총장), 올리버(이승만 전기 작가) 등이다. 이승만은 또 한국에서 의료선교활동에 종사한 에비슨의 발기로 기독교인친한회를 조직했다. 한미협회는 정계 인사들로, 기독교인친한회는 종교계 인사들로 구성된 것이 특징이다.

이승만은 1942년 2월 27일 재미한족연합위원회, 구미위원부, 한미협회, 기독교인친한회 등 자신이 영향력을 행사하는 조직을 묶어 워싱턴에서 '한인자유회의'를 열었다. 미국 정부와 언론의 관심을 끌기 위한 행사였다. 이 자리에서 이승만은 구미위원부의 역할에 대해 세 가지 방안을 밝혔다.

첫째, 한국인을 일본인들과 같은 적대국 국민으로 취급하지 말도록 요청하는 것, 둘째, 한국은 전후에 새로 조직될 국제연합헌장 조인국의 일원이 되고 싶다는 소망을 피력하는 것, 셋째, 대한민국 임시정부에 대한 공식적인 승인을 요청하는 것 등이었다. 그리고 한미협회 또한 구미위원부와 더불어 미 국무성에 한국 임시정부의 승인을 요청하는 동시에 육군성과 해군성에 대해서는 2,300만 한국인을 군사적으로 활용하는 방안에 대하여 고려해주도록 건의한 바 있음을 지적했다.[42]

대한민국 임시정부는 일찍이 미국을 비롯하여 영국·프랑스 등 구미 열강에 정부 승인을 요청했다. 하지만 세계 각지에 식민지를 경영하면서 이해관계를 공유하는 이들 열강이 한국의 요청을 받아들일 리 만무했다. 영국은 영일동맹, 미국은 가쓰라-태프트 밀약, 프랑스는 베트남망명정부 등 때문에 한국의 임시정부를 승인하지 않았다.

이승만과 한미협회는 1943년 3월 말에 하원의원 오브리엔을 통해 한국 임시정부의 승인을 정부에 촉구하는 결의안을 의회에 제출했다. 그러나 국무장관 헐이 "미국의 대외정책에 혼란과 오해만을 불러일으킬 것"이라고 경고하여, 이 결의안은 본회의에 상정되지도 못한 채 기각되었다.

그런데 국제정세의 변화로 상황이 바뀌고 있었다. 일제의 진주만 폭격으로 미일전쟁이 벌어지면서 일본에 대한 미국의 적대감은 최고조에 이르렀다. 재미 교포사회는 이 기회를 이용하여 조국의 독립을 쟁취하려는 의지가 높아졌다. 그런데 재미 교포들을 대표하는 각종 단체는 대부분 이승만 계열이 주도권을 장악하고, 이승만의 독선과 독주로 곳곳에서 교포 지도자들과 이승만이 충돌하고 있었다.

이승만은, 일본의 진주만 폭격을 여러 차례 경고하여 미국 사회에서 매스컴의 총아가 된 재미한족연합위원회의 한길수와도 충돌하여 그를 면직시키는 등 파문을 일으켰다. 이승만은 한길수를 공산주의자·이중첩자로 매도하고, 한길수는 이승만을 노욕에 가득 찬 보수정객이라고 공격하여 한인사회의 분열상을 내보였다. "워싱턴 정가에서 벌어진 양자의 대립은 가뜩이나 임정 승인이나 지지에 인색하던 미국의 태도에 부정적 영향을 끼쳤다."[43]

재미한족연합위원회는 이승만에게 주미외교위원부의 문호를 개방하여 위원을 확충하고, 적극적인 대미 외교활동을 전개할 것을 요구했다. 문제의 핵심은 이 요구에는 이승만의 독선을 배제하려는 뜻이 담겼다는 사실인데, 이 같은 배경을 알고 있는 이승만이 이를 거부했다. 결국 주미외교위원부는 소수 이승만 측근들로만 채워진 이승만 사조직이 되었다.

재미한족연합위원회의 하와이 의사부는 마침내 1943년 10월 6일 주미외교위원부 위원장 이승만의 소환을 임시정부에 요청하기에 이르렀다. "의사부 의장 안원규는 이승만의 외교가 실패한 구체적 사례로 1941년 위원회의 충칭 특파 방해, 주미외교위원부 확대에 대한 전경무·김호의 제안 거부, 독립금을 직접 관할하러 정부를 강박하다가 실패, 주미외교위원부 각 지방지부 설치를 선언했으나 실패했다는 점 등을 지적했다."[44]

미국이 끝내 임시정부를 승인하지 않은 명분은 임정의 대표성과 한인단체의 분열상을 들었다. 하지만 1942년 10월에 김규식·김원봉 등 민족혁명당이 임시정부에 참여하고, 이에 앞서 조선의용대가 광복군에 편입되는 등 충칭임시정부는 명실상부한 좌우합작정부체제를 갖추고 있었다. 따라서 '임정의 대표성'에는 하자가 있을 수 없었다. 다만 미주 한인단체의 분열상은 상당부분 이승만에게 책임이 있었다. 가정이지만, 당시 미국 정부가 임시정부를 승인했다면, 해방 뒤 한국의 운명은 크게 바뀌었을 것이다.

앞의 주장은 이승만 반대세력의 문건이어서 액면대로 받아들이기는 어렵지만, 교포사회가 이승만을 어떻게 인식했는지 헤아릴 근거로는 부족하지 않다. 결국 이승만은 연합회를 탈퇴하고, 연합회 측은 1944년 6월 워싱턴에 별도의 외교사무소를 설치했다.

이와 같은 한인 지도층의 분열상은 미국 정부가 전후 한국 문제를 처리하는 데 악영향을 미치게 된다.

임정 승인 문제로 이승만과 부딪치고 있었던 미 국무부는 이승만이 참신한 계획이나 대안 없이 일방적인 요구만을 되풀이하는 데 대하여 거부반응을 갖고 있었다. 군사 지원 문제로 이승만과 접촉하고 있던 전략정보국은 그가 제시하는 계획의 신빙성과 실행능력에 대하여 회의적이었다. 여기에 더하여 이승만에 대한 재미 한인사회의 비판적 평가가 편지 검열과 면담을 통하여 속속 입수되고 있었다. 예컨대 북미국민회가 임정에 보내는 긴급 전문이 국무부 극동국에 입수되었는데, 그 내용에는 이승만의 '이기적 야심'과 '무책임한 선동' 그리고 '외교적 무능력'에 대한 신랄한 비판이 들어 있었다.[45]

교민사회의 유력한 실업가로 알려진 한순교는 국무부와 접촉하면서, 이승만이 개인적으로는 진지하지만 전반적으로 상황을 파악하는 능력이 부족하고 또 활동 폭이 좁기 때문에 그의 주위에는 최상급의 능력 있는 한인들이 모이지 않는다고 말했다. 이승만이 특히 국무부로부터 냉대를 받게 된 배경에는 그에 대한 재미 한인사회의 비판적 분위기가 영향을 미치고 있었다고 보아야 할 것이다.[46]

이승만의 대미 외교활동이 별다른 성과를 얻지 못하고 있을 때 미일 간의 전세는 크게 역전되었다. 태평양전쟁 초기 일본에 밀리던 미군이 1942년 6월 미드웨이 해전에서 일본 항공모함 4척을 격침시킨 것을 계기로 승기를 잡았다.

한편, 충칭임시정부는 일본의 중국 침략으로 중일전쟁이 시작되면서 즉각 「대일선전성명」을 발표하는 등 대일전에 대비했다. 한국광복군을 창설하고 국제외교활동에도 역량을 쏟았다. 하지만 미주의 한인사회는 여전히 사분오열된 상태에서 급변하는 정세에 효과적으로 대처하지 못했다. 이승만의 외교활동이 좀 더 효율적이어서 미국 루스벨트 대통령을 움직였다면 카이로선언의 내용은 크게 달라졌을 것이다.

재미 한인사회의 분열을 심화시킨 오만과 독선

재미 한인사회의 분열에는 여러 요인이 얽혀 있었지만, "가장 큰 요인은 이승만의 독선적인 태도와 자금·조직을 장악하려는 시도에 기인한 것"이었다고 한다. 따라서 "1940년대 초반 재미 한인사회는 이러한 복잡한 요인들이 얽히면서 통일과 분열, 연대와 대립을 오고갔다"[47]라는 주장은 설득력이 있다.

지금까지 다수의 식자들이 많은 식민지 국가들 중에서 카이로선언을 통해 한국이 명시되고 또 독립하게 된 배경에는 미국이 있었다고 말해왔다. 그리고 미국에서 활동한 이승만의 역할을 손꼽았다. 하지만 이런 주장은 사실의 일부일 뿐 실제와는 크게 달랐다.

2차 세계대전 중 국제회담에서 한국의 독립 문제가 가장 먼저 채택된 문건은 1943년 11월 27일의 카이로선언이다. "현재 한국민이 노예 상태에 놓여 있음을 유의하여 앞으로 한국을 자유독립국가로 할 결의를 가진다"라는 항목이 바로 그것이다.

그럼 카이로선언이 있기까지의 과정을 살펴보자. 대한민국 임시정부 주석 김구의 요청으로 중국 국민당 정부 주석 장제스는 1943년 7월 26일 임시정부 요인들과 회담을 가졌다. 임정 측에서는 김구(주석)·조소앙(외무부장)·김규식(선전부장)·홍진(의정원 의장)·이청천(광복군 사령)·김원봉(광복군 부사령)이 참석하고, 중국 측에서는 장제스와 비서장 우티에청吳鐵城

이 참석했다.

일찍이 장제스는 김구가 주도한 한인애국단원 윤봉길 의거를 높이 평가하면서 이후 임시정부를 지원하고, 김구와는 막역한 사이가 되었다. 김구가 장제스를 만나 카이로회담에서 한국의 독립을 제안하도록 할 수 있었던 것은 이런 인연 때문에 가능했다.

임정 요인들이 장제스를 황급히 만난 것은 연합국 미·영·중이 전후 처리 문제를 협의하기 위한 카이로회담을 앞두고 있었기 때문이었다. 한중 정상회담에서 김구는 '한국의 완전독립'을 중국이 카이로회담에서 강력히 제기해줄 것을 요청했고, 장제스는 이를 굳게 약속했다. 당시 미국과 영국은 한국에 대한 '국제공동관리', 즉 신탁통치를 은밀히 협의하고 있던 상태였다. '한국의 완전독립'에는 미국도 반대했지만 영국의 반대가 더욱 완강했다. 영국은 식민지 인도를 계속 지배하려는 야욕 때문에 반대했다.

영국의 수상 처칠은 미국의 신탁통치안에도 반대했을 뿐 아니라, 장제스의 '한국에 대한 독립보장'에는 더욱 반대했다. 영국의 외무차관 카도간은 「카이로선언문」에 '한국 독립'에 관한 보증 성명을 넣는 것도 반대했다. 영국은 일본의 한국 지배를 계속 허용하는 것이 일본과 강화협정을 체결하는 데 용이하게 작용할 것으로 보았기 때문이다. 게다가 한국의 '독립보장'이 인도의 독립운동을 크게 고무할 것으로 염려했기 때문이었다고 볼 수 있다. 카이로에서 3국 수뇌의 의견 차이를 조정하는 과정에서 장제스는 완강하게 영국의 입장에 반대하고 '한국 독립보장'에 대해 루스벨트의 지지를 이끌어내는 데 각별히 노력했다. 미국은 카이로회담에서 중국의 의견을 매우 중시하고 소련을 견제하기 위해 중국의 비중을 매우 높이 두었으므로, 중국 측 주장과 미국 측 제안을 모

카이로 회담(왼쪽부터 장제스, 루스벨트, 처칠).

두 포용하고자 했다. 영국은 한국과는 직접 이해관계가 없다고 보아 결국 미국의 제안에 동의했다.[48]

카이로선언에서 미·영·중 3국은 한국 문제와 관련하여 "한국 민중의 노예상태에 유의하여 적당한 시기in due course에 한국이 자유 독립하게 될 것Korea shall become free and independent"에 합의했다. "적당한 시기"는 루스벨트의 제안을, "한국이 자유 독립하게 될 것"은 장제스의 제안을 수렴한 문구다. 하지만 실상은 루스벨트가 (장제스의 체면치레만 해주고) 미국의 주장을 관철시킨 회담이 되었다. 결국 '즉각적'이지 못한 '적당한 시기'에 걸려 '한국의 자유 독립'은 물 건너가고 미국의 의도대로 신탁통치가 실시됨으로써 한반도는 미소 분할점령체제의 운명을 피할 수 없게 되었다.

그나마 당시 80여 개 세계 식민지 국가 중에서 유일하게 한국만이 연합국 3거두 회담에서 '독립'을 보장받은 것은 장제스의 적극적인 노력이 주효했기 때문이다. 따라서 장제스를 움직인 것은 미국의 이승만이 아니라 임시정부의 김구 주석이었다.

루스벨트는 카이로회담의 결과와 카이로선언에 대한 소련의 동의를 구하고자 1943년 11월 28일에 이란의 테헤란으로 가서 소련의 스탈린을 만났다. 이 자리에는 영국의 처칠도 참석했다.

1943년 12월 28일 제1차 테헤란 공식회담에서 루스벨트는 미국이 필리핀인들에게 독립을 준비하는 데 도움을 주었다고 설명한 후에 "한국은 완전독립을 획득하기 전에 약 40년간의 훈련기간을 거칠 필요가 있다"고 하면서 '40년간의 신탁통치'를 제안했다. 루스벨트는 카이로회담의 '적당한 시기'를 '40년간의 신탁통치'로 구체화하여 스탈린에게 제의한 것이다. 스탈린은 이에 대하여 미군 주둔 아래 40년인가, 아니면 미군 철수 후 40년인가를 물은 후에 '40년 신탁통치'안에 찬성했다.[49]

그러나 이승만이라고 해서 태평양전쟁 기간에 손을 놓고 있었던 것만은 아니다. 미국과 영국 정부에 임시정부 승인을 여러 차례 요구했다. 또 포츠담회의에 참석하는 연합국 3거두에게 임정 승인을 요청하는 전문을 보내는 등 나름의 노력을 아끼지 않았다. 하지만 그의 존재는 '재미한인대표'로 인식되기에는 한인사회가 너무 분열돼 있었고, 열강들의 전후 처리 셈법에서 한국 문제는 크게 중요하지 않았다. 따라서 나름의 분투에도 불구하고 연합국의 전후 한국 문제 처리에서 이승만은 의미 있는 역할을 할 수 없었다.

임정 대체기관 조직 음모 실패

일제의 패망을 내다본 이승만은 재미 한인사회에서 이반된 자신의 조직을 복원하려는 의도에서 1944년 6월 4일, 주미외교위원부 산하에 내사부(내무위원부), 경제부(경제위원부), 교육부(교육위원부), 정치부(정치위원부)를 설치했다. 재미한족연합위원회가 충칭임시정부에 이승만의 소환을 요구한 시점이다.

이승만은 충칭임시정부를 대체하려는 의도로 조직 확대를 은밀히 추진하면서 자신의 수족들을 각 위원부의 부장과 위원으로 임명했다. 이승만은 "새 정치조직체는 한국의 내무와 경제와 교육과 정치와 전쟁 노력을 현시 전쟁 기관과 전쟁 후에 공히 지배하는 것을 목적으로 한다"[50]라고 설명했다.

이승만은 《위원부통신》 제16호(1945. 6. 15)를 통해 이 조직의 정식 명칭이 협찬부이며, 재정부와 기타 몇 부를 더 조직할 예정이라고 밝혔다. 또 사업의 진행에 따라서는 로스앤젤레스와 하와이에도 협찬위원을 선정해서 "우리 민족운동에 누구나 봉사를 제공케 하며 더욱 참전에 노력하도록 힘쓰기로 했다"라고 덧붙였다. '임시정부 대체'용이었다.

이상에서 드러나듯이 협찬부는 형식상으로는 3월 말로 계획되었던 재미한족대회를 대체한 것이었고, 내용상으로는 새로운 임시정부를 조직하려 한 것이었다. 이승만은 협찬부가 새로운 임시정부의 조직이 아니라고 변명했지만, 재미 한인사회에서는 이승만이 "일정 분수에 넘치는 정부조직의 야심을 가진다는 혐의를 피치 못할 것"[51]이라는 비난이 일었다.

이승만의 '협찬부' 조직은 곧 교포들의 반발에 부딪혔다. 유일한과 이병두 등이 자신들은 여기에 참여한 사실이 없다고 성명을 발표하고, 다른 인사들도 반발하면서 한인사회의 분열만 가중시키다가 협찬부는 시나브로 그 존재가 사라지고 말았다. 이승만의 야심이 수포로 돌아간 것이다.

이 시기에 이승만은 민족해방에 대비하여 자신의 역할을 부각하기 위해 두 가지 사업을 다시 추진했다.

하나는, 한인 청년 수십 명을 미 정보기관인 COI(정보조정국, 1941년 7월 창설)와 OSS(전략사무국, 1942년 6월 창설)에 추천해 훈련받게 한 것인데, 이들은 해방 후 이승만의 정치적 지원군이 되었다. 또 "한국의 노동 안정과 자연 부원의 발전을 목적으로 하고, 미국의 각종 상업계와 은행계도 더불어 협상하여 상업 관계를 시설할 것"을 목표로 한 경제부의 활동은 이승만에 의해 직접 시도되었고, 그 영향은 1946년 이승만의 국내 활동에 영향을 미쳤다.[52]

또 하나는, 자신의 지지기반인 동지회를 정당으로 전환하려 한 것이다. 1945년 5월 26일, 로스앤젤레스에서 동지회 대표자대회를 열어, 단체의 명칭을 대한민주당으로 개정하고 정강과 정책을 마련했다.

정강으로는 '절대독립' '민주주의 수립' '한민족의 자유·생명·재산보장'을 내걸고, 정책으로는 '1. 임시정부가 한국에 들어가서 총선거를 실시할 시까지 절대로 봉대함. 2. 선거권은 남녀평등으로 함. 3. 국제 통상을 장려함. 4. 왜적의 불법소유는 국유로 몰수하고 사유재산은 종법 처결하기로 주장함. 5. 독립주권을 손상하는 자는 종법 응징하기로 주장함. 6. 의무교육을 전국적으로 실시하기로 주장함. 7. 한국 국방을 위하여 의무군사훈련을 실시하기로 주장함. 8. 국제평화를 위하여 한국 군병으로 일본을 경찰하기를 주장함. 9. 종교·출판·언론·집회 등 자유를 보장하기로 주장함'[53] 등의 9개 항을 제시했다.

이승만이 동지회라는 자신의 사조직을 정당체제로 전환하려고 한데는 "이미 한인사회 내부에서 정당 건설 논의가 있었으며, 이승만도 자신의 기반 공고화와 해방 후 국가 건설에 대비해 동지회라는 불분명한 조직체계보다는 분명한 정당조직을 선호했을 것이란 점"[54]이 작용했던 것 같다.

그러나 태평양전쟁이 종전 단계에 이르고, 대한민주당 체제를 둘러싸고 동지회원들의 반발이 심해지면서 이승만의 정당 창당 시도는 물거품이 되고 말았다. 이승만을 '종신위원장'으로 하는 정당체제에 다수 회원들이 극력 반대했기 때문이다.

임정의 유엔 창립총회 참가 무산시킨 '독립훼방꾼' 평가도

이승만은 태평양전쟁 시작에서부터 해방까지 이처럼 자신의 기반 확대와 대미 외교활동에 주력했다.

1942년 5월 5일에는 한미협의회의 크롬웰 회장과 미 국무장관 헐에게 문서로 임정 승인을 촉구하고, 6월에는 몇 주간에 걸쳐 미국의 소리 VOA 초단파 방송망을 통해 고국 동포들에게 대일항전을 촉구하는 방송을 내보냈다. 그 밖에 9월 30일에서 10월 10일에 걸쳐 미 전략사무국OSS을 상대로 중국 내 한인 항일 게릴라 조직을 협의하고 제의했다.

1943년 2월 16일에는 미 국무장관 헐에게 "만약 미국 정부가 임정을 승인하지 않으면 전후 한반도에 친소 공산정권이 수립될 것"이라는 경고 서한을 보내고, 2월 17일에는 미 육군장관 스팀슨에게 서한을 보내 항일 게릴라 조직을 거듭 촉구했다. 3월 15일에는 미 대통령 루스벨트에게 서한을 보내 극동에서의 소련의 야욕을 상기시키면서 임정을 즉각 승인할 것과 한인에 대한 원조를 요청했다. 이어 3월 30일에는 스팀슨에게 "하와이에 살고 있는 한인 동포들을 일본인과 똑같이 취급하지 마라"라는 내용의 서한을 보냈다. 8월 23일에는 제1차 퀘벡회의에 참석한 루스벨트 대통령과 처칠 수상에게 전보로 임정 승인과 군사 지원을 요청했다. 10월 4일, 이승만은 재미한족연합위원회 이사부에서 임시정부 외교고문으로 추대되었으며, 12월에는 자신을 받드는 동지회인 한인연합회에서 탈퇴했다.

1944년 1월 14일에는 한미협의회 총무 제임스 신을 통해 미 정부에 즉각적인 임정 승인을 촉구하고, 9월 11일에는 2차 퀘벡회의에 참석한 루스벨트와 처칠에게 전보로 「카이로선언문」의 문제점을 지적하면서 일본 패망 후 한국의 즉각적인 독립을 요구했다. 그는 10월 25일에 루스벨트에게 서한을 보내 임정 승인을 거듭 촉구했다. 그해 11월, 미 체신부에서는 태극 마크가 그려진 미국 우표를 발행했다.

1945년 2월 5일에는 미 국무차관에게 중국 정부가 임정을 승인할 태세임을 상기시키고 한반도에 공산정권을 수립하려는 소련의 야욕을 막기 위해 당장 임정을 승인할 것을 촉구하는 한편, 3월 8일과 4월 20일 두 차례에 걸쳐 미 국무장관에게 4월 하순에 샌프란시스코에서 개최될 국제연합 창립총회에 임정 대표를 초청할 것을 요청했다. 7월 21일에는 포츠담에서 처칠·스탈린과 회담 중인 미 대통령 트루먼에게 전보로 해방 후 1년 이내에 총선을 실시할 것을 전제로 연합국 3거두가 임정을 승인한다는 공동성명을 발표할 것을 요청했다.[55]

1945년 4월 26일부터 6월 28일까지 샌프란시스코에서 연합국 50개국이 모여 국제연맹의 후신으로 국제연합(유엔)을 창설했다. 전후 처리와 세계 평화, 인류 복지 향상을 목적으로 설립된 이 기구는 2차 세계대전이 끝난 뒤 세워진 범세계적인 국제기관이었다. 이 자리에 참석한 국가들은 거의 모두 2차 세계대전에서 연합국 쪽에 가담한 국가들이었다. 국토가 독일에 점령된 런던의 망명정부들도 대부분 회의에 참석했다.

그런 점에서 충칭의 대한민국 임시정부 대표도 초청받을 가능성이 충분히 있었다. 임시정부는 이에 대비하여 단장 김규식(부주석), 부단장 조소앙(외무부장), 단원 정환범(차장)으로 대표단을 구성하고 중국 정부의 여권과 미화 사용 승인까지 받았다. 그런데 미 국무부는 임시정부 대표가 참가하려면 재미한인이 구성한 연합체의 승인을 받아야 한다는 조건을 내세웠다. 이와 관련하여 김자동(현 대한민국임시정부기념사업회 회장)은 언론 기고에서 중대한 사실을 밝혔다. 이승만의 정치고문 로버트 T. 올리버가 쓴 『이승만과 미국의 한국 참여 1942~1960』 속의 한 대목이다.

한국의 여러 민족주의 분파는 국무부의 고무와 실제적 협조하에 '통합한인위원회'로 편입되도록 한다. 여기서 기대하는 바는 전 한국의 연립정부를 수립하는 데 있어서 공산주의자들의 협력을 얻는 데 있다.

충칭에서는 김구가 중국 정부의 상당한 지지 아래 한국 임시정부의 주석으로 있다. 이곳 미국에는 한길수와 김용중이 한국의 어떠한 정권이든 수립하는 데 있어서 미국과 유엔의 지지를 받기 위한 연합형태에 찬동하고 있었다. 이승만은 이런 연합체는 한국을 공산주의에 내주는 것으로 여겼으므로 통합위원회는 이(승만)의 입장을 거부했다. 이 박사는 미 국무부의 비난과 한인 반대자들의 심한 질타를 받으며 샌프란시스코를 떠나 워싱턴으로 귀환했다.

이승만의 이런 독선 때문에 미주 지역 한인 전체의 지지를 받는 임시정부 대표단이 유엔 창립총회에 참가할 기회가 박탈되고 말았다.

우리가 유엔의 창립회원이 되었다면 임시정부는 소련을 포함한 유엔 참여 각국으로부터 사실상 승인을 받았을 것이다. 군사작전상 미·소가 한국을 분할 점령했더라도, 임시정부는 미·소 등에 있는 망명 한인 대표와 국내의 각계 지도자를 포함하는 재조직은 필요했을 수 있지만 유일 합법정부로 국내에 돌아올 수 있었을 것이다.

그랬다면 신탁통치를 한다는 말도 나올 수 없었을 것이며, 통일된 한국 정부는 자연히 승전국으로 대일강화조약에도 참여했을 것이다. 이승만의 '훼방' 때문에 우리는 신생독립국의 대열에서 빠진 상태로 두 조각이 나고 말았다.[56]

뭇 여성들과 '염문', 그리고 프란체스카와 재혼

이승만은 미국 망명 시절에 서양 여성과 만나 재혼하고, 몇몇 여성과 '염문'도 뿌렸다. 한국을 두 번째 떠날 때 이미 부인 박승선과는 결별한 상태여서 재혼을 하는 데는 달리 문제가 없었다. 하지만 박승선과는 여전히 호적상의 부부로 남아 있는 상태였다.

이승만이 1934년에 프란체스카 도너와 재혼할 때까지 20여 년간 하와이에서 이 사실상의 홀아비를 은근히 '사모'하는 여성들이 많았다. 이들 대부분은 '사진결혼'으로 하와이에 건너와 나이 많은 남편에 만족을 느끼지 못하던 인텔리 여성들로서, 하와이 여러 섬에 세워진 한인 교회 및 '대한부인구제회' 등 단체를 통해 이승만의 정치자금을 거두는 일

등에 앞장섰다.[57]

이와 같은 관계가 '일반적'이었다면 '특수'한 관계의 여성도 없지 않았다. 첫 번째는 노디 김으로, 한국 이름은 김혜숙이다. 1905년 8살 때 부모와 함께 하와이로 이민 온 그는 1915년 호놀룰루 카아후마누 학교를 우수한 성적으로 졸업하고, 이승만의 추천으로 미국 본토로 건너가 오하이오 주의 우스터 고등학교와 이 지역 명문 오벌린 대학(역사·정치학 전공)을 졸업했다. 노디 김은 졸업 뒤 하와이로 돌아와 워싱턴에 가 있던 이승만을 대신하여 한인기독학원 원장을 맡아 일하면서 한인기독교학원, 동지회, 대한인부인구제회, 한미친선회, 한미상담회 등 이승만 계열 단체의 실무 책임을 맡았다. 그는 이승만의 열렬한 후원자가 되고, 지극정성으로 이승만을 보필했다.

이런 관계로 하와이 한인사회에서는 두 사람 사이를 둘러싸고 온갖 소문이 끊이지 않았다. 심지어 이들 사이에 사생아가 출생한 것으로 알려졌지만 노디 김이 결혼한 남자의 아이로 밝혀졌다. 노디 김은 해방 뒤 이승만 정부에서 외자구매처장과 대한부인회 이사, 그리고 대한적십자사 부총재와 인하대학 이사 등 요직을 역임하다가 1958년 하와이로 돌아갔다.

이승만은 미국 망명 시절 임영신과도 가까운 사이였다. 임영신은 3·1 혁명 때 만세시위로 6개월간 복역하고 일본으로 건너가 히로시마 고등여학교를 졸업했다. 귀국하여 충남 공주의 영명학교와 이화학당에서 교편을 잡다가 1923년 미국에 유학하여 이승만과 만나게 되었다.

남가주 대학 학부와 대학원 과정을 마친 임영신은 1931년 신학 석사학위를 받았다. 이 무렵에 이승만으로부터 청혼을 받았으나 젊은 20대 미혼 임영신이 50대 홀아비 이승만을 거절한 것으로 알려졌다. 하지만 임영신은 이승만의 이름에서 승承 자를 따서 승당承堂이라는 아호를 지었을 만큼 이승만을 흠모했다. 해방 뒤 프란체스카가 1946년 3월 한국에 올 때까지 일찍 귀국하여 돈암장 등에서 이승만의 비서 역할을 하고, 정부 수립 뒤에는 이승만 내각의 초대 상공장관으로 발탁되었다.

이승만의 후처로서 대한민국 초대 퍼스트레이디가 된 프란체스카 도너는 1900년 6월 1일 오스트리아 수도 빈에서 소다수水 공장 주인의 셋째 딸로 태어났다. 가톨릭 집안이었다. 도너는 상업학교를 졸업하고 스코틀랜드로 유학하여 영어 통역관 자격증을 땄다. 그는 영어, 독일어, 프랑스어에 능통했으며, 속기와 타자에도 재능을 보였다.

도너는 20대 초에 카레이서와 결혼했으나 이혼한 상태에서 1933년 2월 제네바의 국제연맹본부에서 열린 국제회의 개막식 호텔 식당에서 이승만과 우연히 만났다. 이후 두 사람은 서로의 아픈 상처를 이해하면서 사귀게 되고, 1934년 10월 8일 뉴욕에서 결혼식을 올렸다. 이승만은 57살, 프란체스카는 34살이었다. 결혼예식은 한국인 목사 윤병구와 미국인 목사 홈스가 공동으로 집전했다.

이승만이 서양 여성과 결혼한다는 사실이 알려지면서 하와이동지회 간부들은 심하게 반대했으나 막상 이들이 호놀룰루에 도착했을 때는 따뜻하게 환영했다. 프란체스카는 이승만을 열심히 돕다가 해방 뒤 1946년 한국에 들어왔다.[58]

4.
자주독립 민족통일을 외면한 권력의 화신

해방정국의 주역으로 등장, 분단정부 수립에 올인

맥아더의 후원을 업고 나선 정치활동

이승만은 1945년 10월 4일에 워싱턴을 떠나 14일에 도쿄에 도착해 사흘 간 머물면서 맥아더 최고사령관과 '정무협의차' 그곳에 온 하지 주한미 군사령관을 만났다. 이들과의 '만남'이 해방정국에서 이승만에게 결정적으로 힘을 실어주는 계기가 되었다.

이승만은 14일에 일본을 떠나 이날 저녁에 김포공항에 도착해 조선호텔에 투숙했다. 33년 만의 귀국이었다. 망명할 때도 일본을 거쳐 미국으로 갔는데, 귀국할 때도 일본을 거쳐 서울로 돌아왔다. 이승만과 일본은 긍정적이든 부정적이든 떼놓을 수 없는 '업보'의 관계였다. 오랜 측근 윤치영은 이승만이 귀국할 때 "미군 군복을 걸치고 군용기편으로 입국하게 되었다"[1]라고 썼다.

이승만은 미국에 살면서 일본의 패망 소식을 한국인 누구보다 일찍 들을 수 있었다. 그래서 귀국을 서둘렀으나 고국으로 들어오는 길이 쉽지 않았다.

이승만은 태평양전쟁 종전이 임박한 8월 8일 백악관에 귀국 청원 편지를 낸 것을 필두로 귀국 로비에 박차를 가했다. 이승만이 귀국하기 위해서는 반드시 거쳐야 할 세 가지 관문이 있었다. 첫째는 미 국무부 여권과의 출국 여권을 받는 것, 둘째는 군 관할지역인 태평양전구에 들어가기 위해 주한미 군사령부와 그의 상급조직인 태평양지구 미 육군사령부 및 전쟁부의 허가를 받는 것, 셋째는 군사지역 여행을 위해 군용기의 사용허가를 받는 것이었다. 순서상 주한미군 사령관 하지의 허가, 이에 대한 태평양지구 미 육군 사령관 맥아더의 허가, 이에 기초한 국무부의 허가로 이어지는 것이었다.[2]

이승만이 이렇듯 어려운 과정을 거쳐 귀국할 수 있었던 것은 맥아더와 그의 관계 때문이었다. 이승만은 1945년 7월 말 태평양전쟁을 승리로 이끌고 있는 맥아더에게 전문을 보내 자신의 강력한 반소·반공의 입장을 전했다. 이것은 반소주의자 맥아더의 주목을 받게 되고, 그의 협력은 귀국하여 해방정국에서 주도권을 장악할 수 있는 하나의 전기가 되었다.

이승만은 미국에 머물 때 여러 차례 반소·반공의 입장을 밝히는 언론 기고를 하거나 연설을 했다. 맥아더의 신임을 받게 된 전문에는 이승만의 반소 인식과 '포부'가 잘 드러나 있다.

우리는 공동 점령이나 신탁에 반대한다. 만약 점령이 필요하다면, 미국이 흘린 피와 소모한 막대한 비용의 대가로 미군만의 단독 점령을 환영한다. 대일본전은 민주주의를 위한 세계 안보를 달성하기 위해 승리한 것이다. 왜 우리가 러시아로 하여금 한국에 들어와 공산주의 정부를 수립하고 한국에서 유혈내전의 씨앗을 뿌리도록 허락해야 하는가? 우리의 유일한 희망은 극동 평화를 위해 트루먼 대통령 각하가 단일한 통일 민주주의 독립 한국을 주창하는 데 있을 따름이다. 우리는 트루먼 대통령에게 본인을 한국에 들여보내, 그곳에서 어떤 자격으로라도 미군과 협력하고 지원할 수 있게 해달라고 요청한다.[3]

이 전문 때문에 맥아더가 이승만을 한국의 반소·친미 지도자로 인식하게 되었고, 이후 맥아더는 이승만이 귀국할 때 자신의 전용기를 이용하게 하는 특혜를 베풀게 된다. 그리고 도쿄에서 하지까지 불러 면담하도록 해주었다. 미 국무부는 오랫동안 이승만의 행적을 지켜보았기 때문에 이승만을 크게 불신했지만, 국방부와 군부 측은 당장의 소련 봉쇄정책 때문에 극우 성향의 인사인 그가 필요했다. 어느 나라나 전시 상황에서는 국방(군부) 쪽이 주도권을 갖게 된다.

사실, 일왕의 무조건 항복으로 종전이 예상보다 빨라지면서 이승만은 초조해졌다. "그는 중국에 있는 임시정부가 먼저 귀국할 것을 두려워했다. 특히 중국의 외교부장 쑹쯔원宋子文이 충칭의 김구·김규식·김원봉·조소앙에게 한국 내에서 특권을 주기 위해 미 국무성과 협상하려 한다고 생각하고, 이들이 먼저 입국하여 세력을 확고히 할 때까지는 자기를 미국에 붙들어둘지도 모른다고 생각하고 초조해 있었다."[4]

이승만은 전후 한국 문제, 미국과 소련의 대치상황 등 한반도의 정세를 어느 정도 예측하고 있었다. 그래서 충칭임시정부보다 먼저 귀국하여 주도권을 장악하고자 했고, 그 방법은 미군의 역할로 내다보았다. 그의 관찰은 정밀했다.

이승만은 귀국하면서 해방된 한반도 문제를 처리하는 데 핵심적 위치에 있는 맥아더와 하지 장군을 만날 수 있었고, 하지와 함께 귀국한

이승만은 그의 주선으로 기자회견과 귀국 방송도 할 수 있었다. 이승만
의 귀국 기자회견 요지는 다음과 같다.

나는 전쟁이 끝난 후 곧 나오려고 하였으나 여러 가지 사정으로 못 나오고
지금까지 애만 써왔다. 그러다가 얼마 전에 미주를 떠나 하와이, 괌, 일본
도쿄 등을 거쳐 급기야 어제저녁 이곳에 도착했다. 그리고 하지 중장, 아
널드 소장과 얘기해본즉 의견이 합치되어 협조해갈 수 있음을 믿었다. 여
기에 나는 우리의 '합동'이라는 것을 크게 보지 않을 수 없다.

나는 33년 동안이나 떠나 있었으므로 국내 형편은 잘 모르나 차차 알아
가면서 여러분과 합동해가겠다. 특히 여기서 내가 분명히 말해두고자 하는
것은 나는 평민의 자격으로 고국에 왔다는 것이다. 임시정부의 대표도 아
니요 외교부 책임자로 온 것은 결코 아니다. 끝까지 한국의 평민의 한 사람
으로서 돌아온 것이다. 그러므로 이곳 군정부와 아무런 연락이 있었던 것
도 아니나 여기 온 길을 열어준 것은 이분들이다. 나는 앞으로 조선의 자
주독립을 위해서 일하겠거니와 싸움을 할 일이 있으면 싸우겠다. 그러나
여러분 4천 년의 우리 역사가 어둠에 묻혀 있는 것은 우리 민족의 불미한
탓이었다. 그중에서도 나와 같이 나이 많은 사람들의 잘못이 많았다.[5]

이승만은 이날 경성중앙방송을 통해 귀국 방송도 했다. "내 예정
은 중국에 있는 임시정부 당국자들과 상의하고 김구 씨와 같이 돌아오
려고 했으나 중국 방면의 여러 가지 장애가 많아서 함께 오지 못하고
미 군용기로 태평양을 건너서 오게 된 것"[6]이라고 밝혔다. 이승만의 회
견과 방송에는 해방된 조국의 미래상이나 미 군정에 대한 언급이 전혀
없었다. 동포들의 '일심협력'과, 맥아더·하지·아널드 장군의 고마움만을

피력했다. 그리고 '평민'을 유난히 강조한 것은 임시정부를 인정하지 않고 '개인 자격'을 주장하는 미국의 뜻이 담겼다.

미국에서 33년을 지내는 동안 이승만은 식민지 조선 민중에게 잊힌 존재가 되었다. 총독부에 의해 언론·정보가 엄격히 통제된 까닭이었다. 이승만뿐만 아니라 해외 독립운동가들 대부분이 그랬다. 다만 김구와 여운형, 김일성 등 몇 사람의 이야기만이 식자들 사이에서 '신화'처럼 '전설'처럼 나돌았을 뿐이다.

이승만이 극소수이지만 국민들 사이에 처음으로 알려진 것은 1941~42년 미국 샌프란시스코 OWI(전시정보국)가 방송한 '미국의 소리' 한국어 방송이었다. 이승만은 1941년 12월 25일 미 정보조정국COI의 요청으로 한국어 방송을 시작했는데 1942년 6월 13일, 7월 6일, 7월 11~12일에 각각 영어와 한국어로 단파방송을 했다. 이승만은 이 방송에서 "나는 리승만이오. 대한임시정부 대표원으로 미국 경성 워싱턴에서 말합니다"라고 자신을 소개하면서 전시상황과 일제의 패망, 한국이 독립하게 될 것이라는 소식을 전했다.

그런데 조선총독부가 이와 관련해 방송을 들은 한국인 250여 명을 구속하는 이른바 '단파방송 청취 사건'이 벌어지면서, 역설적으로 이승만의 존재가 전쟁 말기의 혼란을 틈타 급속히 전파되고, 해외 독립운동 지도자로서 명성이 높아졌다. 이와 같은 '명성'은 해방정국에서 그의 위상을 한껏 부풀리는 작용을 했다. 여기에 젊은 날의 행적, 미국 유명 대학의 박사학위, 임시정부 대통령, 미국과의 관계 등이 합쳐지고 부풀려지면서 명성과 함께 신비성을 더하게 되었다.

이승만이 서둘러서 귀국한 한국의 정세는 대단히 복잡하고 미묘한 상황이었다. 먼저 38선이 그어지고 미·소가 각각 남북에 점령군으로 진주했다. 이때 한민족의 허리를 두 동강 낸 38선은 참으로 어처구니없게 그어졌다.

한국인들이 1945년 8월 15일 일본의 항복과 한국의 해방을 알리는 히로히토 일왕의 목소리를 처음으로 듣기 며칠 전에, 국무·전쟁·해군 3부 조정위원회의 존 머클로이는 두 젊은 대령에게 옆방에 가서 한국을 분할할 지점을 찾으라고 지시했다. 그때는 이미 원자폭탄이 투하되고 소련의 붉은 군대가 태평양전쟁에 참전했으며, 미국의 정책입안자들이 전선의 전 지역에 걸쳐 일본의 항복을 끌어내기 위해 몰려오고 있던 8월 10일과 11일 사이의 자정 무렵이었다.

주어진 30분 안에 두 대령은 지도를 보고 38도선을 선택했다. 그것은 38도선이 "수도를 미국의 영역 안에 둘 수 있겠기" 때문이었다. 38도선은 "소련이 반대할 경우 (…) (미국이) 현실적으로 타협할 수 있는 지점보다 훨씬 더 북쪽"이었음에도 불구하고 소련이 반대하지 않아 러스크는 "다소 놀랐다."

태평양전쟁의 영웅 더글러스 맥아더 장군은 8월 15일 일본이 항복하자 일반명령 제1호를 발포했는데, 거기에도 38도선에 대한 결정이 포함되어 있었다(따라서 이를 공포한 셈이었다). 러시아는 이 영역분할을 아무 말 없이 받아들이는 한편 일본 홋카이도의 북쪽 지역에 대한 러시아 쪽 점령을 요구했다. (맥카시는 이를 거절했다.)[7]

그렇다고 38선의 분단이 두 젊은 대령의 '손장난'만으로 그어진 것은 아니었다. 미국 정부의 사전 계획에서 나온 것이었다. 미국은 전쟁 중기부터 몇몇 국가에 의한 한국의 장기 신탁통치를 구상했다. "루스벨트는 한국이 소련과 국경을 맞대고 있기 때문에 소련이 전후 한국의 운명에 개입하기를 원한다는 것을 알고 있었다. 그는 소련을 다국적 통치에 참여시킴으로써 일방적인 해결책들을 사전에 차단하는 한편 한국에서의 미국의 이익을 보장하는 조항을 마련하려는 생각을 가지고 있었다."[8]

이와 같은 배경에서 한국인들과는 전혀 의논하지 않은 채 38도선이 그어지고, 소련군은 8월 19일에 웅기, 22일에 나진·청진항에 상륙하고, 미군은 9월 8일에 인천에 상륙했다. 미·소가 각각 군대를 남북한에 진주시킨 것이다. 이에 앞선 9월 2일, 맥아더의 미 극동사령부가 남한에 군정을 실시한다고 선포했다.

이승만이 9월 16일에 귀국했을 때는 미 군정과는 별도로 여운형이 주도하는 조선건국준비위원회(건준)가 구성되고, 8월에 전국에 145개의 건준 지부(인민위원회 지부)가 결성된 상태였다. 건준은 짧은 기간 남한 전역에 조직을 가동하게 되었다.

9월 16일에는 일제에 협력하면서 국내에 세력을 키워온 인사들이 한국민주당(한민당)을 결성했다. 10월 10일, 미 군정 장관 아널드가 "미 군정이 38선 이남의 유일한 정부"라고 선언하여 여운형의 건준, 한민당, 이승만 그리고 여전히 중국에서 귀국하지 못한 상태인 김구의 임시정부를 인정하지 아니한다고 공포했다. 이는 사실상 건준과 임시정부를 겨냥한 발언이었다.

이승만은 귀국한 지 9일 만인 10월 25일, 독립촉성중앙협의회(독촉)에서 총재에 추대되었다. 독촉은 한국민주당, 국민당, 조선공산당 등 각 정당 및 사회단체 200여 개가 모여 구성된 협의체였다. 그러나 11월 16일, 박헌영이 주도한 조선공산당이 협의체에서 친일파·민족반역자를 제거할 것을 요구했지만 이 요구가 받아들여지지 않자 탈퇴함으로써 독촉

1945년 9월 8일, 남한에 진주한 미군 선발대를 환영하는 시민들.

의 통일전선은 와해되었다.

해방공간에서 이승만의 인기는 대단했다. 8월 16일에 출처를 알 수 없는 조각명단의 벽보가 곳곳에 나붙었다. 이 벽보에는 국호 동진공화국東震共和國, 대통령 이승만, 총리대신 김구, 육군대신 김일성, 외무대신 여운형 등의 내용이 적혀 있었다. 이 밖에도 이런 유의 벽보 조각이 많이 나타났다.[9]

건준은 9월 6일에 전국인민대표자대회를 개최하고, 중앙인민위원(헌법기초위원) 55명과 후원위원 20명, 고문 12명의 명단을 발표했다. 중앙인민위원은 이승만을 포함하여 여운형, 허헌, 김규식, 김구, 김성수, 김원봉, 홍남표, 김병로, 신익희, 안재홍, 조만식, 최익한, 최용달, 이강국, 이만규, 이여성, 김일성, 정백, 이승엽, 조동호, 박문규, 박광희, 김무정 등이었다.[10]

1945년 9월 9일. 중앙청에 진주한 미군이 일장기를 내리는 모습.

9월 14일, 건준은 명칭을 조선인민공화국으로 바꾸고 선언, 강령, 시정방침 및 내각을 발표했다. 내각명단을 보면 주석 이승만, 부주석 여운형, 국무총리 허헌, 내무부장 김구, 외무부장 김규식, 재무부장 조만식, 군사부장 김원봉, 경제부장 하필원, 농림부장 강기덕, 보건부장 이만규, 교통부장 홍남표, 보안부장 최용달, 사법부장 김병로 등이다. 그러나 이승만은 조선인민공화국의 주석 추대를 거부했다.

이상의 조각명단은 본인들의 의사와는 상관없이 대부분 '지상조각'이거나 '벽상조각'이었다. 이승만은 물론 김구와 임시정부 요인들이 아직 귀국하지 못한 상태이고, 조만식 등은 북한에서 소련군에 억류되어 있었다. 그런데도 좌우 정파에서 이승만을 대통령이나 주석으로 추대하고 있다는 사실에서 그의 위상이 어느 정도였는지 가늠할 수 있게 된다.

극렬 반공주의로 재빠르게 변신한 기회주의

해방 직후 한국의 정치·사회적 주도권은 여운형의 건준과 공산(사회)주의 계열의 인사들이 장악했다. 해외 독립지사들은 귀국하는 교통편을 구하지 못하거나 여타 다른 이유로 아직 귀국하지 못한 상태이고, 우익진영 대부분의 지도급 인사들은 친일부역 행위 때문에 민중 앞에 나서기가 쉽지 않았다. 그러나 몇몇 공산주의 운동가들은 일제와 싸우다 감옥에 가거나 지하에 은신했다가 해방과 함께 풀려나면서 곧바로 조직활동을 할 수 있었다.

이승만의 귀국 소식이 전해지면서 그는 대번에 화제와 관심의 중심이 되었다. 그가 머무는 조선호텔에는 하루 종일 방문객이 줄을 이었다. 10월 19일, 이승만은 각계 인사 80여 명이 참석한 자리에서 임시정부의 근황을 설명하고 행동·사상의 통일을 재차 강조했다. 이 자리에는 조선인민공화국 중앙인민위원회 소속 여운형과 허헌도 참석했다. 이보다 앞서 18일에는 여운형과 허헌이 이강국과 최용달을 대동하고 이승만을 방문했으며, 조선인민공화국 중앙인민위원회는 이승만의 귀국을 환영하고 그를 중심으로 단합하자는 담화를 발표하는 한편, 홍남표와 이여성 등으로 이승만 귀국환영위원회를 조직했다. 또 조선공산당의 박헌영도 이승만을 찾아가 당수가 되어줄 것을 요청했다.[11]

대중 앞에 나타난 이승만의 모습은 이색적이었다. 통역을 세울 만큼 우리말도 서툴렀다. 초대 대통령 시절 이승만의 비서를 지낸 박용만(독립운동가 박용만과 동명이인)의 증언이다.

처음으로 만나본 이 박사는 백설 같은 하얀 머리, 떨리는 듯 더듬더듬 말을 더듬던 음성에 가벼운 경련으로 얼굴이 실룩거렸고, 우리말을 하시는데 알아듣기가 어려울 정도로 우리말 발음이 서툴러서 우리말같이 안 들렸고, 영어에 가까운 악센트였다. 그뿐 아니라 서투른 우리말에 너무 많은 영어가 뒤섞여 나왔다.[12]

이승만의 '인기'는 그렇다고 맹목적으로 치솟지는 않았다. 1945년 10월 10일부터 11월 9일까지 '선구회先驅會'가 서울에 있는 105개의 정치·사회·문화 단체와 학교에 '가장 뛰어난 지도자', '대통령에 적합한 인물', '최고의 혁명가'를 묻는 설문지를 배포하여 얻은 결과는 다음과 같다.

가장 뛰어난 지도자 여운형 33%, 이승만 21%, 김구 18%, 박헌영 16%, 이관술 12%, 김일성 9%, 최현배 7%, 김규식·서재필·홍남표 각 5%.

대통령에 적합한 인물 이승만 431명, 김구 293명, 여운형 78명, 기권 176명.

최고의 혁명가 여운형 195명, 이승만 176명, 박헌영 168명, 김구 156명, 허헌 78명, 김일성 72명, 김규식 52명, 백남훈 48명, 최용달 40명, 박문희 19명, 이관술 15명, 최현배 12명.[13]

이승만은 귀국 직후 한때 공산주의에 우호적이었다. 미국에서 소련과 공산주의에 적대·비판적이었던 것과는 전혀 다른 모습을 보이고 "호감이 있고 취할 점이 많다"라고 하며 이렇게 말했다. "나는 공산당에 대하여 호감을 가지고 있는 사람입니다. 그 주의에 대하여도 찬성하므로 우리나라의 경제정책을 세울 때 공산주의를 채용할 점이 많이 있습니다."[14]

이렇게 보면 이승만에게는 뚜렷하게 확립된 이념이나 철학·사상 같은 것이 없었던 듯하다. 그의 신념체계는 긍정적으로는 실용주의 노선, 부정적으로는 기회주의 성향이었다. 일본과 미국이 강성할 때면 비판이나 적대하기보다 동조하거나 우호적이었다. 해방 뒤 남한에서 공산주의 세력이 강하게 활동하자 이승만은 공산주의에 동조적이거나 비적대적이었다. 그러다가 미 군정이 조선공산당 등 공산 계열을 불법화하면서 탄압하는 국면에 이르자 극렬한 반공주의자로 변신했다.

이승만은 조선공산당이 독촉을 이탈하자 12월 21일에 〈공산당에 대한 나의 입장〉이라는 방송에서 독설을 퍼부었다.

한국은 지금 우리 형편으로 공산당을 원치 않는 것을 우리는 세계 각국에 대하여 선언합니다. 기왕에도 재삼 말했거니와 우리가 공산주의를 원치 않는 것이 아니라 공산당 극렬파의 파괴주의를 원치 않는 것입니다. (⋯) 이 분자들은 노국(러시아)을 저희 조국이라 부른다니 과연 이것이 사실이라면 우리의 요구하는 바는 이 사람들이 한국을 떠나서 저희 조국으로 돌아가서 저희 나라를 충성스럽게 섬기라고 하고 싶습니다.[15]

불과 두 달 사이에 공산주의를 바라보는 인식이 이토록 바뀌었다. 이는 그의 철학의 문제가 아니라 미 군정이 공산당을 불법화하고 탄압하자 이런 현실에 대처하는 그의 기회주의적 태도 때문이라고 봐야 할 것이다.

11월 23일, 김구를 비롯하여 임정 요인 1진이 귀국했다. 이승만과 미국이 의도한 대로 이승만이 먼저 귀국하고, 그로부터 40여 일이 지나서야 김구가 간신히 귀국할 수 있었다. 역시 개인 자격이었다. 이승만의 경우는 하지가 일본까지 마중했지만 김구 일행의 환국은 '임시정부환국

1945년 11월 말, 중국에서 갓 환국한 김구 주석(가운데)이 이승만(맨 왼쪽)과 함께 미 군정 사령관 하지 중장(맨 오른쪽)을 만나는 모습.

준비위원회'에도 알리지 않았다. 그리고 귀국 방송에도 차이가 있었다.

미 군정 당국은 귀국 과정에서부터 이승만과 김구를 크게 차별했다. 하지의 연락을 받아 임정 요인들의 환국을 알고 있던 이승만은 이날 오후에 김구가 머물고 있는 죽첨장을 방문해, "조국의 고토 회복이 급선무인 이때 정당의 합동 통일과 민족통일 운동을 위해 귀국했으므로 건국운동에 대한 활발한 보조가 기대된다"[16]라고 말했다.

이승만은 자신과는 은원 관계이기도 한 김구와 임시정부에 양면적 태도를 보였다. 한때 임시정부의 대통령을 지내고도 탄핵당하는 수모를 겪었고, 그러면서도 태평양전쟁 말기 임시정부의 끈을 놓치지 않으려 주미외교위원부의 승인을 받아 활동했다. 귀국해서도 외형상으로는 '임시정부 봉대'를 말하고, 임정 요인들이 환국하여 김구의 거처인 죽첨장에서 개최된 임시정부 국무회의에도 주미외교위원회 위원장의 자격으로 한 차례 참석했다.

이승만은 11월 17일 저녁에 한 라디오 방송에서 "나는 임시정부에 복종하며 김구 씨와 임시정부 각료들을 지지한다. 따라서 공식적인 합의가 이룩되지 않는 한 다른 정부와의 관계를 맺을 수 없다"[17]라고 똑똑히 밝혔다.

그러나 이승만의 이 같은 발언은 이틀 뒤에 바뀌었다. 11월 19일, 이승만은 임시정부의 환국이 늦어진 데 대해 "그들이 정부의 자격으로 귀국할 것을 요구하는 데 반해 군정 당국이 개인 자격으로 올 것을 종용하는 데 까닭이 있다고 하고, 충칭임시정부는 국제공법상 인정을 받은 정권이 아니며, 또 지금은 한국독립당의 선언강령을 지지할 시기가 아니"[18]라고 말했다.

이승만 이렇듯 한편으로는 '임시정부 봉대'를 천명하면서, 다른 한편으로 임정은 국제공법상 인정받은 정권이 아니므로 개인 자격으로 귀국한 것임을 상기시키고 한국독립당(한독당)의 선언과 강령을 지지하지 않겠다는 이중적인 발언을 일삼았다. 미 군정의 입장을 지지하면서 김구를 맞수로 여기고 있음을 강하게 드러낸 것이다.

10월 24일, 이승만은 그동안 머물렀던 숙소를 조선호텔에서 종로구 이화동에 있는 돈암장으로 옮겼다. 당시 조선타이어주식회사 사장 장진영에게서 이 집을 임대 형식으로 빌려 입주했다. 윤치영 비서실장, 이기붕 서무담당, 윤석오 문서담당, 송필만 비서가 보필하고, 부인 프란체스카의 귀국이 늦어져 임영신이 안살림을 보좌했다.

정국이 혼란한 틈에서 얼마 뒤 집주인의 요구로 돈암장을 비우게 되자 조선총독부 정무총감 다나카가 쓰던 마포장을 얻어 이사했다. 이

이화장 전경.

집은 하지 중장이 주선했다. 그러나 이승만은 마포장이 좁고 교통이 불편하다고 입버릇처럼 불평했다. 그러자 윤치영은 경성고무주식회사 사장 권영일을 내세워 기업가 30여 명에게서 돈을 모은 뒤 김상훈이 소유하던 이화동의 이화장을 사들이도록 힘썼다. 이렇게 하여 이화장은 이승만의 사유재산이 되었다. 이화장은 이후 정부 수립의 산실과 초대 조각본부가 되고, 4월혁명으로 경무대에서 쫓겨난 이승만의 거처가 되었다.[19]

독선과 아집으로 일관한 이승만, 반탁에 담긴 속셈

격동하는 해방정국에서 이승만도 분주한 나날을 보냈다. 1945년 연말에는 신탁통치 문제를 둘러싸고 정국이 거세게 요동쳤다.

12월 말에 모스크바에서 열린 미국·영국·소련 외상회의에서 한반도의 5년 신탁통치안이 채택되었다. 모스크바 3상회의의 결과는 "한국을 독립국가로 재건하기 위해 임시적인 민주정부를 수립한다. 한국 임시정부 수립을 돕기 위해 미·소 공동위원회를 설치한다. 미·영·소·중 4개국이 공동관리하는 최고 5년 기한의 신탁통치를 실시한다"라는 것이었다.

이 같은 사실이 알려지면서 국내의 정치세력은 격렬한 신탁통치 반대투쟁을 전개했다. 김구와 임정 계열은 반탁과 즉각 독립을 내걸고 반탁운동의 선두에 섰다. 김구는 "임시정부를 중심으로 하는 과도정부 수립"을 천명하면서 미 군정에 대응했다. 이러한 반탁운동은 대중의 폭넓은 지지를 받았다. 초기에는 반탁 입장을 취했던 좌익세력이 통일정부 수립을 위해 통일위원회를 설치하자고 제의했으나, 임정이 비상정치회의 소집을 통해 통일을 이루자고 역제의하면서 결렬되었다. 그러자 인민공화국과 조선공산당은 1946년 1월 2일에 모스크바 3상회의 지지를 공식적으로 밝혔으며, 2월 15일에 민주주의민족전선(민전)을 결성해 좌익세력만으로 통일전선을 이루었다.

한편, 우익은 임정을 중심으로 비상정치회의준비회를 열고, 이승만의 독촉이 여기에 합세하여 비상국민회의를 개최했다. 그러나 좌익은 끝내 여기에 참여하지 않았다. 이로써 좌우분열은 극에 이르렀다.

이승만은 초기에 소극적으로 반탁노선을 견지하다가 공산당이 찬탁으로 방향을 바꾸면서 반탁운동에 적극적으로 나섰다. 그는 1946년 2월 8일, 독립촉성중앙협의회(독촉)와 신탁통치반대국민총동원위원회를 통합한 대한독립촉성국민회(촉성회)를 결성하고 총재에 선임되었다.

71살의 이승만은 남한의 구석구석을 돌며 하나의 주제로 연설했다. 그 요지는 "우리는 신탁통치에 반대하고 조국의 독립을 지키기 위해

1946년 겨울. 서울 우이동 화계사를 방문한 임정 요인들.

모든 당파적 대립 자세를 버리고 한데 뭉쳐야 한다"[20]라는 것이었다. 촉
성회는 1946년 4월까지 중앙조직 외에 9개 도, 105개 시·군, 1,149개 읍·
리 지부와 106만 8,429명의 회원을 갖고 있다고 주장했다.

이승만은 1946년 6월 10일, 서울에서 지방대표자회의를 열어 의장
으로 선출되었다. 이날 이승만의 연설 요지와 당시 분위기는 이러했다.

내가 두 차례 남한 각 곳을 돌아다니면서 여러 동포들이 왜정 40년간에
그 많은 고생살이하던 설움을 위로해주고 해방된 기쁜 말이라도 같이 하
게 되었다. 모든 동포들이 나를 반가이 맞아주었고, 어떤 지방에 가니 80
노인이 수십 리 길을 걸어와서 나를 붙들고서 반가워 눈물을 흘리면서 묻
는 말이 "언제나 독립이 되느냐?"고 하기에 나는 그 노인에게 말했다. "언
제고 우리가 합해서 뭉치면 독립이 될 수 있다"고. 오늘 이 자리에서도 내

가 말하고자 하는 것은 이 일이다.

우리 3천만이 뭉쳐서 국권을 찾기 위하여 합심협력하고 나가면 국권을 회복하여서 독립을 하게 되나니, 그리되면 우리끼리 둘러앉아서 나라 살림살이를 논의하여 합의대로 해나가면 잘 살 수 있다. 여러분이 독립을 속히 해보겠다고 신탁을 반대하고 이 국민회를 만들어서 얼마 전부터 나를 그 총재로 취임해달라 하니 나는 이름만 갖는 총재는 수락지 않겠소. (이때에 회장 각처에서 "그렇지 않습니다. 절대 총재 명령에 복종하겠습니다" 하는 소리 연발)

여러분이 내 지휘를 받아서 "죽자!" 하면 다 같이 한 자리에 들어가서 같이 죽을 각오가 있나? (이때 전 회중의 열광적 박수와 함께 "예! 예!" 하는 소리) 그런 각오가 있는 사람들은 어디 손을 들어봐! (전 회중 거수) 한 손을 드는 것을 보니 한 절반쯤 각오가 드는 모양이야. (이 유머에 전 회중은 방소하면서 쌍수를 들었다.) 옳지! 전심전력으로서 독립운동에 나서겠단 말인가! (만족한 얼굴, 만장은 박수 환영, 최고도의 흥분과 감격, 손수건으로 눈물을 씻는 극적 광경이다.)

내가 이번에 민족총사령부를 하나 만들어보려는데 여러분은 내 지휘를 받겠나? (전 회중 또다시 박수와 환호로 응답)[21]

이승만은 귀국 성명에서부터 기회만 있으면 "뭉치면 살고 흩어지면 죽는다"라는 말을 되풀이했다. 이 발언의 핵심은 자신을 중심으로 뭉치자는 뜻이었다. 미국에서 활동할 때부터 많은 단체·조직 중에서 자신이 중심이 되지 않으면 분란을 일으키거나 '중심자'를 음해하여 축출시켰다. 촉성회는 해방정국에서 이승만이 중심이 되는 완벽한 개인단체가 되었다.

이승만은 만나는 사람마다 "나를 따르라" "나를 믿으라" 같은 자존자대自存自大적이요 독단적인 언사와 행동을 일삼았다. 11월 2일, 천도교회당에서 이승만은 '독립촉성중앙협의회'를 조직하고 전형의원 7명을 뽑은 뒤 이 전형위원이 중앙위원 30명을 선출하여 통일 독립을 강구케 하자는 결의를 했다. 그런데 공산당의 박헌영이 이 결의안의 무효를 주장하고 나섰다. 회의장 안에 한민당 계열 인사를 다수 입장시켜 얻어진 결의안이므로 종다수결원칙에 위배된다는 것이었다.

또 중앙협의회의 명의로 연합군에 보내는 메시지를 이승만이 기초했는데, 국내외 독립투쟁은 거의 언급이 없고 오로지 연합군의 힘으로만 해방되었으니 감사하다는 내용으로 되어 있었다. 이것은 수정할 필요가 있다 하여 몽양도 수정위원의 한 사람으로 며칠 후 돈암장 이승만 처소로 갔다.[22]

미 군정청은 군정사령관의 자문기구로서 2월 25일에 남조선민주의원(민주의원)을 구성했다. '민주의원'을 설치하게 된 배경에는 모스크바 3상회의에서 신탁통치안이 결정되자 김구 등 임정 계열이 이에 반발하여 즉시 전개한 반탁운동이 있었다. 임시정부는 각 정당·사회단체를 망라하여 신탁통치반대국민총동원위원회를 조직하여 반탁운동에 돌입하고, 12월 30일에는 내무부장 신익희 명의로 포고 제1호와 제2호를 발령하여 경찰을 포함한 전국의 행정기관을 전부 임정의 휘하에 예속하게 하여 일사불란한 반탁운동을 전개했다.

김구의 '주권회복선언'에 당황한 하지는 이를 '김구의 쿠데타'로 간주하면서 중국으로 추방하려는 계획을 세웠다. 민주의원은 이 같은 상황에서 태어났다.

1946년 2월 1일, 비상국민회의가 열렸다. 좌익 계열이 민주주의민족전선(민전)의 결성을 추진하자 미 군정은 비상국민회의의 최고정무위원을 '민주의원'으로 개편, 군정사령관의 자문기관으로 삼았다. 의장에 이승만, 부의장에 김구·김규식이 선출되고, 좌익계를 제외한 우익 계열 인사들이 총망라되었다. 하지는 김구와 임정 계열 인사들까지 참여시키면서 이를 통해 미·소공동위원회에서 소련과 협상할 때 우위를 차지하고자 했다.

해방정국에서 이승만과 김구의 정치노선과 처신에는 차이점이 적지 않았다. 이승만은 신탁통치 문제 등 정국 현안에 확고한 신념이 없이 미 군정 측의 노선을 추종하거나 지지하고, 정당·사회단체의 조직에도 '첫 자리'가 아니면 나서지 않았다. 반대로 김구는 하지에 정면 도전할 만큼 신탁통치에 반대의견을 분명히 하고, 조직의 직위에 대해서는 겸양의 자세를 보였다.

비상정치회의준비회는 격론 끝에 독촉과 통합해 비상국민회의를 조직하여, 이승만과 김구를 영수로 추대하기로 결정한 후 임정 국무회의에 최종 결정을 위임했다. 김구는 "나는 안악 김존위金尊位의 아들로서 오늘 이 이름·지위가 참으로 과람한 줄 알고" 있으며 이승만을 영수로 추대하고 자신은 둘째나 셋째 등 아무런 자리도 좋다고 스스로를 낮추었다.[23]

1945년 12월 30일, 한민당 수석총무 송진우가 서울 원서동 자택에서 잠을 자다가 괴한의 저격을 받아 사망했다. 범인 한현우 등은 다음해 4월에야 체포되었다. 송진우 암살은 해방 뒤 최초의 정치테러로 정계에 큰 충격과 파문을 남겼다.

남한 정계는 1946년 연초부터 격동의 연속이었다. 1월 3일, 조선공산당은 담화를 통해 모스크바 3상 결정은 군정 철폐, 1국 식민지화 방지, 5년 내 독립보장, 민족통일의 적극적 계기라고 내세워 신탁통치의

1946년 제1차 미·소공위 때. 왼쪽부터 이승만, 김구, 스티코프, 안재홍.

당위성을 천명하면서 찬탁으로 돌아섰다. 인민공화국도 4일에 3상 결의를 지지하는 결의서를 발표하여 국내 여론은 완전히 '반탁'과 '찬탁'으로 갈렸고, 이후 더욱 격렬한 투쟁이 전개되었다.

남한에서 탁치를 둘러싸고 좌우익의 대립이 심화되는 가운데 3상회의의 결정에 따라 설치된 한반도 문제 해결을 위한 미·소 양군의 대표자회의 즉 미·소공동위원회(미·소공위)가 1월 16일 예비회담을 가졌다. 그리고 3월 20일, 미·소공위 제1차 회의가 덕수궁 석조전에서 열렸다.

미군 대표는 아널드 소장, 소련군 대표는 스티코프 중장이었다. 미·소공위의 사업은 임시정부 참여 아래서 4개국 신탁통치협약 작성이었으나, 함께 협의할 정당·사회단체를 선택하는 데서부터 난관에 부딪혔다. 양측의 의견대립으로 미·소공위는 결렬되고 남북 각각에 입법기관을 설치하고, 그 대표로 임시정부를 수립하자는 미국 측의 제안을, 남북 분단을 조장하는 일이라 하여 소련 측이 거부했다. 미·소공위의 결렬은 한 반도를 분단시킨 미·소 양국이 합의점을 찾지 못한 채, 한국 문제를 유엔으로 넘기는 계기를 만들었다.

이승만은 1946년 3월 18일, 갑자기 민주의원 의장직을 사임했다. 건강이 안 좋다는 이유를 들었으나 사실은 미국인에게 광산권을 팔았다는 국내외의 보도 때문이었다.

이승만이 실각한 원인은 그가 미국인에게 광산 채굴권을 팔았다는 소식이 국내 언론에 보도되었기 때문이었다. 보도의 핵심은 이승만이 사무엘 돌베어라는 미국인을 한국의 광산고문으로 임명하고, 한국 광업권에 대한 광범한 권리를 양여한다는 약속 아래 미화 100만 달러를 받기로 약속했다는 것이었다.[24]

이승만의 광산 스캔들은 국내 언론뿐 아니라 소련공산당 기관지 《프라우다》, 미국의 《뉴욕 타임스》 등에도 보도되었다. 이승만은 즉각 이를 부인했지만 "금액만을 제외하고 이 보도는 사실이었다."[25]

분단을 재촉한 정읍 발언, 그리고 '아시아의 반공 지도자'

이승만은 1946년 6월 3일 전라도 정읍에서 열린 자신의 환영강연회에서 남한만의 단독정부수립론을 공식으로 제기했다. 남북한 정치지도자 중에서 나온 최초의 분단정권수립론이다.

이제 우리는 무기 휴회된 공위가 재개될 기색도 보이지 않으며 통일정부를 고대하나 여의케 되지 않으니 우리는 남방만이라도 임시정부 혹은 위원회 같은 것을 조직하여 38 이북에서 소련이 철퇴하도록 세계 공론에 호소해야 될 것이니 여러분도 결심해야 될 것이다. 그리고 민족통일기관 설치에 대하여 지금까지 노력해왔으나 이번에는 우리 민족의 대표적 통일기관을 귀경한 후 즉시 설치하게 되었으니 각 지방에 있어서도 중앙의 지시에 순응하여 조직적으로 활동하여주시기 바란다.[26]

이승만의 '정읍 발언'은 가히 폭탄선언이었다. 비록 신탁통치 문제로 좌우가 분열되고, 미·소공위가 성과 없이 결렬상태에 놓였으나 아직 누구도 분단정권을 세우자고 나서지 못하는 상황이었다. 영구분단으로 갈지 모르는 길이기 때문이었다.

미·소공위가 장기 휴회로 들어가고 좌우익의 대립이 격화되는 가운데 여운형·김규식 등 중도파 인사들이 좌우합작운동을 전개했다. 일반 민중과 정치지도자들이 상당히 관심을 보였다. 어떤 이유에서도 분단정권 수립만은 막아야 한다는 충정에서 우러나온 것이었다. 이런 시점에서 이승만의 단정 수립 주장은 정치인들과 국민에게는 '충격과 분노' 그 이상이었다.

이승만의 '정읍 발언'에는 배경이 있었다. 이승만의 발언이 있기 전부터 미 군정 측에서 간헐적으로 '단정' 관련 발언이 제기되었다. 다음은 4월 7일 미국 발신으로 국내 한 신문에 보도된 내용이다. 미국과 미 군정은 이 발언을 부인했지만 이승만은 미국의 의도를 간파하거나 뜻을 전달받고 '정읍 발언'을 했을지 모른다.

미 점령 당국은 남조선에 한하여 조선정부 수립에 착수했다 한다. 조선의 미 군정 당국은 남조선 정부 수립 계획에 있어서 미국인은 고문 격으로 참여하여 전면적으로 지도하고 조선 문제는 조선인에게 일임되리라 한다. 또 일부 정보에 의하면 민주의원 의장을 사임한 이승만 박사는 재차 출마하여 남조선 정부의 주석이 되리라 하는데 미 측이 남조선 정부 수립안을 제의한 중요한 원인은 다음과 같다. "소련 측이 정치적 이유로 미·소공동위원회를 천연시키려고 하는 것. 미군의 복원계획으로 조선 미 군정 당국의 미군 장교급이 차례로 귀국하여 그 수가 희소하여지는 것."[27]

실제로 이승만과 그의 측근은 '정읍 발언' 이전에도 몇 차례 단독정부수립론을 언급했다. 이승만은 5월 10일, 미·소공위가 휴회에 들어가자 "자율적 정부 수립에 대한 민성이 높은 모양이며 하루라도 빨리 정부가 수립되길 갈망한다"[28]라고 발언했다. 또 하지의 정치고문이자 이승만의 로비스트인 굿펠로는 5월 24일 귀국에 앞서 가진 회견에서 "소련이 조속히 무산된 제1차 미·소공위를 재개시키지 않는다면 미국은 남한 단독정부의 구성을 추진해야 한다"[29]라고 주장했다.

이승만은 이미 1946년 초반부터 미·소 협력의 불가를 내세워서 단정노선·북진통일노선을 측근들에게 공언했다. 5월 초에는 미·소공위가 휴회되면 단정을 수립해야 한다고 주장했고, 공위(미·소공위)가 휴회된 지 한 달 만에 공개적으로 단정 수립을 주장했다. 미 군정 내부에서는 4월 초에 단정을 실시해야 한다는 의견이 제기되었고, 굿펠로는 5월 말에 남한을 떠나면서 단정을 주장했다. 이승만과 굿펠로는 앞서거니 뒤서거니 서로 단정을 주장했고, 미 군정은 공식적으로 단정론을 부정했다.[30]

이승만의 일련의 발언은 미국(군정)의 의도를 어느 정도 꿰고서 한 것으로 풀이된다. 굿펠로를 통해 하지의 의중을 읽은 것이었다. 하지만 이즈음만 해도 미국의 한반도 기본정책은 소련을 적대시하지 않고 좌우 합작을 통한 통일정부 수립 쪽이었던 것 같다. 러치 군정장관은 6월 11일 출입기자단 회견에서 "만일 이 박사가 남조선에 따로 정부를 세워야 한다고 했다면 그것은 그의 입장에서 한 말이고, 나는 군정장관으로서 남조선 단독정부 수립에 절대 반대한다"라고 언급하면서 이승만의 단정 론을 강도 높게 비난했다.[31]

또 하지는 1946년 6월 초 서울에 온 이승만의 측근인 올리버를 만나 이승만이 한국에서 '가장 위대한 정치가'이기는 하지만, 끊임없는 그의 반소적인 행동으로 인하여 미국의 후원 아래 수립될 어떠한 정부에도 이승만은 "결코 참여할 수 없을 것"이라고 말했다.[32]

단정 수립 쪽으로 노선을 정한 이승만은 좌우합작운동에도 참여하지 않고 단정 행보에 매진했다. 광산 스캔들로 민주의원 의장에서 물러나고, 정읍 발언으로 정계에서 외톨이가 되다시피 한 이승만은 탈출구를 찾았다. 모스크바 3상회의 철회와 남한 단정 수립을 관철하기 위해서는 미 국무성을 움직이는 것이라 믿었다. 이것은 국내의 불리한 정치적 입지를 반전시키는 길이기도 했다.

미 군정은 해방 직후 이승만을 자신들의 대리인처럼 지원했으나 차츰 그의 존재에 부담감을 갖게 되었다. "이승만은 하지에게 좌우합작은 사실상의 공산주의자 지원이고, 중도좌파는 공산주의자라며 보다 완강한 반공적 태도를 촉구했다. 하지도 반공적 입장에선 이승만에 못지않았으나 이승만의 이러한 맹목적 태도가 미국의 입장을 곤란하게 한다고 생각했다."[33] 이렇게 해서 두 사람은 크게 감정이 상하게 되고 대립 관계가 형성되었다.

12월 5일, 이승만은 미 군정이 제공한 미 군용기에 몸을 싣고 워싱턴으로 출발했다. 방미 이유는 유엔 총회에 조선 실정을 호소한다는 명목이었다. 도쿄에 들러 출발을 하루 연기시켜가면서 맥아더를 다시 만날 수 있었다. "맥아더는 그의 면담 요청을 거절했으나 막무가내로 매달리는 그에게 수 분간 면회를 허락했다."[34] 맥아더가 미국의 동아시아 정책에서 차지하는 비중으로 인해 그와 면담하는 것 자체가 미국과 한국에서 커다란 정치적 의미를 띨 수 있었고, 이승만은 이 면담을 정치적 선전을 위한 재료로 이용했다.[35]

이승만이 워싱턴에 도착했을 때 유엔 총회는 이미 폐회 상태에 있어서 한국 문제 호소를 의제로 상정하는 것이 불가능했다. 그의 실제 방미 목적은 미국 정부와 여론을 움직여 한국에 단독정부를 세우고 대통령이 되는 일이었다. 그의 방미 기간에 국내의 어려운 상황까지 겹치면서 오히려 크게 도움을 주었다. 1946년 9월, 조선노동조합전국평의회가 주도한 전국적 규모의 총파업, 그해 10월 1일 대구를 중심으로 전개된 10·1 사태 등 민중항쟁으로 남한 정국이 크게 요동치고 있었다.

이승만은 미국 언론계와 정계에 있는 지인들은 물론 자신의 로비 활동 단체들을 동원하여 미국 정부와 여론을 움직였다. 그의 목적은 더 강력한 대소련정책과 반공주의, 남한 단독정부 수립 여론을 고양시키는 것이었다. 이승만은 미 국무성에 6개 항의 〈남한의 단독정부수립안〉을 제시했다.

1. 양단된 한국이 통일되어 그 후 즉시 총선거가 실시될 때까지 남한에 임시정부가 수립되어야 한다.
2. 한국에 대한 미·소 양국 간의 협상에 구애됨이 없이 임시정부는 유엔의

승인을 받아야 하며, 임시정부는 한국의 점령 및 기타 현실 문제에 관하여 미국 및 소련과 직접 협상할 수 있도록 한국의 주장이 검토되어야 한다.

3. 남한의 경제 재건을 원조하기 위해 일본에 대해 배상을 요구하는 한국의 주장이 검토되어야 한다.

4. 한국 통화는 국제적인 교환원칙에 입각하여 안정되고 가치가 확립되어야 한다.

5. 타국과 동등한 원칙에 입각하여, 또 어떤 국가에 대한 편중이 없이 완전한 통상권한이 한국에 허용되어야 한다.

6. 미군은 미·소 양국의 점령군이 동시에 철수할 때까지 남한에 주둔해야 한다.[36]

이승만은 미국에서 활동하면서 맥아더를 치켜세우고 하지를 격렬하게 비난했다. 하지가 좌익을 편애하고 우익을 탄압하는 반면에 맥아더의 대일정책은 성공적이라고 선전했다. 이승만이 주장하고 퍼뜨린 내용들은 대소 강경론과 냉전 분위기가 일기 시작한 미국 조야와 언론에 큰 반향을 불러일으켰다. 또 이것은 국내에 고스란히 전해졌다.

1947년 3월 12일에 트루먼 대통령의 대소 봉쇄정책인 '트루먼 독트린'이 발표된 것은 이승만에게는 행운이었다. 미국 언론과 조야에서는 이승만의 반소·반공주의가 '트루먼 독트린'을 이끌어낸 원동력인 것처럼 보도되었다. 미국 사회에서 이승만은 단번에 아시아의 반공·반소 지도자로 부각되었다. 여기에 미국 정부가 향후 3년간 한국에 6억 달러를 원조한다는 계획이 언론에 보도되어 이것도 이승만의 공으로 돌려지고, 3월 22일, 국무장관 마셜의 '남한 단정 적극 계획' 발언까지 보태져 이승만은 예기치 않았던 '성과'를 얻어 귀국길에 오르게 되었다.

결과적으로 이승만의 이번 미국 방문이 그 자신에게는 권력 획득의 길이 되고, 국가적으로는 분단정권 수립의 한 계기가 되었다. 이승만에게는 행운이었고, 민족사적으로는 비운이 되었다.

이승만은 4월 5일 미니애폴리스를 떠나 귀국길에 올랐다. 재차 도쿄를 방문해 맥아더를 만났고, 국빈으로 중국에 들러 상하이와 난징에서 장제스를 만났다. 이승만은 4월 21일에 광복군 총사령관 지청천을 대동하고, 장제스가 제공한 전용기 '자강호'편으로 귀국했다. 이승만은 아시아 최고의 반공 지도자인 맥아더·장제스를 만났고, 그들의 전용기를 마음대로 이용했으며, '청산리전투'의 항일명장 지청천을 수행원처럼 동반했다. 맥아더는 하지의 강력한 반대에도 불구하고 이승만의 귀국을 승인했다.

이승만의 도미 외교는 그 자체로는 미국의 대한정책에 아무런 영향이나 변화를 주지 못했다. 그러나 이승만은 트루먼 독트린, 대한원조 계획 등 미국의 대한정책에 생긴 변화를 자신의 외교성과로 포장하는 데 성공했다.[37]

권력에 눈멀어 '민족'을 외면한 '또 다른 반역'

"단선만이 살길!"이라는 주장 속에 감춘 '더러운 욕망'

미국에서 돌아온 이승만의 행보는 더욱 빨라졌다. 그를 대하는 정치권과 국민의 관심도 크게 높아졌다. 이승만의 '단정론'이 힘을 받으면서 김규식·여운형 등의 좌우합작운동도 활발하게 전개되었다. 하지는 6월 30일 성명에서 "진정한 통일과 성실한 협력은 외국이 아닌 한국 내 지도자에 의해 이루어져야 된다고 믿는 나에게 합작운동이 주는 인상이 매우 고무적인 것"이라고 언명했다. 이때까지도 미국의 입장은 외견상으로는 남북한 통일정부 수립 쪽이었다.

그러나 이승만은 좌고우면하지 않고 줄곧 단독정부수립론을 밀고 나갔다. 9월 21일에는 지청천(일명 이청천)이 조직한 대동청년단의 총재에 추대되었다. 이에 앞서 1945년 9월에 임영신이 만든 대한여자국민당, 1946년 10월에 이범석이 조직한 조선민족청년단(족청) 등이 이승만의 방계단체로 활동하기 시작했다. 이승만 주변에는 많은 친일파들이 몰려들고, 이들은 각종 정보와 거액의 정치자금을 제공했다.

정국은 신탁통치 문제에서 '단정이냐 좌우합작이냐' 하는 문제로 이슈가 옮겨갔다. 이 무렵 남한 정치세력의 노선을 정리하면, 이승만 계열은 신탁통치 반대와 단독정부 수립, 좌익 계열은 신탁통치 찬성과 남북통일정부 수립, 중도세력은 신탁통치 문제 일단 보류와 우선 통일된 임시정부 수립을 각각 주장했다.

이승만 중심의 일부 우익세력의 남한 단정 수립설이 알려지고 '정읍 발언'에 무게가 실리면서, 1946년 7월 25일에 단정 수립을 반대하고 통일정부를 수립하기 위한 좌우합작위원회가 구성되었다. 우익의 김규식, 안재홍, 최동오, 좌익의 여운형, 허헌, 이강국 등이 참여하고 김규식이 주석을 맡았다.

제1차 좌우합작위원회 회의에서 신탁통치·토지개혁·친일파 처리 문제를 놓고 좌우 양측의 의견 차이가 좁혀지지 않자, 좌우합작위원회는 양측의 의견을 절충한 '좌우합작 7원칙'을 마련했다. 이에 대해 한민당이 토지의 무상분배에 반대해 위원회 활동 자체를 외면하고, 좌익 측은 이 원칙들이 모호한 중간노선이라며 반대했다. 이로써 좌우합작운동은 점차 정체상태에 빠지게 되고, 미 군정의 정책이 좌우합작 지지에서 단독정부 수립 쪽으로 기울면서, 이승만에게는 유리한 국면이 전개되었다.

정국은 급속히 단정 수립 쪽으로 진행되었다. 제1차 미·소공위가 결렬되자 미 군정이 좌우합작운동을 뒷받침하기 위해 남조선과도입법의원과 함께 남조선과도정부를 설치했다. 안재홍을 민정장관에 임명하고 8부 6처를 두었다. 그러나 미 군정청의 거부로 안재홍 민정장관의 활동은 무력화되고 좌우합작운동 역시 더 이상 힘을 받지 못했다.

1947년 9월, 미국은 한반도 신탁통치안을 포기하고 한국 문제를 유엔에 이관했다. 이것은 이승만에게 대단히 유리한 국면이었다. 그는 이 기회를 놓치지 않고, 임병직과 임영신을 유엔으로 보내 로비를 벌였다. 미국이 주도한 유엔 총회는 1947년 11월 14일 '유엔한국임시위원단 UN Temporary Commission on Korea'(임시위원단)의 감시 아래 남북한 총선거를 실시해 독립국가를 세우자는 미국의 결의안을 소련 대표가 퇴장한 가운데 43:0으로 가결시켰다.

결의안은 '남북 총선거 실시'라 했으나 실질적으로는 '남한만의 총선거'였다. 이 결의안이 채택되고 해가 바뀐 1948년 2월, 유엔 소총회는 임시위원단의 접근 가능 지역, 즉 남한만의 총선거 실시안을 가결했다.

유엔에서 한국 문제가 토의될 즈음인 1947년 11월 4일에 이승만은 성명을 발표해 단독정부 수립을 거듭 촉구했다.

우방이 우리를 도와서 남북한 총선거를 행하게 할지라도 우리 정부 대표가 있어서 협조해야만 우리 민의대로 해결할 수 있을 것이며, 불연이면 임시위원단이 남북 총선거를 감시한다 하여도 소련이 불응하면 그 결과는 남한 총선거로 귀결될 뿐이니 결국은 시일만 허비하게 될 것이며, 설령 유엔의 결의대로 국회가 구성되고 정부가 수립되더라도 파괴분자들이 이에 참가하여 파괴를 일삼을 터이니 진정한 주권회복은 무망한 일입니다. 그리고 유엔의 제 우방 대표들은 우리 민의에 따라 해결하기를 주장하므로 정부를 조속히 수립하기 위해서 남한의 총선거 시행을 위하여 일의 노력하면 우리 주권회복은 곧 실현될 것입니다.[38]

이런 와중에 1947년 7월 19일 여운형이 암살되는 사건이 벌어진다. 이로써 중도세력은 큰 타격을 입었다. 그해 12월 22일, 김구는 남한 단정 수립을 반대하는 성명을 발표했다. 김구는 "우리는 자주통일정부를 원하므로 어떤 경우라도 단독정부는 절대 반대한다"라고 천명하고, 이 문제로 이승만을 방문하여 몇 차례 구수회의鳩首會議를 했으나 합의점을 찾지 못했다.

한반도의 운명을 가르는 1948년 새해가 되었다. 임시위원단의 내한을 앞두고 이승만은 연두사에서 "다시없이 좋은 이 기회를 놓치지 말고 우리의 이념인 민족자결주의를 선양, 국권 수립에 매진하자"라고 호소했고, 김구는 "우리의 정당한 주장인 자주독립의 통일정부 수립을 모색하자"라고 역설했다. 하지 중장과 딘 군정장관 등 미 군정 수뇌부도 "금년은 한국인이 자유의사에 의해 민족주의적 통일국가가 수립되는 역사적인 해"라고 강조했다.[39]

임시위원단이 1월 7일 입국하고, 9일에는 위원단 공보 제1호를 통해 "한국 대표의 참가 없이 한국 문제가 공정하게 해결될 수 없으며 한국은 독립되고 점령군대는 단시일 내에 철수해야 한다는 것이 유엔 총회의 일치된 의견이었다"라고 전제하고, "총회는 한국 독립 실현 방법으로 3월 31일까지 총선거를 실시, 대표를 선출한 후 이들의 국민정부를 수립할 국민의회를 구성하며, 수립된 국민정부는 위원단과의 협의 아래 군대를 편성, 군정 당국으로부터 정권을 인수하고 90일 이내 점령군을 철수하도록 결의했다"라고 밝혔다.[40]

당초 임시위원단은 제헌의회 총선을 3월 31일로 예정했지만 선거일은 5월 10일로 늦춰졌다. 한편 북한의 김일성이 평양에서 열린 민중대회에서 임시위원단의 북한 방문은 허용하지 않을 뜻을 표명하고, 평양방송도 임시위원단을 "한국을 재차 식민지화하려는 미국의 괴뢰"라고 비난했다.[41] 1월 22일, 소련 대표 그로미코는 임시위원단의 북한 방문 요청을 정면으로 거부했다.

모윤숙을 내세운 '미인계'로 상황 반전

이승만은 1월 26일에 임시위원단과 면담하고 나서 "유엔과의 협의 아래 먼저 남한 총선거를 실시함이 옳다는 주장을 되풀이했다"라고 밝히고, 김구는 "미·소 양군이 철수하지 않고 있는 현 상태에서 자유로운 분위기가 이루어질 수 없으므로 미·소 양군이 철수한 후 남북 요인 협상으로 총선거가 실시돼야 된다"[42]라고 주장했다.

이승만과 한민당은 남한만의 단독정부 수립을 주장하고, 김구와 한독당은 양군 철수 뒤 남북 총선으로 맞섰다. 김구는 이를 위해 3월 8일 남북협상론을 제기했다.

한편 남조선과도정부 정무회는 2월 6일, 즉각적인 남북통일론의 비현실성과 준비 없는 미·소 양군 철군은 남한을 적화시킬 위험이 있다고 경고하고, 남한만의 총선거 필요성을 역설하고 나왔다. 한민당도 김구·김규식의 남북협상론을 당리당략에 사로잡힌 주장이며 남로당의 주장을 대변하는 인상을 준다고 비난했다. 이에 맞서 2월 7일에는 여기저기에서 임시위원단을 거부하는 총파업과 시위가 벌어졌다.

이런 가운데 김구는 10일에 「3천만 동포에게 읍고함」이라는 장문의 성명을 통해 "통일된 조국을 건설하려다 38선을 베고 쓰러질지언정 일신의 구차한 안일을 위해 단독정부를 세우는 데는 협력하지 않겠다"라고 단호히 선언하고, 이어서 "한민당은 미 군정하에서 육성된 미 군정의 앞잡이이며 매국매족의 일진회식 선각자"라고 신랄하게 비난했다.[43]

그러자 이승만은 2월 22일에 성명을 통해 남한 총선거안은 미국 정부와 하지 중장도 절대 지지하고 있음을 상기시키고, "3천만 동포는 모든 어려움을 무릅쓰고 남한 총선거에 의한 통일정부 수립에 매진하자"

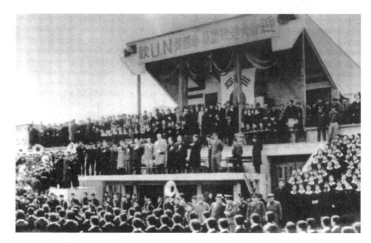

유엔한국임시위원단 환영대회 모습.

라고 역설했다.

이에 맞서 다시 김구는 경교장에서 기자회견을 열어 "북한은 남한을 빙자하여 인민공화국을 수립한다 하고, 남한은 북한을 빙자하여 중앙정부를 수립하려 하고, 일부 정권욕에 사로잡힌 정치 지도자는 민중을 속이고 있다"라며 개탄했다.

남북한 선거 관리를 위해 들어온 임시위원단은 (불참을 통고한 우크라이나를 제외한) 필리핀, 엘살바도르, 중국, 프랑스, 러시아, 캐나다, 오스트리아, 인도 등 8개국 대표로 구성되었는데, 의장에는 메논(인도 대표)이 선출되었다. 임시위원단은 북한이 위원단의 방북을 거부하자 남한만의 선거 실시 여부에 대해 토론을 거듭했는데, 이들의 손에 한국의 장래, 특히 이승만의 정치적 명운이 달려 있었다.

8개국 대표는 의견이 반반으로 나뉘어 필리핀·엘살바도르·중국·프랑스는 남한만의 총선을, 러시아·캐나다·오스트리아·인도는 통일정부 수립을 지지하는 입장이었다. 따라서 메논 의장이 열쇠를 쥐게 되었다. "권력에 대한 이승만의 집념은 상식을 초월하고 양식과 사리를 떠난, 그 자체가 절대적 목표"(서중석)였다. 이승만은 메논을 집중 공략했다. 1948년 2월 26일, 유엔 소총회에서 위원단의 제1안인 가능지역 총선안이 가결되었다.

미 군정은 김규식을 한국의 초대 대통령으로 밀 방침이었으며, 위원단의 각국 대표들도 그에게 큰 비중을 두고 접촉하고 있었다. 이승만에게는 위기의 순간이었다. 메논 의장도 남한 단독정부안을 꺼리고, 인도의 중립노선과 관련지어 김규식의 남북통일정부 수립안에 관심을 보였다.

이때 또다시 이승만의 '권력의지'가 작동했다. '모윤숙과 메논의 비사'도 이 무렵에 이루어졌다.

유엔 총회에 참석하게 되는 메논의 향배는 사실상 이승만의 정치적 생명과 직결된다고 할 수 있었다. 이승만을 지지하는 조병옥·장택상 등은 여류시인 모윤숙을 메논에 접근시켜 그를 이승만 지지 쪽으로 기울도록 심혈을 기울였다. (…) 이날 밤 이승만은 모윤숙에게 전화를 걸어 "오늘 밤이 우리나라가 망하느냐 흥하느냐 하는 운명이 결정되는 날이니 어떻게 해서든지 메논을 데려오라"고 떨리는 목소리로 당부했다. 이에 모윤숙은 드라이브를 빙자, 메논을 이화장으로 안내, 이승만과 만나게 하고 프란체스카가 전해주는 연명서를 귀로에 메논에게 전했다. 메논이 유엔 총회로 떠난 후에도 이승만은 모윤숙의 이름으로 남한 단독정부 수립을 호소하는 서신을 띄웠다. 메논은 유엔 소총회 보고서에서 "이승만 박사라는 이름은 남한에서 마술적 위력을 가진 이름이다. 네루가 인도의 국민 지도자인 것과 같은 의미에서 그는 한국의 국민적 지도자가 될 것이다. 이 박사는 한국의 영구적 분할을 옹호하기에는 너무도 위대한 애국자"라고 이승만을 극구 찬양했다.[44]

유엔 소총회에서 메논은 이승만의 손을 들어주었다. 모윤숙의 역할이 컸다. 세간에서는 모윤숙의 '미인계'가 메논을 움직였다고 보았다. 유엔 소총회의 결정을 미국은 받아들일 수밖에 없었다. 남한 단독정부 수립안을 두고 토론 끝에 2월 26일 유엔 소총회는 임시위원단이 임무를 수행할 수 있는 가능지역에서 총선거를 실시하자는 역사적 결의를 하게 되었다. 이승만의 승리였다. 인도의 메논 대표는 찬표를 던졌는데, 부표가 예상되던 인도의 태도 돌변은 많은 의혹을 샀다. 인도 정부와 메논 간의 견해 차이가 있었다는 말이 나돌았다. 메논은 뒷날 자서전에서 "이것이 나의 임무에 있어 감정이 이성을 지배한 유일한 기회였다"라고 유엔 활동에 모윤숙을 크게 의식했음을 고백했다.[45]

유엔 소총회의 결정이 알려지자 김구는 3·1절 기념담화에서 "북쪽의 소위 인민공화국이나 남쪽의 자칭 중앙정부 수립은 조국을 양분시킬 것"이라고 개탄하고, 김규식은 "유엔 소총회의 결정은 반대하려 해도 반대할 도리가 없으며 남한 선거는 반대치는 않겠으나 직접 참여치는 않을 것이며, 앞으로 어떠한 정치행동에도 불참하겠다"라고 밝혔다.

이승만은 "이번 총선거로 세우는 정부는 기미년 한성에서 세운 임시정부의 계통으로 국권을 회복하는 것"이라 하여 상하이임시정부가 아닌 한성임시정부의 법통을 들고 나섰다. 유엔 소총회의 결정에 대해 독촉·한민당·조선민주당·민통본부 등이 지지 의사를 밝히고, 근민당·민독당·독로당·국민의회 등은 반대 의사를 천명했다. 김구를 지지해오던 대동청년단이 단독선거(단선) 지지를 표명하고, 한독당 일부 당원들도 단선을 지지하고 나섰다. 이승만과 대립하던 하지 중장도 지지성명을 냈다.

남한 정국은 다시 단선을 둘러싸고 유엔 소총회의 결의에 대한 찬반으로 갈라졌다. 하지만 대세는 단선 지지 쪽으로 기울었다. 제주에서는 4월 3일, 단선에 반대하면서 무장항쟁이 일어났다. 미 군정은 제주도 지방경비사령부를 설치하고 통행증명제를 실시하는 한편, 4월 10일에는 국방경비대 제5연대 7개 대대를 제9연대에 증파·배속시켜 대대적인 토벌작전을 전개했다. 유채꽃 곱게 핀 제주도에 피바람이 불었다.

김구와 김규식은 분단정권 수립을 막기 위한 마지막 수단으로 북한의 김일성과 김두봉에게 남북요인회담을 제의했다. 4월 27일부터 30일 사이에 평양에서 '남북정당사회단체 대표자 합동회의'가 열렸다. 또 15인 요인회담도 열렸다. 남측에서는 김구, 김규식, 조소앙, 조완구, 홍명희, 김붕준, 엄항섭, 북측에서는 김일성, 김두봉, 최용건, 박헌영, 주영하, 허헌, 백남운 등이 참석했다.

이 남북요인회담은 해방 뒤 좌우익과 중도파 인사들이 한자리에 모여 외국군을 철수시키고 통일민족국가를 수립하고자 하는 최초이자 최후의 모임이었다. 남북협상에 비판적인 이승만과 소련군에 연금 중인 조만식이 불참하기는 했으나, 15명의 요인으로 구성된 그야말로 남북의 지도자들이 한자리에 모이게 된 절호의 기회였다.

요인회담 중에 남측의 김구, 김규식과 북측의 김일성, 김두봉의 이른바 '4자회담'이 평양의 김두봉 자택에서 별도로 열려 단선·단정 반대, 외국군 철수 등에 합의했으나 남측은 미 군정과 이승만, 북측은 소련의 반대로 무산되고 말았다. 김구, 김규식 등은 5월 5일 서울로 돌아왔다.

단정을 막는 최후의 길목인 남북협상도 무위에 그치게 되고, 김구와 김규식 등 남한 지도자들이 참석하지 않은 가운데 북한 당국은 6월 2일부터 제2차 남북제정당사회단체지도자협의회를 다시 열어 남한의 총선거를 규탄하면서 북쪽만의 선거에 의한 조선최고인민회의를 창설하고 인민공화국을 수립할 것을 발표하기에 이르렀다.

김구와 김규식이 불참을 선언한 남한의 5·10 총선은 이승만의 독무대였다. 한민당(1945년 9월, 친일 지주·기업가 중심으로 창당된 '한국민주당'의 약칭. 미 군정의 노선을 적극 추종하여 정치·경제적 실권은 물론 경찰력까지 장악함으로써 '조선인민공화국'을 불법화했다. 이후 이승만을 영도자로 하는 독촉의 중심세력으로 신탁통치안에 반대하는 과정에서 이승만과 협력해 남조선민주의원에서 절대다수 의석을 차지했으며, 1948년 5·10 제헌국회총선에 참여했다)은 단선을 지지하면서 이승만과 손을 잡은 지 오래였다. 미 군정도 단선을 지지하여 남한의 정치정세는 남한만의 총선거가 대세가 되었다.

1948년 3월 1일, 하지 사령관은 5·10 단독선거를 실시할 것을 공식 발표하고, 이를 준비하기 위해 전국의 경찰에게 특별훈련을 시키고 선거 반대자를 엄격히 통제할 것을 지시했다. 그러기 위해 '경찰선거위원회'가 조직되었고, 4월에는 경찰을 돕기 위한 '향도단'이 조직되었다. 선거를 방해하는 자는 누구를 막론하고 "쏘아 죽이라"라는 공문이 돌려졌다.[46]

3월 29일부터 4월 9일까지 유권자 등록이 실시되었다. 하지는 언론을 통해 선거에 반대하는 것은 '소련식 공산주의의 노예'를 자청하는 일이라고 주장하면서 유권자 등록을 촉구했다.

미 군정 산하에 있는 과도입법회의에서 마련한 것을 미 군정이 선포한 선거법에는 유권자가 투표용지에 선호하는 후보자의 성명을 쓰도록 되어 있는데, 이는 당시 다수 인구를 차지하고 있던 문맹자들을 차별하는 것이었다. 또 선거권 박탈 대상자를 종전의 '민족반역자 및 간상배'에서 '일본 정부로부터 작위를 받은 자와 제국의회 의원이었던 자'로 대폭 축소하여 친일파의 국회 진출을 용이하게 했다.

유엔의 결정에 따라 전 한반도에서 선거를 실시·감독하기 위해 임시위원단이 1948년 초에 입국했다. 이 선거에 참여하기로 한 세력은 오직 이승만·한민당 그리고 친일파·민족반역자들뿐이었다. 김구·임정·한독당 계열 및 김규식·민족자주연맹 계열조차도 단선 참여를 거부했다. 이러한 사실 즉 남북한의 많은 정치세력 가운데 극히 일부만이 참여하여 단독선거를 강행했다는 사실은 그 선거를 통해 구축될 지배질서가 결코 정상적일 수 없을 것이라는 것, 따라서 그것은 반드시 어떤 역사적 대가를 치를 것이라는 점을 예견케 했다. 단독선거는 임시위원단의 보고서에서조차도 인정할 정도로 반공개·비민주·폭력적 상황 속에서 진행되었다. 그것은 유혈이 난무하는 준내전적 상황에서 강행되었으며(4월에만 단선저지 사건 176건, 사망 154명) 선거등록 또한 매우 강제성을 띠고 있었다. 당시의 한 여론조사에 따르면 등록자의 91%가 등록을 강요받았고 9%만이 자발적으로 등록했다고 응답했다(한국여론협회 조사, 《동아일보》, 1948. 4. 16).[47]

마침내 5월 10일 남한에서만 총선거가 실시되었다. 200석을 놓고 전국에서 948명이 입후보하여 평균 4.74:1의 경쟁률을 나타냈다. 1948년 3월 1일 현재 남한 인구는 1,994만 7,000명, 총유권자는 983만 4,000명, 등록유권자는 783만 7,504명이었다. 선거는 준계엄령 상태에서 진행되었다.

실제로 선거 과정은 결코 평온하지 않았다. 미 군정과 경찰의 공식기록에 따르더라도 무질서와 폭력이 난무했던 선거였다. 경무국은 선거 당일에만 51명의 경찰과 11명의 공무원이 피살되었다고 발표했다. 그리고 166곳의 선거 관련 관공서와 대부분이 파출소로 구성된 301개 국가기관이 피습을 당했다. 선거 직전 5주 동안 무려 589명이 선거와 관련하여 목숨을 잃었고, 1만 명이 넘는 선거사범이 5·10 총선 관련하여 구속되었다고 추정된다. 그리고 4·3 항쟁이 진행 중이던 제주도에서는 3개의 선거구 가운데 2곳에서 선거를 치르지 못했다.[48]

남북협상파와 민족주의 계열이 불참한 가운데 실시된 5·10 총선거의 투표율은 71.6%였고, 당선자 분포는 무소속 85명, 이승만의 독촉 55명, 한민당 29명, 대동청년단 12명, 기타 19명이었다. 무소속 가운데 한민당 계열임에도 불구하고 당의 이미지 때문에 무소속으로 출마하여 당선된 사람이 많았다. 따라서 실제로는 한민당 소속이 76석, 독촉 계열이 61석으로 분류되었다. 결과적으로 이승만과 한민당이 승리한 선거였다. 하지만 미·소공위 미국 측 대표단의 벤저민 위임스가 인정했듯이 "선택할 후보자 명단 자체가 비대표적이었기 때문에 총선 결과가 남한 주민의 의사를 정확히 반영한 것이라고 보기는 어렵다."[49]

무투표 당선 위해 치졸하고 야비한 술책도 불사

이승만은 동대문 갑구에서 무투표로 당선되었다. 여기에는 독립운동가 출신 최능진과 관련하여 곡절이 있다. 최능진은 1917년 미국으로 건너가 스크림필드 대학과 듀크 대학 대학원을 졸업하고, 미국 YMCA 간사,

숭실전문대 교수, 1937년 동우회 사건으로 2년 복역, 해방 뒤 평양에서 조만식의 건준 산하 평양치안부장을 지내다가 월남했다. 이후 미 군정청의 수사국장으로 일하다가 경무부장 조병옥에 의해 해임되었다. 군정청의 친일경찰 등용을 비판한 것 때문이었다.

최능진은 이승만이 대통령이 되어서는 안 된다는 명분을 내걸고 동대문 갑구에서 출마를 선언하고 후보등록을 준비했다. 그러나 서북청년단 단원들이 후보등록 서류를 탈취해 등록이 어렵게 되었다. 서북청년단장 문봉재의 지시에 따른 짓이었다. 문봉재의 진술을 들어보자.

솔직히 고백하면 무투표 당선 작전은 이화장을 이 박사에게 기증한 백성욱(전 내무장관)의 요청에 의해 감행됐다. (…) 그는 "박사를 꼭 국회에 보내야 된다. 출마를 하면 단일후보가 돼야 하지 않겠는가"면서 "경비는 걱정 마라"는 말까지 덧붙였다. (…) 이렇게 돼 서청의 성북지부장 계호순 등 2명의 행동대가 최능진을 그림자처럼 미행, 마침내 마감 전날 선거관리위원회에서 나오는 최를 기습, 추천서를 비롯한 등록서류 일체를 몽땅 날치기해 등록을 실력으로 막았다.[50]

최능진은 후보등록을 하지 못하다가 딘 군정장관에게 이승만 측의 등록방해 사실을 항의하여 마감일을 연기하면서 가까스로 등록을 했다. 그렇지만 이승만 측은 순순히 포기하지 않았다. 이번에는 등록된 서류의 추천인을 문제 삼았다. 당시 선거법에는 후보등록 시 200명의 주민 추천인을 받도록 규정하고 있었다. 최능진 추천인들을 협박하여 추천 사실을 부인하도록 한 것이다. 당시 시경국장 김태선의 회고담이다.

당시 동대문경찰서장 윤기병은 사찰주임 최병용으로부터 유권자의 지지도가 이 박사보다 최능진에게 유리하게 기울어가고 있다는 정보보고를 받고 당황하지 않을 수 없었다. 이때 윤 서장은 장택상 수도경찰청장으로부터 "무슨 일이 있어도 이 박사를 당선시키라"는 극비지령을 받고 있었기 때문이었다. (…) 윤 서장은 최 사찰주임과 궁리 끝에 최능진의 추천인을 내사해보기로 했다. 윤 서장은 사찰계 형사 전원을 동원, 최 후보의 추천인 배후와 추천경위를 확인토록 했다.[51]

최능진은 결국 후보등록이 말소되고, 이승만은 무투표 당선의 '영예'를 차지했다. 이승만은 대통령이 되고 나서도 최능진을 무자비하게 보복하기까지 했다.

정부가 수립된 지 한 달 보름째 되는 48년 10월 1일 오후 3시, 수도청 형사대는 돌연 최능진을 체포, 종로경찰서에 구금했다. 구속영장에 의하면 최능진은 독립운동가 서세충, 광복군 출신인 여수 6연대장 오동기 소령 등과 공모, "국방경비대로 하여금 혁명의용군을 조직하고 기회가 도래하면 대한민국 정부를 전복시킴으로써 정권을 차지하려는 일종의 쿠데타를 음모했다"는 것이다. 10월 19일 최능진은 내란음모죄로 서대문구치소에 수감되었다.[52]

최능진은 엉뚱하게 내란죄로 기소되어 5년형을 선고받고 복역하다가 6·25를 맞아 서대문형무소를 나왔다. 그리고 인민군 치하 서울에서 김구·김규식 계열의 인사들과 만나 민족상잔의 전쟁을 평화적으로 해결하는 방안을 모색했다. '즉시 종전·평화통일운동'의 방안을 마련하다가

특무대장 김창룡에게 체포되어 군법회의에서 국방경비법 위반혐의로
사형을 선고받고, 1951년 2월 11일 경북 달성군 가창면에서 총살되었다.
이승만에게 처절하고 야비한 정치보복을 당한 것이다. 최능진을 체포한
김창룡은 이승만의 핵심 측근으로 일제 관동군 헌병 출신이었다.

이렇게 최능진은 해방 뒤 이승만이 집권하고 첫 번째 정치보복 희
생자가 되었다. 미국 체류 시절부터 그는 반反이승만 노선이어서 이승만
으로부터 일찍이 '미운털'이 박혔던 터였다.

2009년 9월, 진실·화해를 위한 과거사정리위원회(진실화해위)는 이승
만 정권 아래 군법회의에서 사형선고를 받고 총살당한 최능진에 대해
"최능진은 이승만에게 맞선 것을 계기로 설치 근거도 없고 법관의 자격
도 없으며 재판 관할권도 없는 재판부에 의해 사실관계가 오인된 판결
로 총살됐다"라며 유가족에 대한 국가의 사과와 법원의 재심 수용 등의
조처를 권고했다.[53]

헌법 초안까지 바꿔 차지한 '실세 대통령'

1948년 5월 31일, 역사적인 제헌국회가 개원되었다. 최고령자로서 이승
만은 임시의장에 이어 188표의 압도적인 지지로 초대 의장에 선출되었
다. 부의장에는 임정 요인이었으나 해방 뒤 이승만계의 독촉 부의장을
맡은 신익희와 한민당의 김동원이 선출되었다.

개회식에서 이승만은 "이 회의를 대표하여 오늘날 대한민국이 다
시 탄생되고 이 국회가 우리나라의 유일한 민족대표기관이 되었음을 세
계만방에 공포한다"라고 언명하고, 수립되는 정부는 1919년 서울에서 조

직된 한성임시정부의 법통을 이어받을 것이며 연호도 그때부터 기산할 것이라고 공언했다.[54]

이승만은 여기서도 상하이임시정부 대신 한성임시정부를 법통으로 한다고 언명했다. 자신을 탄핵한 상하이임시정부에 대한 원한을 풀지 않은 것이다.

국회는 헌법 및 정부조직법의 기초위원 30명을 선출했다. 헌법기초위원회는 국호 문제로 격론을 벌인 뒤 표결한 결과, 대한민국 17표, 고려공화국 7표, 조선공화국 2표, 한국 1표가 나와 '대한민국'이 국호로 결정됐다.

이어서 대통령제와 내각책임제를 두고 치열하게 논쟁했다. 당시 정치인들 대부분은 민주적 정치제도는 마땅히 내각책임제여야 한다는 견해를 갖고 있었다. 헌법기초위원회가 전문위원으로 위촉한 유진오와 행정연구회가 공동 기초한 유진오안을 원안으로 하고, 과도정부 법전편찬위원회가 수정한 권승렬안을 참고안으로 하여 내각책임제를 권력구조로 하는 헌법 초안이 마련되었다. 원내 주류파인 한민당의 속셈은 대통령에 이승만, 국무총리에 김성수를 염두에 두고 내각책임제 헌법을 지지하고 있었다.

이승만은 사실상 유일한 대통령 후보로서 장차 정부의 실권을 장악하려는 만큼 7일 "대통령을 국왕과 같이 신성불가침하게 앉혀놓고 수상이 모든 일을 책임진다는 것은 비민주적"이라고 내각책임제를 반대하고, 미국식 대통령책임제(이승만은 굳이 '대통령중심제'를 '대통령책임제'라 했다)를 강력히 주장했다. 그리고 이승만은 6월 15일 신익희를 대동하고 헌법기초위원회에 나타나 내각책임제 반대연설을 하는가 하면, 유진오를 국회의장실로 불러

내각책임제 철회를 은근히 종용했다. 이 같은 이승만의 노력에도 불구하고 헌법기초위원회의 초안은 19일(6월) 제2독회를 마칠 때까지 내각책임제로 굳어져 있었다.[55]

이승만의 권력 집착은 내각책임제의 국가수반에 만족하려 하지 않았다. 1919년, 한성임시정부의 '집정관총재', 상하이임시정부의 '국무총리'를 무시하고 굳이 '대통령'으로 자칭하면서 활동해온 그에게 내각책임제의 (실권 없는) 대통령 직위는 성이 차지 않았다. 명실상부한 실세권력이 아니면 안 되었다.

이승만은 6월 21일, 다시 헌법기초위원회에 나타나 격한 어조로 내각책임제를 반대함과 동시에 대통령책임제를 역설한 뒤 "만일 이 기초안이 국회에서 그대로 통과되면 그런 헌법 아래서는 어떠한 직위도 맡지 않고 민간에 남아 국민운동을 하겠다"라고 선언해 장내를 아연케 했다. 심지어 자신의 의사가 관철되지 않으면 한국을 떠나 미국으로 가겠다는 언사까지 서슴지 않는 이승만의 강경자세에 더 민감한 반응을 보인 것은 헌법기초위원회가 아니고 한민당 간부진이었다.[56]

이승만의 독선은 끝내 내각책임제 헌법안을 대통령중심제로 바꾸었다. 헌법기초위원들의 합의에서가 아니라 위협과 강요에 의한 변개였다. 이 같은 곡절 끝에 헌법과 정부조직법이 제정되었다. 7월 26일, 국회는 신익희 부의장의 사회로 무기명투표로 대통령 선거를 실시했다. 이승만 180표, 김구 13표, 안재홍 2표, 무효 1표(서재필은 외국 국적이라서 그에 대한 표는 무효 처리)로, 초대 대통령에 이승만이 당선되었다. 부통령 선거는 결선 투표 끝에 이시영 133표, 김구 6표, 이구수 1표, 무효 1표로 이시영이 당선되었다.

이승만은 1898년 만민공동회로 정치에 참여한 지 50년, 1919년 상하이임시정부에서 국무총리(대통령)에 선임된 지 29년, 임시정부에서 탄핵당한 지 23년, 그리고 귀국한 지 3년여 만에 74살의 나이로 꿈에도 그리던 대통령에 선출되었다. 분단정권의 수립에 앞장서고 마침내 분단정부의 대통령이 되었다.

초대 정·부통령 취임식이 1948년 7월 24일 중앙청 광장에서 열렸다. 신익희의 개회사에 뒤이어 연단에 오른 대통령 이승만은 감격 어린 목소리로 "나 이승만은 국헌을 준수하고"로 시작되는 대통령 선서와 취임사를 했다. 독립운동가 출신 부통령 이시영은 시종 감격에 겨워 눈물을 흘리며 취임사의 말끝을 맺지 못했다.

이승만은 "여러 번 죽었던 이 몸이 하나님 은혜와 동포의 애호로 지금까지 살아 있다가 오늘에 이와 같이 영광스러운 추대를 받은 나로서는 일편 감격한 마음과 일편 감당키 어려운 책임을 지고 두려운 생각을 금하기 어렵습니다"로 시작되는 취임사를 했다.

이날 취임사에서 "새로운 정신과 새로운 행동으로 구습을 버리고 새 길을 찾아서 날로 분발 정진하자"라는 등 처음부터 끝까지 추상적인 말만 늘어놓을 뿐 민생, 통일, 외국군 철수, 친일파 척결, 국가 비전 등은 거의 언급하지 않았다.

때로 상하이임시정부를 비판하는 발언도 서슴지 않았지만, 취임사 말미에 "대한민국 30년 7월 24일 대한민국 대통령 이승만"이라 하여 '임시정부의 법통'을 이어받았음을 분명히 했다. 그런데도 일부에서 1948년 8월 15일 대한민국 정부 수립일을 '건국절' 운운하는 것은 무지의 소치다.

이승만은 초대 국무총리에 무명에 가까운 이윤영(조선민주당 부위원장)을 지명했는데, 국회 인준 과정에서 부결되었다. 국회의 다수당이 된 한민당은 이승만을 대통령으로 추대하면서 국무총리는 자파의 김성수를 '내정'하고 있었다. 하지만 이승만은 '김성수 국무총리'가 한민당과 《동아일보》를 배경으로 '실세 총리'가 될 것을 우려하여 이윤영을 지명했는데 여지없이 부결되었다.

첫 조각의 총리 인준에 실패한 이승만은 이번에는 이범석을 지명했다. 이범석은 정계에 별 세력이 없는, 즉 정당 배경이 없는 독립운동가 출신이었다. 이승만은 이번에도 '실세 총리'를 거부한 것이다. 이승만의 대통령 취임으로 궐석이 된 국회의장에 신익희, 부의장에 김약수가 각각 보선되었다.

그런데 "1948년 8월의 초대 내각(처는 제외)에는 부일협력자가 없었다. 12명의 장관 중 망명투사, 민족 계열 인사가 50%였으며, 기타는 관계 방면의 명망 있는 권위자들이었다"[57]라는 분석이 있지만 장택상(외무장관) 등은 '부일가문' 출신이었다.

초대 내각 가운데 단연 화제의 인물은 조봉암(농림장관)이었다. 조선공산당 결성에 참여하고, 해외로 망명하여 사회주의 계열에서 독립운동을 하다가 6년여 동안 신의주 감옥에서 옥고를 치르고, 해방 뒤 전향하여 제헌국회의원에 당선된 진보적인 정치인이었다. 조봉암은 국회의 대통령 선거에서도 이승만을 지지하지 않았다. 당장 한민당에서 거세게 반대하고 나왔다.

이승만이 조봉암을 택해 한민당 세력을 견제하고 그들이 소유한 토지를 환수하려는 정치적 의도가 있었던 것 같다. 또 일각에서는 이승만의 조각이 지나치게 우익 쪽에 편향되고 있어서 미 군정 측이 조봉암을 독립운동과 좌익진영의 몫으로 추천했다는 지적도 따른다. 이 밖에 이승만 대통령

이 총리 인준 과정에서 이윤영을 지명했다가 거부당하자 이범석을 지명했는데 이마저 국회에서 인준을 받지 못하면 대통령의 인사권 수행에 오점을 남길 수 있어 무소속의 리더급인 조봉암을 택하게 되었다는 모종의 타협설이 있다.[58]

조각이 끝나고 해방 3주년 기념일인 1948년 8월 15일 대한민국 정부 수립 기념행사가 서울 중앙청 광장에서 성대하게 거행되었다. 각 정당, 사회단체, 청년단체, 학생, 시민 등 수만 군중이 참석한 가운데 정면에 태극기와 유엔기를 드높인 식장에 대통령 이승만과 일본에서 온 맥아더를 비롯하여 국무총리 이범석, 국회의장 신익희, 대법원장 김병로 등 3부 요인과 유엔한국임시위원단 및 각국 민간사절이 입장하면서 식이 거행되었다.

일제강점 35년과 미 군정 3년이 끝나고 비록 반쪽이지만 민주공화제 정부가 수립되어 새 역사가 시작되는 순간이었다. 이승만은 기념사에서 "민주와 민권을 선양, 자유 옹호와 균등사회 건설에 힘쓰자"라고 역설했다. 맥아더, 하지, 유엔한국임시위원단 의장, 중국 대표, 교황사절단 대표의 축사가 이어졌다. 식장에는 "3천만 무궁화 새로이 피라. 반만년 이어온 단군의 피로 겨레는 모두 다 손을 잡으라"로 시작되는 〈정부수립가〉의 합창이 울려 퍼졌다.

북한에서는 1948년 9월 9일 조선민주주의인민공화국이 수립되어 김일성이 수상에 선임되었다. 이에 앞서 2월 8일에는 인민군이 창군되고, 2월 10일 조선 임시헌법 초안이 발표되었다. 이로써 한반도에 상이한 두 개의 정부가 수립되었다. 김구는 남북에 각각 정부가 수립되면 반드시 동족 간에 피를 흘리게 될 것이라고 우려했다.

5.
실질 없는 허세만 일삼다가
전쟁을 부른 무능 대통령

반민주폭압체제 구축하면서 민족민주세력 제거

친일파 청산하려는 의지가 없는 이승만

이승만은 집권에 성공했으나 앞길은 험난했다. 조각에서 한민당을 배제하면서 양측 간의 갈등이 심화되었다. 원내 기반이 취약한 이승만에게 한민당의 존재는 손을 잡을 수도 배척하기도 어려운 계륵이었다. 조각에서 배제된 한민당은 서서히 반이승만 노선을 걷기 시작했다.

더욱 곤혹스러운 것은 국회의 '반민족행위자처벌특별법(반민법)'의 제정이었다. 일제에 협력해 민족을 배반하고 독립지사들을 탄압한 악질 친일파를 처리하여 민족정기를 바로 세우는 것은 시대적 과제였다. 그러나 친일파들은 해방 뒤 재빨리 반공주의자로 변신해 사회 각계에 뿌리를 내리고 이승만 권력 주변에서 똬리를 틀고 있었다.

이승만이 정통 독립운동가인 김구와 김규식 등을 따돌리고 권좌에 오를 수 있었던 것은 미국의 도움이 컸지만, 친일세력의 자금지원과 정보제공도 큰 힘이 되었다. 이승만의 정치활동과 집권 과정에서 소요된 막대한 자금은 이들의 금고에서 나온 것이었다.

남한에서 친일청산은 미 군정기에도 시도된 적이 있었다. 1947년 7월 20일, 미 군정 산하 입법의원에서 '민족반역자·부일협력자·전범·간상배에 대한 특별법'이 입안되었으나 군정장관 딘이 이 법의 공포를 거부하면서 사문화되었다. 국민의 여망에 따라 제헌국회는 헌법 부칙에 반민법의 제정을 명시하고, 국회는 반민법 제정 주도자들을 '빨갱이'로 모는 험악한 분위기 속에서 1948년 9월 1일 반민법을 제정했다.

이승만은 처음에 반민법 공포를 기피했지만, 이 법을 거부할 경우 다른 법안이 국회에서 통과되기 어렵다는 사실을 알고, 울며 겨자 먹기로 9월 22일에 법을 공포했다. 이에 따라 반민족행위특별조사위원회(반민특위)가 구성되었다.

그런데 반민특위(위원장 김상덕)가 '정부 안에 있는 친일파 숙청안'을 의결하면서 이승만과 정면충돌하게 되었다. 교통장관 민희식, 법제처장 유진오, 상공차관 임문항이 친일파로서 숙청 대상이었기 때문이다. 반민특위가 이들의 파면을 요구하자 이승만은 9월 3일에 담화를 발표해 특위 활동에 대한 정부의 불편한 심기를 밝혔다.

지금 국회의 친일파 처리 문제로 많은 사람들이 선동되고 있는데 이런 문제로 민심을 이산시킬 때가 아니다. 이렇게 하는 것으로는 문제 처리가 안되고 나라에 손해가 될 뿐이다. 모두 심사숙고해서 우선은 정부의 위신이 내외에 확립되도록 힘쓸 일이다. 무익한 언론으로 인신공격을 일삼지 말고 친일파 처리는 민심이 복종할 만한 경우를 마련해 조용하고 신속히 판결할 수 있는 제도를 마련해야 할 것이다.[1]

이승만은 처음부터 친일파 청산의 의지가 전혀 없었다. 해방 뒤 한

때 납작 엎드렸던 친일파들이 이승만의 품 안으로 몰려든 것은 이런 배경 때문이었다. 친일파들은 이승만을 등에 업었고, 이승만은 이들에 업혀 정권을 잡았다.

결국 반민특위가 악질 친일경찰 출신 노덕술을 체포하면서 이승만의 노기가 폭발했다. 이승만은 국회의장 신익희와 특위위원장 김상덕을 경무대로 불러 노덕술을 석방할 것을 종용했다. 반민특위의 권위와 신성한 법률을 무시하는 안하무인의 처사였다. 이승만은 반민특위로부터 자기 수족이 된 친일파들을 보호하고자 했다. '석방 종용'이 거부당하자 이승만은 이른바 '의명친전依命親傳'을 통해 "반민법 제5조 해당자를 비밀 조사하여 선처하라"라는 통첩을 정부기관에 내렸다. 이승만은 민족정기나 사회정의보다 자신의 권력유지를 우선시했다. 긴 세월 미국에만 거주하여 친일파들의 반민족활동에 별다른 적대감을 느끼지 못한 탓일지도 모른다. 이승만의 이와 같은 행동에는 한반도의 정세 변화도 한몫을 했다.

무장봉기를 빌미로 보안법 제정해 반대파 탄압

1948년 8월과 9월에 걸쳐 한반도에서는 이질적인 정권 두 개가 거의 동시에 수립되었다. 그리고 남한에서는 이승만, 북한에서는 김일성을 중심으로 하는 권위주의체제 정권이 들어서면서 서로 대치하게 되었다.

이승만 정권의 행로는 순탄치 못했다. 미 군정은 끝났으나 9월 20일에 미군은 당분간 남한에서 철수하지 않겠다고 발표했다. 대소련 봉쇄가 최대의 외교정책인 미국의 최전선인 한국에서 미군이 철군할 리 없었다. 더구나 남한의 집권자는 상대하기 버거운 김구나 김규식이 아닌 친미주의자 이승만이었다.

제주도에서는 남한 단독정부 수립을 반대하면서 무장봉기가 유격전으로 비화하자 정부가 이를 진압하기 위해 여수 주둔 제14연대를 제주도로 급파하기로 결정했다.

이에 지창수와 김지회 등 좌익계 군인들이 중심이 된 반란군은 제주도 출동을 거부하고, 남북통일 등을 주장하며 출항 직전인 20일 새벽에 들고일어났다. 여순 사건의 시작이었다. 이들은 곧바로 여수 시내를 장악하고 순천까지 진출했으며, 여기에 일부 시민들이 합세하여 여수·순천 일대는 반란군의 수중에 들어갔다. 정부는 10월 22일에 여수·순천 일대에 계엄령을 선포하고, 미 군사고문단의 지원 아래 국군이 진압작전에 나섰다. 국군은 22일에 순천, 27일에 여수를 차례로 탈환했다. 진압 과정에서 많은 민간인이 희생되고, 반란군 일부는 지리산 일대로 들어가 유격대가 되었다. 이후 남한 각지에서 유격대 투쟁이 전개되었다.

7월 17일, 이승만은 대통령령 제31호로 제주도 전역에 계엄령을 선포했다. 계엄령 선포로 군경과 서북청년단 등이 제주도민들을 강폭하게 진압하여 수많은 사람이 참혹하게 학살당했다. 그러나 계엄을 선포할 당시에는 계엄법이 존재하지 않았다. 계엄법은 1949년 11월 24일 제정·공포되었다.[2] 이승만은 법에도 없는 계엄령을 선포하여 무고한 제주도민들을 무차별 학살했다.

대통령은 국가보위의 의무와 함께 국민의 생명과 재산을 보호할 책임이 있다. 그런데 이승만은 '국가보위'의 명분 아래 국민의 생명·재산의 보호 책임을 저버렸다. 오히려 무차별적인 진압을 명령하여 숱한 민간인이 학살되었다. 1949년 1월 21일 국무회의에서 한 발언은 이승만의 속내를 잘 보여준다.

시정일반에 관한 유시의 건(대통령): 미국 측에서 한국의 중요성을 인식하고 많은 동정을 표하나 제주도, 전남 사건(여순 사건)의 여파를 완전히 발근색원하여야 그들의 원조는 적극화할 것이며, 지방 토색討索 반도 및 절도 등 악당을 가혹한 방법으로 탄압하여 법의 존엄을 표시할 것이 요청된다.[3]

이승만은 분단정권 수립 등에 반대하며 봉기한 일부 국민을 "지방 토색 반도 및 절도 등 악당"으로 규정하면서 '가혹한 방법'으로 탄압하라고 지시한 것이다. 이 같은 '가혹한 방법'은 12년 집권기간 내내 변하지 않았다.

국무회의에서 한 대통령의 이 발언은 4·3 사건으로 산속에 피신해 있던 제주도민들을 폭압적으로 살상하라는 지침이 되고, 이미 체포되어 있는 사람들에게는 악형과 고문의 준거가 되었다. 대통령의 지시는 즉각 군부대와 검찰, 경찰 계통을 통해 시달되고 시행되었다.

국회의 반민특위 활동과 여수·순천 사건, 그리고 제주 4·3 항쟁 등은 이승만 정권의 폭압통치의 빌미가 되었다. 정부는 1948년 11월 20일에 국가의 안전과 국민의 생존 및 자유를 확보한다는 명분으로 국가보안법을 서둘러 제정했다. 일제강점기 악명 높았던 치안유지법을 모태로 한 국가보안법은 정부 전복을 목적으로 결사, 단체를 조직한 자는 3년 이상 무기징역 또는 금고형, 이에 가입한 자는 3년 이하의 징역에 처하며, 정부 전복의 목적을 가진 사항을 선전하는 경우에도 10년 이하의 징역형에 처하도록 했다.

제정 과정에 국회에서 노일환 의원이 "민족적 양심을 가진 애국지사가 이 법망에 걸리거나 불순도배의 손에 쓰러지는 앞날을 역력히 보는 것으로 생각한다"라고 우려하고, 찬성하는 의원들도 "농사를 지을 때 피를 뽑다보면 나락(벼)까지 다칠 수 있다"라며 운영 과정에서 애국지사들까지 다칠 수 있다고 우려했다.

국가보안법은 비판세력과 언론탄압으로 악용될 소지가 많다고 반대의견이 개진되었으나 제주 4·3 항쟁과 여순 사건 등이 잇달아 발생하는 시국상황에서 졸속으로 제정되었다. 이렇게 제정된 국가보안법은 이승만은 물론 역대 독재자들에 의해 반대·비판세력을 때려잡는 일에 더 많이 악용되어왔으며, 현재까지도 존속되고 있다.

국가보안법 제정을 극력 반대했던 노일환 의원 등 반대파 소장의원 13명은 6개월 뒤 이 법에 의해 국회 프락치 사건으로 구속되었다. 그뿐만이 아니었다.

1949년 한 해 동안 국가보안법으로 잡아 가둔 사람이 무려 12만 명에 이르렀다. 그리하여 일제가 전국에 지어놓은 수많은 감옥이 해방 이후 다시 차고 넘쳤다. 국가보안법 하나만으로 1년에 12만 명에 가까운 사람을 잡아들이니, 전국의 주요 형무소는 죄다 차고 넘칠 수밖에 없었다. 국회에서도 문제가 되었지만, 웬만한 감옥에는 모두 정원의 2배 이상의 사람들이 수용돼 있었고, 수감자의 80% 이상이 좌익사범이었다. 절도·강도·사기·폭력·상해·강간·살인·방화 등 온갖 범죄를 저지른 사람의 4배가 넘는 인원을 국가보안법 관련으로 잡아들였다는 이야기다.[4]

궁여지책으로 시대착오적인 '일민주의' 내세워

앞에서 이승만은 이렇다 할 철학이나 사상이 없이 대세지향형 권력주의자라고 밝힌 바 있지만 예외가 있기는 하다. 초대 대통령이 되고 난 뒤

내건 이른바 '일민주의一民主義'다. 이승만은 일민주의를 제창하고, 각료
와 추종자들은 이를 이념화하고 당시黨是로 삼아 당과 단체를 만들기도
했다.

이승만은 "일민一民이라는 두 글자는 나의 50년 운동의 출발이요
귀추"라고 천명하고, 일민주의를 신흥국가의 국시로 삼겠다고 피력했다.
이승만은 일민주의의 4대 강령을 "문벌을 타파해서 반상의 구별을 없이
할 것, 빈부를 동등하게 대우하고 자본가와 노동자가 협조해서 같이 이
익을 보게 할 것, 남녀동등을 실행할 것, 지방 구별을 없게 할 것"으로
요약했다.[5]

이승만이 '신흥국가의 국시'로 내건 일민주의는 "너무 단순하고 상
식적인 얘기들로 보여서 정치이념으로 생각되지 않고, 정책으로 간주하
기도 어려운 점이 있다"[6]라는 평가처럼 왜정 35년과 미 군정 3년을 겪고
독립국가의 새 정부를 수립한 초대 대통령이 내세운 이데올로기 치고는
너무 '단순하고 상식적'이다. 헌법에서 이미 모두 명시하고 있어서 새삼
스럽게 '국시'나 '정강'으로 내세울 내용도 아니었다.

이승만이 일민주의를 주창하자 국무총리 이범석은 "일민주의는 영
명하신 우리의 지도자 이 대통령 각하께서 그의 혁명투쟁을 통해 체험
하신 민족의 부활과 조국의 광복을 찾기 위한 이론과 실천의 양면을 체
계화한 철리적哲理的 민주원론"[7]이라고 칭송하고, 문교장관 안호상은 "일
민주의는 대한민국의 국시요 우리 민족의 지도원리"라고 공언했다.[8]

일민주의를 추종하는 정당과 단체들도 속속 나타났다. 대한국민당
은 1948년 10월 13일 결당대회에서 일민주의를 당시黨是로 삼을 것을 결
의하고 다음과 같은 '선언문'을 채택했다. "우리는 일민주의를 당시로 하
고 그 당시를 충실히 준수하여 단일민족국가로서의 피와 힘을 합하여

38선 문제, 민생 문제, 기타 모든 문제가 해결될 것을 굳게 믿고 현 정부에 대하여는 시시비비로 대처할 것을 결의함."[9]

1948년 12월 20일, 국회에서는 친여당 성향의 의원들이 모여 '일민구락부'를 구성하고 활동했다. 대한청년단은 창단하면서 단시㽞㽞로 일민주의를 내세우고, 문교장관 안호상은 교육이념으로 홍익인간과 일민주의를 선전했다. 1951년 12월에 창당된 자유당은 이승만의 재집권을 위해 만들어지면서 일민주의를 기본이념과 정강으로 삼았다.

1949년 12월, 이승만은 민국당이 중심이 되어 국회에 내각제 개헌안이 제출되어 국회와 대립이 극심했던 시점에 다음과 같은 「일민주의를 강조하는 특별교서」를 발표하며 일민주의를 더욱 강조했다.

공산당을 타도하고 일부 동족 간의 투쟁을 하는 것은 우리 동포 마음속에 민주주의 정신을 확립하여 국가의 독립과 국민의 자유를 확보하는 동시에 그 토대를 영구히 지속하는 데 그 의의가 있다는 것과 일민주의는 이 목적을 달성하는 데 있어서 근원이 되는 것으로서, 차후에 영웅주의를 가진 자가 나선다거나 외국에서 침입을 할지라도 그것을 배제할 수 있도록 국민에게 민주주의 정신을 지시하는 것이다.

한국은 일민주의 이념하에서 수립되었고 앞으로도 계속 발전시킨다면 민주정권으로서 더욱 공고하여질 것이다. 지난번 필리핀의 선거를 보면 파당적 혈전으로 민중이 분열되어 여러 가지 비평이 있는데 우리는 이러한 점을 생각하고 미국의 민주제도를 참고로 하여 민주정체의 통일사상을 확립하여야 하겠다. (…)

우리로는 아직 정당제도를 침식시켜서 민주정체의 통일사상이 충분히 뿌리박힌 뒤에 시작하는 것이 좋을 것같이 생각되므로 우리 일반 애국동포들은 전 국민이 다 하나가 되어 함께 뭉쳐서 같이 살자는 주의를 확실히 붙잡고 나아가야만 될 것이니 사람마다 각각 사심을 버리고 공익을 위해서는 민주정부를 영구히 요동 없도록 만들기에 전력을 다하기를 바라는 바이다.[10]

이승만이 평소 주장하거나 연구한 흔적이 전혀 보이지 않는 '일민주의'를 급조한 데는 그럴 만한 까닭이 있었다. '철학과 사상의 부재'를 벗어나려는 이유도 있었지만, 남한 단정을 수립하면서 김구·김규식 등 민족주의세력에 비해 이념·정책에서 제한적일 수밖에 없었던 그로서는 새로운 명분의 이념체계가 요구되었다.

극우 반공세력으로 불리는 이승만과 한민당은 다른 정치세력에 비하여 토지개혁 등 진보적 개혁에 적극성을 보이기가 어려웠다. 더구나 근대민족국가를 건설하는 데 필수적으로 요구되는 친일파 청산에는 자신들의 지지기반 때문에 소극적이거나 방해하는 위치에 있었다. 특히 당시 민족의 최대 염원이었던 통일에 대하여 이들은 김구·김규식 세력이나 남로당 세력에 비해 무척 대조적인 모습을 보여주었다. 이들은 한편으로 단정운동 노선에 따라 실제로는 분단을 고착시키면서, 어떠한 형태로든 '통일방안'을 내놓아야 했다. 이승만과 그 추종자들은 미 군정의 상속자였다는 점에서도 다른 정치세력과는 달리 정치적 부담을 안아야 했다.[11]

이승만은 새로운 신생 독립국가의 수반으로서 마땅히 독립운동정신이나 친일파 청산, 통일국가 수립, 국제평화, 외군철수 문제 등 현안과 국가적인 과제를 국시로 제시해야만 했다. 하지만 이런 것을 선점당했거나 그동안의 행보로 보아 제시할 처지가 못 되었다. 그래서 고심 끝에 내건 것이 일민주의였다. 한때는 안호상의 건의로 '홍익인간'을 제시하기도 했다. 모두 신생국가의 이념·국시로는 낡고 진부한 것들이었다.

대한민국 임시정부는 1931년 조소앙이 제창한 삼균주의를 이념으로 채택했다. 삼균이란 인균人均·족균族均·국균國均을 이르는 것으로, 인류평등·민주평등과 정치·경제·교육의 균등을 내용으로 한 정치·경제·사회적 민주주의 원리였다. 이 삼균주의 이념은 임시정부가 1941년 채택한 '건국강령'에서 더욱 구체화되고, 1944년에는 임시정부의 새 헌법에 반영되어 한국 광복의 기초이념으로 정립되었다. 이런 연유로 하여 1948년 제정된 대한민국 헌법에 삼균주의 정신이 크게 반영되었다.

이승만 정권이 헌법정신대로 임시정부의 법통을 이어받았다면 시대정신에 걸맞지 않은 생경한 일민주의 대신 삼균주의 정신이나 독립정신을 담는 이데올로기 체제를 제시했어야 했다.

하나인 민족으로서 무엇에고 또 어느 때고 둘이 있을 수 없다. 계급이 없어야 하며 차등이 없어야 한다. 하나이거니 지역이란 무엇이며 하나이거니 남녀란 무엇이냐. 우리 민족은 하나다. 국토도 하나요 정신도 하나요, 생활에도 하나요, 대우에도 하나요, 정치상·문화상 어디에고 하나다.[12]

분단정권을 수립한 이승만은 일민, 즉 '하나'를 유독 강조했다. 그래서 내세운 것이 일민주의였지만, 정치적 다원주의를 원리로 하는 민주주의 국가에서 수용되기에는 이미 낡은 가치체계였다. 이승만과 그 추종자들은 자신들과 성향이 다른 이데올로기와 다양한 민주주의 사상을 억압하고, 사상을 통일하고 정신을 일치시킬 이데올로기를 창안하고자 일민주의를 급조한 것이다.

일민주의 이데올로그들의 신분·남녀 차별 철폐는 그것의 논리에 상응하는 반봉건의식 등 역사의식이 결여되어 있었다. 그리고 그러한 주장은 '평등'이라는 보편적 이념과 결부되어 이미 다른 정치세력들에 의해 강력히 주장되었고, 더욱이 다른 정치세력의 진보적 개혁 정책과 비교해볼 때 평범했다. 이러한 요인들 때문에 일민주의는 중요한 우선과제로 부각되기가 어려웠다.[13]

국회 프락치 사건 그리고 반민특위 와해공작

한국 현대사에서 1949년은 정치·사회적으로 대단히 미묘한 시점이다. 연대기로는 이승만 집권 2년차이고, 6·25 전쟁 발발 1년 전이다. 연초부터 반민특위가 본격적으로 친일파 척결에 나서면서 이승만 정권에 똬리를 튼 친일경찰이 위기감을 느껴 은밀히 반격 준비를 서두르고 있었다.

이런 와중에 5월에는 국회 프락치 사건이 터지고, 6월에는 독립운동의 상징이자 친일파 척결의 정신적 구심인 김구가 친일·분단세력에 의해 암살된다. 두 사건은 단발적인 사건일 수 있지만 내막을 자세히 살피면 복합적이고 상호 연관된 정치적 시나리오로 엮여 있음을 알 수 있다.

국회의 반민특위 활동은 국가적으로는 친일반역자들을 척결하여 민족정기를 바로잡는 일이지만, 정치적으로는 이승만의 수족들이 잘려나가 정권의 구심체가 흔들려서 정권 붕괴의 서곡이 될 수도 있었다. 친일세력을 기반으로 한 이승만 정권에게는 절체절명의 위기였다.

이승만은 1949년 2월 2일에 반민특위의 활동이 위헌違憲이라는 엉뚱한 내용의 담화를 발표했다. 이에 따라 공보처는 행정부 내에 있는 친일파 조사를 중지한다고 밝혔다.

4월에는 친일경찰 출신들이 반민특위 요인들을 암살하려는 음모를 꾸몄다. 요행히 행동 하수인으로 지목된 테러리스트 백민태가 자수하면서 사건은 미수에 그쳤으나 사회적 충격은 적지 않았다. 친일세력이 반민특위 활동을 거세게 몰아붙일 수 있었던 것은 그 중심에 이승만이 버티고 있었기 때문이다.

이들에 맞선 반민특위 김상덕 위원장을 비롯하여 특위위원들과 소속 검찰관들의 사명감도 만만치 않았다. 그럴수록 정부와 친일세력이 한패가 되어 반민특위 활동을 거세게 압박했다. 특히 노덕술 등 악질 친일경찰의 구속을 둘러싸고 반민특위와 이승만 정권(경찰) 사이에 갈등과 대결은 더욱 첨예화되었다.

이런 가운데 5월 하순에 이른바 '국회 프락치 사건'이 터져 정계를 발칵 뒤집어놓는다. 경찰은 국회의원 이문원·최태규·이구수·황윤호를 전격 구속하면서, 이들이 남로당 프락치라고 발표해 큰 파문을 불러일으켰다. 그러나 국회 프락치 사건은 이에 그치지 않았다. 6월에는 이들 외에 노일환과 서용길 등 반민특위 위원과 독립운동가 출신 김약수 국회부의장 등 11명의 의원이 구속되는 '제2차 국회 프락치 사건'이 벌어진다. 정국에 회오리바람을 일으킨 국회 프락치 사건은 "1949~50년에 제헌국회 정국이라는 공간에서, 좀 더 정확하게 말하면 초대 대통령 이승만이 제헌국회를 힘으로 압도한 원시적인 권력투쟁의 공간에서 일어난 사건"이다.[14]

이때 구속된 의원들은 대부분 반민특위에서 활동하거나 국회에서 외국군의 철수와 남북 정당·사회단체 대표로 구성된 남북정치회의 개최를 주요 내용으로 하는 '평화통일방안 7원칙' 등을 제안했던 진보적인 소장파 의원들이었다. 이들은 이승만 노선과는 반대의 길을 걸었다.

진보파 의원들을 남로당 프락치로 몰아 구속한 이 사건을 주도한 이들은 하나같이 반민특위가 친일파로 지목한 헌병사령관 전봉덕, 헌병사령부 수사정보과장 김정채, 서울지검 검사 오제도, 서울시경 국장 김태선, 서울시경 사찰과장 최운하 등이었다. 모두 이승만이 총애하는 인물들이다. 구속된 국회의원들의 수사는 헌병사령부에 임시로 설치한 특별수사본부에서 맡았다. 현역 의원들을 검찰이 아닌 헌병사령부에서 수사하는 것부터가 의구심을 사기에 충분했지만, 사건 수사는 철저한 보안 속에 진행되었다.

이 사건은 3개월간 심리한 끝에 11월 17일에 첫 공판이 열렸다. 이들에게는 최고 10년부터 최하 3년까지 실형이 선고되었다. 그러나 2심 계류 중 6·25 전쟁이 일어나 서대문형무소에 수감되어 있던 이들은 서울을 점령한 인민군의 정치범 석방으로 풀려났다. 이들은 대부분 월북하거나 납북되었는데, 그들 중 북한에서 활동한 이들도 있었다. 이는 그들이 '남로당 프락치'라는 당국의 주장을 뒷받침해주는 '자료'로 활용되었다. 이승만에게 남로당 프락치로 몰려 옥고를 치르다 타의에 의해 북한으로 끌려간 이들의 처지는 철저히 외면되고 말았다.

남한에 잔류한 생존자들은 이 사건이 철저하게 날조되었으며, 심한 고문에 의해 조작되었다고 증언했다. 이승만 정권이 반민특위 활동과 소장파 의원들의 반정부 활동을 저지하기 위해 조작한 것이라고 했다. 실제로 재판 과정에서 '연결고리'로 남로당 특수공작원이라는 '정 여인'과 그에게서 압수했다는 비밀지령문이 법정에 나타나지(내놓지) 않아서 '유령재판'이라는 가족들의 주장에 설득력이 있었다.

이승만의 반민특위 와해공작은 집요했다. 신익회 국회의장과 김상덕 반민특위 위원장을 경무대로 불러 노덕술을 석방하라고 '종용'했으나 두 사람은 듣지 않았다. 심지어 이승만은 심야에 은밀히 반민특위 위원장의 공관으로 김상덕을 찾아가 노덕술 등을 석방할 것을 '설득'하기까지 했다. 이런 노력에도 성과가 보이지 않자 국회 프락치 사건이 벌어지고, 이 와중인 6월 6일 경찰의 반민특위 습격 사건이 일어났다. 명색이 국립경찰이 헌법기관인 반민특위 사무소를 습격하여 조사서류를 탈취하고 요원들을 폭행하는 전대미문의 폭거가 자행되었다. 이로써 반민특위는 사실상 기능을 상실하게 되었다.

반민특위를 습격한 조직선인 내무차관 장경근은 "앞으로 발생할 모든 사태에 대한 책임은 내가 질 테니 특경대(반민특위 소속)를 무장해제하라. 웃어른께서도 말씀이 계셨다"라며 이승만의 사전양해가 있었음을 암시했다.[15]

이승만의 개입 사실은 국회 내무치안위원장 라용균 의원이 항의차 경무대를 방문하고 국회에 돌아와서 "특경대 무장해제는 국무회의를 거치지 않고 대통령이 친히 명령한 것"이라고 설명한 데에서도 확인되었다. 특위 습격 사건이 이승만의 직접명령이라는 발표에 국회의원들은 분개했으나, 국회 프락치 사건의 와중이라 '침묵의 미덕'을 감내할 수밖에 없었다. 김상덕 위원장을 비롯하여 특위 위원들과 특위 검찰관이 모두 사임하고, 역사적 사명감이 없는 이인이 대신 위원장에 선출되었으니 반민특위 활동은 사실상 종지부를 찍고 말았다.

이승만의 반민법과 반민특위에 대한 증오심은 상식선을 넘어섰다. 이미 특위가 해체되고 반민법의 시효가 끝나 사문화된 뒤에도, 그 흔적마저 지우려 부심했다.

이승만 정권은 6·25 전쟁 중인 1951년까지도 반민법과 반민특위 흔적을 완전히 없애는 작업을 꾸준히 진행했다. 1951년 2월 8일 국무회의에서는 반민특위 관련 '임시조치법' 폐지 건을 재차 논의했다. 친일파 숙청의 작은 법적 흔적도 남기지 않겠다는 발상이었다. 국무회의 결정에 따라 2월 14일에 반민족행위 재판기관 임시조치법이 폐지된다. 따라서 "폐지된 법률에 의하여 공소 계속 중의 사건은 본법 시행일에 공소 취소된 것으로 본다. 폐지된 법률에 의한 판결은 본법 시행일로부터 그 효력을 상실한"[16] 것이 되고 말았다.

반민특위가 해체되고 특별법의 법적 근거마저 모두 제거되면서 친일반민족 행위자들은 모두 자유인이 되었을 뿐만 아니라, 이들이 각종 권력기관의 '완장'까지 차게 되면서 독립지사들을 적대시하고 탄압하는 지경에 이르렀다. 이들은 이승만의 충복이 되어 그 비호 아래 애국지사 암살, 이권 개입, 부정선거, 전쟁 중 민간인 학살, 사법살인, 4·19 학생 살상 등 천인공노할 범죄를 저질렀다. 3·15 마산시위 당시 김주열 군의 눈에 최루탄을 쏜 자도 친일경찰 출신이었다. 이들 중 상당수는 5·16 쿠데타 후 김종필이 창립한 중앙정보부 요원으로 발탁되었다.

친일파 처단과 과거청산이 무산됨으로써 우리 현대사는 씻을 수 없는 오점을 남기고, 그 부정적 영향은 오늘날까지도 이어지고 있다. 이승만 정권의 비호를 받으며 재기하게 된 친일세력은 자신들의 반민족 행위를 반공이데올로기로 포장하면서 독재정권의 주구가 되고 기득세력이 되어 민주주의를 짓밟고 분단체제의 고착화에 앞장섰다.

친일파가 단죄를 받기는커녕 대를 이어 각계 요직을 장악하면서 민족정기와 사회정의의 가치관을 전도시켰다. 한국 현대사의 가장 부끄러운 대목에 이승만이 대통령으로서 그 중심에 자리잡고 있었다.

백범의 암살 배후, '보이지 않는 손' 이승만

반민특위 습격에 이은 김구 암살

이승만 정권의 국회 프락치 사건 조작과 반민특위 습격은 제3막을 위한 서장의 성격이 짙다. 두 사건으로 국회가 크게 위축되고 있을 즈음, 김구의 거처인 경교장에서 때 아닌 총성이 울렸다. 반민특위 습격 사건이 일어난 지 20일 뒤인 1949년 6월 26일 낮 12시 45분경 포병 소위 안두희가, 주일예배에 참석할 예정이었으나 차가 없어 자택에서 『중국시선中國詩選』을 읽고 있던 김구를 권총으로 쏴 절명시켰다.

김구는 남북협상이 좌절되고 단독정부가 수립되어 이승만이 대통령이 된 시기에 하릴없이 이를 지켜보고 있었다. 1949년 1월에 백범학원, 3월에 청암학원을 열어 학생들을 가르치거나 책을 읽거나 휘호를 쓰면서 나날을 보냈다. 1947년 3월에 문을 연 건국실천양성소에 나가 가끔 학생들에게 강연도 했다.

김구는 1938년 중국 창사長沙에서 한국국민당, 한국독립당, 조선혁명당의 3당 합당을 논의하던 중 이운환의 저격으로 심장 근처에 총탄을 맞고 사경을 헤매다 살아났다. 이후 그때 맞은 총탄을 오른쪽 갈비뼈 아래에 내내 담고 살았고, 이로 인해 수전증이 심해졌다. 이런 연유로 김구의 글씨는 '떨림체'가 되었으며, 스스로 '총알체'라고 농하기도 했다.

김구는 1932년 이봉창·윤봉길 의거를 지휘했다가 일제로부터 60만 원(당시 쌀 한 가마니에 2원, 초등학교 교사 월급이 20원)이라는 거액의 현상금이 내걸린 현상수배를 당했고, 일제는 군경과 첩자에게 '현지 사살' 명령을 내렸지만 결코 잡히거나 사살되지 않았다. 그런데 해방된 조국 그것도 여운형 등이 암살당한 미 군정 시기도 아닌 이승만 정권 시기에서 대낮에 암살당하는 일이 벌어졌다.

김구는 정부가 수립되면서 특별히 정치활동을 할 공간이 없었다. 또 단독정부 수립을 반대해온 처지에서 단독정권에 이렇고 저렇고 비판하거나 훈수를 놓을 계제도 아니었다. 1948년 9월 23일, 김규식 등과 유엔한국임시위원단에 유엔 총회에서 통일정부 수립을 위해 노력해달라는 서한을 보내고, 11월 3일, 미·소 양군 철수 뒤 남북통일정부를 수립하자는 담화를 발표한 것이 활동이라면 활동이었다.

김구를 암살한 안두희는 친일·분단세력의 하수인이면서 미군 방첩대 정보요원임이 미국 자료에 의해 밝혀졌다. 방선주·정병준 교수가 2001년 미 국립문서기록관리청NARA에서 발굴한 「김구 암살 배경 정보」(1949. 6. 29. 작성, 1949. 7. 1. 보고)라는 제목의 문서인데, 뉴욕 주 제1군사령부 정보참모부 운영과장 조지 실리 소령이 작성한 것이다. 편지지 크기 4쪽 분량의 이 문서는 3급 비밀문서이고, 그 핵심 내용은 다음과 같다. "안두희는 미군 방첩대CIC의 정보원Informer 및 요원Agent으로 활동했다. 안두희는 우익 테러조직인 백의사白衣社의 자살특공대원이었다. 백의사 사령司令 염동진의 전언에 따르면 김구가 군부 내 반反이승만파와 손잡고 군사 쿠데타를 일으키려 한 혐의가 있다."[17]

실리는 안두희와 미군 방첩대, 백의사의 관계에 대해 이렇게 썼다.

이 조직(백의사) 내부에는 혁명단이라고 불리는 '특공대'가 존재한다. 특공
대는 모두 5개 소조로 구성되어 있고, 각 소조는 4명으로 구성되어 있다.
각 소조의 구성원들은 민주 한국과 한국 민족주의의 갱생을 방해하는 자
를 암살하라고 명령이 내려오면 애국자로 죽겠다는 피의 맹세를 한 사람
들이다. 안두희(원문에는 Ann Tok Hi로 표기)는 청년으로 이 비밀조직의 구성
원이자 이 혁명단 제1소조의 구성원이다. 나는 안두희가 정보원일 때부터
알았으며, 후에 그는 한국 주재 CIC 요원이 되었다. 그 역시 염동진이 명
령을 내리면 암살을 거행하겠다는 피의 맹세를 했다. 확인하거나 부인하는
어떤 보고서도 작성되지 않았지만, 두 명의 저명한 한국 정치인 장덕수와
여운형 암살범들도 이 비밀조직의 구성원으로 알려져 있다. (『김구 암살 배경
정보』. 1949. 7. 1)[18]

김구의 암살 배후는 사건 이후 계속되어온 추적자들과 연구가들에
의해 다시 드러나기 시작했다. 암살 배후는 김창룡과 신성모 당시 국방
장관을 잇는 군부세력, 해방 뒤 친일파 척결을 주장해온 김구 세력에게
위협을 느낀 친일파 세력, 그리고 단독정부 추진세력이었음이 확인되고
있다.

여기에 이승만의 단독정부 수립정책을 반대하면서 북한과의 대화
를 바라는 김구의 정치노선을 비판해온 미국 정보기관의 개입 여부도
관심사로 떠올랐다.

이들 세력은 자발적으로 항일구국의 지도자 김구 제거에 나선 것

1949년 6월 26일, 백범 서거 소식을 듣고 경교장 앞뜰에 몰려와 애도하는 시민들.

인가, 아니면 이들을 지휘하는 배후가 있었는가? 결론적으로 지금까지 나타난 관련자들의 증언과 자료, 당시의 여러 정황을 종합할 때 이승만의 명시적이거나 묵시적인 '양해' 또는 '암시'가 있었던 것이 분명하다.

이들 암살세력은 하나같이 당시 이승만 정권을 떠받드는 기둥이었고, 이승만으로부터 각별한 총애를 받고 있었다. 이들은 누구보다도 이승만의 의중을 헤아릴 수 있는 위치에 있었고, 김구가 이승만의 권력유지에 가장 큰 걸림돌이라는 사실도 알고 있었다.

김구 암살은 이승만의 핵심 측근들이 합동으로 이승만의 암시 또는 그의 의중을 헤아려서 꾸민 범행이었다. 따라서 초점은 당연히 이승만의 명시적 또는 묵시적인 교사나 암시(혹은 사전 감지)의 정도와 미국의 개입 여부에 모아졌다.

이승만 배후 혐의 - 하나, 권력 차원의 조직적인 개입 사실

여러 사실과 정황으로 미루어 이승만은 김구 암살에 대해 사전 정보를 갖고 있었음이 분명하다. 믿을 만한 자료와 증언들이 이를 뒷받침한다.

먼저 상하이임시정부 국무위원을 지낸 조소앙의 증언이다.

나는 김구 살해 사건이 있기 얼마 전에 시국담을 나누기 위해 경무대로 이승만을 방문했다. 그 자리에서 나와 이승만은 김구에 대해 이런 대화를 나눴다.

"백범이 공산당과 내통을 하고 있다는 정보가 들립네. 참 믿을 수 없는 얘기지만……"

"그럴 리가 있겠습니까? 백범의 민족사상은 예나 지금이나 변함없지요."

"아닙니다. 백범이 남북협상이다 뭐다 하고 평양에 다녀온 후로부터 생각이 좀 달라지고, 그분 주변에 빨갱이가 잠입했다고 합네다."

"저도 남북협상하려고 평양에 갔다 왔지만 그럴 계제가 못 됩니다. 누가 백범을 모략하는 소리겠지요."

"내가 듣기로는 심상치 않습네다. 아무래도 젊은 사람들이 무슨 일을 할 것 같으니 백범이 몸가짐을 신중히 해야 할 것입니다."

나는 이 대통령의 이러한 말에 불길한 예감이 들어 다음 날 경교장에 들러서 백범에게 경무대에서의 이야기를 전해주었다.

"내가 무슨 일을 했다고 우남(이승만의 아호)이 나를 해치겠소? 나는 은퇴한 정객이나 마찬가진데……"

"백범, 사람 마음은 믿을 수 없는 것 아니겠소?"

"나야 언제 죽어도 한이 없는 사람이오. 우리 모두 중국에서 몇 번 죽었던 몸이나 같은데……"

"농담할 때가 아니오. 백범! 우리가 언제 우리 한목숨 잘되자고 독립운동을 했소? 아무쪼록 신변을 잘 조심해야겠소."[19]

조소앙이 밝힌 대화 내용은 김구 살해 사건 직전에 이승만이 백범에 관해서 제3자에게 노출시킨 유일한 객관적 태도였다.

이승만이 김구 암살 사건에 개입했다는 혐의점은 그의 특별성명에도 들어 있다. 그는 백범이 암살된 지 1주일이 지난 7월 2일에 경교장으로 문상을 나서면서 특별성명을 발표했다.

이 사건은 법정에서 가려지겠지만 백범의 살해는 순전히 어떤 행동노선이 조국을 위해 더 유익한 길인가 하는 당내의 의견 차이에서 비롯됐다고 본다. 아직 한독당 내의 의견대립이 외부에 알려진 일이 없는데, 백범의 추종자가 그 의견 차이의 논쟁을 결말짓고자 취한 격렬한 수단은 결국 비극을 초래했다고 볼 수 있다.

'국부國父'로 불리는 지도자, 일생을 항일투쟁에 헌신해오며 자신과는 정치적 라이벌 관계에 있는 백범의 살해에 대해 동기와 배후를 철저히 밝혀야 할 정치도의적 책임이 있는 대통령 이승만은, 사건의 본질을 수사기관이 중간 발표한 대로 '한독당 내분의 소치'라고 단정하고 나선 것이다.

김구 암살 사건에 대한 정부의 첫 공식발표는 사건 발생 1시간 24분 만인 그날 오후 2시였다. 전봉덕 헌병부사령관 명의의 발표문 내용은 "한독당위원장 김구가 정체불명의 괴한에게 저격을 당해 절명했는데, 범인은 현장에서 즉시 체포·구속 중이며, 범인이 현장에서 상처를 입었기 때문에 의식의 회복을 기다리며 그 배후를 엄중 조사하겠으나 단독범행인 것 같다"라는 것이었다.

정부가 공식발표를 이처럼 서둘러 발표한 배경도 의문이지만, 현역 육군 장교인 범인을 두고 '정체불명의 괴한'이라는 표현이나 '단독범행'인 것 같다는 주장은 발표문안의 의도성을 짐작게 한다. 그런데 더욱 의혹을 증폭시킨 것은 6월 28일에 국방부가 내놓은 수사의 중간발표 내용이었다.

안두희는 한독당원으로 김구의 가장 신뢰하는 측근자로서 때때로 김구를 만나 직접 지도를 받던 자다. 사건 당일은 인사차 김구를 만나러 갔다가 언쟁 끝에 격분한 나머지 범행한 것으로 (…)

이 문안을 자세히 살펴보면 당국의 의도성을 엿볼 수 있다. 범인 안두희가 '한독당원'이며 김구의 '가장 신뢰하는 측근자'로 둔갑했는가 하면, 노 혁명가와 새파란 육군 소위가 언쟁을 벌였다는 것도 사리에 맞지 않는다. '격분한 나머지'란 표현도 '우발성'을 강조하기 위해 골라낸 용어임을 짐작게 한다.

이에 대해 한독당은 8월 초 이승만 대통령에게 군사재판이 안두희의 일방적 진술에만 의거해 사건 심리를 종결했다면서 다음과 같은 의문점을 적시한 '요청서'를 보내 진상을 철저히 규명해줄 것을 요청했다.

1. 김구 선생 저격 당시의 범인과의 응대시간은 불과 3분간이다.
2. 김구 선생이 한 청년과 정치논쟁 운운은 근본적으로 상식이 허용하지 않는다.
3. 범인 심리로 보아 일시적 흥분이었다면 1발로써 족할 것이다.
4. 저격 후 8발의 탄환이 남았음에도 불구하고 권총을 던지고 체포를 당한 것은 개인적 행동으로 간주할 수 없다.
5. 경교장 경비경찰관의 손에 체포되는 즉시 난데없이 헌병대가 범인의 인도를 요구하며 데리고 간 것은 의문이다.

이상의 여러 조건으로 보아 우리는 이 흉계를 결코 단순한 것으로 해석할 수 없고, 또 김구 선생 서거는 민족적·역사적 대 손실인 중대사건이므로 진상을 철저히 규명하여 자손만대의 의혹을 풀어줌과 동시에, 그 흉모의 근거를 전멸시키기 위하여 본당本黨 상무위원회 결의를 정부당국에 이와 같이 요청한다.

김구 살해의 '진짜 배후'에 대한 주목할 만한 증언이 몇몇 관계자들의 발언이나 기록을 통해 나타났다. 하나같이 이승만의 '개입'과 '사전 감지'를 암시하고 있다.

사건 당시 서울지검 검사장으로 재직했던 최대교는 백범 암살 사건의 수사 과정에서 이승만 대통령의 지시에 따라 '한독당의 내분 탓'으로 조작되었다고 거듭 증언했다.

과거에도 비슷한 내용을 언론을 통해 밝힌 바 있는 최 씨는 한독당 조직부장 김학규 등 한독당원 7명에 대한 살인교사혐의의 구속영장을 검사장인 자신을 따돌리고 검찰총장 김익진이 직접 청구하고, 법원은 담당 판사를 제쳐놓고 한격만 서울지법원장이 직접 영장을 발부하는 해괴한 일이 벌어졌다는 것이다. 최 씨가 이를 강력히 항의하자 김 검찰총장이 "영감님(이 대통령을 지칭)이 노망이 들어 한 일"이라면서 양해를 구했다는 것이 최 씨의 증언이다.

다음으로 이형근 전 육군참모총장의 증언을 들 수 있다. 건군 초기 합참의장과 육군참모총장 등 군 요직을 두루 거친 이 씨는 백범 암살범 안두희의 배후에 관한 증언에서 "당시 일개 소령에 불과했던 김창룡으로서는 그 같은 엄청난 일을 혼자 꾸미기는 불가능했다"라면서 권력 핵심부(이승만 지칭)의 개입이 있었을 것임을 시사했다.

이 씨는 또 당시 권좌에 오른 이 대통령이 자신의 핵심 측근들에게 자주 "백범은 안 되겠어. 이러다가 우리도 중국처럼 공산화되겠어"라

1948년 4월, 평양에서 열린 남북회담에서 연설하는 김구.

며 김구 선생의 정치노선에 강한 불만을 토로했다고 말했다.

이 증언대로 당시의 정황으로 보아 김창룡이 독단으로 안두희에게 지령을 내렸을 가능성은 거의 없으며, 권력 핵심부가 직·간접적으로 사주했을 가능성이 매우 크다.

강창성 전 보안사령관도 한 인터뷰에서 "71년 보안사령관에 취임한 이후 안두희에 대한 특무대 조사서류를 직접 검토해본 결과 안 씨에 대한 심문이 특정 상황을 미리 설정하고 답변을 유도하는 형식으로 이루어졌으며, 배후 부분에 대해서도 전혀 추궁한 흔적을 발견할 수 없었다" 라면서, 이로 미루어 당시 방첩대 수사는 이 사건을 축소조작하면서 배후를 은폐하려는 의도가 역력했다고 밝혔다. 또 그는 "당시 김창룡의 위세가 아무리 대단했다 하더라도 민족지도자인 백범 선생의 암살지령을 독단으로 내리기는 불가능하다. (…) 안 씨의 배후를 구체적으로 누구라

고 밝힐 수는 없지만 적어도 이승만 전 대통령이 이를 알고 있었을 가
능성은 충분히 유추해볼 수 있다"라고 증언했다.

이와 같은 증언과 자료를 종합할 때 이승만이 김구 암살 사건과 관
련되어 있다는 것은 더욱 확실해진다.

이승만은 김구 암살 사건이 발생한 지 5시간 만에 헌병사령관을 전
격 교체했다. 여기에는 간단치 않은 곡절이 있다. 헌병사령관 장흥 대령
은 중국군 헌병 대령 출신으로, 중국에 있을 때부터 김구와 함께 일했
으며, 임시정부가 환국한 뒤에는 중국에 남아 있는 임시정부 잔무를 수
습하고 뒤늦게 귀국한 임시정부 계통의 고위장교였다.

따라서 김구 계열이 헌병사령관으로서 안두희의 배후를 철저히 수
사하게 될 것을 우려한 나머지 이승만과 그의 추종세력은 헌병사령관을
재빨리 교체해, 전봉덕 부사령관을 사령관으로 승진시키고 장 사령관
을 일선부대로 좌천시켰다. 이런 정황을 의심할 만한 기록이 있다.

사건 당일 신성모 국방장관은 신태영 육군참모차장과 전봉덕 헌병부사령
관을 대동하고 경무대를 방문했다. 이승만 대통령은 전봉덕 부사령관으로
부터 사건개요를 보고받고 깜짝 놀라는 표정이었다가 이렇게 말했다.

"그래서 범인은 지금 어디 있다는 게야?"

"헌병사령부에 있습니다."

"무슨 이유로 백범을 죽였다고 하지?"

"좀 더 문초를 해봐야 하겠습니다마는 본인 말로는 한독당 비밀당원으
로서 백범 선생과는 잘 아는 사이라고 합니다."

"한독당원이 백범을 죽여?"

"……."

"그렇다면 다른 사람들의 범인 접근을 막고, 수사방침을 잘 세워 조사해야겠구먼……."

이승만 대통령은 안면근육을 조금 씰룩거리다가 시선을 신성모 국방장관에게 돌렸다.

"범인이 한독당원이라고 했지?"

"네. 그렇습니다. 각하!"

"그리고 그 헌병사령관 장흥도 중국에서 귀국한 백범 측근자 아닌가?"

"바로 그렇습니다. 각하!"

"그렇다면 헌병사령관이 백범과는 가까웠으니 좀 곤란하겠구먼!"

"지당하신 말씀이십니다."

"신 장관, 그 헌병사령관을 바꾸도록 해. 전봉덕 부사령관을 헌병사령관으로 올려 수사를 맡기도록 하지."

"분부대로 실행하겠습니다. 각하!"[20]

이렇게 하여 이승만은 헌병사령관이 백범과 가까웠다는 이유로 전격 교체하고 자신의 심복 전봉덕을 그 자리에 앉혀 사건의 수사·지휘를 맡겼다.

여기서 유의해야 할 대목은 김구 암살 사건과 헌병대와의 내밀한 관계다. 김구가 안두희의 권총 4발을 맞아 절명한 시간은 6월 26일 오후 12시 36분이다. 이때 경교장 경비실에서는 근처 관할인 서대문경찰서에 사건을 알렸다. 외부로 이 사실을 알린 건 이때가 처음이다.

그런데 서대문경찰서 형사주임 강용주 경위가 경교장에 도착하기도 전에 군 스리쿼터(군용 소형 트럭) 한 대가 쏜살같이 경교장 본관 앞에 당도했다. 스리쿼터에는 군복 청년들이 타고 있었으며, 그중에는 정복차림 헌병도 몇 명 있었다.

이 사내들은 경교장 비서들에게 욕설을 퍼붓고는 안두희를 보호하여 데려가려고 했다. 이때 서대문서 강용주 형사주임이 나타나 범인에게 수갑을 채우려고 하자 군복의 사내들은 형사주임을 밀쳐내고 안두희를 스리쿼터에 태우고 바람처럼 사라져버렸다.

더욱 괴이한 일은 최대교 검사장이 이하성 서대문경찰서장으로부터 암살 소식을 전해 듣고 이원희 부장검사와 이 경찰서장을 대동하고 사건 현장에 도착하자 헌병들이 경교장 출입을 저지하고 나선 것이다.

현장검증에 나선 검사장을 경교장 현관에서 저지한 사람은 후일 박정희 정권에서 내각사무처 장관 등을 지낸 김병삼 헌병 대위였다. 계엄 상황도 아니고 군영 내에서 발생한 사건도 아닌, 비록 범인이 현역 군인이라 하더라도 피해자가 민간인 신분이고 민가에서 발생한 살인사건인데, 수도권 경찰력의 총감독권을 가진 서울지검 검사장까지도 현장에 접근하지 못하도록 하는 그 초법적인 명령자가 과연 누구였겠는가.

더구나 경교장에서는 사건 직후 서대문경찰서 이외에는 그 어디에도 미처 연락을 취하지 못한 황망한 순간이었는데, 군복 청년들과 정복 헌병들은 어디에서 대기하고 있다가 쏜살같이 나타나 안두희를 싣고 바람같이 사라졌는가?

또 어떻게 필동에 사령부가 있는 헌병이 연락도 받지 않은 상태에서 나타나 전광석화같이 범인을 태우고 사라졌으며, 경교장 정문에서 검사장의 출입을 저지하게 되었는가? 이런 의문은 헌병사령관의 전격적인 교체와 함께 괴이한 일로서 이승만에게 의혹의 눈길이 쏠리게 하는 대목이다.

여기서 한 가지 덧붙여야 할 것은 김구 암살 사건의 축소수사 및 안두희 비호세력으로 지목된 전봉덕이 1992년 4월에 귀국했다가 4월 15일에 서둘러 출국했다는 사실이다. 미국에 체류해온 그는 4월 10일에 귀국한 뒤 김구 암살 사건에 대한 언론보도가 본격화되자 15일에 서둘러 출국하고 그 이후 귀국하지 않았다.

한편 김구 암살 사건 당시 김창룡 전 특무대장과 같은 부대에서 근무했던 예비역 헌병 대령 한필동은 1992년 4월 20일에 로스앤젤레스에서 "신성모 국방장관, 채병덕 육참총장, 김태선 시경국장 등의 비호 아래 장은산 포병사령관이 요원들을 훈련시키고 전봉덕 헌병사령부 부사령관이 작전을 진두지휘하는 등 조직적으로 백범 암살이 이루어졌다"라고 사건 내막을 폭로하여 헌병대의 '역할'을 다시 한번 확인해주었다.

세상사에는 가끔 '우연'이란 것이 끼어든다. 그러나 김구 암살 사건 관련자들이 잇달아 의문사하거나 횡사한 데에는 단순히 우연으로 치부하기에는 미심쩍은 대목이 있다.

먼저, 김성주의 죽음이다. 그는 서북청년단 부단장, 호림부대장, 평남지사 등을 지내면서 이승만 대통령의 노선을 추종하다가 반이反李 입장으로 돌아선 인물이다. 안두희의 재판이 열리자 자신이 부단장으로 있는 서북청년단을 이끌고 안두희를 애국충정의 의사로 치켜세우며 그의 석방을 요구하는 전단을 살포하는 등 극성을 부렸던 문제의 인물이다. 김성주는 〈비격〉이라는 전단에서 "김일성 괴뢰군은 잔인무도하게도 음모와 학살로 동족을 살해하고 있다. 이럼에도 불구하고 협상이니 타협이니 운운하는 분자가 있다. 이를 격파함이 실지회복의 첩경이다. 아! 애국청년 안두희 동지는 실지회복의 전초전을 감행했다"라고 주장하며 "애국청년 안두희의 석방"을 촉구했다.

이랬던 김성주가 이승만에게 등을 돌려 제2대 대통령 선거 때는 조봉암 후보의 선거사무차장이 되는 등 반이승만 노선을 걷게 된다. 그는 술을 마시면, "백범 선생 암살 사건의 흑막을 내가 안다. 내 입을 열기만 하면" 하고 이승만을 김구 암살 사건의 배후로 지목하는 발언을 일삼다가 안두희, 김지웅의 제보로 헌병사령부에 감금되었다.

체포된 김성주는 국가반란, 대통령 암살음모라는 어처구니없는 죄명으로 원용덕 헌병사령관의 집 지하실에서 처형당했는데, 그것은 불법적인 살인행위였다. 김성주를 살해한 원용덕은 안두희 공판 때 육본 행정참모부장으로서 재판장을 맡았던 바로 그 인물. 이렇게 볼 때 김성주의 살해에는 사건 은폐의 음습한 음모와 흉계가 있었음이 분명하다.

두 번째는 안두희의 직속상관이자 암살사건의 배후인물인 장은산 전 포병사령관의 의문사이다. 장은산은 안두희를 전속부관으로 발탁할 만큼 두 사람의 관계는 밀접했다. 이런 관계로 장은산은 안두희를 백범 암살의 하수인으로 선발했다. 암살사건 후 장은산은 김구 선생 국민장이 치러지는 북새통에 돌연 미국 육군포병학교로 유학을 떠났다. 정부의 특별배려였다.

이듬해 6·25 전쟁이 벌어지자 장은산은 육군 대령으로 진급하여 귀국했다. 그러나 육군에 독립적인 포병사령부가 없어지고 각 군 단위로 포병부대가 배속·개편되었으므로 그는 이렇다 할 보직을 얻지 못했다.

군에서 보직을 받지 못한 장은산은 하릴없이 빈둥거리며 술이나 마시는 것으로 나날을 보내게 되었고, 술에 취하면 "내가 안두희의 진짜 보스"라고 기염을 토하곤 했다. 이 정보가 특무대장 김창룡에게 들어가고, 김창룡은 장은산을 체포하여 육군형무소 특별감방에 수감했다. 죄목은 근무지 이탈이었다. 그 이후 장은산을 보았다는 사람은 아무도 없었다. 가족에게는 '수감 중 자살'로 처리·통보되었다.

일설에는 무보직 상태이던 장은산이 전쟁을 피해 일본으로 밀항하려다가 발각되어 군법회의에 넘겨져 군 형무소에서 복역하다가, 1951년 초에 부산 육군교도소로 이감된 뒤 병사했다는 주장도 있다. 그러나 장은산의 역할로 보아 김구 암살 배후가 밝혀지는 것을 겁낸 김창룡에 의해 살해되었다고 보는 것이 더 정확할 듯하다.

세 번째는 사건의 배후로 지목된 자들의 몰락이다. 1960년 5월 24일, 구국청년당 발기인 고정훈은 김구 암살 당시 외무장관 임병직과 국방장관 신성모가 공모해서 포병사령관 장은산을 시켜 안두희를 하수인으로 골라 김구를 살해했다는 폭탄성명을 발표했다.

이 충격적인 소식을 듣고 뇌일혈을 일으켜 이화여대 부속병원에 입원한 신성모는, 이승만이 하와이로 망명길을 떠난 지 불과 몇 시간 뒤인 5월 29일 불귀의 객이 되고 말았다. 자신을 지켜줄 보호막이 사라진 충격 때문이었을까, 아니면 우연의 일치였을까.

'희생자'라고 하기는 어렵겠지만 안두희에 의해 핵심 배후로 지목된 김창룡도 허태영 대령 등에 의해 피살되어 김구 암살과 관련한 인사들의 의문사·횡사 기록에 추가되었다.

이승만 배후 혐의 – 둘, 최고위 심복들의 연루 사실

이야기를 다시 앞으로 돌려 김구 암살에 대한 이승만의 혐의점을 좀 더 상세히 짚어가며 정리해본다.

최대교(당시 서울지검 검사장)는 《중앙일보》와 한 인터뷰(1992. 4. 15)에서 "이승만이 검찰총장에게 김구 암살을 한독당 내부의 충돌로 꾸미도록

직접 지시했"으며, "또 안두희에게 한독당 당원증을 발급해준 한독당 조
직부장 김학규 등 민간인 7명을 구속하도록 직접 지시했다"라고 했다.
그뿐 아니라 사건 발생 당일 최 검사장이 권승렬 법무장관과 함께 신성
모 국방장관을 찾아갔을 때 아프다며 누워 있던 신 장관이 묘한 표정을
지으며 "이제 민주주의가 되겠군" 하고 말했다고 했다.[21]

김구가 피살되기 5시간 전 서울시 경찰국은 느닷없이 특별경계를
지시했고, 사건 직후 경찰은 홍종만 등 김구 암살 민간인 행동대원들
을 연행하는 듯하면서도 실은 병원에 수용하여 외부접촉을 차단시켜
실질적으로 보호조치를 취했다. 그리고 당시 시경국장 김태선이 김지웅
과 홍종만 등 김구 암살 행동대원들에게 상당액의 돈을 준 것으로 밝혀
졌는데, 이 돈의 용도는 (입막음용이 아니라면) 무엇인가?[22] 그 밖에 김구의
아들 김신을 사건 당일이 일요일인데도 불구하고 옹진 지역으로 파견시
킨 군 계통의 배경에 의문에 쏠린다.

무엇보다 당시 채병덕 육참총장이 안두희 재판을 놓고 홍영기 검찰
과장에게 직접적인 압력을 가한 진상에 의혹이 쏠린다.

법무감실 홍 검찰과장이 안두희를 '살인 및 군인의 정치 관여' 혐의로 기소
한 지 며칠 후 채 총장이 홍 과장을 총장실로 불렀다.

"홍 소령, 거 안두희에게 얼마나 구형할 생각인가?"

"살인자는 마땅히 사형을 받아야지요."

"사형은 너무 심해. 내 생각 같아선 말인데, 징역 10년만 구형하면 좋겠
어."

"그렇게는 안 됩니다. 살인자는 사형이라는 게 우리나라 불문율 아닙니
까? 하물며 현역 군인이 전투에나 써야 할 무기를 남용해서 애국자를 살

해했는데 구형을 10년만 한다면 국민들이 이해하기 어려울 것입니다."

그러자 두꺼비처럼 입맛만 다시고 있던 채병덕 총장은 투박한 사투리로 말했다.

"그건 귀관의 생각이지. 내 생각은 달라. 10년이면 적당해. 검찰관도 총 참모장의 지휘를 받는다는 거, 그걸 알아야 돼. 알간!"

홍영기의 머리엔 사건 당일의 일이 스쳤다. 김구가 암살된 다음 날, 사체 검증을 하러 가야겠다는 그에게 채병덕 총장은 이렇게 초를 쳤었다.

"거 사체 검증이 뭐가 필요하나? 이번 사건은 범인의 진술대로만 처리하면 그만이야!"

홍영기 검찰과장은 자꾸 의구심이 생겼지만 법무장교로서 곧은길을 걷기로 다짐했다.

그의 관사에는 "애국자 안두희를 학대하는 자는 반역자다!"라는 협박 전단까지 뿌려졌다.

그러나 그는 공판정을 군법회의 공판정이 아닌 대법원 대법정으로 잡도록 법무감에게 건의하여 관철시켰다. 홍영기 검찰관은 채 총장의 압력을 단호히 묵살하고 안두희에게 총살형을 구형한다. 일이 이렇게 돌아가자 채 총장은 노발대발하며 선고공판이 끝나기가 무섭게 홍영기 검찰과장을 해임 조치하여 일선부대 한직으로 추방시켜버렸다.[23]

또 암살범 안두희의 변호사들(이상기·김종만·양정수)이 검찰관(홍영기)의 논고에 대해 궤변을 늘어놓은 변론 내용도 석연찮다.

"피고인의 범행 목적과 동기는 '정당'하다. 국가가 중요한가, 법이 중요한가. 피고인의 행위는 대한민국에서 '표창'할 일이다. 피고인은 또 의식적으로 범행을 하지 않았고 자수까지 했으니 벌하더라도 '2년 집행

유예' 정도가 적당할 것이다." 민족지도자의 암살범을 '정당하다'고 두둔
하게 된 배경에 의혹이 쏠린다.

그러나 무엇보다도 안두희의 감형과 석방, 초고속 승진, 그리고 군납
업체 운영은 (최고위층의 조직적인 비호가 없다면) 상식으로는 납득할 수 없다.

6·25 전쟁이 벌어진 직후인 6월 28일, 육군형무소에서 복역하던 안
두희는 형무소까지 직접 찾아온 육군 특무대장 김창룡 소령에 의해 집
행정지처분을 받고 부산으로 내려갔다.

이에 앞서 안두희는 무기징역에서 15년 유기징역으로 감형되었는
데, 이는 채병덕 참모총장과 이승만의 측근인 내무장관 윤치영 등의 '노
력'으로 만들어진 특혜조치였다.

안두희는 1949년 6월 26일 포병 소위 신분으로 김구를 암살한 뒤
수감생활을 하던 중 풀려나 2계급이나 특진하는 특혜를 받았는데, 안두
희가 범행 후 군령 계통을 통해 공식적으로 비호를 받는 신분이었음을
뒷받침해준다(안두희 병적증명서, 서울지방병무청 발행).

당시 장교의 승진 및 전보는 국방장관의 결재사항이어서, 이 같은
안두희의 특진은 당시 신성모 국방장관과 채병덕 육군참모총장 등 군
고위층의 승인 없이는 불가능했다.

형집행정지처분을 받고 풀려난 안두희는 1950년 7월 10일에 다시
육군 소위로 복직하여 1951년 2월 15일에 국방부령 제56호에 의해 형면
제처분을 받게 되며, 그해 12월 25일에 특명 제224호에 따라 소령으로
진급했다.

민족지도자의 살해범을 이처럼 초고속으로 특진하는 것은 군령 계
통의 비호만으로는 불가능하고, 군통수권자의 영향력에 의한 것이라는
분석이 더 정확할 것이다.

김구 암살 배후세력의 지휘체계, 그리고 국회조사보고서

안두희는 박기서에 의해 살해당하기 전 당시 김창룡 육본정보국 방첩대장이 김구 암살을 지시했다고 밝혔다. 안두희는 장택상·김태선·노덕술·최운하 등이 관련되었고, 미국 CIA도 관련되었다고 주장했다가 며칠 뒤 이를 번복하고 다시 시인하는 등 국민을 우롱하는 언사를 거듭했다.

안두희는 죽기 전까지 많은 부분을 숨기고 있었던 것이 틀림없다. 그러나 김구 암살 사건은 친일 군인·검찰·경찰·정치인들이 자신들의 기득권을 보호하기 위해 김구의 단독정부 반대노선을 명분으로 내세워 제거했음이 분명해졌다. 이 과정에서 이승만이 음모의 중심에서 일정한 역할을 했다는 것도 앞서 지적한 여러 자료와 논거에서 이미 드러났다.

김구 암살 음모를 꾸미고 실행에 옮긴 조직체는 이른바 8·8그룹이었다. 8·8그룹이 무슨 목적으로 조직되었는지는 아직 베일에 가려져 있다.

8·8그룹은 서울 종로구 팔판동 8번지 소재 저택의 '안가'에서 신성모 국방장관, 채병덕 육참총장, 김창룡 특수정보과장, 장은산 포병사령관, 김지웅 정치 브로커 등 군부와 경찰의 정보계 핵심 관계자들, 그리고 김준연 한민당 총무간사, 장택상 외무장관 등이 모여 정보를 교환하며 시국 문제를 논의해온 비밀그룹이었다.

이 모임에서 주로 논의된 안건의 하나는 김구와 그가 이끄는 한독당을 정치적으로 거세시키자는 기도였던 것으로 알려진다. 이 모임의 참가자는 신성모를 제외하면 대부분이 친일부역자들이었다는 데 주목할 필요가 있다. 여기에 역시 친일파 전봉덕 헌병사령관과 고문수사관으로 소문난 노덕술·최운하 등 일제 경찰 출신이 끼어들어 김구 암살의 청부 역할을 맡고, 행동대원으로 서북청년단의 홍종만, 김충일, 엄승용, 안두희 등이 가담했다. 포병 대령인 오병순, 강창걸, 한국영, 한경일 등도 행동대원으로 차출되어 암살음모에 가세했다(도표 '김구 암살 배후 지휘체계도' 참고).

지금까지 김구 암살 사건의 배후에 대해 이승만의 혐의점에 초점을 맞춰 추적해보았다. 대단히 불행한 일이다. 명색이 독립운동가 출신의 초대 대통령이 항일구국 지도자의 암살 배후라면 국가적인 비극이 아닐 수 없다.

1994년 7월 29일, 정부는 김구 암살을 언급한 비공개 외교문서 일부를 45년 만에 처음으로 공개한 바 있다.

외무부는 1949년 6월 26일에 김구 선생이 포병 장교 안두희에 의해 암살된 뒤 당시 존 조셉 무초 주한 미국 대사가 미국 국무부에 보낸 보고서, 이승만 대통령이 미국인 외교자문 토머스 올리버에게 보낸 서한을 국회 법사위에 제출했다.

이들 문건은 김구 암살의 진상을 파악하는 데 중요한 참고자료가 될 것으로 여겨졌으나, 그동안 비밀서류로 분류돼 일절 열람이나 공개가 허용되지 않았다.

무초 대사는 김구 암살 하루 뒤인 1949년 6월 27일, 공식·비공식으로 수집한 정보를 토대로 백범이 암살된 경위와 배경에 관한 보고서를 미국 국무부에 보냈다. 무초 대사는 이 보고서에서 "저격 동기는 김구의 공공연한 남북협상정책과 외견상 남한 단독정권에 비판적인 성향에 대한 안두희의 강한 불만에서 비롯된 것으로 보인다"라고 분석했다.

한편, 이승만 대통령이 백범 암살 이틀 뒤인 6월 28일에 미국에 있던 올리버 외교자문에게 보낸 영문 서한은 이승만이 김구를 어떻게 인식했는지를 잘 엿볼 수 있는 자료이다. 이승만은 이 서한에서 "김구는

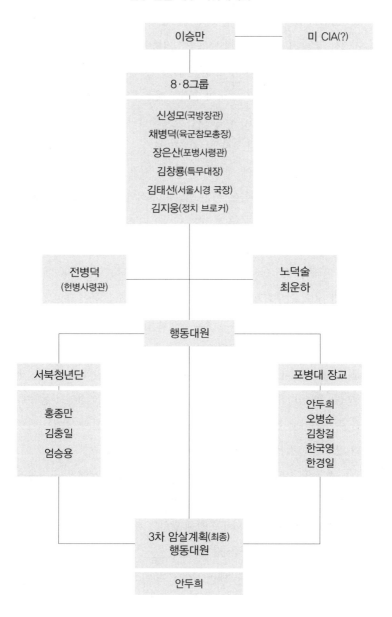

김구 암살 배후 지휘체계도

```
        이승만 ────── 미 CIA(?)

        8·8그룹

      신성모(국방장관)
      채병덕(육군참모총장)
      장은산(포병사령관)
      김창룡(특무대장)
      김태선(서울시경 국장)
      김지웅(정치 브로커)


   전병덕              노덕술
  (헌병사령관)          최운하


        행동대원

서북청년단              포병대 장교

  홍종만                안두희
  김충일                오병순
  엄승용                김창걸
                      한국영
                      한경일


     3차 암살계획(최종)
        행동대원

         안두희
```

반정부 활동을 선동해왔다는 보고가 있었다. 그는 남북협상을 옹호하고 통일정부 수립을 지지하는 남한 내 세력을 조직해 내년 6월 국회의원 선거에서 그의 지지자들이 당선되도록 선거준비를 해왔다는 것이다. 국민들 사이에선 그의 비애국적 언행을 비난하는 여론이 높았다. 그러나 그의 사망 사실이 전해지자 전국이 충격에 빠졌다"라고 기술하고 있다.[24]

제14대 국회의 김구 암살 사건 진상조사단에서는 암살의 배후와 미국과의 관계를 어떻게 조사했는지 살펴보자.

백범 암살의 배후에 대한 진상규명은 사건 직후부터 지금까지 계속되어왔다. 이를 규명하는 데는 범인 안두희의 증언만으로는 부족하다. 그것은 일반적으로 조직적 정치 암살의 경우 몇 단계의 계통이 있고, 암살 하수인으로서는 알 수 없는 상부세계가 존재할 수 있기 때문이다. 따라서 사건 당시 관련자들의 소재와 활동, 사건의 뒤처리에 대한 개입과 태도, 안두희의 이후 활동에 대한 지원과 보장 등에 대한 간접적인 증거들을 동원해야만 어느 정도 윤곽을 잡을 수 있다.

안두희의 회고에서 볼 때 암살을 총괄 지휘한 사람은 '의혹의 모략꾼' 김지웅이었다. 김지웅은 사건 당시 안두희와 홍종만에게 자금을 제공했을 뿐 아니라, 사건 후 안두희를 면회 와서 겸연쩍어하면서 돈봉투를 주고 가기도 했다. 그런데 안두희는 김지웅의 '눈부신 부상'에는 배후가 있으며, 그것은 권력 최고위층이라고 확신했다.

결국 안두희는 암살사건의 배후에 김지웅 이상의 선이 있다고 분명하게 짐작하고 있었지만, 그 상부의 동향에 대해 구체적으로는 알 수 없는 지위에 있었다. 그는 회고를 통해 암살의 배후인물로 국방장관 신성모, 외무장관 임병직, 서울시장 김태선, 수도경찰청장 장택상, 경무국장 조병옥 등을 거론했다. 그런데 여기서 유의할 점은 월남 이후 자신의 활동 전반과 관련되어 이들이 거론된다는 사실이다. 서북청년단 시절 도움을 준 이들과 암살사건에 직접 관련된 이들을 구별할 필요가 있다.

거론된 사람들과 관련하여 먼저 경찰 쪽을 보면, 안두희는 서북청년단 시절 평소 노덕술·최운하 등과 정보를 교환했으며, 장택상·조병옥 등 경찰 수뇌부와도 잘 알고 있었다. 그러나 장택상과 조병옥은 안두희의 백범 암살과는 아무런 관련이 없는 것으로 보인다. 김태선 서울시경 국장은 김지웅에게 자금을 지원한 사실이 있고, 그 돈을 지원받은 김지웅은 홍종만 등과 같은 암살 관련자들에게 지급한 사실이 인정된다.

사건 당시 안두희가 소속되어 있는 군부를 보자. 먼저, 포병사령관 장은산은 서울대병원에 입원하여 암살을 직접 명령·지휘했다. 안두희의 '마지막 증언'은 장은산의 구체적인 지시와 개입을 너무나 생생하게 회고하고 있다. 장은산은 사건 후 미국으로 유학 갔으며, 전쟁 발발 직후 미국에서 돌아와 '내가 안두희의 보스'라며 백범 암살 사건에 대해 잘 안다고 주장했다. 그러다가 김창룡에 의해 '작전이탈' 혐의로 구속되어 유죄판결을 받고 복역하다가 부산 육군형무소에서 옥사했다. 사망 원인은 확실하지 않다.

당시 헌병사령관이 장흥이었으나, 마침 사건 당일 성묘를 하러 시골에 갔기 때문에 헌병부사령관 전봉덕이 안두희의 신병을 인수하고, 안두희가 폭행으로 많이 다쳤기 때문에 조사는 하지 못한 채 치료만 해주었다. 또 암살 당일 헌병들이 경교장 일대에 미리 배치된 것도 의혹을 받을 수 있는 대목이다. 헌병사령부의 당직사관이었던 오석만 중위와 사령관실에 근무하던 장석인 소위의 증언에 따르면, 헌병사령부 순찰과장 김병삼 대위가 암살사건이 일어나기 1시간 전인 오전 11시 30분경 사령부에 비상을 걸었으며, 사령부 본관 뒤에 지프차와 스리쿼터에 헌병 15~16명이 승차 대기하고 있었다고 한다. 또 12시 40분경 김병삼 대위가 장석인에게 전화하여 백범 암살 사건을 사령관에게 보고해줄 것을 요청했으며, 전봉덕 부사령관은 보고 전에 이미 사령부에 나와 있었다고 증언했다.

전봉덕 부사령관이 이승만 대통령에게 사건을 보고하자, 수사를 맡게 될 장흥 헌병사령관은 임정 계통이고 김구와 가까우니까 사령관직에서 해임하고 전봉덕 부사령관을 사령관으로 승진 발령한 것도 의심이 가는 대목이다.

안두희는 특무대로 이송되어 특별대우를 받게 되는데, 이에 개입한 사람은 육군참모총장 채병덕과 특무대장 김창룡이었다. 안두희는 자신의 회고록에서 사건 전에 김창룡을 만난 적이 있다고 언급했지만, 그의 사전개입은 아직 명백하게 밝혀지지 않았다. 현재로서는 김창룡이 사건의 뒤처리에서 누구보다 직접 개입했다는 점은 명백하다.

김창룡과 더불어 군부 고위층에서 적극 개입한 사람은 채병덕이다. 그는 헌병사령관 전봉덕에게 전화로 안두희가 있는 특무대를 방문하여 이 사건 수사는 노엽·이진용이 하도록 명령했으며, 홍영기 검찰관에게 구형은 10년만 하면 적당하다는 압력을 넣은 사실도 있다.

다음의 인물은 원용덕이다. 홍영기 검찰관은 안두희에게 총살형을 구형했으나, 재판장 원용덕을 비롯한 재판관들은 종신형을 선고했고, 그 후 원용덕은 백범 암살 사건을 잘 알고 있는 김성주를 죽였다(1954. 4. 17).

결국 군부에서는 장은산이 사전에 직접 명령·지휘했고, 김창룡은 사건의 뒤처리에 적극 개입했다. 그 외 전봉덕, 김창룡, 채병덕, 원용덕, 김병삼 등은 외곽에서 나름의 역할을 했다.

이러한 윤곽의 범위로 볼 때 국방장관 신성모는 당연히 의혹의 대상이 된다. 신성모에 대해서는 고정훈이 이미 폭로한 바 있고, 암살사건을 보고받고 "이제 민주주의가 되겠군" 하며 반겼다는 최대교 당시 서울지검장 등의 증언이 있다. 그뿐 아니라 신성모는 김창룡과 함께 안두희의 수감생활을 보호하고, 그의 감형, 잔형 정지, 잔형 면제, 석방과 육군 복귀를 주도했으며, 전쟁 중 부산에서 안두희를 불러 모윤숙과 김활란이 보는 앞에서 생활비까지 제공했다. 신성모의 개입과 관련해 세간에서는 그가 주도하는 '8·8구락부'가 암살사건의 진정한 배후였다고 주장하기도 한다. 신성모가 내무장관에서 국방장관으로 자리를 옮긴 직후, 군부와 경찰 관계의 핵심분자들이 상호간의 정보교류란 명목으로 만든 것이 '8·8구락부'다. 여기에는 신성모 이외에 채병덕 육참총장, 장은산 포병사령관, 김창룡 소령, 김태선 서울시경국장, 국회의원 김준연, 김지웅 정치 브로커 등이 참여했다고 한다. 이들은 백범 암살 사건의 기획과 뒤처리에 나름의 역할로 적극 개입한 사람들이다. 신성모는 4·19 직후 고정훈이 자신을 백범 암살의 배후로 지목하자 충격을 받고 뇌일혈로 쓰러져 1960년 5월 29일 사망했다. 그런데 신성모가 사망한 이날은 공교롭게도 이승만이 하와이로 망명한 날이었다.

이승만이 미국으로 망명한 까닭, 그리고 CIA 개입 여부

이상돈 의원은 자신의 회고록에서 "내가 미국 보스턴을 방문했을 때 미국의 그레고리 핸더슨이 우리 일행을 초청한 자리에서 내게 왜 이승만 박사가 하와이로 망명했는지 아느냐고 묻고, 자기가 알기에는 김구 암살 사건의 책임을 피하기 위해 도망 온 것이라고 말한 사실이 있다"라고 밝힌 바 있다. 핸더슨은 백범 암살 당시 주한 미국 대사관에서 근무했던 사람이다.

한독당에 대한 와해공작과 암살사건의 계획 및 실행에 깊숙이 개입한 이는 김지웅이었다. 그는 안두희가 수감된 후 재판 과정에서 어떻게 답변할 것인가까지 조언해주는 등 사건의 마무리에도 깊숙이 개입했다. 그는 1950년대 중요한 정치적 사건을 조작한 자였고, 4·19 직후 백범 암살 진상규명 요구가 거세지자 1960년 8월 22일 밀항해 일본의 후쿠오카福岡로 도망친 뒤, "내가 김구 암살의 주모자"라는 이유로 정치 망명을 요청했다. 일본 정부에서는 그의 망명 요청을 받아주지 않아 그는 밀입국자로 처벌받고 풀려났다. 일본 중의원에서도 김지웅 문제가 제기되어 논란이 많았다(1966. 3~4).

백범 암살 사건의 배후에서 가장 쟁점이 되는 것은 역시 이승만 대통령의 관련 여부다. 이 문제에 관한 안두희의 증언은 '오락가락'한다. 1961년 4월, 그는 김용희에게 체포되었을 때, "이태원 육군형무소에 있을 때 이 박사가 날 잘 봐주라고 했다"라는 말을 들었다고 증언한 바 있다. 또 1992년 9월에 안두희가 권중희에게 증언한 바에 따르면 사건 발생 일주일 전인 1949년 6월 20일경 경무대에서 이승만을 만났으며, 그 자리에서 이승만은 "국방장관에게 얘기 많이 들었다. 높은 사람 시키는 대로 일 잘하고 말 잘 들어라"라고 격려한 적이 있다고 했다. 그러나 그 직후 안두희는 이 진술을 부인해버렸다.

이승만의 개입에 대한 다른 증언과 주장을 들어보자. 이승만의 고문이었던 올리버 같은 사람은 이승만이 이 사건과 관련이 없다고 주장했다. 물론 이승만이 직접 암살을 지시한 증거나 증언은 없다. 그러나 관련되는 간접적인 증언은 적지 않다. 앞서 언급한 조소앙의 증언이나 최대교의 증언이 있다. 다만 최대교의 증언 내용은 법조계의 영장 처리 방식에 비추어 신뢰하기 어렵고, 이승만이 직접 관여한 근거로 보기에는 미약하다.

한편 김성주의 죽음도 백범 암살과 밀접한 관계가 있는 것으로 이승만의 사후 개입을 보여주는 중요한 사건이라고 앞서 소개한 바 있다. 안두희의 구명운동을 벌이기도 한 그는 6·25 전쟁 중 유엔군에 의해 평남지사에 임명되었는데, 이때 이승만은 김병연을 그 자리에 임명하여 이승만과 사이가 벌어졌다. 급기야 1953년 군법회의에 회부되어 7년형이 구형되자 이승만은 원용덕 헌병총사령관에게 영문으로 된 메모를 보내 김성주를 사형에 처하도록 명령했다. 영문 메모 내용이다.

원 장군,

지금 감옥에 있는 김성주는 반드시 극형에 처해야 한다. 그는 외국인이 임명한 평양지사였고, 우리 정부가 치안국장으로 임명한 문봉제를 죽이려 했다. 이는 분명히 반역사건이기 때문에 응분의 처벌을 받아야 한다. 장래에 그런 반역자가 없도록 하기 위해서도 반드시 법에 따라 처벌되어야 한다. 나는 국방장관에게도 말했지만, 당신에게도 명령한다. 신속하고 아주 조용하게 그렇게 되기를 바란다.

– 리승만

위 메모는 이승만의 친필로 그의 서명이 있었는데, 4·19 후 원용덕에 대한 재판에서 원용덕이 스스로 법원에 제출한 것으로, 그 재판기록 중에 있는 것이다. 이 메모를 받은 원용덕은 고민 끝에 부하인 김진호와

상의했고, 그러자 김진호가 처리하겠다고 하면서 7년 구형을 받고 선고를 기다리던 김성주를 구치소에서 더 조사할 게 있다고 불법적으로 끌어냈다. 김진호는 구치소에서 끌어낸 김성주를 원용덕 사령관 자택으로 데려와서 1954년 4월 17일 새벽, 자택에서 권총으로 살해하고 방공호에 암장했다.

이 사건은 7년 구형을 받은 김성주가 법률상으로는 사형을 받을 수 없다는 것을 알고 대통령의 메모에 따라 살인을 저지른 것으로 볼 수밖에 없다. 그 당시 김성주의 가족들은 구치소에 면회를 갔으나, 사람이 없다고 하여 면회도 할 수 없었고, 선고기일이라고 하여 법정에 나갔으나 재판이 무기 연기되었다는 통고를 받았을 뿐이다. 그런데 1954년 5월경, 신문에 김성주가 사형선고를 받고 집행을 당했다는 기사가 실렸다. 가족들은 그 소식을 듣고 국회에 청원을 내어 당시 제3대 국회에서 조사위원회까지 설치되어 조사한 결과, 김성주의 죽음이 판결에 의한 사형이 아닌 불법이었다는 것은 확인했으나, 그때 여당인 자유당의 비협조로 유야무야 끝나고 말았다. 결국 이 문제는 4·19 혁명 후에 김성주 가족들의 고소에 의해서 원용덕, 김진호 등이 구속되어 재판을 받게 되자 모든 것이 드러났고, 그 과정에서 이 메모가 제출되었다. 이 사건으로 원용덕은 징역 15년을 선고받고, 문봉제도 위증죄로 처벌받게 되었다. 결국 원용덕은 김성주를 죽인 후 판결문을 위조하고 그 집행을 한 것처럼 모든 서류를 작성한 것이 백일하에 드러났다.

그렇다면 이승만은 왜 김성주를 없애라고 지시했을까 하는 의문이 제기된다. 그 당시 신문보도에 따르면 포병사령부 대령 이기련은 "김성주는 김구 선생 암살 사건의 내막을 알고 있기 때문에 이 박사가 죽였다고 본다"라고 증언했고, 김성주를 밀고한 김지웅은 김구 암살에서 중요한 역할을 한 사람임은 앞에서 말한 바와 같다. 김성주가 이승만과 사이가 나빠지자 김지웅은 그를 국제공산당원으로 몰고, 이승만을 비롯하여 김지웅·문봉제·김태선 등을 차례로 암살하려 했다고 무고하여 김성주를 죽음으로 내몰았다. 이승만의 메모 내용을 보면 "법에 따라서" "극형에 처하라"라고 되어 있지 않느냐고 반문하는 이도 있을 테지만, 7년형을 구형받은 사람에게 어떻게 사형선고를 내릴 수 있단 말인가. 그러니 그를 "극형에 처하는" 것은 추가 기소 없이는 법으로는 불가능한 일이다. 그렇다면 어떻게 하라는 의중인지는 불문가지 아닌가. 죽여 없애되 합법을 가장하여 뒤탈이 없도록 하라는 얘기 아닌가.

이러한 증언들과 아울러 위에서 검토한 암살사건 이후 안두희의 행적과 군부 등의 보호가 적어도 대통령인 이승만의 묵인 없이는 불가능한 것이었다고 보아야 한다. 이런 사실들로만 보아도 이승만은 암살사건에 대해 도덕적·정치적 책임을 져야 할 위치에 있었던 것만은 분명하다. 그가 직접 명령을 내리지 않았다 해도 심복들이 그가 원하는 것이 무엇인지를 알아차리고 그 뜻에 맞추어 알아서 암살을 감행했다고 볼 수밖에 없다.

백범 암살과 미국의 관련은 해방 후 한국 정치를 이해하는 데 매우 중요한 문제이다. 안두희는 1992년 4월 13일 자 《동아일보》로 보도된 증언에서 미국의 관련성을 구체적으로 언급했지만, 바로 다음 날 문화방송과 한 인터뷰에서 이를 권중희의 강압에 의한 증언이었다고 전면 부인한 바 있다.

먼저, 4월 13일 자 안두희의 증언 개요를 정리해본다. 안두희는 경무부장 조병옥과 수도청장 장택상 등의 소개로 미 전략사무국OSS의 한국 책임자 모 중령 등을 소개받았고, 전략사무국 한국 담당 장교와 안두희의 서북청년단은 긴밀하게 정보를 교환했으며, 미군 장교는 백범을 제거되어야 할 'Black Tiger'라고 부르며 백범 암살의 필요성을 암시했다는 것이다.

안두희의 이러한 증언은 본인의 말대로 강압에 의한 진술이라고 판단된다. 전략사무국은 1945년 10월 초 해체되었고, 해방 후 한국에 진주한 미 육군 24군단의 정보기관은 G-2와 CIC뿐이다. 다만, 안두희는 미국 정보원들과 교분이 있었고, 그들이 백범을 싫어하는 것을 알게 되어 그것이 백범 암살에 한 동기를 주었을지는 모르겠다.

또한 미 외교문서에는 백범 암살 사건과 관련하여 주한 미국 대사관이 미 국무성에 보낸 전문 한 가지가 공개되어 있다. 1949년 6월 27일 오후 5시 발의 2급 비밀 지급Confidential Priority 〈전문 788호〉이다. 미 대사관의 공식보고서인 이 전문에는 특별한 내용이 없다. 전문은 "공식·비공식의 여러 정보에 의하면 안두희는 한독당원이며, 암살 동기는 대한민국에 대한 지지를 거부하고 북한과의 합작을 주장한 백범의 정치노선에 대한 불만"이라 밝히고 있다. 요컨대 암살사건을 한독당 내 노선대립의 일환으로 보고 있다. 전문은 또한 김구가 국민적 추앙을 받고 있고 암살사건에 대해 모든 사람이 비난하고 있기 때문에 장례식에서 큰 혼란이 예상되나, 경찰과 군대의 주도면밀한 준비로 한국 정부는 이를 충분히 수습할 수 있을 것으로 밝히고 있다.

안두희의 그간의 증언, 미군의 정보자료, 미 대사관의 공식보고서 등을 면밀하게 분석해보면, 미국이 암살사건에 대해 상당한 정보와 지식을 가지고 있었던 것으로는 보이지만, 암살사건에 개입했다는 증거는 현재로서는 없다. 미국의 암살사건 개입 여부는 미국이 혹시나 가지고 있을 CIC나 CIA 관계 자료 등이 공개된 후에나 밝혀질 것으로 보인다.[25]

6·25 전쟁, 피난 수도에서 민주주의 압살

국방안보 뒷받침 없이 허세만 일삼다가 맞은 전쟁

이승만을 대통령으로 만들고도 정권에서 배제된 한민당은 앙앙불락했다. 한민당은 친일 정당이라는 이미지를 털고 이승만 정권을 견제하고자, 1949년 2월 10일 신익희의 대한국민당, 지청천의 대동청년단과 함께 민주국민당(민국당)을 결성했다. 한민당의 구성원, 정강·정책 등을 그대로 계승한 민국당은 내각제 개헌을 들고 나왔다. 이승만 권력을 와해시키려는 전략이었다.

이에 맞서 이승만은 그해 12월 19일에 대동청년단, 청년조선총연맹, 국민회청년단, 대한독립청년단, 서북청년단 등 20여 개 우익청년단체를 통합하여 대한청년단을 조직하고 총재에 취임했다. 최고위원에 장택상·지청천·전진한·유진산·신성모를 임명하고, 이를 관변단체로 육성했다. 대한청년단은 통칭 200만 명의 단원을 자랑하는 이승만의 지지세력으로 활동했다. 여기서 대동청년단의 지청천이 민국당에 참여했다가 말을 갈아타 이승만 측에 합세한 것이 눈에 띈다. 그는 이후 대한독립촉성국민회 최고위원, 국회의원, 장관, 자유당 원내대표위원 등을 지냈다.

이승만은 귀국하여 어느 한 집단의 지도자가 아니라 전 국민의 지도자가 되길 원했고, 그래서 정당을 만들지 않았다. 그의 심중에는 '국부國父의식'이 강하게 작용하고 있었다. 그래서 정당 대신 청년단체를 만들어 수족처럼 활용하고자 했다. 이승만 지지세력은 민국당에 대항하기 위해 1949년 11월 12일에 대한국민당을 창당했다. 친이승만 정치인들과 친여 단체가 참여하여 71석의 원내 제1당이 되었다. 민국당은 69석, 일민구락부는 30석이었다.

1950년 2월 6일, 민국당이 내각제 개헌안을 국회에 제출하자 이승만은 내각제 개헌 반대를 강력히 천명했다. 야당으로 자리잡은 민국당과 이승만의 첫 정치대결이었다. 민감한 정치현안이 된 개헌안은 3월 13일 국회에서 여야의 난투극 끝에 부결처리되었다. 이승만의 승리였다.

제2대 민의원 선거가 1950년 5월 30일에 실시되었다. 제헌의원 임기가 2년이어서 2년 만에 다시 총선거가 실시된 것이다. 제2대 민의원 선거는 놀라운 결과를 보여주었다. 전체 210석 가운데 집권당 격인 대한국민당과 제1야당인 민국당이 똑같이 24석씩을 얻고, 무소속이 126석이나 되었다. 그 밖에 국민회 14석, 대한청년단 10석, 대한노동총연맹 3석, 사회당 2석이었다. 국민은 이승만과 민국당을 함께 배제한 셈이다.

제2대 국회는 제헌의원 선거에 불참했던 독립운동가와 남북협상파, 일부 중간노선의 인사들이 대거 참여하여, 조봉암·조소앙·안재홍·김붕준·최동오·장건상 등 쟁쟁한 인사들이 당선되었다. 반면 이승만의 측근인 윤치영·이인 등과, 민국당의 거물 서상일, 김동원, 조병옥 등이 줄줄이 낙선했다. 의장단 선거에서 국회의장에는 신익희가 조소앙과 박빙의 승부 끝에 선출되고, 부의장에는 조봉암과 장택상이 선출되었다.

새 국회가 문을 연 지 며칠이 되지 않은 6월 25일에 전쟁만 발발하지 않았더라면, 이승만 독재가 상당히 견제되고, 의회민주정치도 어느 정도 자리를 잡을 수 있었을 것이다. 제2대 국회에서 부의장인 조봉암의 인기가 좋았지만 조소앙이나 안재홍 등 중도파들도 명망이 높고 인기가 좋았다. 정치력도 있어서 이승만이 함부로 하기 어려운 사람들이었다. 이들이 무소속 의원들과 손을 잡고 일을 했더라면, 우리나라의 정치판도나 정치성향이 상당히 달라졌을 것이다.

전쟁이 발발해 중도파 정치인들이 거의 다 납북되고 만 것은 한국 정치의 큰 손실이었다. 전쟁으로 극우반공주의가 강력히 작동하게 되고, 그것을 기반으로 이승만 독재가 강화되었다.[26]

정부는 총선 전인 3월 27일, 남로당 총책 김삼룡과 이주하를 검거했다고 발표했다. 그러나 북한에서는 6·25 전쟁이 시작되기 2주 전인 6월 10일에 조국통일민주주의전선의 이름으로 남한 정부에 이들(김삼룡과 이주하)과 북한에 있는 조만식 부자를 교환하자는 제안을 해왔다. 이승만은 이에 조만식 부자를 일주일 이내에 개성까지 무사히 보내주면 조만식의 건강을 진단한 뒤 김삼룡과 이주하를 석방할 것이니 6월 22일까지 회답을 하라고 요구했다.

북한은 다시 개성은 위치가 부적합하니 장소를 38선 이북에 있는 여현으로 하고, 6월 20일 정오에서 하오 4시 사이에 현지에서 교환하자고 제의했다. 남한 정부가 이를 수용하겠다고 회신했으나 북측에서는 아무런 답변이 없었다. 그리고 6·25 전쟁이 터졌다. 북한이 남침 시기를 저울질하면서 남한 정부와 국민의 관심을 이 문제로 집중시키기 위해 내세운 전략이었던 것 같다.

6월 25일 새벽 4시, 북한 인민군은 10개 사단 병력으로 240여 대의 전차를 앞세운 채 일제히 38선을 넘어 파죽지세로 남하했다. 무방비 상태인 국군의 저지선을 단숨에 돌파하여 사흘 만인 28일에 서울을 점령했다. 사실 분단정부 수립 이후 38선에서는 양측 군대 사이에 크고 작은 전투가 그치지 않았다. 특히 1949년 한 해 동안 38선의 충돌은 준전시상황을 방불케 했다.

북한 측은 "1949년 1월부터 9월까지 38선 전역에서 남한이 432회 침범(참여 병력 4만 9,000명), 71회 비행기 침습, 42회 함대 습격을 가했다"라고 발표했으며, 남한 측은 "1949년 1월 1일부터 10월 5일까지 38선 전역에서 북한이 563회 침범(참여 병력 7만 625명)했다"라고 발표[27]했을 만큼 38선은 하루도 바람 잘 날이 없었다.

이런 상황인데도 신성모 국방장관은 입만 열면, 각하(이승만)의 명령만 있으면 "아침은 평양에서 먹고, 저녁은 신의주에서 먹을 수 있다"라고 허언장담을 늘어놓았고, 미 군사고문단장 로버트 준장은 "한국군은 북한의 침공을 충분히 저지할 수 있다"라고 맞장구쳤다.

군통수권자인 이승만은 일본군과 만군 출신들을 중용하여 이들에게 국가안보를 맡겨두고 자신은 권력 강화에만 정력을 쏟다가 6·25 남침을 맞게 되었다.

이승만 정부와 군 당국의 안보 대비는 무능·무책임하기 그지없었다. 1950년 1월 12일, 애치슨 미 국무장관이 "미국의 태평양 안전보장을 알래스카·일본·오키나와·대만·필리핀의 선으로 한다"라고 언명했다. 한국을 안보라인에서 제외한 것이다. 여기에 6·25 직전 북한은 기동훈련의 명분으로 군을 38선으로 집결시키고 있었다. 그런데도 국방 당국은 '태평가'에 취해 몽롱한 상태에 빠져 있었다.

1950년 6월 25일 대한민국은 전혀 대비하지 않고 있었다. 6월 24일 저녁 군 수뇌부에서는 육군 장교클럽 개관식을 기념하는 성대한 심야 파티가 열렸다. 그리고 국군 전 장병에 대해 '외출·외박과 휴가'가 실시되었다. 이 연회에는 국방부와 육군본부의 군 고위수뇌, 미 군사고문단, 서울근교의 일선 지휘관들이 초청되었다. 파티는 밤 10시 정도에 마무리되었으나 1차로 만족하지 못하는 한국의 음주문화로 인해 2, 3차로 새벽까지 술 파티가 이어졌다. 한편 군은 4월부터 계속 발표해온 각종 작전명령과 비상경계령을 24일 새벽 0시를 기해 완전히 해제하고, 각 사단에 대해 부대장의 재량에 따라 주말에 휴가나 외출을 허가해도 좋다는 구두명령을 하달했다. 그 결과 일선부대를 제외한 후방부대에서는 대략 2분의 1에서 3분의 1 정도의 장병들이 휴가나 외출 명목으로 부대를 빠져나왔다.

채병덕 당시 육군참모총장도 새벽까지 술을 마셔 술이 깨지 않은 상태였으며, 한국군은 결국 숙취 상태에서 전쟁을 맞았다. 평소에 "북한은 절대로 침략하지 않는다"고 큰소리쳤던 미 군사고문단과 그들의 말을 구세주처럼 믿었던 한국군 수뇌부는 허를 찔린 것처럼 보였다.[28]

'서울 사수' 거짓 방송 틀어놓고 가장 먼저 줄행랑

북한군의 남침 사실을 이승만은 25일 오전 10시 30분경에야 보고받았다. 이날 이승만은 9시 30분부터 경회루에서 낚시를 즐기고 있었다. 군 통수권자인 대통령이 북한군의 전면남침 보고를 6시간 뒤에야 받은 것이다. 긴급 국무회의는 전쟁 발발 10시간이 지난 오후 2시에 열렸다. 그나마 긴급 국무회의에서는 도쿄의 맥아더 사령부에 연락하고, 미 공군에 지원을 요청하고, 등화관제를 실시하는 일만 결정되었다.

신성모 국방장관과 채병덕 참모총장의 허위 상황보고에도 문제가 많았으나 군통수권자인 이승만의 허술한 국토방위 인식과 안일한 상황 판단에 책임이 더 크다.

흔히 이승만 추종자들은 '북한군 격퇴'와 '자유민주체제 수호'를 그의 업적으로 내세운다. 전쟁을 막지 못해 수백만 국민이 희생당하고 막대한 재산 피해를 입고, 국토가 파괴된 책임을 외면한 것이다. 게다가 막상 전쟁이 터지고 난 뒤의 대처도 미숙하고 무책임하기 그지없었다.

이승만은 인민군이 서울을 점령하기 직전인 6월 27일 새벽 2시에 국회에 통보도 하지 않고 대전으로 줄행랑을 쳤다. "서울시민 여러분, 안심하고 서울을 지키시오. 적은 패주하고 있습니다. 정부는 여러분과 함께 서울에 머물 것입니다." "국군의 총반격으로 적은 퇴각 중입니다. 이 기회에 우리 국군은 적을 압록강까지 추격하여 민족의 숙원인 통일을 달성하고야 말 것입니다"라는 거짓 녹음 연설만 라디오 방송에서 되풀이하도록 해놓고, 시민들이야 죽든 말든 내버려둔 채 자신과 그 수족들 그리고 정부 각료들만 줄행랑을 놓은 것이다. 이런 자에게 어디 '국부'라는 칭호가 가당키나 하단 말인가.

시민들을 버리고 특별열차로 대전으로 도망간 이승만의 주재로 그날 새벽 4시에 열린 비상 국무회의에서 정부의 수원 천도가 정식으로 의결되었다. 이날 이승만은 대통령과 내각으로 구성된 망명정부를 일본에 수립하는 방안을 주한 미국 대사에게 문의했는데, 이는 그대로 미 국무부에 보고되었다.[29]

대전에서 사흘을 머문 이승만은 7월 1일 새벽에 열차편으로 대전을 떠나 이리에 도착했고, 7월 2일에는 다시 목포에 도착하여 배편으로 부산으로 이동한 뒤 7월 9일 대구로 옮겨갔다. 6월 27일 아침 6시에 서울 중앙방송은 수원 천도 소식을 전했으나, 이를 취소하라는 압력으로 취소 방송이 있었다. 서울시민들이 전혀 모르고 있던 상황에서 인민군이 미아리 고개까지 쳐들어오자 그때서야 서울시민들은 대피하기 시작했다. 145만 서울시민 가운데 서울이 점령당하기 전에 빠져나간 사람은 40만 명이었다. 그 가운데 80%가 월남 동포였고, 나머지 20%인 8만 명이 정부 고관, 우익 정객, 군인과 경찰 가족, 자유주의자들로 추정된다.[30]

정부의 북한군 '6·25 남침 방치'와 관련하여 숱한 의혹이 제기되었다. 이승만은 북한의 남침 가능성을 이미 충분히 알고 있었다. 그래서 미국에 무기지원을 호소해왔고, 북한에 첩보원을 보내 동향을 탐지했으며, 육군본부 정보국 산하 작전정보실에서 작성한 3월이나 6~7월 적의 침공을 예상하는 보고서를 받았다. 또 이승만 자신의 핵심 측근인 임영신(전 상공장관)이 독자적으로 보낸 첩보원으로부터 북의 전쟁 준비 경과도 보고받았다.

이승만은 전쟁 발발 후 신성모와 채병덕의 낙관적인 전황보고에 대해 한 마디의 비판도 하지 않았음은 물론 1949년 10월 이후 스스로 북진론을 주장해온 점, 그리고 5월 이전까지는 전쟁 발발을 경고하면서 미국의 지원을 애타게 요청하다가 6·25 직전에는 침묵하고 막상 전쟁이 발발한 직후에는 놀라울 정도로 담담한 태도를 취한 것은 미국 정부의 한국에 대한 태도를 냉정하게 판단한 후에 나온 결론이거나, 그렇지 않으면 미국 측과 사전에 일정한 교감을 갖고 있었기 때문이 아닐까?

무엇보다도 6·25 직전인 5·10 선거 이후 이승만은 정치적 궁지에 몰려 있었다는 점을 염두에 두어야 할 것이다. (…) 만약 전쟁이 발발하지 않았

다면 국회가 대통령을 선출하던 당시 조건 속에서 이승만의 실각은 시간 문제였을 것이다.[31]

즉 국내 정치 상황으로 볼 때 대통령 취임 2년 만에 이승만의 권위는 완전히 실추되어 있었다. 따라서 자신의 권력 유지를 위해 이승만이 '승리할 가능성이 있는' 전쟁을 '기회'로 인식할 충분한 이유가 있는 것이다. (…) 그것은 위험한, 그러나 엄청난 승리를 가져올 수도 있는 '도박'이지 않았을까?[32]

이승만의 이 같은 행위가 사실이라면 어떤 이유로도 용납되기 어렵다. 북한의 전력을 과소평가했다면 군통수권자로서 무능을 드러낸 것이고, 정치적으로 궁지에 몰린 상황을 전쟁을 통해 반전시키려 했다면 이것은 용서할 수 없는 범죄행위다.

서울을 버린 이승만은 대전을 거쳐 대구까지 내려갔다가 다시 대전으로 돌아와 머물렀다. 그 사이에 인민군이 서울을 점령하면서, 정부는 서울시민을 적의 통치 아래 방치하게 되었다. 더욱 놀라운 사실은, "인민군을 격퇴하고 있으니 안심하라"라는 대통령의 녹음 연설이 계속 방송되는 가운데 채병덕 참모총장이 북한의 탱크가 서울에 진입하기 전에 유일한 한강 다리인 한강철교를 폭파하라고 최창식 공병감에게 지시하여 28일 새벽 2시 30분경 국군이 한강철교를 폭파하는 바람에, 다리를 건너던 피난민 시민 4,000여 명이 현장에서 폭사하거나 물에 빠져 죽고 서울시민들의 피난길을 막아버렸다는 것이다.

게다가 길이 끊기면서 3개 사단의 병력과 장비도 그대로 인민군의 수중에 남게 되었다. 그 통에 국회의원 62명이 행방불명되고 그중 3명이

1950년, 6·25 전쟁 당시 국군에 의해 폭파된 한강철교 모습.

피살되었다. 행방불명된 의원 중 생환자는 32명에 불과했으니 역대 국회 의원 가운데 비교적 우수한 의원들이 많이 뽑혔다는 제2대 국회는 엄청 난 희생을 치렀다.

당시의 전황으로 볼 때 한나절 이상의 여유가 있었음에도 한강철 교를 조기 폭파하는 바람에 인명 살상은 물론 병력과 물자 수송에 막대 한 타격을 입혔다는 비판이 일자, 이승만 정권은 8월 28일에 공병감 최 창식 대령을 '적전비행죄'로 체포해 9월 21일에 사형을 집행했다(최창식은 12년 만에 재심을 거쳐 1962년 무죄 판정을 받아 사후 복권되었다).[33] 정작 폭파 명령 자는 아무 책임도 지지 않고 그 명령을 따른 실무자만 억울하게 희생시 킨 것이다. 이승만 정권의 본색이 여실히 드러나는 대목이다.

북한의 남침이 시작되자 유엔은 당일 안보리를 소집하고 공산군의 철퇴를 명령한 데 이어, 27일에는 군사제재를 결의했다. 트루먼 미국 대통 령은 안보리 결의에 따라 미 해·공군에 한국전 출동을 명령하고, 30일에

포화가 휩쓸고 간 뒤 폐허로 변한 중앙청 일대 모습.

는 맥아더 주일사령부에 미 지상군 투입의 권한을 부여, 북한 지역의 폭
격과 한국 해안의 봉쇄를 지시했다.

6월 28일에 서울을 점령하고 남진하던 인민군은 7월 4일에 미 지상
군과 경기도 오산 부근에서 첫 교전을 한다. 미국 등 16개국으로 편성된
유엔군이 파견되고, 9월 15일의 인천상륙을 전기로 9월 28일에 서울이
수복되고, 국군과 유엔군은 파죽지세로 북진했다. 평양이 수복되자 이
승만은 10월 29일에 평양을 방문해 북한의 해방과 통일 의지를 밝혔다.
그러나 중국군의 참전으로 전세는 역전되어 12월에 유엔군이 퇴각하고,
1951년 1월 4일에 서울은 다시 적의 수중에 넘어갔다. 전선은 일진일퇴
를 거듭하면서 한때 적군은 호남을 제외한 남한 전역을 장악하기도 했
으나, 다시 아군의 반격으로 38선상에서 대치하기에 이르렀다.

1950년 12월 12일에 인도의 주도로 한국전쟁의 휴전안이 제시된

이후 간헐적으로 휴전안이 쌍방의 필요에 의해 제기되었다. 소련 유엔 대표 말리크가 1951년 6월 23일 유엔 총회연설에서 다시 휴전을 제기했다. 이어서 일주일 뒤 리지웨이 유엔군 사령관은 북한 김일성과 중국군 사령관 펑더화이彭德懷에게 휴전회담을 제의하고, 7월 10일에 개성에서 휴전회담이 열렸다.

미군에 군지휘권 내주고, 전시에도 부정부패 일삼은 이승만 정권

전쟁 초기인 1950년 7월 15일, 이승만은 유엔군 사령관 맥아더 장군에게 보낸 「대한민국 육해공군 지휘권 이양에 관한 공한」을 통해 한국군의 지휘권을 미군에 이양했다. 아무리 전시라지만 기한도 명시하지 않은 채 군지휘권을 외국군 사령관에게 이양한 것이다. 이승만이 맥아더에게 보낸 공한이다.

대한민국을 위한 국제연합의 공동 군사노력에 있어 한국 내 또는 한국 근해에서 작전 중인 국제연합의 육·해·공군의 모든 부대는 귀하의 통솔하에 있으며 또한 귀하는 최고사령관으로 임명되어 있음에 감鑑하여 본인은 현 작전상태가 계속되는 동안 일체의 지휘권을 이양하게 된 것을 기쁘게 여기는 바이오며, 여사한 지휘권은 귀하 자신 또는 귀하가 한국 내 또는 한국 근해에서 행사하도록 위임한 기타 사령관이 행사하여야 할 것입니다. 한국군은 귀하의 휘하에서 복무하는 것을 영광으로 생각할 것이며, 또한 한국 국민과 정부도 고명하고 훌륭한 군인으로서 우리들의 사랑하는 국토의 독립과 보전에 대한 비열한 공산 침략을 대항하기 위하여 힘을 합친 국

제연합의 모든 군사권을 받고 있는 귀하의 전체적 지휘를 받게 된 것을 영
광으로 생각하며 또한 격려되는 바입니다.

귀하에게 심후하고도 따뜻한 개인적인 경의를 표하나이다.

1950년 7월 15일 이승만[34]

전쟁 중에 이승만(정부)의 행태는 국난을 극복하고 국민을 보호하
여 자주독립국을 세우려는 자세가 아니었다. 1951년 1월에 국민방위군
사건이 벌어졌다. 정부는 국민방위군 설치법을 제정하여 제2국민병에게
해당하는 만 17~40살의 장정들을 국민방위군에 편입시켰다. 국군의 후
퇴가 시작되어 방위군을 후방으로 집단 이송하게 되자, 방위군 간부들
은 이 기회를 틈타 막대한 돈과 물자를 빼돌려 개인 주머니를 채웠다.
그 결과 보급부족으로 천 수백 명의 사망자와 환자가 발생했다. 이들이
부정처분한 돈과 물자는 당시 화폐로 무려 24억 원, 양곡 5만 2,000섬에
달했다.

국회는 진상조사에 나서는 한편, 4월 30일에 방위군 해산을 결의함
에 따라 5월 12일에 방위군은 해산되고, 사건을 일으킨 김윤환 등 4명은
처형되었다.

국회조사단이 구성되어 국민방위군 사건을 조사하고 나서자 이승
만은 국방장관 신성모를 해임하고 후임으로 이기붕을 임명하면서 사건
수습에 나섰으나 이승만과 정부의 행태, 군부의 부패 문제는 쉽게 시정
되지 않았다.

6·25 전쟁을 전후하여 거창 사건을 비롯하여 전국(남한) 도처에서
100만 명에 이르는 민간인이 군경과 우익단체에 의해 학살되었다. 민간
인 학살은 국군과 경찰, 특무대, 서북청년단 등 우익세력에 의해 '빨갱

이' '통비분자'로 몰려 자행되고, 미군에 의해 집단학살된 경우도 적지 않았다.

특히 1950년 6~8월에 자행된 국민보도연맹(보도연맹) 학살 사건은 수법이나 희생자 수에서 천인공노할 만행이었다. 보도연맹은 1949년에 반공검사 오제도가 제안해서 만들어졌는데, 이른바 좌익운동 전향자들이 보도연맹에 가입하면 전과를 묻지 않는다며 조직한 단체다. 그런데 막상 전쟁이 발발하자 군경·서북청년단 등이 이들을 무차별 검거하여 집단학살한다. 실제로 이들은 예비검속을 당하거나 자발적으로 경찰서에 출두할 때까지 생업에 충실한 민간인이 대부분이었다.

군경과 우익단체들은 이들이 북한군에 동조할지 모른다는 이유에서 예비검속하거나 강제로 검거하여 집단학살하는 만행을 저질렀다. 전세가 불리해지자 남한 전역에서 이들에 대한 본격적인 학살이 감행되었다. 육지에서는 산속이나 계곡, 강가 등 인적이 드문 곳에서 자행되었고, 해안지방에서는 시신을 배에 싣고 나가 돌을 매달아 수장한 경우도 많았다.[35]

6·25 전쟁 기간에 남한 국민들은 인민군에게 학살당한 경우도 많았으나 군경·우익단체·미군에 의해 희생된 경우도 이에 못지않았다. 일차적인 책임은 현지 관련자들이지만, 정치적 책임은 오롯이 이승만에게 있었다.

정부는 북한군에 밀려 대전에서 대구로 이전했다가 1950년 8월 18일에 부산으로 옮겼다. 1592년 4월 13일에 왜군의 침략으로 선조가 국토의 최북단 의주로 피난한 이래 358년 만에 이번에는 이승만이 최남단 부산까지 피난한 것이다. 임진전쟁 때는 명나라에 구원을 요청하고, 6·25 전쟁 때는 미국에 구원을 요청하게 되었다.

피난지 부산에 내려온 부통령 이시영은 이승만의 권력욕과 자신에 대한 견제, 끝없이 이어지는 동족상잔과 거창 민간인 학살 사건에 대한 정부의 은폐조작 등을 지켜보면서 1951년 5월 1일에 「국민에게 고한다」는 서한 한 통을 신익희 국회의장에게 보내고 피난 국회에 사임서를 제출했다.

나 이시영은 본시 노치老醜인 데다가 무능한 인물임에도 불구하고 선량 여러분이 돈독한 중의를 모아 부통령으로 선출해준 데 대해 과분하고 또 참괴한 일로 생각했으므로 사퇴할까 했으나 외람되게 대임을 맡았던 것이다. 취임 3년 동안에 아무런 소임을 다하지 못하고 시위尸位에 앉아 소찬素餐을 먹는 격에 지나지 못했으므로 이 자리를 물러나서 국민 앞에 무위무능함을 사과함이 도리인 줄 생각되어 사표를 내는 것이다. 선량 여러분에게 부탁하고자 하는 것은 국정감사를 더욱 철저히 하여 이도吏道에 어긋난 관료들을 적발·규탄하되, 모든 부정사건에 적극적 조치를 취해 국민의 의혹을 석연히 풀어주기 바란다.[36]

전시에서 수많은 국민이 고통을 겪고 희생되고 있는데 정부 관료집단과 군부에서는 엄청난 부패가 자행되고 있었다. 이시영은 이 같은 사정을 지켜보다 못해 감연히 사임한 것이다.

이시영 부통령의 돌연한 사퇴 성명은 피난 수도 부산 정계에 큰 파문을 일으켰다. 국회에서는 재석 131명 중 115명이 반려를 결의하고, 장택상·조봉암 두 부의장과 각파 대표들이 숙소로 찾아가 사임의 뜻을 거두어줄 것을 요청했으나 무위에 그치고 말았다. 각파 대표들은 이승만을 방문하여 만류해줄 것을 요청했으나 보기 좋게 거절당했다. "부통령

이 현 정부를 만족하게 생각지 않아서 나가겠다는데 내가 어떻게 말리느냐"라고 오히려 그의 사임을 바라는 심경을 내비쳤다.

그렇지 않아도 이승만은 매사에 유아독존적이어서 부통령의 존재를 매우 고깝게 여겨온 터였다. 정부의 각종 행사장에서는 부통령의 자리를 마련하지 않을 때가 많았고, 국정의 주요 정책 결정에서 부통령을 소외시키기 일쑤였다. 국회는 5월 16일 부통령 보궐선거를 실시했다. 그러나 1차와 2차 투표에서 당선표수에 미달해 3차 투표까지 실시한 끝에 김성수가 78표를 얻어 73표를 얻은 이갑성을 누르고 제2대 부통령에 당선되었다. 김성수도 부통령직에 오래 있지 못하고, 1952년 5월 29일에 전격적으로 사임하고 말았다.

6·25 전쟁이 벌어진 지 2년째인 1952년은 이승만의 초대 임기가 끝나고 제2대 대통령 선거가 실시되는 해이기도 했다. 1951년 7월에 개성에서 처음으로 휴전회담이 개최된 데 이어 10월 25일 판문점에서 정전회담이 열렸다. 전쟁은 소강상태에서 휴전(정전)으로 전환되고 있었다.

1952년 1월 18일, 한반도 주변수역에 대해 한국의 주권을 선언한 '대한민국 인접해양의 주권에 대한 대통령의 선언' 즉 '평화선 선언'을 한 것은 이승만이 전쟁 기간에 했던 행위 중 그나마 잘한 일로 손꼽을 수 있다.

'이승만 라인'이라고도 불리는, 해안에서부터 평균 60마일(약 53해리)에 이르는 이 평화선은 한·일 간의 어업상의 격차 해소, 어업자원 및 대륙붕 자원 보호, 세계 각국의 영해 확장 및 주권적 전관화專管化 추세, 일본 주변에 선포된 해역선인 '맥아더 라인'의 철폐에 따른 보완책 등에 따른 조처로 선포되었다. 일본은 지속적으로 이 평화선의 철폐를 주장했다.

권력욕을 채우기 위해서라면 수단과 방법 안 가려

이승만은 대통령에 재선되기 위해 여러 가지로 구상을 거듭했다. 당시 국회의석 분포로는 도저히 재선이 불가능한 구도였다. 그래서 짜낸 것이 대통령직선제 개헌이었다. 상식적으로 대통령 선거가 직선제였대도 전시에서는 간선제로 바꾸는 것이 상식일 터인데도 이승만은 거꾸로 갔다. 국가의 안위나 정치의 일반상식보다 자신의 정치적 입지를 우선시한 것이다.

이승만은 제2대 대통령 선거에 대비하면서 1951년 11월 23일에 자유당을 발족했다. 원내의 공화민정회, 원외의 국민회, 대한청년단, 대한노총, 대한부인회, 농민조합연맹 등의 대표들이 모여 신당발기준비협의회를 구성했다. 그러나 당의 주도권을 둘러싸고 원내파와 원외파로 분열되었다. 원내파는 이갑성을 중심으로, 원외파는 이범석을 중심으로 각각 자유당을 발족해, 하나의 이름으로 두 개의 정당이 만들어지는 기형적인 모습으로 자유당이 창당되었다.

이승만은 재집권을 위한 대통령직선제 및 양원제 개헌을 앞두고 두 개의 자유당을 하나의 정당으로 통합하여, 악명 높은 '자유당'을 만들었다. 자유당은 향후 10여 년 동안 집권당으로서 온갖 악행을 자행했다. 이승만은 신당 조직과 관련하여 담화를 발표했다.

내가 그간 수차 말한 바이지마는 정당조직이 아직 이른 것 같다고 한 이유는 우리나라에 사색편당의 역사와 그 습관성이 있어서 정당이라는 것이 그런 성질대로 구성이 된다면 우리 민국에 대단한 위험을 주게 되는 고로 편당주의를 타파하기 전에는 정당을 조직하는 것이 어렵다는 의미인 것인데 그동안 내가 일민주의라는 주장으로 3, 4 조건을 발표하였을 때 가장 평범해서 사람마다 우부우부愚夫愚婦라도 다 알아보며 깨달을 수 있을 것을 표준 삼아 파당과 분열을 초월하고 재래의 폐단이었던 반상과 빈부와 남녀와 지방 등의 구별로 통일에 방해되는 습관을 타파하고 한 민족 한 정신으로 통일을 이루어 가져야 우리 민국과 국민의 자유 독립을 보유 발전하고 부강해나갈 수 있다는 이치를 표시한 것인데 일민주의가 민간에서 다소 전파되어 우리 의도를 알 만치 되었으므로 이것을 토대로 삼아 정당한 정당을 세워서 만세 복리의 전도를 발전시키는 데 협력을 원하는 사람들이 이 기회를 이용해서 전국적으로 대동단결하는 것이 필요하다고 믿는 바이다.[37]

이승만이 1951년 11월에 제안한 대통령직선제 개헌안은 공고기간을 거쳐 1952년 1월 28일 국회의 표결 결과 재적 163명 중 가 19, 부 143, 기권 1로 부결되는 참패로 끝나고 말았다. 민국당 등 야권은 여세를 몰아 1952년 4월 국회의원 123명이 내각제를 골자로 하는 개헌안을 국회에 제출했다. 이에 당황한 이승만은 5월 14일에 국회에서 이미 부결된 직선제 개헌안을 다시 꺼내 맞불을 놓았다.

직선제 개헌안이 국회에서 부결되자 이승만 측은 자유당과 방계단체인 국민회, 한청, 족청 등을 동원하여 1952년 1월 말부터 백골단·땃벌떼·민중자결단 등의 명의로 국회의원 소환 벽보와 각종 전단을 뿌리는 등 공포 분위기를 조성했다. 또 전국애국단체 명의로 대통령직선제와 양원제 지지 관제데모, 가두시위, 국회 앞 성토대회, '민의 외면한' 국회의원 소환요구 연판장 등 광적인 이승만 지지운동을 전개했다.

이 같은 관제데모와 경찰의 방관·방조 등으로 국회와 사회의 반이승만 정서는 더욱 고조되었다. 이에 따라 야당은 국회에 개헌 정족수인 3분의 2보다 1표가 더 많은 123명이 내각책임제 개헌안을 제출하기에 이르렀다. 국회의 분위기가 내각책임제 개헌으로 기울게 되자 이승만은 강압적인 수법으로 나왔다.

이승만은 장면 국무총리를 해임하고 국회부의장 장택상을 총리에 임명하는 한편 이갑성·윤치영 등을 자파세력으로 끌어들였다. 친일가문 출신으로 미 군정청 수도청장, 초대 외무장관 등을 지낸 장택상이 이끌고 있는 신라회 소속 21명을 대통령직선제 개헌을 지지하는 쪽으로 돌리는 한편, 당시 발생한 서민호 의원 사건을 빌미로 정국혼란상을 조장하는 데 앞장섰다.

합법적인 방법으로는 직선제 개헌이 불가능하다고 판단한 이승만은 5월 25일 정국혼란을 이유로 부산을 포함한 경남과 전남북 일부 지역에 비상계엄을 선포하고 영남지구 계엄사령관에 측근 원용덕을 임명하는 등 군사력을 개헌공작에 동원했다. 적과 대치 중인 전방 전투부대까지 후방으로 빼내어 계엄령을 선포한 것이다.

계엄사령부는 즉각 언론검열을 실시하는 한편 내각책임제 개헌 추진을 주도한 의원들을 체포하기 시작했다. 5월 26일에는 국회의원 40명이 타고 국회에 등청하는 통근버스를 크레인으로 끌어 헌병대로 연행했다.

이런 상황에서 이시영·김창숙·김성수·장면 등 야당과 재야 원로들은 부산에서 호헌구국선언대회를 열어 이승만 독재를 규탄하고 나섰다. 그러나 6·25 기념식장에서 김시현과 유시태 등의 이승만 암살미수 사건이 터지면서 야권은 완전히 전의를 잃게 되었다.

장택상은 이런 기회를 놓치지 않고 국회 해산을 협박하면서 발췌 개헌을 추진했다. 발췌 개헌안이란, 정부가 제출한 대통령직선제와 양원제에다 야당이 제안한 개헌안 중 국무총리의 추천에 의한 국무위원의 임명, 국무위원에 대한 국회의 불신임결의권 등을 덧붙인, 두 개의 개헌안을 절충한 내용이었다.

발췌 개헌안은 7월 4일 심야에 일부 야당 의원들을 강제연행하고, 경찰·군대와 테러단이 국회를 겹겹이 포위한 가운데 기립표결에 부쳐져, 출석 166명 중 가 163명, 기권 2명으로 의결되고, 7월 7일 공포되었다. 비상계엄은 28일 해제되었다.

발췌 개헌 의결은 이승만이 권력을 연장하기 위해 벌인 사실상 친위 쿠데타였다. 개정 헌법에 따라 8월 5일 실시된 첫 직선제 대통령 선거에서 이승만은 74.6%라는 압도적 득표로 제2대 대통령에 당선되고, 조봉암과 이시영은 각각 유효표의 11.4%, 10.7%를 얻는 데 그쳤다. 전시에서 이승만이 일방적으로 선거운동을 벌인 결과였다.

직선제로 실시한 제2대 대통령 선거에서 자유당은 이범석을 부통령 후보로 공천했다. 그러나 이승만은 이를 인정하지 않았다. 족청을 등에 업은 이범석의 세력이 커지는 것을 두려워했기 때문이다. 그래서 선거 와중에 무소속의 함태영을 러닝메이트로 내세우고 그를 당선시켰다. 발췌 개헌 과정에서 내무장관으로서 이승만의 충직한 심복 노릇을 한 이범석은 '토사구팽' 신세가 되고 말았다. 이승만은 측근이라도 세력이 커지는 것 같으면 가차 없이 제거하는 잔혹성을 보였다.

그는 1952년 선거에서 자신과 같은 당인 자유당의 부통령 후보 이범석을 낙선시키더니 1953년 9월에는 자유당으로부터 족청계의 주요 인사들을 축출했다. 1954년 1월에 들어서는 이범석을 포함한 족청의 주요 간부들을 제명했다. 이러한 사태로 자유당 내에 형성되었던 일종의 2원적 권력구조는 해체돼 경찰과 관료를 장악한 이승만 개인에게 권력이 집중되었다.[38]

부산 피난 시절 이승만은 두 가지 큰 사건을 겪었다. 하나는 자신을 죽이려 한 암살미수 사건이고, 다른 하나는 일부 군인들의 쿠데타 음모 사건이다. 두 사건에서 모두 이승만은 일촉즉발의 위기에서 살아났다. 그 때문에 추종자들 사이에서는 "이 박사는 하늘이 낸 사람"이라는 신화가 태동되고, 그의 '강폭정치'는 더욱 강화되었다. 정치적 라이벌과 군부 감시가 더욱 강화되기도 했다.

'이승만 대통령' 저격 사건과 제거 계획

이승만의 재집권을 위한 정치파동이 계속되던 1952년 6월의 피난 수도 부산은 날이 갈수록 어수선해지기만 했다. 전란기인데도 불구하고 이승만의 종신집권욕은 법과 질서보다 조작된 민의와 폭력에 의지하여 정권을 유지하고 권력을 연장하는 데 혈안이 되었다. 한마디로 민주주의 가치나 일반상식은 조금도 보이지 않았다.

국회의원이 탄 버스가 헌병대로 끌려가는가 하면, 자신을 저격하려는 군인을 정당방위로 사살한 서민호 의원이 국회 석방결의로 석방되었는데도 이에 항의하는 관제데모가 계속되고, 재야원로 60여 명이 「호헌구국선언문」을 발표하던 중 정치깡패들의 습격을 받아 여러 사람이 부상을 당한 사건이 발생하는 등 피난 수도는 어수선하기 짝이 없었다. 모두 이승만이 자행한 정치적 술수 때문에 벌어진 일들이었다.

1952년 6월 25일, 부산 충무로 광장에서 거행된 6·25 기념식장에서 이승만 대통령 저격 사건이 발생하여 정계는 한층 더 심상치 않은 먹구름에 가리게 되었다.

유시태(당시 62살)는 이날 민국당 출신 김시현 의원의 양복을 빌려 입고 김 의원의 신분증을 소지한 채 유유히 기념행사장에 들어섰다. 그리고 이 대통령이 연설을 시작하여 한참 기념사를 읽을 때 2미터쯤 떨어진 뒤에서 독일제 모젤 권총의 방아쇠를 당겼다. 그러나 어찌된 일인지 격발이 되지 않았다. 거듭 방아쇠를 당겼으나 마찬가지였다. 그러는 사이 옆에 섰던 경호헌병이 권총을 든 유시태의 팔을 치고, 동시에 뒤에서는 치안국장 윤우경이 유시태를 꿇려 앉혔다.

이승만 저격 기도는 이렇게 실패로 돌아가고 유시태는 헌병대로 끌려갔다가 곧 육군특무대로 이송되었다. 유시태에 이어 그에게 권총과 양복을 제공한 혐의로 민국당의 김시현 의원이 연루자로 체포되고, 뒤이어 민국당의 백남훈·서상일·정용환·노기용 의원과 인천형무소장 최양옥, 서울고법원장 김익진, 안동약국 주인 김성규 등이 공범으로 체포되었다.

정부는 이 사건을 민국당의 고위층으로까지 수사를 확대할 기미를 보였으나 뚜렷한 혐의사실이 드러나지 않자 더 이상 확대하지는 않았다.

국가원수 살인미수 혐의로 구속 기소된 유시태와 김시현에게는 선고공판에서 사형이 선고되고, 김성규와 서상일, 백남훈 의원에게는 징역 7년, 6년, 3년이 각각 선고되었다. 최양옥과 김약진, 노기용에게는 무죄가 선고되었다.

1953년 4월 6일 대구고등법원에서 열린 제2심에서도 유시태와 김시현에게 사형이, 서상일과 백남훈에게는 징역 6개월에 집행유예 1년이 선고되었다. 그리고 나머지 피고들은 모두 무죄선고를 받았다. 사형선고를 받은 두 사람은 대법원에서 각각 무기로 감형되어 복역하던 중 4·19 혁명을 맞아 과도정부에서 국사범 제1호로 출감했다.

유시태는 법정에서 "이승만 대통령에게 경각심을 주기 위해서 권총 탄환을 일부러 물수건에 적셔두었다가 불발탄으로 만들었다"라고 진술해, 살해 의사가 없었음을 주장하여 이 사건의 배경을 두고 적잖은 논란이 벌어졌다.

불발탄으로 저격미수에 그치고 만 대통령 저격 사건은 결과적으로 이승만 세력이 온갖 수단과 방법을 동원하여 정권 연장을 기도하는 데 하나의 빌미를 제공한 셈이 되었다.

이승만 저격 사건이 일어나자 관제데모는 더욱 심해졌다. 6월 28일에는 국회의사당을 포위하고 반민족 국회를 해산하라고 아우성쳤다. 관제데모의 시류를 타고 자유당은 "진정한 민중의 소리를 들어야 한다"라면서 배은희·이갑성·박영출 의원이 주동이 되어 국회의 자진해산결의안을 본회의에 제출했다. 이 같은 연이은 사태는 이승만이 더욱 강경책을 쓸 수 있는 구실을 제공하는 빌미가 되고, 이승만은 국회 해산을 단행하겠다는 위협을 해가면서 발췌 개헌으로 권력연장을 감행했다.

이승만을 제거해서라도 헌정질서를 바로잡겠다고 다짐하면서 거사에 나섰던 유시태와 김시현은 모두 경북 안동 풍산면 출신이었다. 두 사람은 일제강점기 때부터 의열단원으로서 상하이를 비롯하여 해외 곳곳에서 항일투쟁을 하면서 10여 년 동안 옥고를 치른 애국지사들이다.

김시현은 1924년에 사이토 총독과 총독부 고관들을 암살하기 위해 상하이에서 동양 최초로 제조한 시한폭탄과 권총을 반입하여 거사를 치르려던 중에 발각되어 10여 년을 복역했다. 정부가 수립된 뒤에는 안동 갑구에서 민의원으로 당선되어, 이승만 저격 사건 당시 현역 의원이었다. 그는 유시태와 함께 이승만 저격을 준비하는 과정에서 동지들에게 누를 끼칠까봐 민국당을 탈당하기도 했다.

유시태는 4월혁명 뒤 석방되면서 "그때 내 권총 탄알이 나가기만 하였으면 이번 수많은 학생들이 피를 흘리지 않았을 터인데, 한이라면 그것이 한"이라고 목메는 출감 소감을 밝혀 많은 사람을 감동시켰다.[39]

또한, 1952년 부산에서 정치파동이 한창일 때 육군 작전교육국장 이용문 준장과 작전교육국 차장 박정희 대령이 쿠데타를 모의했다. 일본 육사 50기 출신인 이용문과 57기 출신인 박정희는 특별한 인연을 갖고 있었다.

6·25 전쟁 전 이용문이 정보국장일 때 박정희는 같은 부처의 문관으로 있었고, 이용문이 9사단 부사단장일 때 그의 참모장이었다. 또한 이용문이 요직인 정보국장에 취임하면서 박정희 대령을 정보국으로 데려올 만큼 두 사람은 끈끈한 관계였다.

이용문과 박정희는 쿠데타 모의를 주도하면서 참모총장 이종찬을 영입할 계획을 세웠다. 구체적인 작전으로는 경남 언양에 주둔 중인 제15연대 연대장에 유원식(5·16에 참여, 최고회의 최고위원 역임)을 임명하여 이 병력으로 부산을 점령한 뒤 해·공군의 협력을 얻어 이승만을 축출하고 과도정권을 수립했다가 민정으로 이양한다는 계획이었다.

이들은 5월 중순께로 거사 일자를 잡고, 제15연대 병력 2,000여 명을 동원하여 원용덕 장군이 지휘하는 대통령 친위병력 400~500명을 제압하여 정권을 장악한다는 구체적인 전략을 수립했다. 쿠데타 주동자들은 이승만 대통령을 체포하여 살해한다는 계획도 세웠다. 거듭되는 정치적인 실정과 헌정 유린, 사병화한 군 동원령 등 이미 국가지도자로서 자격을 상실하고 있다고 판단했기 때문이다.

이들은 이승만의 대안으로, 국무총리에서 해임당한 장면을 추대할 계획이었다. 5월 10일, 이용문은 한 달 전에 해임된 장면 총리의 비서실장을 지낸 선우종원(이용문의 평양고보 후배)을 은밀히 만나 무력혁명으로 이승만을 축출하고 장면을 추대할 계획임을 밝혔다. 이에 선우종원이 "이 박사는 어떻게 하느냐?"라고 묻자 이용문은 "혁명의 성공을 위해서는 죽여야 한다"라면서, "이 거사는 이종찬 참모총장도 알고 있고 밴플리트 미 8군 사령관의 묵계도 받아두었다"라는 말도 덧붙였다.

이용문 등의 쿠데타 기도는 당시 정치파동에 계엄군 동원을 거부한 이종찬은 물론이고 밴플리트 사령관의 묵계 양해가 있었을 가능성이 충분하다. 이들의 쿠데타 기도가 장면 측에 의해 거부된 직후 이종찬과 주한미군에 의해 다시 쿠데타가 시도된 사실만 봐도 짐작할 수 있다.

이용문에게 쿠데타 계획을 전해 들은 장면 측은 이를 단호하게 거부했다. 군이 정치에 개입해서는 안 된다는 신념에서였다. 이로써 장면 추대의 쿠데타 시도는 일단 좌절되었다. 9년 뒤에 장면 정부는 박정희의 쿠데타로 전복된다.

이용문 그룹과는 별도로 이종찬 중장 중심의 쿠데타 기도가 유엔군사령부와 합동으로 추진되었다. 발췌 개헌안이 국회에서 통과된 직후였다. 유엔군 사령관 클라크가 1952년 미 합동참모본부에 보내는 전문 「이승만 제거 비상계획안」은 다음과 같다.

1. 이승만을 부산 이외의 지역으로 유인한다.
2. 유엔군 사령관이 부산지역으로 들어가, 5~10명의 독재적 행동을 한 지도자들을 체포하고 유엔과 한국의 시설에 보호한다.

3. 이승만에게 위의 행동을 통고하고 계엄령 해제, 국회 활동의 자유, 언론의 자유를 승인할 것을 요구한다.

4. 만약 이승만이 이를 거부하면 보호 감금하고 장택상 국무총리에게 이를 요구한다.

5. 장택상도 이를 거부하면 유엔사령부의 과도정부를 수립한다.

6. 만약 이승만·장택상이 동의하는 경우, 군사적 이유와 참전국들의 요청으로 유엔군이 개입하고 불법적인 행위를 한 몇몇 개인을 제거하는 것이 필요했다는 취지의 성명서를 발표한다.[40]

이 자료에 따르면, 쿠데타 계획이 구체적으로 추진되었음을 알 수 있다. 이종찬의 쿠데타 제의를 미 국무부 동북아시아 장교들과도 심각하게 논의하고 국무부에 재가를 요청했지만 승인하지 않아 미수에 그치게 되었다.

이종찬과 유엔군의 이승만 제거 쿠데타는 좌절되었지만, 미국이 한때 이승만을 실각시키려 심각하게 고민했던 것은 사실이다. 이유는 「이종찬 장군의 쿠데타 제의에 대한 라이트너 대리대사의 회고」(1952년 5월)에서도 잘 나타난다.

나는 그것을 분명히 기억하고 있는데, 어느 날 밤늦게 지프가 내가 살고 있는 대사관저의 문 앞에 당도했고 육군참모총장(이종찬)이 들어왔다. 그는 자기가 다른 사령관들을 대신해서 말을 하고 있다고 했다. 그는 군부는 전쟁을 치르고 있지만, 더 이상 앉아서 후방이 분열되고 있는 것을 보고 있을 수는 없다고 했다. 그는 취해야 할 행동을 위한 시간이 왔다고 믿었다.

그는 한 줌의 병사와 소수의 해병대로 자신의 부하들이 대통령, 내무장관(이범석), 계엄사령관(원용덕)을 가택에 연금시킬 수 있다고 했다. 피는 흘리지 않을 것이다. 그들은 감옥에 있는 40~50명의 국회의원을 석방하고, 그들과 숨어 있는 다른 국회의원들이 나와서 국회에서 선거를 치르라고 재촉할 것이다. 그는 군부는 정부를 접수하기를 원하지 않으며, 새로운 대통령이 선출된 지 1주일 후에 부산으로부터 빠져나올 것이라고 나를 확신시켰다.

그러고 나서 그는 자기가 육군참모총장으로 있는 대한민국 육군은 유엔사령부 휘하에 있기 때문에 자신이 이러한 행동을 옮기기 전에 미 정부의 허락을 얻을 필요가 있다고 했다. 단지 필요로 하는 것은 내가 미국 정부를 외면하지 않겠다는 말을 하는 것이었다. 미국의 관여는 요구하지 않았다. 우연히도 나는 이 이야기를 공개적인 기록으로 남기지 않았다.

나는 워싱턴에 전문을 보내 수락을 촉구했다. 나는 유엔위원단에도 이 사실을 이야기했다. 그들은 그것이 하늘이 주신 기회라고 생각했다.[41]

미국 정부에서는 이승만 제거 문제를 놓고 현지 사령부와 본국 국방부 사이에 면밀한 검토가 진행되었다. 「클라크 유엔군 사령관이 미 육군참모총장 클린스에게 보낸 전문」(1952년 5월 31일)에는 이런 대목이 있다.

우리는 이승만이, 자신의 불법적이고 악마적인 행동을 통해서, 우리를 적극적인 행동을 취할 상황으로 내몰 때까지 어느 정도는 우리의 자존심을 삼켜야만 한다. 그러고 나서 나는 이용할 수 있는 모든 군대를 양성하고 심지어 군사정부나 혹은 계엄령, 혹은 상황을 다루도록 우리 정부가 지시했던 바로 그와 같은 다른 조치를 취할 것이다.[42]

미국의 군사행동은 발췌 개헌으로 '정치적 타협'이 이루어지면서 더 이상 진행되지 않았다. 미국은 이승만의 행태가 대단히 불만족스럽지만, 자신들의 이익에는 그래도 부합된다고 믿었다. 「애치슨 국무장관이 무초 주한 미 대사에게 보내는 전문」(6월 4일)에 그런 분위기가 역력히 배어 있다.

대한민국 정부에는 어떤 리더십이 있어야만 한다. 이 리더십은 약간의 통제와 다소 순화된 분위기하에서 이승만이 가장 잘 제공하는 것처럼 보인다. 여기에서 미국과 유엔의 이익은 최종적으로 이승만이 대통령으로 머무른다면 한국 안팎에서 훨씬 더 많은 명성을 갖게 될 것이다.[43]

이처럼 이승만은 '미국의 이익에 충실한 한국의 대통령'이었다. 그런 이유로 한국군 장교들과 주한미군의 합작으로 추진되었던 쿠데타가 실행되지 못했다. 미국 정부는 미국의 이익을 충실히 지켜주는 '충견'을 제거할 까닭이 없었다.

휴전협정 반대로 얻어낸 한미방위조약 체결

1953년은 3년여 끌어온 6·25 전쟁이 승전도 패전도 아닌 휴전으로 총성이 멈춘 시점이었다. 인민군의 남침으로 시작된 전쟁이 유엔군과 중공군의 참전, 그리고 소련의 북한 지원으로 확전되었다. 참전국으로 치면 3차 세계대전에 준하지만 전장은 한반도에 국한된 국지전이었다. 한민족의 고통과 희생이 그만큼 클 수밖에 없었다.

1951년 4월, 유엔군 사령관 맥아더가 만주 폭격의 확전론을 펴다가 트루먼 대통령에 의해 해임되면서 무력이 아닌 정치적 협상을 통해 평화적으로 전쟁을 종결짓자는 휴전 분위기가 국제사회에서 무르익었다. 1952년 11월, 미국의 수소폭탄 실험 성공이 중국과 소련을 휴전으로 이끄는 한 요인이 되고, 1953년 3월, 소련 수상 스탈린의 사망도 종전으로 가는 변수로 작용했다. 미군과 유엔군의 희생과 전쟁비용 문제도 휴전을 부른 요인이 되었다.

이미 양측의 피해도 막대했다. 미군 3만 7,000여 명을 포함한 유엔군은 사망 4만여 명, 부상 11만 5,000여 명, 실종 4,000여 명에 이르고, 남한군은 사망 14만여 명, 부상 71만여 명, 실종 13만여 명을 헤아렸다. 북한군은 사망 29만여 명, 부상 22만여 명에 이르고, 중공군은 36만여 명이 전사하거나 다치고 실종되었다. 그 밖에 민간인 실종·사망자도 175만여 명(남한 67여 만, 북한 108여 만)을 헤아렸다.

1592년에 임진전쟁을 일으킨 도요토미 히데요시가 1598년에 죽으면서 "나의 죽음을 숨긴 채 조선으로부터 회군하라"라고 유언함으로써 조선과 일본의 7년전쟁이 끝났다. 그런데 김일성의 6·25 전쟁을 승인한 스탈린이 전쟁 발발 3년여 만에 병사하면서 휴전으로 가게 된 것은 역사의 아이러니다.

유엔군과 중공군 사이에 휴전협상이 시작되자 이승만은 이를 단호히 반대하고 나섰다. 휴전회담이 막바지에 이른 1953년 6월 18일, 이승만은 유엔군 측에 억류되어 있던 반공포로 2만 7,000여 명을 일방적으로 석방했다. 이 사건을 구실로 공산군 측은 또다시 회담을 중단시켰으나, 한국군이 휴전협정을 준수하도록 보장하겠다는 것을 유엔군 측이 공산군 측에 확약함으로써 회담이 재개될 수 있었다.

이승만은 '북진통일'을 계속 주장하면서 휴전회담을 주선하는 미국과 북한·중국 측에 강력히 반발했다. 전쟁 전의 '북진통일'이 정치적 허세였듯이, 휴전 직전의 '북진통일' 역시 실효성 없는 정치적 구호였다. 이승만은 타이밍을 절묘하게 활용할 줄 아는 노회한 정치인이었다.

이승만은 공산군 측이 휴전회담을 제안하자, 1951년 6월 3일, 중공군의 완전 철수, 북한 인민군의 무장해제, 한국 문제에 대한 국제회의에 한국 대표의 참석, 한국 행정적 주권이나 영토적 통합에 상치되는 어떠한 법적 조치도 계획되거나 조치되지 말 것 등 5개 안을 휴전협상의 전제조건으로 제시했다. 이후 그는 5개 안의 조건을 계속 주장하면서 이에 부합하지 않으면 어떠한 휴전안도 수용할 수 없다고 천명했다.

그러나 북한군 무장해제, 중국군 완전 철수 등은 휴전협상 자체를 불가능하게 하는 일방적 주장이었으므로, 워싱턴의 누구도 이승만과 협상은커녕 그를 설득하려 들지도 않았다. 미국은 휴전협상에서 한국 정부를 무시하고 배제했다.[44]

이승만은 휴전 문제를 정략으로 삼았다. 서울을 비롯한 대도시에서, 특히 1952년 4월 10일에는 부산에서 학생 5만여 명을 동원하여 "통일이 아니면 죽음을 달라"라며 대규모 시위를 일으켰다. 전쟁 수행을 전적으로 미국에 의존해온 이승만 정부는 휴전반대운동을 통해 정치적 의도를 관철하고자 했다. '정치적 의도'는 38선을 경계로 휴전이 성립되면 승전도 패전도 아닌 상태에서 수백만 국민의 희생에 대한 책임 추궁이 무거웠다. 또 휴전반대 압박을 통해 미국으로부터 일정한 대가를 받아내려는 계산도 따랐다. "이승만은 아무런 성과 없이 휴전이 성립되면, 국민적 기대에 부응하지 못해 그의 정치적 위기를 초래할 수 있는 형편이었다."[45]

휴전협정을 조인하는 유엔군 대표 해리슨 중장(왼쪽)과 공산군 대표 남일(오른쪽).

이승만은 1953년 6월 18일에 북한 출신의 반공포로를 일방적으로 석방하는 조처를 취했다. 마산, 대구, 영천, 논산, 부산 등 7개 수용소에 갇혀 있던 3만 7,000여 반공포로 중 2만 7,000여 명을 석방하고, 한국 측 요구가 관철되지 않으면 휴전협정 파기를 위해 더 강력한 조치를 취하겠다고 엄포를 놓았다. 이 사건은 국제적인 물의를 일으키고, 북한 측에서는 포로들의 재수용을 요구했다. 이에 미국에서는 '한미상호안전보장조약'의 체결, 경제원조, 한국군 증강 등을 조건으로 하여 이승만의 동의를 얻었다.

휴전협정은 1951년 7월 협상이 시작된 지 만 2년 17일 만인 1953년 7월 27일, 유엔군 수석대표 해리슨 중장과 공산군 대표 남일南日이 3통의 휴전협정서와 부속협정서에 각각 서명한 뒤 클라크 유엔군 사령관, 김일성 북한군 총사령관, 중국의용군 사령관 펑더화이가 각각 자신들의 후방 사령부에서 휴전협정에 서명했다. 그러나 대한민국 대표는 최후까지 휴전을 반대한다는 의미에서 끝내 휴전협정서에 서명하지 않았다.

한국은 전쟁 당사국이면서도 휴전협정에 서명하지 않음으로써 주권을 크게 훼손당하게 되었다. 그러나 법적으로는 1950년 7월 15일 이승만이 유엔군 사령관에게 한국군 지휘권을 양도했으므로 휴전협정에 서명하지 않았다고 해서 협정의 발효에 문제가 생기는 것은 아니었다.

미국은 소련과 중국의 팽창을 막고 한국·일본에 대한 효과적인 방어를 목적으로 1953년 10월 1일 워싱턴에서 한국 측 전권위원 변영태와 미국 측 전권위원 델러스 사이에 '한미상호방위조약'을 체결했다. 전문과 6조로 된 조약의 골자는 이렇다.

1. 한·미 양국은 국제평화와 정의를 위협하는 무력행사를 삼갈 것을 약속한다.
2. 양국 중 어느 1국이 외부로부터 무력공격의 위협을 받을 때는 양국이 상호 협의하여 외침을 방지하는 적절한 조치를 취한다.
3. 양국은 자국의 영토 및 자국의 영토를 위태롭게 하는 태평양지구에서 무력 외침에 대처하여 공동투쟁을 전개할 것을 선언한다.
4. 양국은 상호합의에 의하여 미합중국의 육·해·공군을 대한민국 영토 내와 그 부근에 배치하는 권리에 대해 대한민국은 이를 허용하고 미합중국은 이를 수락한다.
5. 이 조약은 양국이 각각 자국의 헌법상 절차에 따라 비준한다.
6. 이 조약은 무기한으로 유효하며, 어느 1국이 이 조약을 폐기할 의사가 있을 때는 그 의사를 상대국에 통고한 지 1년 후라야 폐기될 수 있다.

이 조약은 1954년 1월 13일, 양국 국회에서 비준되어 발효되었다. 이 조약에 따라 주둔하게 된 주한미군은 70년이 다 되어가는 지금까지 우리 땅에서 머무르고 있다.

6·25 전쟁은 남북한에 걸쳐 수백만의 사상자를 내고 거의 전 국토를 폐허로 만들었다. 특히 유엔군의 폭격으로 북한 지역의 피해는 극심했다. 3년여의 전쟁으로 남북의 적대감이 극도로 심화되어 민족분단체제가 더욱 굳어졌으며, 남한의 경우 반공이데올로기가 초법적 권위를 지니고 전후 사회를 지배하게 되었다.

6.
상상을 뛰어넘는 정치의 모든 악행, 그리고 파멸

기발한 꼼수 정치로 권력 연장

남한의 반공수구세력은 한국전쟁을 계기로 민주·민족 계열 인사들을 대거 숙청하고 정치적 기반을 공고하게 굳혔다. 전쟁 전 10만 미만의 군대는 60만 대군으로 급성장했으며, 경찰력도 증강되어 안보체제가 강화되었다. 반공체제는 '국시'로서의 지위가 더욱 강화됐으며, 한국전쟁 이전에 남한 사회에 남아 있던 사회주의 노선이나 민주사회주의 노선은 모두 공산주의와 같은 것으로 여겨졌고, 이러한 흑백논리 풍조 속에서 중도주의 노선의 기반이 취약해졌다.

한국전쟁 동안 지난날 사회주의 노선이나 민주사회주의 노선 또는 중도주의 노선을 옹호하던 정치 지도자들과 사상가들이 납북되거나(예컨대 김규식, 조소앙, 안재홍) 월북하고 또는 죽음을 당한 것은 그 노선의 약화에 이바지했다. 대외적으로 한국전쟁은 남한의 친미-친서방화-친국제연합화를 촉구시켰다. 특히 미국은 '은인'으로서의 지위를 굳혔으며, 상당한 기간 한국의 국내 정치와 경제에 큰 영향을 미쳤다. 그리하여 한국의 대외정책은 미국의 세계정책을 거의 그대로 따랐으며, 이 대통령의 경우에는 미국의 반공

정책보다 더 강경한 반공정책을 추구하여 인도와 같은 나라조차 '용공'으로 보아 사실상 적대시했다.[1]

한국전쟁은 대외적으로는 동서냉전을 격화시키는 계기가 되고, 미·일 안전보장체제를 재촉하여 일본의 재군비 강화와 전시경기를 통한 고도 경제성장의 계기를 만들어주었다.

이승만은 한국전쟁 기간을 자신의 권력을 강화하는 데 십분 활용했다. 전쟁 중에 군의 충원과 확대에 관해서는 거의 통제권을 행사하지 못했으나, 대통령 직속으로 군 수사기관 육군특무대CIC를 설치하여 고위 장교들의 비행을 일일이 체크했으며, 장교들의 부패행위가 전쟁수행노력을 해치게 된다거나 부패행위를 한 장교들의 반이승만 행위가 나타나면 가차 없이 처벌했다.

일본 관동군 헌병 출신 김창룡을 특무대장으로 임명하여 군내 정보사찰은 물론 정치사찰까지 맡겼다. 1951년에 특무대장이 된 김창룡은 막강한 권력을 휘두르며 군의 위계질서를 무시하고 '동해안 반란 사건' '뉴델리 밀담설' 등 군내외의 사건 20여 개를 조작했다.

이승만의 총애를 믿고 권력을 남용하던 김창룡은 1956년에 허태영 대령 등 양심적 군인들에게 살해당했다. 이승만은 이에도 아랑곳없이 김창룡의 장례식 조사에서 "김 중장은 나라를 위해서 순국한 것이며 충렬의 공을 세운 것"이라고 애통해했다.

김창룡이 살해되자 최초의 국군장으로 장례를 치르고 친일 역사학자 이병도가 묘비명을 지었는데, 그 내용은 다음과 같다. "그 사람됨이 총명하고 부지런하고 또 불타는 조국애와 책임감은 공사를 엄별하여 직무에 진수하더니 급기야 그 직무에 죽고 말았다. 아, 그는 죽었으나 그 흘린 피는 전투에 흘린 그 이상의 고귀한 피였고 그 혼은 길이 호국의 신이 될 것이다."[2]

개헌 정족수 실패 그러나 '사사오입'의 꼼수 발휘

1954년 5월 20일, 제3대 민의원 선거가 실시되었다. 제3대 총선은 2년 앞으로 다가온 제3대 대통령 선거를 앞둔 이승만에게는 대단히 중요한 선거였다. 먼저, 국회에서 이범석 세력을 철저히 제거하는 일이 급선무였다. "이승만은 먼저 대통령령을 발포하여 각종 청년단체를 불법화하여 자유당과 별도로 독립적으로 존재하던 이범석의 족청을 존재할 수 없게 만들었다."[3] 그리고 헌법 속에 들어 있는 의원내각제의 잔재를 완전히 없애고, 장기집권을 위한 개헌을 가능하게 하는 다수의석을 차지하는 일이 무엇보다 중요했다.

제3대 총선은 이승만의 이런 목적을 충족시키기 위해 강압적으로 시행되었다. 자유당은 거액의 정치자금을 긁어모아 유권자를 매수하는 한편, 깡패들을 동원하여 야당의 유세장을 습격하고, 야당 후보 및 무소속 후보들에게 테러를 가하는 등 갖은 불법행위를 저질렀다. 특히 제2대 대통령 선거에 출마했던 초대 농림장관 조봉암의 등록서류를 탈취하여 후보등록을 못 하게 하고, 장면의 측근 오위영에게는 후보를 사퇴하도록 압박했다.

이렇듯 온갖 부정과 타락 선거를 자행한 결과, 자유당은 114석으로, 민국당 15석, 대한국민당 3석, 국민회 3석, 제헌동지회 1석, 무소속 67석에 비해 압승을 거뒀으나 당초 목표였던 개헌 정족수를 채우는 데는 실패했다.

이승만이 제3대 민의원 선거에서 관권과 금권을 동원하고 온갖 불법을 자행하면서까지 개헌 정족수를 확보하고자 한 것은 대통령의 연임 규정 때문이었다. 제헌헌법 제55조는 "대통령의 임기는 4년으로 한다. 다만 재선에 의하여 1차 중임할 수 있다"라고 규정하고 있었다. 그리고 부산 정치파동을 통해 만든 발췌 개헌에서도 대통령 간선제를 직선제로 고쳤을 뿐 제55조는 그대로 두었다. 이 조항대로라면 이승만은 차기 대통령 선거에 출마할 수 없다. 이승만의 고민은 여기에 있었다.

제3대 국회가 개원한 지 3개월 만인 1954년 9월 7일, 자유당은 선거공약을 실천한다는 명분으로 이기붕 의원 외 135명의 서명을 받아 "주권의 제약 또는 영토의 변경을 가져올 국가안위에 관한 중대 사항에 대한 국민투표제 채택, 국무총리제 및 국무위원 연대책임제를 폐지하고 민의원에 국무위원에 대한 개별적 불신임권 부여, 참의원 의원을 2부제로 개선, 참의원에 대법관 기타 고급공무원의 임명에 대한 인준권 부여, 경제체제의 중점을 국유·국영의 원칙으로부터 사유·사영의 원칙으로 함, 초대 대통령에 한하여 중임제한 철폐" 등을 골자로 하는 개헌안을 국회에 제출했다. 제2차 개헌파동이 시작된 것이다.

이 가운데 핵심은 역시 "초대 대통령에 한하여 중임제한 철폐"였다. 한마디로 이승만이 종신 대통령이 되겠다고 나선 것이다.

이승만은 '뉴델리 밀담설'을 개헌공작에 이용, "남북협상이니 중립화니 하는 국가안보 및 국체변경과 직결된 주요 사안을 국민투표에 부치려는 개헌안은 국민의 기본권을 확대하려는 의도이지 1인 장기집권을 위한 것이 아니"라는 선전공세로 국민을 우롱하면서 개헌을 추진했다.

개헌안은 11월 27일 국회에서 표결에 부친 결과, 재적 203명 중 가

1954년 11월 27일, 사사오입 개헌안을 표결하는 날 국회의사당에 몰려든 시민들.

135표, 부 60표, 기권 7표로 개헌 정족수인 136표에 1표가 미달되면서 부결이 선포되었다. 이날 사회를 맡은 최순주 국회부의장은 개헌안이 1 표 차로 부결되었다고 분명히 선언했다.

개헌안이 부결된 다음 날인 11월 28일은 일요일인데도 자유당은 긴급 의원총회를 소집하고, 정부는 공보처장 갈홍기의 이름으로 203명 의 3분의 2는 135명이라도 무방하다는 특별성명을 내는 등 개헌안 부결 을 번복하기 위해 총력전에 나섰다.

27일 저녁, 자유당 수뇌부는 서울대 수학 교수 최윤식 등을 동원하여 203의 3분의 2는 사사오입을 적용하면 135가 된다는 희한한 방식에 착안하고, 이 내용을 이승만에게 보고하여 개헌안이 통과된 것으로 처리하기로 결정했다. 일설에는 개헌안이 부결된 후 자유당 간부들이 이 대통령에게 보고하러 갔더니 이승만이 135표면 사사오입하여 통과된 것이라고, 이미 어용교수의 '간지'를 빌려 통과를 기정사실화했다고 한다.

자유당은 의총이 끝난 뒤 성명을 통해 "어제 최 부의장이 본회의에서 개헌안 부결을 선포한 것은 의사과장의 잘못된 산출방법의 보고에 의하여 착오 선포된 것"이라고 강변하고, "재적의원 203명의 3분의 2는 정확하게 135.333…인데 자연인을 정수가 아닌 소수점 이하까지 나눌 수 없으므로 사사오입의 수학적 원리에 의해 가장 근사치의 정수인 135명임이 의심할 바 없으므로 개헌안은 가결된 것"이라고 발표했다.

다음 날인 29일, 최 부의장이 개회 벽두에 전차회의에서의 부결 선포는 계산착오이므로 취소하고 개헌안을 가결한다고 선포하자, 야당 의원들이 단상으로 뛰어올라가 최 부의장을 끌어내리는 등 난장판이 벌어졌다. 그러나 폭력을 앞세운 권력 앞에는 역부족이었다. 이처럼 황당한 개헌으로 이승만은 종신 대통령의 길을 열었다.

헌법학자 유진오는 "각국의 전례는 이런 경우 찬성표 수는 적어도 반대한 3분의 1을 기준으로 하여 그 배수 즉 68의 배수인 136이라고 하며, 부결을 선포한 만큼 사실의 착오가 아닌 이상 개헌안은 부결된 것으로밖에 볼 수 없다"라고 주장했고, 대법원장 김병로는 사사오입이란 본래 남은 4를 버리는 것이지 모자라는 데 쓰는 것이 아니"라고 밝혀 개헌안 번복의 부당성을 지적했다.

사사오입 개헌은 절차상으로도 정족수에 미달한 불법적인 개헌이었을 뿐 아니라 1인의 종신집권을 보장하는 개헌이었다는 점에서 우리

헌정사상 치욕적인 사건이었다. 이 사건으로 자유당 소장파 의원들의 탈당이 뒤따랐고, 민국당은 무소속 의원들을 규합해 호헌동지회를 구성했는데 이는 민주당 창당의 계기가 되었다.

권력게임의 달인 이승만은 전쟁을 '방치'했을까

이승만은 6·25 전후에 더욱 피폐해진 민생문제나 기타 산적한 국사에는 관심이 없고 오로지 권력을 연장하는 데만 정력을 쏟았다. 국민은 초근목피로 연명하고 물가는 턱없이 올라 거리에는 상이군경과 거지가 떼를 잇고 보릿고개를 넘지 못한 절량농가가 수없이 많았다.

한국경제는 전쟁기간 중에 크게 타격을 입었다. 전쟁 첫해인 1950년에는 국민총생산(GNP)이 15.1%나 감소했고, 1951년에는 또다시 6.1%가 감소했다. 그러나 1952부터 한국경제는 회복세를 나타내기 시작하여 8%의 GNP 성장률을 보였고, 전쟁이 끝난 1953년에는 경제가 크게 회복되어 GNP 성장률은 25.7%를 기록했다.

그러나 이 기간이 지나자 GNP 성장률은 계속 떨어지기 시작하여, 1954년 5.2% 감소, 1955년 4.0% 감소, 1956년 0.3% 감소로 이어졌다.

인플레는 더욱 심각한 문제였다. 한국의 물가상승률은 1948년 33.3%, 1949년 62.5%, 전시에는 급상승하여 1950년 184.6%, 1951년 213.5%, 1952년 101.7%나 되었다. 휴전 이후에도 인플레는 여전히 극성을 떨어 이후 4년 동안 평균 40%의 물가상승률을 기록했다. 이 같은 경제난의 타격을 가장 심각하게 받은 계층은 도시주민들이었다.[4]

이승만은 족청계를 완전히 제거한 자유당을 충직한 비서 출신 이
기붕에게 맡기고, 족쇄였던 중임제한을 철폐하는 개헌안을 관철시켰다.
이제 법적으로는 거칠 것이 없었다. 3선은 물론 영구집권도 가능하게 되
었다. 비판세력에는 '국가안보'를 내세우고 정치적 경쟁자에게는 '빨갱이'
딱지를 붙이면 되었다.

이승만은 개헌에 앞서 1954년 5월 22일 제네바 정치회의에 외무장
관 변영태를 보내 「한국 통일에 대한 14개 원칙안」을 발표하고, 그해 여
름에 대통령이 되고는 처음으로 미국에 갔다. 미국에 가서 휴전회담을
둘러싸고 불편했던 관계를 풀고, 세계적인 반공 지도자로 부각하려는
속셈이었다.

7월 28일, 이승만은 미국 상하 양원 합동회의에서 3차 세계대전을
촉구하는 초강경 연설을 했다. 북한은 물론 중국과의 결전, 소련과의 전
쟁까지도 지체 없이 벌일 것을 촉구했는데, 미국 보수세력의 지지를 받
고자 하는 의도된 강경 연설이었다.

앞으로 시간적 여유는 특히 적습니다. 불과 수년 이내에 소련은 미국을 파
괴할 여러 전쟁수단을 가지게 될 것입니다. 우리들은 당장 행동을 개시하
여야 하겠습니다. 그러면 우리는 어데서 행동을 개시할 수 있겠습니까? 극
동이야말로 우리들이 행동할 수 있는 곳입니다. (…) 대한민국은 제반 무장
을 갖춘 20개 사단을 여러분에게 제공하였고 또 앞으로도 새로운 20개 사
단을 구성할 수 있는 인원을 제공할 것입니다. (…) 중공 정권에 대한 반격
전에 있어서 성공을 기하기 위하여서는 미국의 공군 및 해군의 힘이 필요
한 것이지만, 미국의 보병은 단 1명도 필요치 아니하다는 것을 다시 한번
여러분에게 거듭 말씀 (…) (소련의 참전은) 그것이야말로 자유진영을 위하여

대단히 좋은 기회 (…) 왜냐하면 소련이 수소탄을 대량으로 생산하기 전에 미국 공군으로 하여금 소련의 생산중심지를 파괴하는 것을 합리화시키기 때문입니다.[5]

왕국이나 공화국을 막론하고 국가수반의 일차적인 과제는 (다소 진부할지 몰라도) '국태민안國泰民安'에 있다. 나라가 평화롭고 백성(국민)이 안심하게 살 수 있도록 하는 것이다. 그러나 이승만은 참전국들의 휴전(정전)을 한사코 거부했고, 능력도 없이 전작권을 미군에 넘겨주고 기회만 되면 '북진통일'을 주장했다. "백두산 상상봉에 태극기 날리고 (…)"라는 헛소리가 집권기간 내내 전국에 메아리쳤다.

이승만은 미국에 건너가서 중국과 소련에 대한 침략전쟁을 부추기면서, 최전선에는 대한민국의 아들들을 보내겠다고 호언했다. 통일을 열망하는 '우국충정'이라 변명할 수도 있겠지만, 분단정부 수립에 앞장섰던 전력으로 봐서는 설득력이 약하다. 순전히 정치적 야심 때문이었다.

이승만은 젊어서부터 기독교에 입문하고 장로가 되었다. 기독교의 가르침은 사랑과 용서, 화평이 주요 덕목이다. 어느 시대나 주전론자들은 전장에는 남의 자식들이 나가서 싸워 이겨주고 자기 자식들은 군대에 보내지 않거나 보내더라도 안전한 후방에 배치하고, 자신들은 기득권을 향유하면서 전란을 이용하여 재산을 모은다.

이승만 시대의 주전론자들도 그랬고, 그로부터 반세기가 지난 2010년에 이명박(장로) 대통령과 '전쟁불사론'을 외친 고위급 대부분이 병역기피 또는 군 면제자들이었다. 흔히 역사가 반복된다지만 이승만과 이명박의 이 경우처럼 되풀이되는 일도 흔치 않을 것이다.

6·25 전쟁 중에 중국 마오쩌둥의 장남이 참전했다가 유엔군 폭격으

로 전사하고, 밴 플리트 유엔군 사령관의 아들도 한국전에서 전사했다. 이 밖에도 중국과 유엔 참전국 고위층 자제들의 전사·부상자는 더 있었으나, 한국 정부 고위층 자제의 전사자는 전혀 없었다. 이승만과 그 세력의 북진통일론이 얼마나 반국민적이고 허구적이었는가를 보여주는 일면이다.

전쟁을 촉구하는 이승만의 미 의회 연설에 대해《뉴욕 타임스》는 '불행한 연설'[6]이라고 통렬하게 비판했다. 이로 인해 미국의 한국 지원이 제약되었고, 이승만이 귀국한 지 사흘도 안 되어 미군 철수 문제가 등장했다. 사태가 악화하자 이승만은 미국에 가 있는 올리버에게 편지를 보내 "미 의회에서 행한 연설은 내 일생일대에 저지른 가장 큰 잘못"이라고 했다.[7]

그 뒤에도 이승만은 기회만 있으면 '북진통일'을 주창했다. 이것은 정치적 구호를 넘어 이데올로기가 되었지만 실제는 작전지휘통제권을 미군에 넘겨주고, 탄약이나 휘발유 등 각종 전쟁 보급물자를 완전히 미국에 의존하고 있는 처지에서 독자적인 전쟁수행은 불가능한 처지였다. 그런데도 '북진통일'의 이데올로기를 통해 반대·비판세력을 용공으로 엮고, 경찰과 정보기관을 동원하여 국민을 감시하면서 정권을 유지하는 데 활용하고자 했다. 이 수법은 수구세력이 지금도 애용하는 품목이다.

국내에서는 원용덕 헌병사령관이 야당 의원들 집에 북한인민위원회 명의의 남북협상 촉구 선전문을 투입하여 공포 분위기를 만들었다. 게다가 10월 27일, 전 민국당 선전부장 함상훈이 "신익희 민국당위원장이 1953년 6월 2일 당시 국회의장 자격으로 영국 엘리자베스 여왕 대관식에 참석한 뒤 귀국길에 인도의 뉴델리 공항에서 6·25 때 납북된 조소앙과 밀담하고, 비공산주의·비자본주의 세력을 규합하여 남북협상을 추진하여 한국의 중립화를 획책한 사실이 있다"라고 폭탄선언을 하며, 소위 '뉴델리 밀담설'을 제기했다.

민국당을 용공세력으로 몰기 위해 특무대장 김창룡이 꾸민 이 밀담설은 보수우익정당 민국당을 강타하고 정계에 회오리바람을 일으켰다. 결국 사실무근으로 밝혀졌지만 이승만 정권의 개헌 추진 과정에서 공안정국을 조성하는 데 톡톡히 한몫했다. 이 음모는 야당의 차기 대통령 후보로 예상되는 신익희와 조봉암을 동시에 겨냥하는 2중포석이기도 했다.

아첨꾼들의 교언영색, 어용단체들의 숭배의식

영구집권의 길을 튼 이승만에겐 이제 거칠 것이 없었다. 도처에서 우상화 작업이 나타나고, 어용단체가 줄을 이었다. 사사오입 개헌을 전후하여 나타난 어용교수, 문인들의 '이승만 찬양'은 도를 넘었다. '여론사'라는 출판사에서 장건이라는 사람의 명의로 나온 『민족의 해와 달』이라는 책에는 〈님은 겨레의 운명이다〉라는 시가 실렸다. 정부 공보처는 이 책을 수천 권 매입하여 전국의 학교와 관공서에 뿌렸다.

빛이거나

어둠이거나

당신이

계셔야겠습니다.

굶거나

먹거나 간에

당신이 계셔야겠습니다.

죽음이거나

삶이거나 간에

당신이

계셔야겠습니다.

이 창창망망

막다른 골목

깎아지른

민족의

절벽 위에

오오—

당신은

우리들의

운명이올시다.[8]

'이승만 찬가'는 정부 고위층이 앞장섰다. 이승만 80살 생일날 부통령 함태영은 특별담화에서 "세상에는 애국자도 많지만 이 대통령의 지조와 용감성을 따를 만한 사람은 없으며, 또 그의 시종여일한 의지력은 그의 초지를 굽히지 않고 꾸준한 독립투쟁으로 응고되었다고 할 수 있는 것이므로 우리는 이날을 맞아 더욱 합심하여 이 대통령을 더욱 추앙하고 경모함은 물론 그분의 모든 의도를 충심으로 받아들여야 할 것이며, 이것이야말로 80회 탄신을 맞이하는 이 대통령에 대한 보답의 길"⁹이라고 피력했다. 외무장관 조정환은 이승만 82회 생일(1957. 3. 26)을 맞아 다음과 같은 송축사를 바쳤다.

이 어른을 추앙하고 칭송함에 있어 여러 가지 이름으로 지목하여 그 위훈 위적을 드러내고 있습니다. 이 어른을 가리켜 말하기를 한국혁명의 소년 선구자, 독립운동의 혜성, 민족의 국부, 민족의 태양이라고 일컬으며, 위대한 애국자, 반공주의의 상징, 세계적 위인, 민주주의의 거인, 정의의 투사, 세계 사정事情의 선지자 등등의 칭호로써 이 어른을 찬양하노니, 이는 실로 세계적인 찬양인 것입니다.¹⁰

이승만에 대한 대표적인 '용비어천가'는 당시 어용언론의 상징이었던 《서울신문》이 1957년 3월 25일, 82회 생일 전날에 쓴 「만세의 봄빛!」이란 사설이다. 이승만에 대해 이만큼 과대평가하고 아첨한 글도 찾기 쉽지 않을 것 같다. 사설의 후반 한 대목이다.

(2) 수, 80에 2를 가하시되 서소, 국사에 근념하심, 실로 감사함을 금치 못하겠거니와, 연년일수, 노당익장, 형형하신 기력을 뵈오니 우리들 국민 된 기쁨 또한 더할 바 없을 뿐 아니라, 영명하심과 건승하심이 이처럼 높으시니 이는 진실로 조국과 민족의 성사라 아니할 수 없다. 국사, 내외로 다난하고 민족의 염원인 통일대업이 또한 미반인 오늘에 우리들 다 함께 리 대통령의 건안하심을 받드니, 하늘이 도우심, 또한 지중함을 느끼는 바다.

1957년에 발행된, 이승만 초상화를 넣은 500환짜리 지폐.

춘풍 육합에 넘치고 서기, 강산에 어리어 리 대통령의 만수무강을 축원하는 헌수의 고참, 이것은 그대로 우리 겨레의 뜻이니, 리 대통령은 우리의 위대한 대통령일 뿐 아니라, 민족의 빛이며, 힘이기 때문이다. 인류의 등대이며 힘이기 때문이다.[11]

이승만 시대 해마다 3월 26일은 어용곡필 아첨꾼들의 잔칫날이었다. 이승만의 생일을 맞아 《서울신문》을 비롯하여 친여 신문과 교수·문인·작가들이 총동원되어 '위대한 대통령'의 '탄신'을 경축했다. 언제부터인지 이승만은 자신의 이름을 '리승만'으로 쓰고, 어용 아첨꾼들은 뒤따라 '리승만 대통령' 또는 '리 박사'로 썼다.

1955년 3월 26일, 이승만의 80회 생일날 《서울신문》은 시인 김광섭의 헌시 〈우남 선생의 탄신을 맞이하여〉를 실었다.

북악산 줄기찬 기슭에서
세기의 태양을 바라보는 언덕 위에
봄은 꽃보다도 일찍 오고
바람은 향기 앞에 부드럽다.

먼산은 아지랑이 빛을 띠고
새소리와 함께 흰구름을 따라서니
구원한 정기 이 언덕에 모여
핏줄기처럼 근역에 뻗친다.

조국을 지키라는 신성한 명령에
넘어져도 봉우리처럼 적 앞에 서나니
땅을 움직이고 하늘은 뜻을 내려
용사들 시간을 다투어 진격을 기다린다.

강토에 뿌리박힐 불멸의 영혼 이미 생사를 넘어
전신을 바쳐 반만년 소리에 귀를 기울이고
흰머리칼 선생을 맞아 봄빛에 날리니 아 여기 섰도다.
이 나라 지키신 정신.[12]

북한에서는 1955년 12월 28일에 김일성이 '사상 사업에서 교조주의
와 형식주의를 퇴치하고 주체를 확립할 데 대하여'라는 주제의 강연을
통해 '주체사상'을 내세워 '민족의 태양'이 되고, 남쪽에서는 이승만을
'민족의 태양'으로 우러렀다. 1950년대 한반도에는 두 개의 '태양'이 존재

이승만의 83회 생일 축하 행사에 동원된 학생들이 서울운동장에서 매스게임을 하는 모습(1958).

했다. 그 대신 국민(인민)들은 짙은 어둠에 시달려야 했다.

이승만의 지방 순시는 말할 것도 없거니와, 정부 각료나 고위 공직자들의 순행에도 일선 통반장은 물론 주민들과 어린 학생들까지 동원하는 것이 관례처럼 되었다. 1955년 9월 13일, 《대구매일》은 「학도를 정치도구로 이용치 말라」라는 사설을 실었다. 정부 고관들의 지방 방문에 동원되는 학생들의 안타까움을 지켜보면서 비판한 내용이다.

다음 날 자유당 방계단체인 국민회 경북본부 간부와 자유당 경북도당 간부가 깡패 20여 명을 이끌고 신문사를 습격하여 인쇄기와 통신시설을 파괴하고, 사설을 쓴 최석채 주필을 처단하라고 소리쳤다. 이튿날 최석채는 구속되고, 백주 테러범들은 거리를 활보하고 다녔다. 자유당의 언론탄압에 대한 비난여론이 비등하자 어용단체인 '애국단체연합회'가 도리어 공갈 협박하는 벽보를 시내 곳곳에 붙였다. '이적 신문'인 《대구매일》을 파괴한 것은 정당하다는 주장이었다.

국회조사단이 구성되고 본회의에서 논란이 벌어졌다. 자유당 소속 박순석 의원은 "이 사건은 테러가 아니라 의거"라며 목소리를 높였고, 같은 당 최창섭 의원은 "애국심에 불타서 테러를 한 청년들에게 국가의 훈장을 줘야 한다"라고 궤변을 늘어놓았다. 이에 앞서 경북경찰국 사찰과장 신상수는 기자회견에서 "대구매일은 개새끼"라는 욕설을 퍼부으면서 "금반 대구매일 사건은 백주에 행해진 것이므로 테러가 아니다"라는 망언을 서슴지 않았다. 이후 세간에서는 "백주의 테러는 테러가 아니다"라는 말이 유행되었다. 이승만의 우상화와 독재체제가 강화되면서 나타난 현상들이었다.

어느 시대나 투명하지 못한 정권이 나타나면 각종 어용 조직·단체가 활개를 친다. 권력은 이들에게 국가예산이나 검은 자금을 지원하여 반대세력을 공격하게 하거나, 친정부 여론을 일으키게 조종한다. 한국 현대사에서 이 같은 악행의 원조는 이승만이었다.

이승만은 현대적 정당의 조직보다 전근대적 사설단체를 더 선호했다. 정당은 구조나 체질상 이슈의 공론화가 불가피하고 경쟁자가 나타나게 된다. 하지만 사설단체는 상명하복의 일사불란함을 유지하면서 충성스러운 압력단체의 역할을 수행하기 때문이다.

이승만은 '반공청년단', '상이군경회', '서북청년단' 등 철저한 반공주의자들을 압력단체로 이용했다. 1959년 현재 압력단체로 보아야 할 것이 약 70~80종이나 되었다. 이들 압력단체들은 극소수의 예외를 제외하고는 거의 대개가 자주성을 상실하고 있었다. 그뿐 아니라 압력단체의 조직 자체가 여당의 기간단체 내지는 산하단체로서 애초부터 정부권력 및 정당의 뒷받침을 통해서 이루어지고 또 간부 인선에 대해서는 누가 성원의 지지를 더 많이 받고 있는가가 아니라 정부권력의 후원을 더 많이 받고 있는가를 척도로 삼고 결정된다는 조건하에서는 그 자주성의 확보란 도저히 바랄 수도 없는 것이었다.[13]

이승만의 3선, '쓰레기통'이 되어버린 한국의 정치판

자유당이 수학의 일반원칙까지 뒤엎으면서 악명 높은 사사오입 개헌을 감행한 것은 1956년 5월 15일로 예정된 제3대 정·부통령 선거에 출마하기 위해서인 것은 두말할 나위가 없다. 그러나 제3대 대통령 선거의 구도는 만만치 않았다. 사사오입 개헌 파동으로 자유당 소장파 의원 일부가 이탈하고, 반이승만 세력이 연합하여 민주당을 창당했기 때문이다.

1955년 9월 18일, 민주당은 호헌동지회를 모체로 하여 흥사단 계열, 자유당 탈당 의원, 제2대 국회 말기의 무소속구락부 등의 범야세력이 규합하여 창당되었다.

민주당은 민국당의 신익희·조병옥·윤보선, 가톨릭계의 장면, 원내 자유당 오위영, 무소속의 곽상훈·박순천, 조민당의 한근조 등이 주축이 되었다. 그러나 진보 계열의 조봉암과 그동안 이승만의 수족 노릇을 해온 이범석·장택상 등의 참여 문제를 둘러싸고 논란을 겪는 등 내부 진통이 따랐다. 조봉암·서상일 등 진보세력은 별도로 혁신정당 창당에 나서고, 장택상과 이범석은 제외시켰으며, 이인·전진한·윤치영 등은 신당운동에 불참했다. 민주당은 범야 단일정당의 창당에는 이르지 못했으나 정부 수립 이래 가장 강력한 야당이 되었다.

1956년 5·15 정·부통령 선거는 헌정사상 처음으로 여야 후보가 국민직선으로 대결하는 '선거다운 선거'의 효시가 되었다.

자유당은 이승만이 이기붕을 러닝메이트로 삼고, 제1야당 민주당은 대통령 후보에 신익희, 부통령 후보에 장면을 선출했다. 혁신계의 진보당 추진위원회는 조봉암과 박기출을 정·부통령 후보로 선출했다. 그동안 사사오입 개헌과 족청계 축출 등 내부정비를 해온 이승만은 3월 5일 실시한 자유당의 지명대회에서 후보 지명을 받고서는 노회함을 연출했다. 불출마를 선언한 것이다. "제3대 대통령에는 좀 더 박력 있는 인사가 나와 국토통일을 이룩해주기 바란다"라며 후보지명을 극구 사양하는 척했다.

이렇게 되자 자유당은 각종 관제민의를 동원하여 이승만이 마음을 바꿀 것을 촉구했다. 경무대 부근에는 연일 관제데모대가 집결하여 이승만의 재출마를 탄원하는가 하면, 각급 지방당부와 지방의회로부터 재출마를 간청하는 호소문·결의문·혈서가 답지했다. 그것도 부족하여 평소에는 서울시의 통행을 규제해오던 우차와 마차를 총동원하여 "노동자들은 이 박사의 3선을 지지한다"라는 함성을 지르도록 하는 소위 '우의마의'까지 연출했다. "시위에 동원된 인원이 500만 명 이상이고 탄원서나 연판장에 서명한 사람이 300만 명 이상이라고 한다. 800만 명이라고 하면 그 당시 유권자 총수와 거의 맞먹는 숫자다."[14]

이와 같이 관제민의 동원이 절정에 이르자 3월 23일, 이승만은 담화를 통해 "민의에 양보하여 종전의 결의를 번복하고 대통령 선거에 출마하기로 결심한다"라고 밝혀 선거전에 나서는 곡예를 부렸다.

민주당은 정·부통령 후보 선출을 둘러싸고 심각한 갈등과 타협이 벌어졌다. 후보 선정에서 신익희(민국당 계열)와 장면(원내자유당 계열)의 지지세력 사이에 격렬하게 대립했으며, 부통령 후보에는 조병옥과 김준연이 경합을 벌였다. 그 후 몇 차례의 조정 끝에 3월 29일 전국대의원대회에서 대통령 후보에 구파의 신익희, 부통령 후보에 신파의 장면을 선출함으로써 대립국면을 수습했다.

혁신계에서는 진보당추진위원회에서 대통령 후보에 조봉암, 부통령 후보에 박기출을 내세웠다. 이렇게 하여 이승만·신익희·조봉암으로 압축된 제3대 대통령 선거전은 5월 15일을 향해 서서히 열기가 달아올랐다. 그런 가운데 야권후보 단일화운동이 추진되었다. 조봉암은 "책임정치의 수립, 수탈 없는 경제체제의 실현, 평화통일의 성취" 등 3가지 정책을 제시하면서, 신익희 후보가 이를 수용하면 사퇴하겠다고 제안했다.

이렇게 되자 민주당에서도 야당연합을 기피하고 있다는 인상을 주지 않기 위해 협상제의를 수락하고 야당연합전선을 위한 담판에 나섰다. 진보당은 막바지 회담에서 "진보당에서 대통령 후보를 포기할 테니 민주당에서 부통령 후보를 포기하라"라는 협상안을 제시했다.

20여 일을 끈 야권후보 단일화 협상이 지지부진한 가운데 5·15 선거전은 어느새 중반전에 돌입했다. 민주당은 선거 구호를 "못살겠다, 갈아보자"로 내걸고, 자유당의 실정과 독재, 부정부패를 공격했다. 자유당은 "갈아봤자 별 수 없다"라는 구호로 맞서면서 조직 확장에 총력을 기울였다.

선거전은 날이 갈수록 격렬해졌다. 전국 각 도시는 말할 것도 없고 농촌에까지 민주당은 붐을 일으켜 지지자가 늘어나고, 정부 기관지를 제외한 대부분의 언론이 민주당에 동조하는 논조를 보이는 등 정권교체의 가능성이 급속히 확산되기 시작했다. 민주당은 이 같은 선거 분위기를 끝까지 끌고 가기 위해 5월 3일 한강 백사장에서 마지막 서울 유세

1956년. 신익희 민주당 대통령 후보 유세 때 한강 백사장에 모인 30만 인파의 모습.

를 벌였다.

토요일 오후, 한강 백사장에 30만 인파가 모인 이 연설회는 선거 사상 처음 보는 대성황이었다. 구름같이 모여든 인파 속에서 신익희 후보는 "대통령은 우리 국민의 심부름꾼에 지나지 않는다"라고 전제하고, "심부름꾼이 잘못을 저질렀을 때는 주인이 갈아치우는 것은 당연한 권리"라면서 정권교체를 역설하여 열광적인 환호와 박수를 받았다.

한강 백사장의 연설회가 폭발적인 인기를 얻게 되자 신익희는 일요일인 4일에 장면 후보와 함께 호남선 열차에 몸을 싣고 지방에 야당 바람을 일으키기 위해 전남 이리로 향했다.

그러나 연일 강행군에 과로가 겹친 신익희는 선거를 10일 앞둔 5일 새벽 4시쯤 열차 안에서 쓰러져 운명하고 말았다. 제1야당의 후보를 잃은 채 실시된 선거전에서 이승만의 승리는 불을 보듯 뻔한 일이었다. 이런 상황에서 신익희 제1야당 후보가 사망했으면 조봉암 후보를 지원하

1956년, 신익희 국회의장의 국민장 모습.

는 것이 정치도의임에도 민주당은 진보당의 조봉암을 중심으로 정권교
체를 이루는 것보다 장면 부통령을 당선시켜 노령인 이승만의 '유고'에
대비한다는 책략에 몰두했다. 보수야당 민주당의 한계였다.

　　이승만 정부의 조봉암 후보 탄압은 말로 다 하기 어려웠다. 심지어
야당의 대통령 후보가 나서서 선거운동을 하기 어려운 국면이 조성되었
다. 조봉암 일행이 광주(전남)에 도착했을 때는 경찰이 차량을 통과시키
지 않았다. 선거운동은커녕 생명이 위협받는 절체절명의 상황으로 바뀌
어갔다.

　　신익희의 시신이 서울역에 도착하여 효자동 자택까지 이르는 과정
에서 운집한 군중들이 "못살겠다, 갈아보자! 독재정권 타도하자!"라고
외치며 운구 행렬을 경무대 쪽으로 끌고 가려 하자 이승만 정권은 무차
별적으로 발포하여 10여 명의 사상자를 내고 700여 명을 구속하는 등

단말마적 반응을 보였다.

상황이 이렇게 전개되자, 정권교체를 열망하던 국민이, 신익희의 죽음까지 곁들여 조봉암에게 몰표를 던질지도 모른다는 불안감이 이승만과 막료들에게 파고들었다. 따라서 조봉암을 더욱 심하게 탄압하고, 여차하면 언제 암살을 감행할지 모르는 긴박한 상황이 되었다. 아무리 혁명가 출신 조봉암이라지만 선거판에서 무의미하게 희생당할 까닭은 없을 터였다. 이 같은 이유로 조봉암은 선거 막판에 선거운동을 중지하고 서울에서 잠적하게 된다.[15] 5·15 선거전은 선거가 아니라 '이승만 대통령 만들기'를 위한 폭력과 불법의 전시장이 되었다.

개표 결과, 이승만 504만 6,437표, 조봉암 216만 3,808표, 신익희 추모표 185만여 표로 집계되었다. 엄청난 부정선거에도 이승만은 총투표 수의 80% 이상을 획득할 것이라는 당초의 예상과 달리 겨우 52% 선에 그쳤다. 부통령에는 장면이 401만 2,654표로 380만 5,502표를 얻은 이기붕을 누르고 당선되어, 자유당은 이번 선거에서 실질적으로 패배한 셈이었다. 그러나 정권교체는 다시 몇 년을 더 기다려야만 했다. 이승만은 만 81살에 세 번째 대통령에 당선되었다.

이승만의 3선 연임은 '민주공화'의 국체가 훼손되고, 국제사회에서 고립되는 결과를 가져왔다. 영국의 《더 타임》지가 "한국에서 민주주의를 바라기는 쓰레기통에서 장미가 피기를 바라는 것과 같다"라고 조롱한 것도 이즈음이었다.

이승만은 노령과 더불어 날이 갈수록 '인의 장막'에 갇히게 되고, 자유당 정권은 경찰국가체제를 더욱 강화하면서, 국가는 거대한 수용소로 변해갔다. 미국의 경제원조는 특수층의 호화사치로 탕진되고, 절대다수 국민은 절대빈곤에서 헤어나지 못했다. 여전히 '북진통일'이 정치

구호가 되고, 신생국가가 출범한 지 채 10년이 안 되어 곳곳에서 말기현상이 나타났다.

'인의 장막'에 갇힌 이승만 부처

이승만은 권력을 강화·장기화하면서 주변에 맹목적인 반공주의자들과 친일파들을 끌어들였다. 자유당 시대는 반공주의자로 변신한 친일파들의 경연장이었다. 또 경무대는 프란체스카의 '안방정치'가 위력을 발휘했다.

이승만은 3선에 성공한 직후 가진 기자회견에서 뻔뻔하게도 "이번 선거결과를 보면 친일하는 사람과 용공주의자들을 지지하는 사람들이 많은 것 같다"라고 피력했다. '친일'은 신익희 추모표를, '용공'은 조봉암 득표를 에둘러 표현한 것이다. 신익희는 자타가 공인하는 독립지사인데, 반이승만 전선에 설 때부터 이승만 측에서 친일파로 몰았다. 조봉암은 자신이 조각할 때 초대 농림장관으로 기용하고서도, 역시 반이승만 기치를 내걸면서부터 '용공'으로 몰고, 얼마 뒤에는 '사법살인'을 자행하기까지 했다.

이승만의 이중성은 '친일' 문제에서도 극명하게 나타났다. 대선이 끝난 뒤 선거 주무장관인 내무장관에 이익흥, 치안국장에 김종원을 임명했다. 이익흥은 일제강점기 때 총독부 경찰서장을 지낸 일급 친일파이며, 김종원은 여순 사건 때 잔인한 학살과 거창 민간인 학살 은폐 사건의 주범이었다.

이승만은 1954년 5·20 총선을 앞두고 정부와 자유당 국회의원 후보 공천에 친일파가 많이 섞였다는 여론에 대해 4월 6일에 엉뚱한 특별 담화를 발표했다.

근래에 와서 친일파 문제로 해서 누가 친일파며 누가 아닌가 하는 것이 민간에서 혼동된 관계가 있으므로 다시 설명하고자 하는데, 내가 말하고자 하는 것은 왜정시대에 무엇을 하던 것을 가지고 친일이다 아니다 하는 것을 결정하는 것이 아니고, 그때 뭘 했든지 간에 그때 친일로 지목됐던 사람이 지금부터 무엇을 할 것인가를 그 사람의 의사와 행동으로 표시되고 안 되고에 친일이다 아니다 하는 것을 판단하는 것이다. 가령 이전에 고등관을 지내고 또 일본을 위해서 열정적으로 일한 사적이 있을지라도 그 사람이 지금 와서는 그 일을 탕척蕩滌받을 만한 사실이 있어가지고 모든 사람이 양해를 받을 만한 일을 해서 진정으로 친일 아니다 하는 것을 증명받을 만하면 먼저 일은 다 불문하고 애국하는 국민으로 인정하고 대우해 줄 것이다.[16]

이승만의 가치관은 이처럼 치졸했다. 정사곡직正邪曲直의 가치가 뒤섞이거나 전도된다. 지금껏 살아온 자신의 가치관을 보여주는 발언이었다. 아무리 악질적인 친일파라도 자기 밑에서 일하면 애국자이고, 치열한 독립운동가라도 자기에게 반기를 들면 친일파이거나 빨갱이로 몰아치는 가치관이었다.

이승만은 정부와 국회, 자유당에 본격적으로 친일파들을 중용하기 시작했다. 장경근, 한희석, 이재학, 이익흥, 인태식 등을 각료나 국회의원, 자유당 간부로 발탁했다. 하나같이 일정강점기에 극렬 친일활동을 해온 인물들이었다.

프란체스카는 1946년 3월 26일에 한국으로 온 뒤부터 이승만의 아내로서, 정부 수립 뒤에는 퍼스트레이디로서 활동했다. 초기에는 한국의 물정도 잘 모르고 정치에는 소양도 없어서 남편을 보필하는 데 그쳤다. 그러나 정권이 장기화되면서 주변에 영어 잘하는 사람을 끌어들이고, 이들이 차츰 실세가 되었다. 임병직·이기붕·변영태 등이 대표적인 인물들이다. 프란체스카는 '인의 장막'에 가려지고, 이기붕의 처 박마리아는 프란체스카의 수족이 되어 남편의 출셋길을 열어주었다.

한때 사상검사로 이승만의 총애를 받았던 선우종원의 증언이다.

지금에 와서 밝히지만, 당시 우리는 보고서를 영어로 써서 올려야 했다. 때문에 처음에 한글로 쓴 우리 보고서를 영문으로 번역하는 곤욕을 치르기도 했다. 이유는 바로 모든 보고서는 영부인 프란체스카 여사를 거쳐서 전달되는 데 영부인이 한글을 모르니, 영문으로 만들어야 한다는 것이다. 그 말을 듣고 한편으로는 황당하고 실망스러웠지만, 그래도 이 박사의 반공에 대한 업적을 앞으로 내세우며 덮어버렸던 것이다.[17]

이승만 정권에서 일본 주재 특명전권대사를 지낸 유태하도 5·16 쿠데타 뒤 군사재판에서 프란체스카와 관련된 증언을 남겼다.

일본국 주재 특명전권대사로 임명되니 피고인(유태하)은 이후 당시 대통령 이승만의 은혜에 보답하고 동 임명조치를 막후에서 조종한 동 프란체스카에게 충성을 다할 목적으로 매주 1회씩 진귀한 과실을 동 프란체스카에게 항공편으로 진상하고 프란체스카 및 이승만의 세탁물을 전적으로 인수하여 일본국에서 세탁 역시 항공편으로 전달하였고(58년) 6월 12일의 프란체스카 생일에는 일금 100만 환 상당의 금강석 지환을 선사하는 등 치졸한 노복 노릇을 하는가 하면 외교 비밀을 정당한 절차에 의하지 않고 개인 편에 대통령도 아닌 프란체스카에게 보고하고 (…)[18]

강준만 교수는 프란체스카의 '역할'에 대해 외신을 인용하여, "유엔군 사령관을 지낸 마크 클라크도 프란체스카가 이승만에게 미친 '엄청난 영향력'을 알게 됐다고 쓰고 있다. 프란체스카가 이승만의 모든 서신은 물론 면담까지 직접 챙겼다는 것이다. 미국 시사주간지《타임》 1953년 3월 9일 자도 프란체스카가 이승만의 대변인으로서 '엄청나게 중요한' 역할을 하고 있다고 평가했다"[19]라고 썼다.

이승만이 3선에 성공했을 무렵 '인의 장막'에 둘러싸인 그가 얼마나 국정에 소홀했었는지, 1956년 프랑스 석간신문《프랑스 수아르》에 실린, 홍콩 주재 프랑스 기자를 지낸 뒤시앵 보다르가 직접 서울에서 취재한 르포르타주 기사가 잘 보여준다.

필자는 소위 이 대통령의 정정순시政情巡視에 외국기자들 틈에 끼여 참여한 적이 있다. (…) 일행은 쌀가게에 가서, 대통령이 쌀 한 말 값을 물으면, 주인은 시장가격의 반값을 대답한다. 또 모자 가게에 갔다. 대통령이 주인에게 국산이냐고 물었다. 주인은 그렇다고 대답한다(그것은 영국산이었다). 값을 묻는다. 값도 믿을 수 없을 만큼 싸다.

대통령은 중절모 하나를 사서 머리에 얹더니 "이것 보라! 우리나라 국민은 이렇게 기술도 훌륭하고 값도 싸지 않느냐. 이것이 다 우리나라의 기술 수준과 경제 안정을 설명하는 것이다." 이렇게 그는 미소 때문에 눈을 반만 뜨고 외국 기자들에게 자랑한다.

그렇다. 그는 보통 때에도 눈을 반만 뜨고 있다. 모든 것을 더 크게, 더 자세하게, 더 밝게 보려고 하지 않는다. 그의 장관들은 이승만이 보지 않고 안 보이는 뒷면에서 모든 어두운 정치흥정을 한다. 그리고 이승만이 보이는 시야에서는 모든 것을 굽실거리고 절대복종한다. 그 쌀가게에나 모자가게에도 대통령의 행차 앞에 벌써 몇 사람이 가서 미리 돈을 주고 그렇게 시켜놓은 것을 이승만은 반눈 뜨고 보고 있으니 보려 하지도 않고 보이지도 않는다.[20]

이승만은 3선을 강행하고 영구집권을 획책하면서 결국 '지도자'가 될 수 있는 소중한 기회를 놓쳤다. '놓쳤다'기보다 스스로 버렸다. 미국 독립운동의 아버지로 불리는 조지 워싱턴은 두 번째 임기 종료를 앞두고 측근은 물론 독립전쟁의 막강한 영향력을 갖고 있는 군부로부터 3선 출마를 권유받았다. 루이스 니콜라 대령 등은 아예 "영국이나 프랑스처럼 아메리카의 국왕이 되어달라"라며 구체적 움직임까지 보였다.

워싱턴은 독립전쟁과 건국 초기 8년 동안 아메리카합중국의 초석을 다져놓음으로써 'Father of His Country(국부)'라는 별칭으로 불릴 만큼 국민의 절대적 지지를 받고 있었다. 본인의 결단에 따라서는 죽을 때까지 권력의 정상에서 영화를 누릴 수 있었다. 하지만 그는 권력 연장을 부추기는 사람들을 단호히 배격하면서 임기가 끝나자마자 포토맥 강 하류의 고향 농장 '마운트버넌'으로 돌아갔다. 그는 「고별사Farewell Address」에서 이렇게 썼다.

미국 행정부를 관리할 한 사람을 새로이 선출할 시기가 임박했기 때문에 여러분은 이제 누구에게 그 막중한 임무를 부여해야 할 것인가를 판단해야 합니다. 이 시점에서 제가 그러한 선출 대상이 될 몇몇 사람 가운데 포함되고 싶어 하지 않는다는 점을 여러분에게 명확하게 알려드리는 것이 마땅한 것임은 물론, 특히 국민의 여론이 더 분명히 표출되도록 하는 데 기여하는 것이라고 생각합니다.[21]

1799년 12월 14일 오후 10시, 워싱턴은 고향집에서 평화롭게 죽음을 맞았다. 이 소식이 이튿날 전국에 알려지자 온 국민이 슬픔에 잠겼으며, 하원은 존 마셜의 제의에 따라 "워싱턴은 전쟁에서도 제1인자였고, 평화에서도 제1인자였으며, 동포들의 마음속에서도 제1인자"라는 결의안을 채택함으로써 '진정한' 영웅을 기렸다.

막장으로 치닫는 정권, 망령 들어가는 독재자

'민주당 부통령'을 죽이려 한 까닭

이승만은 3선 개헌을 통해 장기집권의 문턱을 넘어서면서 더욱 가부장
적인 권위주의와 1인 독재체제를 강화시켜나갔다. 민주공화제의 대통령
이 아닌 왕조시대의 전제군주처럼 행세하고 떠받들어졌다. 3권분립체제
나 야당과 언론, 지방자치제도 따위는 거추장스러운 군더더기로 여겼다.
내세우는 명분은 오로지 국가안보와 북진통일 그리고 국력배양이었다.

이승만에게 민주당 출신 장면 부통령은 눈엣가시였다. 장면은 한
때 국무총리를 맡기도 했으나 이제는 격이 달랐다. 자기의 러닝메이트
를 제치고 야당 후보로 당선된 것 자체가 크게 못마땅한 일이었다. 이승
만은 미국이 장면을 밀어서 부통령이 되었다고 믿으면서 끝까지 미국을
의심했다.

민주당 전당대회가 열린 1956년 9월 28일 오후 2시 30분경, 서울
명동 시공관에서 한 방의 둔탁한 총성이 울려 퍼졌다.

5·15 정·부통령 선거에서 자유당의 이기붕을 제치고 장면을 당선시

킨 민주당은 제4대 부통령으로 취임한 지 한 달 남짓 만인 이날, 전당대회를 열어 새 지도부를 선출하는 등 축제 분위기였다. 야당의 전당대회에서는 으레 따르기 마련이었던 과열경쟁이나 폭력사태도 없이 시종일관 축제 분위기에서 대회가 진행되고 장면의 연설도 순조롭게 끝마쳤다.

그런데 장면이 연설을 마치고 단상 아래로 내려와 만세를 부르며 열광하는 당원들을 헤치고 막 시공관 동쪽 문을 빠져나가려는 순간에 총성이 울렸다. 총탄은 다행히 장면 부통령의 왼손을 스쳤을 뿐 생명에는 지장이 없어 '살인미수'에 그쳤다. 부통령 저격 사건의 범인은 자유당 정책위원이자 이기붕의 측근 임흥순의 조종을 받은 하수인 김상봉으로, 현장에서 체포되어 경찰에 넘겨졌다. 범인은 권총을 쏜 후 "조병옥 박사 만세!"를 외쳐, 자신의 범행을 민주당 신구파 싸움으로 몰고가려는 치졸한 연극을 연출했다. 사전에 치밀하게 짜인 각본이었다.

이승만은 83살의 고령으로 제3대 대통령에 당선되었다. 따라서 어느 날 '유고'가 된다면 부통령인 장면이 자동으로 대통령직을 승계하도록 되어 있었다. 이 때문에 장면은 정부로부터 온갖 질시와 푸대접을 받아야 했다. 중앙청에서 열린 정·부통령 취임식에서도 부통령의 자리는 마련되지 않아서 귀빈석 맨 가장자리에 앉아야 했다. 취임연설의 기회도 주지 않아서 별도의 성명서를 만들어 배포했는데, 자유당은 성명서 내용을 트집 잡아 '장 부통령 경고 결의안'을 발의하기까지 했다. 이에 장면은 성명서를 내고 "독재정치는 용납하지 않겠다. 좌시하지 않겠다. 나는 견제하는 역할을 하여 부통령의 임무를 충실히 하겠다"라고 말했다.

이런 상황에서 눈엣가시 같은 장면을 제거하려는 권부의 음모가 진행되고 있다는 정보가 나돌았다. 그렇지만 장면은 정·부통령 선거 때 전국 방방곡곡에서 활약한 당원동지들을 만나지 않을 수 없었다. 그리하여 이날 전당대회에 참석했다가 총격을 받은 것이다.

전당대회장 아래층에서 해링턴 권총으로 장면에게 한 발을 쏜 범인은 민주당원들에게 붙잡혀 금세 사건 현장에 나타난 김종원 치안국장에게 인도되었다. 사건 현장에서 부상당한 범인은 경찰병원에서 치료를 받으면서 자신이 민주당 당원이라고 우겨댔다. 얼마 후 경찰은 범인 김상봉의 신분이 민주당 마포구당의 간부 김재연의 재종질이라 밝히고, 범인은 "민주당 내분 때문에 장 부통령을 죽이려 했다"라는 등 유치한 연극을 꾸며 이 사건을 민주당의 내분으로 몰아가려고 했다. 그러자 민주당은 "배후조종자는 여당 핵심부에 있다"라고 배후 진상 규명을 촉구하고 나섰다.

경찰의 수사에 따라 최훈이란 자가 체포되고, 그 배후조종자로 성동경찰서 사찰계 주임 이덕신 경위가 구속되었다. 최훈은 당시 성북경찰서 사찰주임이었다. 그러나 경찰은 더 이상의 배후를 밝히려 하지 않았다. 경찰은 여론이 빗발치자 김상봉의 처 조복순, 그의 형수 이정자 그리고 김수정과 권총을 매각한 윤태봉 등을 차례로 구속했다. 그러나 이 사건을 일개 경찰서의 사찰주임이 꾸몄다고 믿는 사람은 아무도 없었다. 서울시경 사찰과장, 치안국 특정과장, 치안국 중앙분실장 등에게서 자금이 흘러나온 것까지도 파악되었으나 그 이상의 선이 누구인지는 밝혀지지 않았다.

그런데 4월혁명으로 이 사건의 배후가 새롭게 조명되었다. 1960년 5월 18일, 곽영주 사건으로 구속된, 장면 저격 사건 당시 치안국장으로 사건 현장에 5분 만에 출동하여 의혹을 샀던 김종원은 장면 저격 배후조종자가 임흥순이라고 주장했다.

이로써 재수사에 착수하게 되어 밝혀진 바에 따르면, 이기붕의 지시에 의하여 임흥순이 총책을 맡아 저격사건을 음모했는데, 그 당시 임흥순은 자유당의 고위정객 2명과 이 음모를 계획하여 이익흥 내무장관에게 지령했다. 이익흥은 김종원 치안국장에게 지령하고 김종원은 다시 당시의 특정과장 장영복과 중앙사찰분실장 박사일에게 지시하고, 이들이 또다시 시경 사찰과장 오충환에게 구체적인 지시를 내리자, 그날부터 범인은 직접 준비를 서둘러 마침 시공관에서 열린 민주당 전당대회를 이용해, 이승만 정권의 눈엣가시인 장면을 저격하기에 이르렀다.[22]

이승만 정권기에 지방자치는 우여곡절을 겪으면서도 명맥을 유지하고 있었다. 제헌헌법은 지방자치제 규정을 두고, 이에 따라 지방자치법이 1949년 7월 4일 법률 제32호로 공포되었다. 지방자치법은 자치단체의 종류를 서울특별시, 도 및 시·읍·면으로 하고, 지방의회와 집행기관(장)을 분립시켜 상호 견제·균형을 유지하도록 했으며, 서울특별시장·도지사는 대통령이 임명하고, 시·읍·면장은 당해 지방의회에서 선출하도록 했다. 그리고 지방의회는 임기 4년의 명예직 의원으로 구성하도록 했다.

이에 따라 1952년 제1회 지방의원·단체장 선거가 실시되었다. 치안 사정으로 일부 지역에서는 선거가 연기되는 등 곡절이 있었으나, 전란 시기에도 지자체가 실시되어 뿌리를 내릴 수 있었다. 그런데 막상 지자체 선거 결과 지방에서 야당 소속 시·읍·면장과 지방의원들이 등장하게 되면서부터 이승만 정권은 딴죽을 걸었다.

1956년 8월 13일 실시된 도와 서울특별시 의회의원 선거에서, 서울특별시의 경우 의원정수 47명 중 민주당이 40명이나 당선되는 등 야당세가 파란을 일으키면서 정부는 지방자치제에 노골적으로 적대감을 드러냈다. 이를 계기로 1958년 12월 24일 '보안법 파동' 때 지방자치법 개정안을 끼워 넣어 시·읍·면장을 임명제로 바꾸는 등 지자체를 절름발이로 만들고 말았다.

1956년 8월 13일에 실시된 제2대 시·도의원 선거는 4년 뒤의 3·15 부정선거를 예비한 것처럼 부정선거가 전국적으로 만연했다. 특히 전북 정읍에서는 자유당과 경찰이 투표함을 뜯고 자유당 후보를 찍은 표를 무더기로 넣는 등 부정이 공공연하게 자행되었다. 이처럼 부정을 일삼고 서도 대도시에서 패하자 자유당은 아예 지자체장을 임명제로 바꾸어버렸다.

이승만은 종신집권을 기도하면서 전국적으로 야당세력이 뿌리내리는 것을 우려하여 관권 부정선거를 자행하는 한편, 지자체법을 몇 번이나 개악하여 야당 인사들이 진출하기 어렵게 만들었다. 그러나 지방자치의 근간은 허물지 않았다는 점에서, 뒷날 박정희나 전두환보다는 나았다는 평가를 받는다. 이승만이 '체제 내의 독재자'라면 박정희와 전두환은 체제 자체를 뒤엎은 '체제 부정의 독재자'라는 차이가 있다. 박정희와 전두환 시대에는 지방자치제 자체를 폐기처분했기 때문이다.

"우남 늙은 박사여, 그대 원수로 앉아 무엇을 하려는가"

이승만의 1인 권력이 장기화할수록 독선과 아집은 정비례했다. 1957년, 자신에게 비판적인 유도회儒道會를 어용화하고자 절세의 독립운동가 김창숙을 쫓아내는 만용을 저질렀다. 김창숙은 '파리장서 사건'을 주도한 데 이어 상하이임시정부 의정원 부의장 등을 지내고, 무장투쟁을 지도하다가 일경에 피체되어 14년 형을 선고받고 복역하던 중 해방을 맞은 대표급 독립운동가이다.

해방 뒤에는 민주의원 의원을 지내고 김구 등과 남북협상을 추진 했으며, 유도회를 조직해 재단법인 성균관과 성균관대학을 창립하고 초대 학장에 취임한 데 이어 1953년에 총장이 되었다. 그러던 중 이승만 정부의 압력을 받아 1956년에 학교에서 쫓겨나기에 이르렀다.

김창숙은 상하이임시정부 시절 신채호·박용만 등과 함께 이승만의 '위임통치론'을 거세게 비판한 것을 비롯하여 줄곧 반이승만 노선을 걸었다. 이승만이 부산에서 정치파동을 일으켜 발췌 개헌안을 통과시킬 때는 이승만을 향해 「하야 경고문」을 발표하는 등 이승만 독재에 온몸으로 저항했다. 이승만은 이에 대한 보복으로 1957년에 유도회 내분을 조장하고, 분란을 빌미 삼아 김창숙을 축출하고 유도회를 어용단체로 만들었다.

우리나라 근대문학 개척의 선구자로 불리며 3·1 혁명 때 「독립선언서」를 집필하기도 했으나, 중추원 참의를 지내는 등 친일로 변절한 최남선이 1957년에 사망했다. 이승만은 그를 지극히 칭송하는 조사弔辭를 지었다. 독립지사들의 서거 때와는 전혀 다른 모습이었다. 이승만의 조사를 본 김창숙은 노기를 억제하기 어려워 「경무대에 보낸다」라는 격문과도 같은 글을 지어 이승만에게 보냈다. 그리고 《대구매일신문》에 이를 싣게 했다.

아아, 우남雩南 늙은 박사여
그대 원수元首로 앉아
무엇을 하려는가
고금 선현의 일
그대는 보았으니

응당 분별하리
충역忠逆 선악 갈림길을

진실로 올바른 세상
만들려거든
우선 역적들
주살하라
생각하면 일찍이
삼일독립선언 때
남선南善 이름 떠들썩
많은 사람 기렸지.

이윽고 반역아
큰소리로 외쳐
일선융화 옳다고
슬프다 그의 대역
하늘까지 닿은 죄
천하와 나라 사람
다 함께 아는 바라.

그대 원수元首의 대권大權으로
차노此奴를 비호터니
노제路祭에 임해선
애사哀詞를 보냈도다

충역 선악의 분별에

그대는 어그러져.

나라 배신 백성 기만

어찌 다 말하랴

이 나라 만세의 부끄러움

박사 위해 곡哭하노라.²³

김창숙은 이에 멈추지 않았다. 이승만이 3선 대통령에 취임할 때
는 다시 붓을 들어 「대통령 3선 취임에 일언을 진進함」이라는 글을 공개
했다. 서릿발 치는 경고였다. 이승만이 이때만이라도 김창숙의 진언을
귀담아 듣고 국정개혁에 나섰다면 그의 비극도, 국가의 불행도 막을 수
있었을 것이다. 김창숙의 '고언'이다.

국가원수인 각하로서 국민의 여론을 전혀 모르신다면 이는 각하의 총명이
불급不及함이라 하겠으나 만일 알고도 모르신 체하신다면 이는 각하의 실
덕이 크다 않을 수 없습니다. 각하의 행정 전후 8년 동안에 많은 실덕이 있
었으나 과거는 모두 덮어두기로 하고 만근晩近 선거를 통해 드러난 각하의
실덕은 천하인의 이목을 엄폐치 못할 사실입니다. (…)
    이제 전국의 민심은 이미 각하에게 이탈되었나니 이탈된 민심을 회수
하려면 각하께서 반드시 절세의 대용단을 분발하시라. 대통령의 권위로써
자유당 총재의 직권으로써 현재 각료 중 몇몇 조고배趙高輩를 즉일 척촉
하시고 조작 민의의 주동체인 자유당을 엄금 해산하는 동시에 금반 8·8과
8·13 부정선거를 일절 무효로 선언함에 따라서 전국적 재선거를 특명 실행

함이 각하의 대통령 3선 취임 초정初政의 급선무 중 가장 급무이며, 각하의 대정치가적 재완이 여기에 비로소 발휘되는 것이며, 민심 회수의 유일무이한 방법임을 주저치 않고 단언하는 바입니다.[24]

"고마우신 리 대통령, 우리 대통령"

이승만 정권과 수족들은 나날이 어려워지는 민생과 갈수록 이반되는 민심은 아랑곳하지 않고 '이승만 우상화'에만 열을 올렸다. 정부는 1956년 8월 15일 광복절 11주년을 맞아 남산 옛 조선신궁의 부지 3,000평에 좌대 270평, 상반신 크기 81척의 거대한 '이승만 동상'을 세우고 제막식을 거행했다. '이 대통령 80회 탄신 경축 중앙위원장'인 국회의장 이기붕은 식사에서 "자주독립의 권화權華이며 반공의 상징인 이 대통령 동상 앞에서 우리는 옷깃을 여미고 그 뜻을 받들기를 맹세하자"라고 역설했다. "이 대통령 만세!" 삼창으로 제막식이 끝난 뒤 남산과 중앙청에서는 불꽃을 쏘아 올려 서울시민들은 밤하늘의 꽃을 구경할 수 있었다.[25]

이승만 동상 제작을 맡은 조각가 윤효중은 「동상론」에서 동상 제작의 변을 구구하게 늘어놓았다.

현금現今 이 시대 우리 민족 가운데 있어서 민족해방과 광복의 성업을 지목하고 거기에 족한 가장 먼저 필두에 거론할 수 있는 인물을 들추려고 하면 이승만 박사를 제쳐놓지는 못할 것이다. 정치적 견해의 차이로 찬부의 태도 여하는 고사하고 현하에 우리 민족의 선두에서, 아니 세계 반공진영의 선두에서 가장 철저히 또 꾸준하게 투쟁해오는 분도 이승만 박사 같은

이가 없다는 것은 누구나 부인 못 할 사실이다.[26]

이승만의 우상화 작업은 전국 각지에서 동시다발로 벌어졌는데, 이에 앞서 1956년 3월 31일에 종로 탑골공원에도 거대한 동상을 세우고 거창한 제막식을 열었다. 남산의 동상이 한복을 입은 모습인데, 종로의 동상은 양복 차림이었다.

하필이면 3·1 혁명의 발상지인 탑골공원에 이승만의 동상을 세운 것은 그가 독립운동을 주도했다는 사실을 강조하기 위해서였다. 또 우리나라 국보인 다보탑과 원각사비, 유서 깊은 팔각정이 보존돼 있는 곳이어서 역사적 정통성의 이미지를 고양시킨다는 속셈도 깔렸을 터였다.

그뿐만이 아니었다. 1954년 9월 18일, 교통부 광장에 이승만 흉상을 세운 것을 필두로, 1959년 9월 15일, 서울 뚝섬에 '우남 송덕관'을 짓고, 여기에 이승만의 부조와 반신상 등을 설치했다. 그해 11월 18일에는 남산 꼭대기에 지은 '우남정雩南亭' 낙성식이 열렸다. 당초 서울시가 팔각정으로 이름 붙인 것인데, 이승만에 아첨하는 어용배들이 '우남정'이라고 고쳐 부르게 만들었다.

부산시민들이 즐겨 찾는 용두산 공원에서는 1955년 3월 9일에 충무공 이순신 장군 동상 제막식이 예정되었다. 그런데 느닷없이 행사가 '충무공 제막식 및 우남공원 명명식'으로 바뀌고, 이후부터 용두공원이 '우남공원'으로 불리게 되었다. 자유당 어용배들의 짓이었다.

이 밖에도 곳곳에 이승만의 크고 작은 부조와 흉상이 세워지고, 서울과 시골 할 것 없이 각급 학교에는 '우남학관'과 '우남도서관'이 세워졌다. 심지어 남한산성 서장대 앞에는 '이승만 송수탑頌壽塔'이 세워지는가 하면, 고려시대 마애불상 곁에 '이 대통령 기념탑'이라는 글씨를 새겨

넣기까지 했다. 이승만은 이 같은 아첨꾼들의 과잉충성을 말리기는커녕 오히려 흡족한 마음으로 기념행사에 참석하여 격려하기까지 했다. 이승만은 날이 갈수록 가부장적 권위주의에 빠져들고, 아첨꾼들은 그의 '신 격화'에 매진했다.[27]

자유당 정권은 1958년 이승만의 83회 생일을 경축하기 위해 〈이승만 찬가〉까지 지어 전국에 배포했으니, 왕조시대가 무색한 일이었다.

우리나라 대한나라 독립을 위해
여든 평생 한결같이 몸바쳐오신
고마우신 리 대통령 우리 대통령
그 이름 길이길이 빛나오리라
오늘은 리 대통령 탄생하신 날
꽃피고 새 노래하는 좋은 시절
우리들의 리 대통령 만수무강을
온 겨레가 다 같이 비옵나이다
우리들은 리 대통령 뜻을 받들어
자유평화 올 때까지 멸공전선에
몸과 맘을 다 바치어 용진할 것을
다시 한 번 굳세게 맹세합니다
몸과 맘을 다 바치어 용진할 것을
다시 한 번 굳세게 맹세합니다.[28]

이승만은 1957년에 이기붕의 장남 이강석을 양자로 들였다. 첫째 부인과의 사이에 아들이 있었으나 미국에서 사망하고, 프란체스카와의 사이에는 자식이 없었다. 무후 절손의 상태에서 양자 입적은 일반인들도 흔한 일이어서 그것 자체는 탓할 일이 못 되었다. 다만 권력 서열 2인자의 아들이 1인자의 아들로 입적함으로써 국가권력에 혈연성이 작용하게 된 것이 문제였다.

그런데 사건은 엉뚱한 데서 터졌다. 정부가 이강석을 1957년 신학기를 맞아 서울법과대학에 부정 입학시킨 것이 탄로가 났다. 서울법대생들이 4월 10일부터 이강석 입학 반대 동맹휴학을 벌이고 나섰다. 이승만 정권에서는 6·25 전쟁 뒤의 사회 분위기여서 학생들의 집단시위나 동맹휴학 같은 것은 일어나기 쉽지 않았다. 그런데 1인자 아들의 부정입학에 반대시위를 한 것이다.

'가짜 이강석' 사건이 터진 것도 이 무렵의 일이다. 한 청년이 전국 관청을 돌며 고위관리들에게 '이승만 아들' 행세를 하면서 극진한 접대를 받고 뇌물을 받아 챙기다가 덜미를 잡혔다. 일종의 사기사건이었지만 이승만 정권의 독재·독선이 낳은 '권력형 사기사건'으로 세간의 조롱거리가 되었다.

이승만 정권의 명을 재촉하는, 1958년 5월 2일 실시된 제4대 민의원 선거는 그때까지 치른 선거 중 가장 타락한 선거였다. 2년 뒤 3·15 부정선거의 예고편이었다.

공직자들이 대거 동원되고, 폭력이 난무했다. 경찰이 노골적으로 개입한 것이다. 미움 받던 사람들이 산림법 위반으로 구속되기 일쑤였고, 야당 참관인이 여러 곳에서 구타당했다. 일부 지방에서는 3인조·9인조로 팀을 만들어 집단투표를 하게 했다. 개표도 별의별 부정이 다 동원되었다. 개표 도중 전기를 끄고 개표하는 '올빼미 개표'가 많았고, 여당 표 다발 중간에

야당 표나 무효표를 끼워 넣는 '샌드위치 표'도 있었고, 야당 참관인한테 수면제를 먹여놓고 임의 개표한 '닭죽 개표'라는 것도 있었다고 한다.[29]

부정선거 결과 자유당은 126석을 얻었지만 민주당도 79석이나 얻었다. 무소속이 27석이었고, 통일당이 1석을 차지했다. 부정이 쉬운 농어촌에서는 자유당이 '싹쓸이'를 하고 서울 등 대도시에선 야당이 다수 당선되었다. 서울의 경우 16개 선거구 중에서 민주당은 14명이나 당선되었다. 자유당은 서대문 을구의 최규남이 유일하게 당선되었고, 나머지 1석은 동대문구에서 무소속으로 출마한 민관식에게 돌아갔다. 서대문구에서 제3대 때 당선되었던 국회의장 이기붕은 서울을 피해 경기도 이천으로 옮겨 간신히 당선될 수 있었다. 그만큼 민심은 이승만과 자유당 정권을 떠나고 있었다. 공정선거가 실시되었다면 지방에서도 자유당 후보 상당수가 낙선되었을 터였다.

민심이 떠난 권력은 우상화나 폭압적 통치 말고 달리 길이 없었다. 그래서 공안 분위기를 조성하고, 경찰과 정치깡패들을 동원하여 국민을 협박했다. 야당 주최 시국강연회는 으레 정치깡패들이 몰려와 난동을 부리고, 야당 계열 인사들에게는 온갖 트집을 잡아 괴롭혔다.

1950년대 후반 한국은 1인 독재와 경찰국가체제의 암울한 사회가 되었다. 이승만 정부의 자유당 실력자들은 자기 관할 경찰서장이 각급 선거에서 공화당 지지표가 적게 나오면 파면하거나 좌천시켰다. 이를 통해 경찰국가체제를 운영하고 강화했다. 신생독립국가의 희망은 어디에서도 찾아보기 어렵고, 사회는 희망과 활력을 잃었다. 미국의 경제원조는 대부분 소비재뿐이어서 생산공장이 없었다. 거리에는 실업자가 넘치고, 자유당의 횡포는 일제강점기 총독부에 못지않았다.

비판언론 탄압과 신보안법 파동

청년 시절에 계몽 언론인이던 이승만에게 신문은 사회활동의 첫걸음이 기도 했다. 하와이 망명 시절에는 오랫동안 잡지를 발행한 언론인이었 다. 하지만 집권해서는 언론을 대하는 인식이 크게 바뀌었다. 비판언론 은 적대하고 어용언론만 육성했다. 미국에서 오래 생활하고도 미국식의 '권력과 언론의 길항관계'를 용납하지 않았다.

이승만 치하에서 《동아일보》와 《경향신문》은 대표적인 비판신문이 었다. 세간에서 두 신문은 '야당지'로 불렸다. 《동아일보》는 민주당 구파 계열, 《경향신문》은 신파 계열의 '야당지'로 인식되었다. 이승만 정권은 1958년 초 《동아일보》의 연재만화 '고바우 영감'을 문제 삼았다. 내용은 일반 가정의 변소(화장실)를 치는 인부들이 대통령 관저인 경무대의 변 소를 치는 인부를 만나자, 꼼짝없이 엎드려 절하는 모습을 그린 풍자만 화였다. 당시 국민의 화제가 되었던 '가짜 이강석 사건'이 만화의 배경이 었다.

서울시경은 1월 27일, 만화작가 김성환을 "경무대를 모욕했다"라는 이유로, 신문사에는 허위사실을 게재했다는 혐의로, 작가를 즉결심판 에 회부하여 과태료 450환을 부과했다. 신문 만화를 허위보도로 몰아 작가를 제재한 최초의 사건이었다. 그로부터 반세기의 세월이 지난 뒤 이명박 정권에서 '쥐 그림 포스터'를 그린 작가를 구속하고 거액의 벌금 을 물린 사건이 있었다. 고바우 사건이 '효시'가 되었다.

《동아일보》는 사설 〈만화를 허위보도라니〉에서 '고바우 영감' 사건 을 이렇게 비판했다.

만화라는 것은 가공 내지 허구의 소재를 가지고 제작되는 것이며, 그 표현 방식이 매우 상징적이어서, 독자로 하여금 일견一見하여 작가의 의도를 파악게 하는 것을 그 특징으로 한다. 더욱이 풍자만화에 있어서는 허구의 소재를 가지고 세태나 사회 조류를 상징적으로 그려내, 보는 사람으로 하여금 그 작가의 의도에 공감케 하여 웃음을 주게 하자는 것이 그 목적이라 할지니, 인간이 수상獸相이나 기타의 사물로 그려질 때도 있고, 또 묘사하는 내용 자체가 실존하는 것보다는 몇 갑절 과장되어 극단화해서 표현되는 것이 보통이다. 만화에 만약 이런 표상의 특성이 없다 하면 그것은 벌써 만화로서의 가치가 없다 해도 과언이 아니다.[30]

'고바우 영감' 필화 사건이 터진 지 8개월 뒤, 그러니까 1958년 8월호 《사상계》에 실린 함석헌의 논설 「생각하는 백성이라야 산다」가 이승만 정권의 아픈 대목을 찔렀다가 필화를 당하게 되었다. 《사상계》는 광복군이자 김구의 비서 출신인 장준하가 발행하는 진보적 월간 교양지였다.

함석헌은 이 글에서 "남한은 북한을 소련·중공의 꼭두각시라 하고, 북한은 남한을 미국의 꼭두각시라 하니, 남이 볼 때 있는 것은 꼭두각시뿐이지 나라가 아니다. 우리는 나라 없는 백성이다. 6·25는 꼭두각시놀음이었다. 민중의 시대에 민중이 살았어야 할 터인데, 민중이 죽었으니 남의 꼭두각시밖에 될 것이 없지 않은가"라고 묻고 있다.

'6·25 싸움이 주는 역사적 교훈'이라는 부제가 붙은 이 논설 가운데 이승만 정권이 특히 문제 삼은 구절이 이 대목이었다. 남한을 북한과 똑같이 꼭두각시로 표현하여 국체를 부인했다는 것이다. 정부는 필자 함석헌과 발행인 장준하를 반국가 이적행위 혐의로 구속했다. 이 글은 사회적 관심을 불러일으켜 장안의 화제가 되고 《사상계》가 크게 성장하는 계기가 되었다.

한국 가톨릭의 후원을 받는 《경향신문》은 부산 피난 시절에도 발췌 개헌안 파동을 전후하여 이승만 정권의 독재와 장기집권 기도를 강경하게 비판하고 나서, 테러단 '땃벌떼'의 습격을 받는 등 반독재 논지 때문에 이승만 정부에 눈엣가시 같은 존재가 되고 있었다.

그런 상황에서 《경향신문》은 1959년 1월 11일 자 조간 사설 「정부와 여당의 지리멸렬상」에서 "이기붕 의장은 병구病軀를 이끌고 스코필드 박사를 친히 방문하여 본국으로 돌아가라고 권고하는 근력이 있었다 하거니와, 그 동기는 아마도 스코필드 박사가 시내 모 지誌에 기고한 극히 격렬한 비판문 때문이라는 것도 상상되는 바이며, 동 박사가 의장의 '권고'를 격분한 어조로 거부한 데 대하여 어떠한 양심의 찔림을 받았는지 알고 싶을 것"이라고 논평하여 정부의 심기를 건드렸다.

《경향신문》은 계속하여 2월 16일 자 3면에 「사단장은 기름을 팔아먹고」라는 폭로기사, 4월 3일 자 조간 3면에 「간첩 하河 모를 체포」라는 1단 기사, 4월 15일 자 석간 1면에 「이 대통령이 기자회견 석상에서 국가보안법 개정을 밝혔다」라는 기사를 게재하는 등 이승만 정권에 팽팽하게 맞서왔다.

그런데 정권이 《경향신문》에 '발행허가 취소'라는 초강경 조치를 취하게 된 직접적인 기사는 1959년 2월 4일 자 고정 칼럼 「여적餘滴」이었다.

칼럼은 이틀 전부터 이 신문에 연재되고 있던 「다수결의 원칙과 윤리」라는 글에 대해 논평한 것으로, '다수결의 원칙'은 미국 노트르담 대학 교수 페르디난드 A. 허맨스가 《소셜 리서치Social Research》 1958년 봄호에 「다수결의 횡포The Tyranny of the Majority」라는 제목으로 발표했던 것을 일본에서 발간하는 잡지 《아메리카나》 1958년 11월호에 일어로 번역 게재한 것을 《경향신문》이 다시 전재한 것이었다.

칼럼은 "인민이 성숙되지 못하고, 또 그 미성숙 사태를 이용하여 가장된 다수가 출현한다면 그것은 두말없이 '폭정'이라고 할 수밖에 없는 것"이라고 전제하고, "진정한 다수라는 것이 선거로만 표시되는 것은 아니다―선거가 진정 다수 결정에 무능력할 때는 결론적으로 또 한 가지 폭력에 의한 진정 다수 결정이란 것이 있을 수 있는 것이요. 그것을 가리켜 혁명이라고 할 것"이라고 쓰고 있다.

이 단평으로 인한 《경향신문》 폐간 사건은 이승만 정권 몰락의 한 계기가 되었다. 이승만 정권은 이미 시효가 만료된 미 군정 법령 제88호를 적용하여 《경향신문》을 4월 30일 자로 폐간시켰다. 이승만은 《경향신문》 폐간에 대해 국무회의에서 "법대로 됐으면 잘 됐다"라고 말한 것으로 《한국일보》는 보도했다.[31]

《경향신문》의 폐간은 국내외에 큰 반향을 불러일으켰다. 문화인 33명은 "《경향신문》의 폐간을 미 군정 법령 88호에 준거하는 것은 독립국가의 위신을 손상하는 수치스런 일"이라 성토했고, 민권수호국민총연맹이 주최한 '언론자유수호국민대회'는 "《경향신문》에 대한 정부의 폐간조처를 즉각 철회하라" "우리는 군정 법령 제88호의 무효를 주장한다"라고 선언했다.

주한 미국대사 월터 다우링도 "언론 탄압이 언론 과오를 교정하는 방책이 되지 않는다는 것을 말하고 싶다"라고 밝혔으며, 한국신문편집인협회는 "군정 법령은 점령하에 군정장관이 공포한 일개 명령이나 특별히 필요한 경우에 언론출판의 자유를 제한하는 법률을 만들 수 있으나, 이는 어디까지나 형법 기타 일반 법령에 의할 것"이라면서 국회에 미

군정 법령의 폐기청원을 제출했다. 이승만 정권은 비판언론을 말살하기 위해 엉뚱하게도 미 군정 법령까지 동원하여 《경향신문》을 폐간시킴으로써 이렇듯 여론의 공분을 사고 전 세계 언론계의 조롱거리가 되었다.

이승만은 제주 4·3 항쟁 당시에는 조선총독부의 계엄령 관계법을 찾아내서 제주에 계엄령을 선포했다. 그에게는 법의 '시효'는 물론 주권국가의 자존이나 독립성은 안중에도 없었다. 반대세력을 제거할 수만 있다면 그런 것 따위는 문제 될 것이 없었다.

《경향신문》은 1960년 4·19 혁명으로 자유당 정권이 몰락하자 대법원의 '발행허가정지처분의 집행정지'라는 법적 절차를 거쳐 1년 만인 1960년 4월 27일 복간되었다.[32]

이승만과 추종자들에게 1960년 상반기로 예정된 제4대 정·부통령 선거는 피할 수 없는 건널목이었다. 독재자와 추종자들로서는 쏜살같이 빠른 세월이 유감일 터였다. 그들의 오로지한 소망이라면 독재정권의 '만수무강'일 것이지만 세월은 누구에게나 공평한 것이어서 '만수무강'은 그 세월을 넘어서지 못한다.

5·2 총선에서 개헌 정족수를 확보하지 못한 채 지지기반을 상실해 간 자유당은 1960년의 대격전을 앞두고 대안을 찾아 부심했다. 야당의 공세는 점차 거세지고, 일부 신문은 비판의 강도가 날로 심해졌다. 이승만 측근들은 야당의 발을 묶고 비판언론에 재갈을 물릴 목적으로 국가보안법을 강화하는 데 눈을 돌렸다. 민심을 잃은 한국의 독재세력이 비판세력을 제거하고 혹세무민하는 데에는 국가안보를 빙자하여 용공·간첩사건을 조작하고 '빨갱이' 딱지를 붙여 여론몰이를 하는 것이 가장 손쉬운 방법이었다.

권부 내에는 일제강점기부터 독립지사를 체포하여 고문해온 기술자가 여전히 많았고, 노하우도 축적돼 있었다. 조봉암과 진보당 간부들은 이런 수법으로 이미 감옥에 집어넣었다. 나머지 야당과 언론에 겁을 주는 일이 시급한 과제였다. 자유당은 간첩을 색출하고 좌경세력을 발본색원한다는 명분을 들어 그해 8월 11일에 국가보안법 개정안을 국회에 제출했다.

전문 3장 40조, 부칙 2조로 구성된 개정안에는 "간첩활동의 방조행위에 대해 범죄구성의 요건을 명백하게 하며, 간첩죄 피고인의 변호사 접견을 금지하며, 상고심 제도를 폐지한다"라는 '3대 정략'이 담겨 있었다. 이 법안이 국회에 제출되자 민주당과 일부 무소속 의원들은 "간첩 개념의 확대규정은 정·부통령 선거를 앞두고 야당과 언론인의 활동을 제약하고 탄압하려는 저의가 숨어 있다"라고 지적하고, "변호사의 접견 금지와 3심제의 폐지는 명백한 헌법 위반"이라며 강력하게 반대하고 나섰다.

민주당과 무소속 의원 95명은 '국가보안법 개정반대투쟁위원회'를 구성하여 위원장에 백남훈, 지도위원에 조병옥·곽상훈·장택상 의원을 추대했다. 범야 연합전선으로 저지투쟁에 나섰다. 자유당도 '반공투쟁위원회'를 구성해, 장택상 의원을 회유하여 위원장으로 추대함으로써 범야 연합전선의 분열을 기도하면서 강행통과를 서둘렀다. 이승만 정권은 그동안 무리수를 거듭하면서 이승만의 3선에까지 이르렀는데, 4선을 위해 또다시 보안법으로 억압통치의 장치를 만들어 영구집권을 책동한 것이다.

1960년의 목표를 오로지 '재집권'으로 설정한 이승만과 자유당은 신보안법의 강행통과도 불사한다는 방침을 세웠다. 그리고 12월 19일 법사위에 상정하여, 야당 의원들이 식사하러 간 사이에 자유당 의원만으로 3분 만에 날치기 처리하는 기민함을 보였다. 자유당 의원들의 기습 작전으로 법사위에서 허점을 찔린 야당 의원들은 법사위의 변칙통과 무효를 주장하면서 의사당 안에서 농성투쟁에 들어갔다. 그 사이에 두 당에서는 협상을 벌였지만 무위에 그치고, 헌정사에 길이 오점을 남기게 되는 12월 24일이 다가왔다.

자유당은 법안의 강행통과를 위해 내무부와 은밀한 협의를 거쳐 극비리에 전국 각지의 경찰서에서 유도와 태권도 유단자인 무술경관 300명을 임시 특채하여 3일 동안 국회경위의 역할을 담당할 훈련을 시켰다. 이날 상오 10시를 기해 무술경위들은 사회를 맡을 자유당 소속 한희석 부의장을 에워싸고 본회의장에 난입하여, 연 6일째의 철야농성으로 지칠 대로 지친 야당 의원들을 무자비하게 구타하고 일부는 지하실에 감금시켰다.

본회의장은 삽시간에 아비규환이 되었다. 무술경위들의 폭행으로 야당 의원들의 비명이 의사당 안팎에 메아리쳤다. 무술경위들에게 저항하다가 많은 야당 의원들이 부상당하기도 했다. 박순천, 김상돈, 허윤수, 유성권, 윤택중, 김응주, 김재건 의원 등이 중경상을 입고 세브란스 병원에 입원해 응급치료를 받았다.

야당 의원들을 폭행한 무술경위들이 의사당의 모든 출입문을 봉쇄한 가운데 한희석 부의장의 사회로 자유당 의원들만으로 본회의가 열렸다. 이들은 법절차를 무시한 채 순식간에 보안법을 처리한 데 이어, 새해 예산안과 12개의 세법 개정안 등을 일사천리로 통과시켰다. 보안법이 처리된 후 지하실 한구석에 감금돼 있던 야당 의원들의 '금족령'이 풀렸다. 이들은 태평로 국회의사당 앞에 모여 "보안법 무효" "민주주의 만세"를 외쳤지만 '기차'는 이미 떠나고 없었다.

야당 탄압과 언론 규제를 목표로 하는 이른바 신보안법을 통과시킨 자유당 정권은 법의 효력이 발생한 지 20일 만인 1959년 2월 5일에 서울지방법원으로 하여금 《경향신문》에 대해 압수수색 영장을 발부하게 하고, 미 군정 법령 88호를 적용해 폐간명령을 내리는 등 단말마적 횡포를 서슴지 않았다. 《뉴욕 타임스》는 이승만의 국가보안법 개정 폭력 사태와 관련하여 서울발 기사로 '우려'를 표명했다.

주한 미국 대사 월터 C. 다올링 씨는 점차 심각해지고 있는 한국의 정치 분쟁에 관해 미 국무성 관리들과 협의하기 위해 오늘 워싱턴을 향해 서울을 떠났다. 그는 지난 수요일 국무성으로부터 소환명령을 받았었다. 관측통들은 한국의 신국가보안법에 대한 국내외의 반응에 비추어 볼 때 한·미 관계의 재평가는 곧 있게 될 것으로 믿고 있다. 한국의 야당과 신문들은 이 법이 언론의 자유와 기본 인권을 위협하는 것이라고 맹렬히 비난해왔다. 서울에 주재하는 미국 관리들은 만일 방첩 및 반란방지법이 반공정책의 구실 아래 정부에 대한 언론의 비판을 침묵시키고, 야당의 정치활동을 억제하는 데 이용될 경우 그에 대한 국민의 반발이 매우 심각할 것임을 공공연히 우려해왔다.[33]

만 사람의 경륜이 모두 틀려버린 '한 사람의 세상'

이승만은 점차 폭군으로 변해갔다. 육체적으로도 이미 노쇠현상을 보이게 되고, 주변에는 무조건 '지당합니다'만을 연발하는 '지당장관'을 중심으로 하는 아첨꾼들이 둘러싸고 국민의 소리를 가로막았다. 1인 독재

10년이 지났으나 민생은 별로 나아지지 않았다. 오로지 '정권안보'에 필요한 경찰국가체제가 강화되고, '인의 장막'에 갇힌 이승만은 언론과도 차단되었다.

대통령과의 기자회견에 앞서 우리는 대통령의 비서들에게 우리의 질문사항을 미리 제출해야 했다. 우리는 그들 비서들이 승인한 항목에 대해서만 대통령에게 질문할 수 있었다. 언젠가 한 기자가 질문 항목에서 지워진 질문 중의 하나를 대통령에게 물어본 일이 있었다. 그 기자는 얼마 후 모종의 혐의로 체포되었으며 신문사에서도 해고되었다.[34]

이승만의 80회 생일(당시 정부는 '탄신'이라 표기) 기념행사의 공식 명칭에 '삼천만의 영도자 위대한 세계의 수호자이신 우리 리승만 대통령 각하'라는 28자나 되는 수식어가 붙었다. 당시 북한에서도 김일성에 대한 수식어가 그렇게 길었다. 이런 꼴을 지켜보던 김창숙이 다시 붓을 들어 「북성남만北成南晚」이라는 글로 이승만에게 일갈했다.

북의 김일성 남의 이승만
모두가 없어지지 않는 한
나라의 평화통일은 기대 못 한다
제국의 앞잡이여!
붉은 사냥개여!
민족을 기만하고
나라를 망치려는
너의 배짱은 그 무엇이냐.[35]

이승만 집권 10년이 지나면서 행정·사법·국회·경찰·자유당·군부 할 것 없이 모든 역량이 1인 독재로 집중되고 국정과 인사가 '인의 장막' 속에서 요리되었다. 당시 국가의 지리멸렬한 모습을 〈서울의 한 지아비 노래〉라는 김창숙의 시구에서 보게 된다.

국가는 나날이 오그라들어가고
민족은 나날이 녹아들어갔도다
남북은 어느 때나 평화로워지며
백성은 어느 때나 즐거워지려나
아아 슬프도다, 한 사람의 세상
만 가지 경륜이 모두 틀려버렸네.[36]

이승만은 80살이 넘으면서 사리판단과 분별력을 더욱 잃어갔다. 점차 그의 추종자들이 가져온 정보에만 크게 의존하게 되었다. "이 같은 상황에서 이 늙은 지도자를 둘러싼 이른바 '인의 장막'이라는 것이 생기게 되어 이승만을 점차 정보 원천으로부터 멀어지게 하고 그로 하여금 국내 정치 사태에 효과적으로 대응할 수 없도록 만들었다."[37]

권력의 욕망은 인간 이성과 자제력을 넘어선다고 하지만, 이승만의 경우는 너무 지나쳤다. 그의 욕망 앞에 민주주의나 민생은 아무런 의미도 가치도 찾을 수 없게 되었다. 집권 기간 내내 받침돌의 역할을 해주던 미국이 보안법 파동을 계기로 차츰 이승만과 거리를 두기 시작했다. 한국민의 민심 이반과 미국식 민주주의 가치를 짓밟는 데 대한 비판이었다.

아이젠하워 미국 대통령이 이승만에게 한국의 내정을 비판하는 의사를 표명한 서한을 보내, 미국 정부의 심각한 우려를 표명했다고 《뉴욕 타임스》(1959. 1. 17)가 전했다. 보안법 파동과 《경향신문》 폐간 조처 등 이승만의 폭군적 행위에 미 행정부는 대한경제원조를 크게 삭감하여, 그렇지 않아도 어려운 경제를 더욱 어렵게 만들었다.

미국의 경제원조는 1957년 3억 8,289만 3,000달러에서 1958년 3억 2,217만 2,000달러로 감축되었고, 1959년에는 2억 2,220만 4,000달러로 크게 삭감되었다. 미국의 원조가 감축되자 즉각적으로 한국 경제는 몰락하기 시작했다. 1957년에 8.7%였던 GNP 성장률이 미국의 원조가 감축됨에 따라 1958년에는 7.0%로, 1959년에는 5.2%로 크게 떨어졌다. 당시 가까스로 억제되었던 인플레도 다시 악화되기 시작했다. 1957년의 물가지수는 0.6%였고, 1958년에는 2.6%였으나, 미국이 일방적으로 환율을 1달러 대 500환에서 1달러 대 650환으로 인상하고, 원조를 감축한 후 물가지수는 10.3%로 뛰어올랐다.[38]

미국 정부가 이승만 정권을 압박하기 위해 지원을 축소하면서, 전적으로 미국에 의존하던 한국 경제는 더욱 나빠졌고 국민생활도 더욱 어려워졌다. 1인당 국민소득GNP이 1956년 80.5달러, 1957년 84.3달러, 1958년 85달러이던 것이 1959년에는 84.3달러로 떨어졌다.

이승만은 폭정을 일삼았을 뿐 아니라 경제적으로도 무능하여 숱한 실정을 남겼다. 미국의 경제원조에만 의존하면서 자립경제에 대한 철학도 비전도 보이지 않았다. 미국의 잉여농산물 수입으로 농업의 위축 및 저곡가 정책을 통한 저임금 구조가 형성되고, 노동운동을 탄압하여 도시 노동자들의 생존을 어렵게 만들었다.

미국의 대한원조가 50년대 한국의 공업화에 있어서 매우 중요한 의미를 가지는 것은 이것이 소비재 중심의 공업화가 이루어질 물질적인 기초를 제공하였고, 이것이 정치권력과 결탁한 특정인에게 집중되었기 때문에 매판적이고도 관료자본가적 성격을 가진 재벌이 성립되었다는 점에 있다.[39]

미국의 한국 원조는 공산 침략으로부터 남한이라는 반공 보루를 지키려는 게 본질적인 목적이었고, 또 한편으로는 한국 경제를 미국의 재생산구조 안으로 편입시키려는 것이 목적이었다. 결국 미국의 원조에만 기댄 한국 경제는 이승만 정권 12년 동안 대외종속을 벗어날 어떤 노력도 시도해보지 못한 채 매판 재벌의 강화, 절대다수 농어민과 도시 노동자의 빈곤화만 불러왔다.

요컨대 농업 및 노동자의 희생을 전제로 보수적, 대외의존적 정치권력 담당세력과 권력의존적·매판적·상업적·폐쇄적인 재벌로 특징되는 공업화가 추진되었으며, 역으로 이는 불평등 기반 위에서 가능했다. 1950년대 한국의 공업화는 관료와 재벌의 유착관계에 의하여 그 방향이 왜곡되었으며, 이러한 관계는 한국 경제의 기본적인 구조로 정착되었다.[40]

이승만의 심리상태에 대해 한 정신의학자는 이렇게 분석했다.

그렇지 않아도 고집이 세고 자기주장만을 알고 추종하지 않는 자에 대한 미움이 많고 의심이 많고 질투가 많았던 그분이 70세 이후의 노기에 접어들면서부터는 그러한 경향성이 더욱 강해졌음을 알 수 있다. "그렇습니다. 좋습니다. 지당합니다. 박사님 업적은 길이 빛날 것입니다"라고 해주는 사람만이 진정 자기를 위해주는 애국자요, "안 됩니다. 그렇지 않습니다. 인

제 대통령 자리를 내놓으시지요"라고 하는 사람들은 모두 자기의 적이요,
나아가 이 나라 우리 겨레의 적으로서 죽일 놈이 되고 마는 것이다.[41]

『현대한국인물사론』을 쓴 현대사 연구가이자 이승만 연구에도 많
은 업적을 남긴 언론인 송건호는 한국현대사에 이승만이 끼친 많은 해
악 중에 '민족주의의 행방불명'을 들었다.

1950년대, 즉 김구를 살해 제거한 후와 이승만 통치시대 12년간은 민족
주의는 행방불명이 되고 이데올로기만 만발한 시대였다. 이때처럼 민족적
양심이 천대받고 학대받은 시대는 없었다. 이승만 통치 12년간 심어놓은
이 땅의 이데올로기, 정치풍토는 미국의 대한정책이 무색할 정도로 엄중
해 40년이 지난 오늘까지도 그 해독에서 벗어나지 못하고 있다. 한민족의
과제는 오늘날 이승만이 심어놓은 냉전논리를 극복하는 데 있다 할 것이
다.[42]

'빈손' 대일외교, 친일공화국의 '아버지'

이승만은 국내에서는 친일파 청산에 반대하고 오히려 이들을 중용하면
서 일본을 대할 때는 이중적이고 모순된 태도를 보였다. 때로는 대단히
우호적인 태도를 보였다가, 때로는 극렬한 반일적인 모습을 보였다. 정
부 수립 직후인 1948년 10월 22일에 발표한 이승만의 성명이다.

나는 일본과 한국에 정상적인 통상관계가 재확립되기를 희망한다. 우리는

과거를 망각하려 할 것이며, 또한 망각할 것이다. 만일 일본인이 한국인을 진정으로 대한다면 우호관계가 일신될 것이다. 우리는 인방국과는 평화리에 생존할 수 있으리라고 생각하고 있으며, 일본인들은 그들의 심각한 제 체험諸體驗에서 여사如斯한 교훈을 얻으리라고 믿는다.[43]

갓 독립한 나라의 초대 정부수반으로서 첫 일본 관계 발언으로는 참으로 부적절한 언사가 아닐 수 없다. 최소한의 사과도 요구하지 않았다.

이승만은 여러 분야에서 모순된 이중의 행태를 보였다. 왕족의 후예라는 자부심을 누리면서 왕조 타도를 입에 올리는 행태, 미국식 민주주의의 교육을 받고 미국을 추종하면서도 그 민주주의를 파괴하는 행태, 언론인 출신이면서 비판언론을 용납하지 않은 행태, 겨레는 모두 하나라는 일민주의를 주창하면서 극렬한 분단주의 노선을 걸어온 행태 등이 대표적이다.

미국은 1951년 9월에 일본과 미일안보조약을 체결하고, 그 연장선상에서 이승만 정부에 한일회담 추진을 요구했다. 소련의 남진정책에 대응하려는 동북아 전략의 일환이었다. 일본은 6·25 전쟁 과정에서 미국의 군수물자 보급기지 역할을 하면서 막대한 이득을 챙겨 경제 부흥의 일대 전기를 마련했다. 연합군 최고사령관 맥아더는 1948년과 1950년 두 차례에 걸쳐 이승만에게 한일 양국 간의 국교정상화를 촉구하고, 이승만은 이를 수용하는 발언을 했다.

제1차 한일회담은 1951년 10월 21일 연합군 최고사령부 외교국장 W. J. 시볼트의 주선으로 한국의 양유찬 주미 대사와 이노구치 일본 대표 사이에 이듬해 2월 15일부터 회담이 시작되었으나, 의제로 채택된 5개 현안 중 재산청구권 문제와 어업 문제에 관한 양국의 의견대립으로 4월

21일에 중단되었다. '맥아더 라인'이 철폐되면서 어업 장비가 발달된 일본 어선들이 한국 영해를 침범했다.

제2차 회담은 1953년 4월 15일부터 이승만이 선포한 '평화선' 분쟁으로 양국 관계가 극도로 악화된 가운데 열렸다. 김용식 주일 공사와 구보타 수석대표가 참석한 이 회담에서는 '기본관계', '재일한국인 국적 및 처우', '선박', '재산청구권', '어업' 등 5개 분과위원회를 설치하여 협상이 전개되었다.

그해 10월 6일부터 열린 제3차 회담에서는 일본 측 수석대표 구보타가 "일본이 35년 동안 한국에 많은 공헌 즉 철도부설, 토지개량 등을 통해 많은 이득을 주었으므로, 일본은 보상을 요구할 권리를 가지고 있다"라는 망언을 하여 회담이 결렬되었다. 이로써 1958년에 4차 회담이 열릴 때까지 5년간이나 회담이 중단되었다.

제4차 회담은 1950년대 말 고도성장한 일본이 한국에 경제적으로 진출하기 위해 하토야마 내각이 회담을 요구하면서 시작되었다. 1957년의 예비회담을 거쳐 1958년 4월 15일부터 속개되었으나, 양국 간에 어업 문제와 청구권 문제에 심한 이견이 드러났다. 더욱이 일본 정부가 재일 교포를 북한으로 보내면서 회담은 난항을 거듭하다가 4월혁명으로 이승만 정권이 붕괴되어 한일회담은 중단되었다.

이승만은 1959년 2월 10일 성명을 통해 "일본은 지금까지 이들(재일교포들)을 노예와 같이 심지어는 가축처럼 취급해왔으면서 이제 와서는 10만 명 이상의 한국인들을 공산주의자들이 점령하고 있는 북한으로 보내는 동기가 인도주의에 있다고 운위하고 있다"[44]라면서 교포 북송을 강력하게 비난했다.

미국의 주선으로 1959년 4월 2일 김용식 공사와 시게미쓰 일본 외상 사이에 다시 회담이 이루어졌다. 양측은 "한국 정부는 억류 일본인 중에서 형기 종료자를 송환한다. 한국 정부는 전후 일본에 밀입국한 한국인을 인수한다. 일본 정부는 오무라 수용소에 수용 중인 한국인으로서 전쟁이 끝나기 전부터 일본에 거주하고 있던 자는 해외로 추방하지 않고 국내에 석방한다"라는 3개 항에 합의했다.[45]

양국 간의 합의사항에 대해 일본 내부에서 반발이 나오고, 한국에서도 비판여론이 거세지면서 회담은 다시 진통을 겪었다. 한국 정부는 구보타 망언 철회와 청구권 문제 해결을 요구하여, 이 회담도 결렬되고 말았다.

일본은 한국전쟁을 통해 특수를 누리면서, 한일회담을 통해 한국 시장 진출을 노리는 한편 청구권 액수를 줄이려는 책략으로 나왔다. 이승만 정부로서는 받아들이기 어려운 조건이었다. 이승만 정권은 9년 6개월 동안 네 차례에 걸쳐 한일회담을 열었지만 "강경한 태도로 일관했다." 미국으로부터 연간 2~3억 달러의 경제원조를 받고 있어서 당장 일본 자본 유입의 시급성을 느끼지 않았을뿐더러 이승만이 한일회담을 그다지 중시하지 않은 정치적 이유도 크게 작용했다.

이승만은 그의 실정과 비민주성에 대해 국민의 시선을 돌릴 수 있는 민족적인 속죄양을 필요로 했던 것이다. 바로 이러한 배경 속에서 이 정권의 강경한 대일정책이 통용될 수 있었던 것이다. 그러나 이승만의 강경 대일정책과 한일회담 실패는, 미국으로 하여금 4·19 당시 이 정권의 퇴진압력을 가하게 되는 한 요인이 되었다. 이 정권 시대에 끝내 타결을 보지 못한 한일회담 문제는 곧 민주당에 그 짐이 넘겨지게 되었다.[46]

이승만이 일본과 회담을 진행할 때는 한국이 우월한 위치에 있었다. 비록 샌프란시스코 강화회담에 한국이 참여하지는 못한 상태였으나, 일본은 전범국이었으며 미국은 소련 봉쇄정책의 일환으로 한일회담을 통해 국교정상화를 촉구하고 있었다.

하지만 이승만은 한일회담을 국내정치에 활용함으로써 식민통치 35년에 대한 정당한 청구권 요구 등 권리를 스스로 포기하는 실책을 빚었다. 결과적으로 일본군 출신 박정희가 쿠데타로 집권하면서 경제개발계획에 따른 대규모 투자재원을 확보할 목적으로 한일회담을 서둘러 졸속 추진하면서 무상공여 3억 달러, 재정차관 2억 달러, 상업차관 1억 달러라는 터무니없는 헐값에 대일청구권을 팔아넘기게 되었다.

이승만 정부는 1952년에 처음으로 한일회담을 준비하면서 청구권 문제, 즉『대일청구권요강』을 준비했다. 이에 따르면 "1909~1945년까지 조선은행을 통해 일본으로 반출된 지금地金 249톤, 지은地銀 67톤, 조선총독부가 한국 국민에게 반제해야 될 각종 체신국의 저금·보험금·연금, 일본인이 한국의 각 은행으로부터 인출해간 저금, 재한 금융기관을 통해 한국으로부터 대체 또는 송금된 금품, 한국에 본사 및 주사무소가 있는 한국법인의 재일 재산, 징병·징용을 당한 한국인의 급료·수당과 보상금, 종전 당시 한국법인이나 자연인이 소유하고 있던 일본법인의 주식, 각종 유가증권 및 은행권 등"의 내역으로 되어 있다.

그러나 이는 법적 근거를 가진 최소한의 청구 내역이었을 뿐, 35년간의 일제치하에서 한국인이 당한 정신적·물질적 피해에 대한 보상은 전혀 포함되지 않았다. 이승만 정권이 이 정도의 대일청구권이라도 강력히 추진했다면 최소한의 성과는 거두었을 것이다. 이승만의 '모순 행태'가 결국 '빈손 외교'로 끝나고, 결국 박정희의 굴욕회담에 따른 헐값

처분을 초래하게 되었다.

이승만의 집권기간에 보인 대표적인 과오는 친일파들의 중용이다. 송건호는 하지 중장과 브루스 커밍스의 연구 자료를 인용하여 이승만이 친일파를 옹호하게 된 연유를 밝혔다.

이승만은 한국에 들어온 후 얼마 안 되어 일부 부호들의 영향을 받는 몸이 되었다. 그들 중 상당 부분은 일제하에서 많은 돈을 벌었기 때문에 친일파라는 비난을 받을 만한 인물이었다. 여기서 하지가 말하는 일부 부호이면서 일제 때 친일파라는 말을 들을 만한 사람들이란 대체로 한민당의 영향 아래 있는 사람들이라고 보아야 하겠다. 이승만이 귀국했을 때 그의 생활비를 부담한 것도 물론 한민당이었다. 사정이 이러고 보니 이승만이 친일파라 비난받는 이들을 처단하라고 말할 까닭이 없었다. (…) 이승만은 그들의 기부금을 받는 대가로 장차 민족주의의 집권이나 공산정권이 들어설 경우 일제에 협력했다는 죄로 재산을 몰수당할지도 모를 그런 계층의 사람들을 보호해주지 않을 수 없었다. 이승만은 그 후 얼마 지나지 않아 부유계층의 집단인 한민당과 그들의 산하에 있던 경찰까지도 그들의 수중에 두게 되었다.[47]

이승만 집권기 국무총리 이하 정부 각료는 연인원 115명인데, 이 가운데 재임再任 또는 2부部 이상의 각료를 역임한 19명을 빼면 실제 인원은 96명이다. 이들 가운데 독립지사 출신은 12명(해외 망명 독립지사는 4명에 불과)인 12.5%에 불과한 데 반해 부일협력 전력자는 31.3%(30명)나 된다. 직계혈족 가운데 극히 현저한 친일행위가 있었던 인사 3명까지 포함하면 34.4%나 된다.[48]

눈에 띄는 부일협력 전력 각료로는 국무총리 장면, 국무총리·재무장관 백두진, 내무장관 이익흥·장경근·이근직, 내무·법무장관 홍진기, 국방장관 신태영·김정렬, 문교장관 이선근, 농림장관 정운갑, 부흥장관 신현확 등이다. 입법부 부일협력자는 제헌국회 재적 200명 중 10명, 제2대 국회 재적 210명 중 20명, 제3대 국회 재적 203명 중 20명, 제4대 국회 재적 233명 중 26명으로, 박순천·엄상섭·윤길중·임흥순·현석호·이민우·주요한 등이 눈에 띈다. 특히 사법부에서 부일협력자는 그 비율이 높은데, 이승만 정부 2명의 대법원장과 17명의 대법관 가운데 부일협력자는 13명으로 무려 68.4%나 된다.[49]

무엇보다 일제치하에서 관제기관 위원(장면), 지방법원 판사(조용순)를 지낸 부일협력자들이 해방조국의 국무총리·대법원장까지 해먹을 지경이니 어찌 친일청산이 되고 민족정기를 바로 세울 수 있을 것인가.

제1공화국의 부일협력자 중에 이승만에게 책임이 있는 부문은 행정부·사법부와 국회의원 중 여당 출신이다. 이승만 정권 기간에 대한민국의 요직은 상당 부분 친일파들이 차지했다. 이들 외에 경찰·검찰·군·대학·공기업체 등 요직의 임명직은 더 많은 친일파들이 차지하여 '친일파공화국'이란 소리를 듣게 되었다.

정치보복의 극치 '조봉암 처형'의 내력

'권력욕'에 눈멀어 독립지사 경쟁자들 차례로 제거

제4대 민의원 선거가 1958년 5월로 예정되었다. 이승만과 자유당은 2년 앞으로 다가온 제4대 대통령 선거에 모든 권력의 촉수를 맞춰나갔다. 가장 강적은 조봉암이었다. 그는 혁신정치와 평화통일론을 제시하면서 이승만 체제를 압박하기 시작했다. 그는 제3대 대통령 선거에서 그토록 심한 탄압에도 잠재력 있는 득표를 한 바 있다.

1956년 11월 10일, 조봉암은 혁신계 인사들과 서울 시공관에서 진보당을 창당했다. 진보당은 '책임 있는 혁신정치' '수탈 없는 계획경제' '민주적 평화통일'의 3대 정강을 채택하고, 위원장에 조봉암, 간사장에 윤길중 등 임원을 선출했다. 특히 진보당은 '평화통일'의 구체적 실천 방안으로 '유엔감시하의 남북한 총선'을 내세웠다. 많은 국민의 지지가 따르고 국제사회에서도 관심을 표명했다.

이승만은 조봉암의 평화통일 방안에 심한 거부감을 가졌다. 그로서는 죽으나 사나 '북진통일'만 주장해온 터였기 때문이다. 또 5월에 예정된 제4대 민의원 선거에서 조봉암은 물론 혁신계 인사들의 당선 가능성이 높아지면서 이승만과 자유당은 초조해졌다. 아니나 다를까, 1958년 1월 13일에 이승만 정권은 느닷없이 간첩 혐의로 조봉암을 비롯하여 진보당 간부 7명을 구속했다. 그렇게 간첩사건을 조작하여 이듬해 7월 조봉암을 사형에 처하는 만행을 저질렀다.

이승만의 조봉암 처형은 김구 암살 사건과 더불어 한국 현대사에서 가장 용납할 수 없는 범죄행위였다. 그것은 정치보복 이상의 범죄였다. 조봉암의 죽음과 함께 평화통일론과 혁신정치가 이 땅에서 뿌리를 잘리게 되었다. 1950년대 후반기는 이승만의 북진통일론과 조봉암의 평화통일론, 전자의 극우보수와 후자의 혁신진보의 대결시대였다.

그로부터 반세기가 지난 2011년 1월 20일, 대법원 전원합의체는 이승만 정권에 의해 간첩으로 조작되어 사형을 당한 조봉암 전 진보당 중앙위원장에 대한 재심에서 국가변란과 간첩 혐의에 대해 무죄를 선고했다. 이로써 조봉암은 사형집행 52년 만에야 공식으로 누명을 벗게 되었다. 유족은 천추의 한을 풀었다.

당시 사법부는 국민의 지지가 높은 조봉암을 제거하려는 이승만의 정치적 의도를 헤아리면서도 그에게 사형을 선고하고, 검찰은 재심의 기회도 주지 않고 곧바로 사형을 집행했다. 이승만의 정적 제거에 검찰과 사법부가 하수인 노릇을 한 지 반세기 만에 무죄로 밝혀졌으니, 독립지사 출신의 진보적 정치 지도자를 '사법살인'한 이승만의 죄상이 역사 앞에 오롯이 드러난 것이다.

이승만을 '국부'로 떠받드는 자들은 누구 하나 '조봉암 처형'에 대해 사죄하지 않았고, 사법부 수장도 '사법살인'에 대해 사과하지 않았다. 그러나 무죄 판결로서 조봉암의 진보사상과 정치철학이 재조명받게 되었다. 이승만의 무도한 권력욕 때문에 걸출한 지도자를 아까운 시기에 잃었지만, 역사는 그를 잊지 않고 그의 생애와 업적을 평가하고 있다.

1950년대 후반, 공산주의를 악성 병균 취급하는 수준의 반공 분위기 속에서 독재자 이승만은 무한권력을 휘두르는 '제왕'이었고, 조봉암은 조선공산당에서 전향한 야당 정치인이라는 대단히 불리한 처지의, 혁신 계열의 유망한 정치인이었다. 이승만 시대에는 혁신이나 진보라는 용어 자체가 불온시되고 제거 대상이 되었다.

자신에게 정적이 될 만한 상대는 그가 누구든 가리지 않고 무슨 수를 써서라도 제거해온 이승만에게 조봉암의 존재는 위협적이었다. 두 번의 대선 도전에다 4선을 내다보는 그에게 조봉암은 1960년 봄으로 예정된 정·부통령 선거에서 혁신계의 유력 후보로 떠올라 이승만을 불안에 빠뜨렸다.

더욱이 '신앙화'된 이승만의 북진통일론에 맞서 조봉암이 내세운 평화통일론은 여간 거슬리는 게 아니었다. 정확한 평가는 아니지만 이승만은 '외교에는 귀신, 내정에는 등신'이란 소리를 들을 만큼 외교에 자신감을 보였으나 국제정세의 돌아가는 품새는 크게 바뀌고 있었다. 미국과 소련의 냉전체제가 강고해지면서 북진통일론은 사실상 헛구호에 불과했고, 실제로 전시작전권을 미군이 장악하고 있어서 전쟁을 치를 처지도 못 되었다.

당시 국력에서도 북한은 만만한 상대가 아니어서 북진통일론은 내부 통치용 수사에 불과했다. 이러한 즈음에 조봉암의 평화통일론은 국내는 물론 미국을 비롯하여 국제사회에 큰 반향을 불러일으켰다.

1951년 6월 30일부터 7월 3일까지 독일 프랑크푸르트에서는 국제사회주의자대회가 열리고, '민주사회주의의 임무'라는 표제 아래 프랑크푸르트 선언을 채택했다. 히틀러와 스탈린의 전체주의 독재를 비판하면서 민주적 사회주의의 진로를 천명한 것이다. '선언'은 자본주의의 폐해를 극복하기 위해 사회보장, 완전고용, 생활수준의 향상이 필요하며, 이를 위해서는 경제성장과 분배의 평등화를 지향하는 사회주의적 계획화를 진행시켜야 하고, 좌우 모든 형태의 독재로부터 인간의 자유와 존엄성을 수호하기 위해 정치적 민주주의가 불가결함을 강조했다. 유럽 대부분의 나라가 이에 동조하고, 아시아·아프리카 블록에서도 관심을 갖는 국가가 적지 않았다.

이승만 정부가 이를 '국제좌익세력의 맹동'으로 치부하고 있을 때 조봉암은 한국이 나아갈 방향을 프랑크푸르트 선언에서 찾았다. 그리고 혁신정당으로 진보당을 창당하고자 했다. 이승만은 국제환경의 변화에는 아랑곳하지 않고 맹목적인 반공 북진통일론을 부르짖으면서 1인 전횡을 일삼았다. 민생은 날로 어려워지고 미국의 원조에 나라의 명운을 걸다시피했다. 따라서 부정부패가 만연하여 원조물자가 특권층에만 집중되고 일반 국민은 보릿고개로 상징되는 굶주림에 시달렸다. 조봉암은 1956년 11월 10일 진보당 결당대회 개회사에서 '복지사회'를 말했다. 마치 요즘의 진보 정치인 연설을 듣는 것 같다.

사람이 사람을 착취하는 일을 없애고 또 인간의 존엄성을 무시하는 일을 없애 모든 사람의 자유가 완전히 보장되고 모든 사람이 착취당함이 없이 응분의 노력과 사회적 보장에 의해서 다 같이 평화롭고 행복하게 잘 살 수 있는 세상—말하자면, 우리들의 이상인 복지사회를 만들자는 것입니다.

먼저 민주적 평화적 방법으로 국토를 통일하여 완전한 자주·통일·평화의 국가를 건설하고, 모든 사이비 민주주의를 지양하고 혁신적인 참된 민주주의를 실시, 참으로 '인민이 인민에 의한 인민을 위한' 정치를 실현하자는 것입니다. 그리고 계획적인 경제제도를 수립해서 민족자본을 육성·동원시키고 산업을 부흥시켜 국가의 번영을 촉구하자는 것입니다. 조속히 사회보장제도를 실시해서 모든 국민의 생활을 보장하고 향상시키려는 것이며, 교육제도를 개혁해서 점차적으로 교육의 국가보장제도를 실시하여 이 나라의 새 민족문화를 창조하고, 나아가서는 세계문화 진전에 이바지하자는 것입니다.[50]

조봉암의 정치사상이 담긴 결당대회 개회사는 당시 집권당인 자유당이나 제1야당인 민주당이 생각지도 못한 국정 비전이며 철학이었다. '복지사회론'은 반세기도 더 지난 뒤에야 한국 정치의 담론으로 떠올랐는데, 조봉암은 이미 1950년대 중반에 이를 제창하고 나섰다. 대단한 선견이고 국제사회의 흐름을 내다본 비전이었다. 조봉암은 당시 집권층과 야당세력이 '일국주의一國主義'의 울타리에 갇혀 있을 때에 국제주의적 식견을 갖추고 있었음을 보여준다.

정략적 계산으로 조봉암을 초대 농림장관에 발탁

해방 뒤 조봉암은 공산주의와 결별하고 민주진영에 합세했다. 「친애하는 박헌영 동무에게」라는 공개장을 통해 공산당과 결별을 선언한 것이다. 그리고 제헌국회 의원에 당선되어 헌법기초위원으로 참여했다.

조봉암은 헌법 제정 과정에서 국민생활의 기본적 수요, 균형 잡힌 국민경제의 발전, 토지개혁 등 경제조항을 포함·통과시키는 데 주도적 역할을 했을 뿐 아니라 '모든 국민이 영장 없이 체포되지 않을 권리' 등 인권조항을 포함·통과시키는 데도 결정적인 역할을 해냈다. 윤길중의 증언이다.

특히 이 당시 제헌의원에 진출한 조봉암 의원은 헌법기초위원회 멤버로 나와 같이 헌법 기초 작업에 참여하는 과정에서, 2차 세계대전 후 진보적인 각국 헌법의 추세를 도입하려는 나의 소신을 적극적으로 밀어주었다. 예를 들어 기본권, 특히 인권조항에서 영장 없이 체포되지 않을 권리 등을 포함시키고자 했는데, 많은 의원들이 그건 형사소송법 사항이라고 반대했다. 이때 조봉암 의원이 다른 의원들을 설득시켜 통과시켰던 것이다.[51]

조봉암은 헌법기초위원회에서 국민의 인권신장과 권력분립, 토지개혁, 경제조항 신설 등에 크게 기여하는 한편 이승만이 추구하는 대통령 권한의 비대화에도 제동을 걸었다. 무소속구락부 의원들의 지원으로 헌법조항 심의 과정에서 이를 반영할 수 있었고, 이와 같은 활약으로 무소속구락부의 리더가 되었다.

조봉암은 국회에서 대통령을 선출할 때 이승만을 지지하지 않았다. 독립운동의 소극성과 해방 뒤에 보인 독선적인 언행과 노선에서 신생국가의 대통령이 되기에는 부적합하다고 판단한 것이다. 그는 서재필이나 김규식이 대통령이 되기를 바랐다. 그럼에도 조봉암은 이승만 초대 내각의 농림장관에 발탁되었다.

여기에는 몇 가지 설과 배경이 따른다. 먼저, 당시 농림장관 비서실장 이영근의 증언을 들어보자.

이승만은 조봉암의 독립투사로서의 투쟁경력과 바른 자세에 감명을 받았다. 그래서 이승만이 대통령으로 추대되었을 때 조봉암을 불러 농림장관을 맡아달라는 간곡한 부탁을 했던 것이다. 조봉암은 농정을 그르치면 중국에서처럼 이 나라가 공산화될 것이 필지인데 한민당이 모든 개혁을 반대해서 그를 물리치고 대대적인 개혁을 지지해준다면 맡아보겠다고 했고, 이승만은 조봉암의 그와 같은 제안에 동의했다.

이승만이 조봉암을 택한 것은 한민당 세력을 견제하고 그들이 소유한 토지를 환수하려는 정치적 의도가 작용했던 것 같다. 또 이승만의 조각이 친일파 우익 쪽에 편향되고 있어서 미 군정 측이 조봉암을 독립운동가 좌익 진영 몫으로 추천했다는 해석도 있다. 이 밖에 이승만이 총리 인준 과정에서 이윤영을 지명했다가 인준을 받지 못하여 이범석을 지명했는데 이마저 국회에서 인준을 받지 못하면 대통령의 인사권 수행에 오점을 남길 수 있어 무소속 리더인 조봉암을 택하게 되었다는 모종의 타협설도 있다.

이승만의 초대 내각에 조봉암이 입각한 것을 언론인 천관우는 이렇게 진단했다.

1948년 8월 2일, 조봉암 농림장관 발령은 참으로 이승만 대통령의 '의외의 인선'이었다. 왜냐하면 그 당시에 누구나가 좌익으로 보던 조봉암을 제1차 조각 제1호로 발표한 것은 '경사 중의 경사'이었다. 제헌국회가 열리자 마치 조봉암이 제1차 본회의로부터 발언하여 '똑똑하다'는 인상을 당시의 이승만 의장에게 주어, 제2차 본회의 때는 이승만 의장 스스로 의장단에서 내려와서 조봉암과 악수도 하였다. 입각 교섭에서 조봉암은 농림장관과 사회장관 가운데 어느 하나를 택할 것을 제시받았으나, 이승만 대통령의 연립내각적 구상을 이해하여 농림장관을 선택한 것이라고 한다. 조봉암 농림장관 입각은 이승만 대통령이 조각 뒤에 발표한 성명서에도 지적된 바와 같이 "좌익이라는 평을 받던 사람까지도 정부에 참여했다"는 증거를 보여 거국내각의 주지에 맞춘 것이 아닌가 관측되는 것이다.[52]

농림장관 조봉암은 열과 성을 다해 농업정책의 개혁을 서둘렀다. 일제가 침략을 시작하면서 군량미를 확보하기 위해 만든 공출제도와 양곡배급제가 그때까지도 시행되면서 농민들의 원성이 높았다. 또 북한에서는 이미 1946년에 '무상몰수 무상분배'의 토지개혁을 실시한 터라, 우리 농민들의 토지개혁에 대한 촉구와 기대는 하늘을 찔렀고, 국정의 가장 시급한 현안이 되고 있었다.

조봉암은 우선 양곡매입법, 농지개혁법, 협동조합법 제정 등의 정책 목표를 정하고 입법을 서둘렀다. 하지만 사실상 국회를 장악한 한민당의 반대가 극심했다. 한민당은 지주계급 정당이었기에 자신들의 기득권을 놓치지 않으려고 발버둥쳤다. 미 군정청 산하 민주의원에서 농지개혁법안이 성안되었을 때도 친일협력자들로 구성된 한민당 계열은 민주의원 등원을 거부하는 방법으로 이 법안의 통과를 무산시켰다.

조봉암의 과감한 농지개혁정책으로 농민들의 조봉암 지지가 날로 높아졌다. 그러자 차기 집권을 노리던 한민당은 조봉암의 모든 정책을 정면으로 반대하고, 장관 관사 수리비 문제를 들어 검찰에 고발하기에 이르렀다. 검찰에서는 무혐의를 받았으나 조봉암은 6개월 만에 장관직을 사임하여 농지개혁을 마무리하지 못하고 말았다. 그러나 조봉암이 초안한 농지개혁의 원칙은 크게 반영되어서 6·25 전쟁 기간에 북한이 예상했던 농민들의 인민군 지지 현상은 나타나지 않았다. 이는 조봉암이 남긴 큰 업적이다.

조봉암의 농림장관 입각과 실각 이야기가 길어진 것은 이승만과 그의 관계를 조명하기 위해서다. 퇴임한 뒤에도 조봉암은 국회부의장 등을 지내면서 이승만이 위기에 몰렸을 때는 대국적 차원에서 그를 도왔다. 6·25 전란 중에는 가끔 이 대통령을 찾아가 민정을 얘기하고 건의하는 사이였다. 이승만도 종종 조봉암을 불러 국정을 협의하기도 했다.

이승만이 재선을 목적으로 대통령직선제 개헌을 위해 부산정치파동을 일으켜 정국이 파국지경에 이르렀다. 이승만이 계엄을 선포하면서 전투부대를 전방에서 빼내어 부산 지역으로 이동한 것에 미국 측이 크게 분개해, 이승만의 제거공작이 주한 미국 대사 무초와 대리대사 라이트에 의해 추진되었다.

미 8군의 명령 아래 한국군을 동원하여 이승만을 하야시키고 새로운 인물을 추대하거나 군사정부를 수립하려는 계획이었다.[53]

이 작전계획은 유엔군사령부와 미 8군이 전쟁 중에 군대를 부산으로 이동시켜야 하는 위험과 미국의 군사행동으로 민간정부가 전복됐을 경우 여타 아시아 국가나 국제여론을 악화시킬 수 있다는 이유에서 실행되지는 않았다.[54]

그 대신 나타난 것이 발췌 개헌안이었다. 조봉암은 이승만의 정치적 폭거도 용납할 수 없었지만, 미 군정의 실시 등 미국의 시나리오도 받아들일 수 없기는 마찬가지였다. 그래서 이승만 측의 발췌 개헌안을 받아들이기로 했다. 내각책임제를 지지하고 부산정치파동을 일으킨 이승만을 강하게 비판했던 조봉암이 발췌 개헌안을 지지한 것을 두고 정가에서는 비난하는 목소리가 높았다. 이것은 그의 정치생활에 하나의

1952년 7월 10일 새로 선출된 국회의장단. 왼쪽부터 윤치영 부의장, 신익희 의장, 조봉암 부의장.

오점으로도 기록된다. 조봉암은 헌정 붕괴와 새로운 미 군정의 실시보다는 주권국가의 국회의원으로서 이승만을 선택했지만, 권력을 연장한 이승만에 의해 뒷날 자신의 목숨까지 빼앗기게 된다.

대통령 선거에 출마한 순간 제거 대상으로 지목

발췌 개헌으로 대통령 선거제도가 바뀌면서 제2대 대통령 선거는 전시에 국민직선으로 치르게 되었다. 1952년 8월에 실시된 제2대 대통령 선거는 야당에서 후보를 내지 않으려 했다. 전란 중인 데다 국회의원들이 헌병대로 끌려가는 등 이승만의 횡포 앞에 누구도 감히 후보로 나서려

하지 않았다. 조봉암은 명색이 민주국가에서 대통령 단독후보는 있을 수 없는 일이라고 판단하고, 자신이 직접 후보로 나섰다. 후보등록을 마쳤으나 정상적인 선거운동은 거의 불가능했다. 국회에서 두 차례나 부의장에 선출되는 등 자신을 따르던 의원들도 적지 않았으나 후보등록을 하고 나니 대부분 외면했다. 이승만의 정치보복이 두려웠기 때문이다.

그런데 의외의 일이 벌어졌다. 이시영 부통령이 후보등록을 한 것이다. 한민당이 발전적으로 재창당한 민국당에서 조봉암이 야권의 대표 주자가 되는 것을 견제하고자 이시영을 내세운 것이다. 신흥우도 입후보하여 선거전은 4파전이 되었으나 전시에 치러진 대통령 선거는 이승만의 독무대나 마찬가지였다.

조봉암의 대통령 선거 출마는 큰 도박이었다. 이는 이승만의 '역린'을 건드리는 꼴이 되었고, 이후 조봉암이 고난과 핍박을 받는 시발이 되었다. 조봉암은 선거전에서 "앞으로 이대로는 살 수 없다" "이것저것 다 보았다. 혁신으로 바로잡자"라는 구호를 내걸고 혁신정치를 표방했다.

조봉암은 이때부터 이승만의 극심한 탄압을 받게 된다. 1954년에 실시된 제3대 총선은 경찰의 방해로 후보등록도 하지 못했다. 이 시기에 쓴 『우리의 당면과업』은 조봉암의 정치철학과 정책이 오롯이 담긴 저술이다.

조봉암은 1954년 4월 26일 스위스 제네바에서 한국 통일 문제와 인도차이나 문제를 토의하기 위해 열린 '제네바 정치회의'를 앞두고 자신의 평화통일방안을 제시했다. 이승만의 무력통일방안과 달리 정치협상을 통해 주체적으로 실행하는 평화통일론이고 '제3의 길'이다.

민주진영과 공산진영의 대결은 군사적 면만을 의미하는 것은 절대로 아니며 오히려 군사적인 수단은 정치수행상의 한 개의 방편으로서 사용된다는 것을 충분히 인식하여야 한다. 그러므로 어떠한 경우이든지 정치적인 대결이 앞에 서는 것이고, 또 그 대결에서 승리하는 것이 비로소 명실상부한 승리라고 할 것이다. 남의 힘, 내 힘을 다 합해서 어쨌든 북진통일이 군사적으로 수행되는 경우라고 할지라도 민주진영의 단결된 역량을 발휘하여 공산진영에 대한 정치적 투쟁에 있어서 승리를 확보하지 못한다고 하면, 그것은 진정한 승리도 아니고 또 완전한 것이 못 된다고 단정할 수밖에 없다.[55]

제네바 회담의 한국 문제 토의에는 미국과 영국, 프랑스 등 유엔 참전 16개국과 한국·북한·중국·소련이 참가했다. 이승만 정부는 북진통일론만 주장하다가 이 회담을 앞두고 부랴부랴 '유엔 감시하의 남북한 자유선거' '자유선거를 위해 언론자유·인권 보장·비밀투표 보장' '이와 같은 원만한 성과가 확인되기 전에는 유엔군 철수 불가' 등 14개 원칙을 제안했다. 이에 대해 소련은 모든 외국군의 철수가 우선돼야 한다는 등의 5개 항을 제안했고, 북한은 '외국군 철수 및 감군', '모든 절차를 토의하기 위한 전조선위원회 구성', '경제 및 문화 교류' 등 5개 항을 제안했다.

이승만과 자유당은 그동안 북진통일론 외에 아무런 통일방안도 마련하지 않다가 제네바 회담용으로 '한국 통일에 관한 14개 원칙'을 급조하면서, "유엔의 제 결의에 의거한 유엔감시하의 자유선거"를 제시했다. 이것은 미국이 유엔을 주도하는 상황에서 북한이나 중국·소련이 받아들이기 어려운 조건이었다. 따라서 제네바 회담은 아무런 진전 없이 결렬되고, 국민은 이승만의 통일방안보다 조봉암의 평화통일방안을 주목하게 되었다.

이승만과 민주당의 정치적 과녁이 된 조봉암은 진보당 사건 이전에

도 몇 차례 위기를 맞았다. 이른바 '동해안 반란 사건'이라 하여 국회부
의장의 신분으로 동해안 부대 시찰에 나섰다가 제1군단 고위 장교들의
접대를 받으며 환담한 일을 두고, 군 일부가 반란을 일으켜 조봉암을
대통령으로 추대한다는 시나리오를 만들었다. 김창룡의 특무대 고문
김지웅이 꾸민 각본이었다. 이 시나리오는 내용이 너무 황당하고 군과
조봉암을 엮는 것이 전략상으로도 득이 될 것이 없다고 판단하여 취소
되었다.

이처럼 조봉암을 잡으려는 덫이 사방에 깔려 있었다. 그래서 그는
정치음모에 빌미가 되지 않도록 살얼음판을 걷듯이 더욱 신중하게 처
신했다. 이를 지켜본 국회부의장 장택상이 "벼룩에 굴레를 씌워 수레를
끌게 했으면 했지 제 놈들이 조봉암에게 올가미를 씌울 수는 없을 것"이
라고 풍자했다.

이승만이 영구집권을 획책하면서 사사오입 개헌안을 통과시키자
야권에서는 1955년 2월 통합운동이 전개되고 민주당이 창당되었다. 조
봉암도 참여 의사를 밝혔으나 거부되었다. 조병옥과 김준연 등이 그의
전력을 들어 참여를 반대한 것이다. 이들이 '전력'을 핑계로 삼았지만 속
내는 향후 야당의 리더를 염두에 두고 농민들의 지지가 높은 조봉암의
참여를 원천봉쇄한 것이다.

조봉암에게 이것은 또 새로운 시련이었다. 과거 조국해방운동의 수
단으로 택했던 독립운동의 행적을 두고 이처럼 야당에서조차 좌경 딱지
를 붙였기 때문이다. 반공주의 노선을 수차례에 걸쳐 선언하고 언급했
지만, 그를 '빨갱이'로 분칠하기는 이승만의 자유당이나 통합야당 민주
당의 지도부나 크게 다르지 않았다. 공산주의와 민주사회주의의 이념
차이도 분별하지 못하는 정치인들의 공격은 더욱 거세지고, 제네바 협

상이 결렬되면서 한국 사회는 다시 반공의 기치 아래 무력통일론이 기세를 올리는 극우냉전체제가 강화되었다. 조봉암이 설 자리는 점점 비좁아졌다.

이승만의 정책과 극명하게 갈린 조봉암의 진보 정책

조봉암은 결국 자신이 집권하는 것이 평화통일을 앞당기는 길이라고 결심했다. 민주당 참여가 좌절되면서는 결의가 더욱 굳어졌다. 1956년 3월 31일, 진보당 전국추진위원회 대표자대회에서 조봉암을 대통령 후보로 지명한 진보당추진위원회는 '관료적 특권정치와 자본가적 특권경제를 배격하고 민주 책임정치와 대중 본위의 균형 있는 경제체제의 확립'을 내걸었다. 이는 조봉암의 오랜 정치철학이기도 했다.

제3대 정·부통령 선거가 1956년 5월로 예정되었다. 이승만은 이른바 우의牛意·마의馬意까지 동원하는 곡예 끝에 3선에 출마하고 부통령 후보에 측근 이기붕을 지명했다. 민주당에서는 신익희와 조병옥이 선출되고, 진보당추진위원회는 우여곡절 끝에 조봉암과 박기출을 정·부통령 후보에 각각 선출했다.

조봉암과 이승만의 대결은 이번이 두 번째였다. 야권후보 단일화 협상이 전개되고, 조봉암은 평화적 정권교체를 위해 후보를 사퇴하는 대신 부통령 후보를 진보당추진위원회 후보에게 넘길 것을 요구했으나 민주당은 이를 거부했다. 이런 와중에 신익희 후보가 호남 유세 길에서 급서함으로써 조봉암은 자연스럽게 야권 단일후보가 되었다. 하지만 민주당은 정권교체라는 대의보다 대통령 후보를 잃은 실망감(구파)과 부통령 후보(장면)를 당선시킬 욕심(신파)에 빠져 '야권 단일후보' 조봉암을 외면했다.

선거전은 살벌하게 전개되었다. 선거가 아니라 공포영화를 방불케 했다. 조봉암 진영 선거운동원들의 활동은 철저하게 봉쇄되었다. 선거 벽보 부착이나 연설회도 거의 불가능했다. 운동원 몇 명이 살해되기까지 했다.

신익희가 5월 5일 서거하였으므로 진보당은 그 기회를 최대한 활용해야 했으나, 5월 6일경부터 거의 선거운동을 할 수 없었다. 중앙 간부진이 각 도 유세반을 편성하여 마지막 유세를 하고 선전유인물을 배포하게 했지만, 선거운동 방해가 너무 심했다. 충남반의 박준길, 강원반의 이명하 등은 현지에 내려간 직후 테러를 당하고 유인물을 빼앗겼으며, 경남반의 전세룡은 의령에서 경찰서장실로 연행되어 경고를 받고 쫓겨왔다. 진보당 경북도당 선전부장 이병희는 5월 6일 3명의 괴한에게 납치되어 "선거자금 출처가 어디냐"며 고문·폭행을 당하여 실신했다.[56]

조봉암은 투표일을 일주일쯤 앞두고 암살에 대한 공포로 잠적하기에 이르렀다. 야권의 유력 후보가 막판 선거운동을 접고 잠적하게 되는, 기네스북에 오를 만한 어이없는 일이 벌어졌다. 그래도 5월 15일 선거는 예정대로 치러졌다. 탄압은 투·개표 과정에서도 극심하게 자행되었다.

진보당의 선거유세반이 전국 각지에서 조직적인 선거운동 방해공작에 부딪혀 이렇다 할 활동도 하지 못한 채 5월 15일 선거는 예정대로 진행되었다. 아울러 투개표 과정에서 관권의 개입을 통한 철저한 부정선거가 저질러졌다. 부산 중구의 경우 진보당 측 참관인이 경찰에 연행된 후 이승만의 1만 표가 조봉암의 3만 표와 뒤바뀌기도 했다. 당시 내무장관이던 최인규는 훗날 자신의 회고록에서 강원도에서 나온 이승만에 대한 90%의 지지는 엄청난 조작이었으며, 그 외에도 수많은 조작과 부정이 이루어졌다고 인정했다.[57]

이렇듯 테러·협박·공갈·매수·선거방해·투개표 부정 등 온갖 범죄행위를 동원하여 선거를 치르고서도 이승만은 52%를 득표(504만 6,437표)하는 데 그쳤다(조봉암 216만 3,808표, 신익희 추모표 185만 표). 이는 4년 전의 득표율보다 무려 22%나 떨어진 수치로 기권·무효표까지 합치면 다수의 국민이 이승만을 거부한 것으로 나타났다. 이승만은 온갖 무리수에도 불구하고 '패배한 승리'를 얻고, 조봉암은 "투표에서 이기고 개표에서 졌다"라는 말이 나돌 만큼 선전했다.

제3대 대선에서 예상 밖의 성과를 얻은 조봉암은 여세를 몰아 진보당 창당을 서둘렀다. 지난번 선거는 진보당을 창당도 하지 못한 상태에서 치러야 했다. 선거 과정에서 보듯이 민심은 이미 이승만과 자유당에 등을 돌렸고, 새로운 지도자와 새로운 대중정당을 바라고 있었다. 조봉암은 더 이상 머뭇거리지 않았다.

조봉암은 먼저 사분오열 상태의 혁신계 정당의 통합을 서둘렀다. 혁신계에는 쟁쟁한 독립운동가와 해방 이후 통일정부 수립을 지지해온 진보적 인사들이 다수 포진하고 있었다. 이들은 전력과 개성이 강한 만큼이나 각자의 주장과 노선의 차이를 둘러싸고 파열음을 내기도 했다.

진보당 창당 과정에서 조봉암을 배제하려는 혁신계대동추진운동이 전개되었으며, 서상일·이동하·최익환·김성숙·고정훈 등 진보당 창당

추진위 중앙상무위원 22명이 끝내 참여를 거부했다. 이런 상황에서 진보당은 혁신계를 모두 아우르지 못한 채 창당되었다.

1956년 11월 10일, 서울시립극장에서 전국 대의원 853명이 참석한 가운데 열린 진보당 창당대회도 순탄치 못했다. 정·사복 경찰 수백 명이 대회장을 포위한 채 입장하는 대의원들을 낱낱이 검사하고, 아침부터 대회장 주변에는 관제 시위대가 몰려들었다.

그러나 결국 혁신정당 창당운동 10년 만에 진보당을 창당한 조봉암은 이날 평화통일론을 거듭 제시했다.

> 우리는 어떠한 일이 있더라도 이 이상 동족상잔의 피를 흘릴 수는 없다. 우리는 오직 피 흘리지 않는 통일만을 원한다. 조국의 평화적 통일을 파괴한 책임은 6·25의 죄과를 범한 북한 공산집단에게 있다. 그들의 반성과 책임규명은 평화통일의 선행조건이 아닐 수 없다. 오늘날에 남한의 소위 무력통일론도 이미 불가능하고 또 불필요한 것이다. 평화적 통일에의 길은 오직 하나 남북한에서 평화통일을 저해하고 있는 요소를 견제하고 민주주의적 진보세력이 주도권을 장악하는 것뿐이다.[58]

"조봉암은 벌써 조치됐어야 할 인물"

조봉암의 정치활동은 크게는 이승만 중심의 극우반공세력과 민주당 중심의 보수세력 그리고 미국이라는 '3각 편대'의 압박 속에서 전개되었다. 민주당은 진보당과 같은 '반독재 반이승만' 노선 위에 있었지만 줄곧 조봉암을 거부했다. 경쟁심도 작용했겠지만 보수색이 강한 당의 인적 구성상 조봉암의 '진보 정책' 노선을 수용할 수 없는 한계가 있었다. 한편 조봉암은 해방공간에서 한때 미국과는 우호적인 관계를 형성하기도 했지만 '평화통일론' 같은 제3의 길을 추구하면서 적대적 관계로 돌아섰다. 미국은 조봉암이 사법살인에 내몰렸을 때도 거의 외면하고 침묵했다.

미국의 대한통일정책은 조봉암의 평화통일론과 겉으로는 같아 보였지만, 긴장 완화를 통해 냉전의 벽을 허물어야 한다는 조봉암의 구상과는 근본적으로 양립할 수 없는 갈등관계에 있었다. 조봉암의 대중 중심 경제정책 또한 미국의 대한경제정책과 크게 상충되었다.

조봉암은 남북이 통일하지 않으면 안 되는 이유의 하나로 "국토 양단으로 절름발이 경제가 되어 민족생활의 정상적인 발달을 기대할 수 없다"라는 점을 들었지만, 전쟁으로 한국 경제의 종속성은 한층 심화되어 미국 원조 없이는 하루도 지탱하기 어려운 것처럼 보였다. 미국의 원조 비중은 1957~61년에 GNP의 13~14%에 달했고, 국가재정의 미국 의존 비중은 무려 50%를 넘나들었다.[59]

조봉암은 이승만 정권에서 미국의 경제원조가 대부분 잘못 사용되었다고 지적했다. 소비재 중심의 지원으로 민족자본의 쇠퇴를 초래해 경제의 예속화를 심화시켰다고 비판하고, 경제를 빈사상태에 몰아넣고 있는 국방비의 부담을 줄여야 한다고 주장했다. 이것이 미국의 반감을 사게 되었다.

조봉암이 기댈 언덕은 농민과 노동자 등 이 땅의 민초들뿐이었다. 그러나 이들은 모래알처럼 흩어져 힘을 모을 수 없었다. 조봉암은 이들을 모으는 보자기(진보당)를 만들어 '제3의 길'을 열려다가 이승만의 정적으로 몰려 제거 대상이 되었다.

1958년 1월 13일, 검찰은 조봉암과 진보당 간부들을 검거하고, 2월

25일, 진보당 등록을 취소시켰다. 제4대 대통령 선거를 2년여 앞둔 시점이고, 제4대 국회의원 선거(5월) 바로 직전이었다. 총선에서 조봉암의 국회 등원은 물론 다수의 진보당 인사들의 당선이 내다보이는 상황이었다. 검찰이 조봉암에게 간첩죄 등의 혐의를 씌웠지만 이를 곧이곧대로 믿는 사람은 드물었다.

그해 1월 14일 열린 국무회의에서 이승만은 "조봉암은 벌써 조치됐어야 할 인물이며 사건은 조사가 완료될 때까지 외부에 알리지 말아야 할 것"이라고 언명했다. 대통령이 국무회의에서 특정인에 대해 언급한 것은 관계 장관들이 알아서 처리하라는 암시와 다르지 않았다. 이 같은 언급은 세 차례나 더 계속되었다. 검찰의 수사와 재판은 '조봉암 제거'라는 미리 마련된 시나리오에 짜 맞춰졌다. 그나마 1심 재판관은 일말의 양심이 살아 있었던지 5년형을 선고했다. 이승만의 정적으로 잡아넣긴 하되 차기 대선이 끝나면 풀려날 것으로 요량한 것이다.

이승만은 1심 판결에 노기충천하고 연일 담당 판사를 빨갱이로 모는 관제데모가 열리는 등 조봉암을 제물로 삼으려는 독재세력의 난동이 그치지 않았다. 이런 가운데 1959년 2월 27일 상고심은 사형을 선고하고 7월 30일 대법원이 재심청구를 기각하면서, 다음 날 서대문형무소에서 사형이 집행되었다.

변호인단이 조봉암의 생명이라도 살리고자 정권 측과 협상을 시도하면서, 한편으로 "전과를 뉘우치고 이승만 대통령을 지지한다"라는 성명을 내어 타협하도록 권유했지만 조봉암은 "나는 비록 법 앞에 죽음의 몸이 된다 해도 조국 대한민국에 대한 충성은 여전하다"라면서 타협을 단호하게 거부했다.

사형을 선고한 대법원 판사 대부분이 일제강점기 총독부 판사 출신이고, 사형집행장에 서명한 법무장관도 일제 판사 출신이었다. 친일 민족반역자들이 열혈 독립지사를 살해하는 데 종범으로 가담한 것이다. 물론 이를 지시한 이승만이 주범이고, 이를 외면한 당시 민주당 지도부와 미국 정부 그리고 대부분의 한국 언론은 공동정범이다.

이승만을 두고 《재팬 다이어리》의 저자 마크 게인은 "민주주의의 미사여구와 기구를 가차 없이 비민주적인 목적으로 이용하기 위해 현대에 나타난 시대착오"라 했고, 『한국현대군정사』의 저자 이치무라 쓰네오 一村常男는 "이승만의 전제 지배는 파시즘 이전의 전근대적인 것이었다. 20세기 시점에서 18세기 프랑스 봉건군주 부르봉 왕가의 전제와 비교하는 것이 훨씬 적절하다는 의미일 것"이라고 했다.

조봉암은 처형대의 유언에서 자신은 '평화통일'의 씨앗을 뿌린 것이고 열매는 후대에 맡긴다고 했다.

그로부터 반세기가 지난 2011년 1월 20일, 대법원이 재심에서 조봉암에게 무죄를 선고하여 그의 원통함을 풀어주고, 이승만의 '사법살인' 죄상을 밝혀주었다. 남은 과제는 행정부가 그의 복권과 함께 합당한 서훈을 하고 (현 망우리 묘역에서) 국립현충원 독립운동가 묘역으로 옮겨 안장하는 일이다. 그리고 고인의 필생의 꿈이었던 서민대중이 더불어 잘사는 사회를 만들고, 평화통일을 이루는 일일 것이다. 아울러 조봉암 처형에 이승만이 '사법부 지침'을 내렸는지 등은 여전히 밝혀져야 할 대목이다.[60]

7.
'검은 머리 미국인' 이승만의 슬픈 귀거래사歸去來辭

파멸의 무덤을 판 늙은 독재자의 권력욕

"독재자는 호랑이를 타고 이리저리 뛰어다닌다. 그는 결코 호랑이 등에 서 내리려 하지 않는다. 호랑이는 점점 배가 고파간다." 윈스턴 처칠의 일갈이다. 동서고금의 여느 독재자와 마찬가지로 이승만도 호랑이를 타고 위엄을 부리다가 종국에는 호가호위狐假虎威를 일삼은 수족들과 더불어 호랑이에게 잡아먹히고 말았다.

중국 은나라 탕왕湯王 시절에 7년 동안 가뭄이 들고 재앙이 겹쳐 백성들이 도탄에 빠져들었다. 탕왕은 목욕재계한 뒤 흰 띠를 몸에 두르고 상림桑林의 들판에 나아가 여섯 가지 죄(정치를 절제 있게 하지 못한 죄, 많은 백성을 가난하게 살게 한 죄, 왕궁이 지나치게 사치한 죄, 여자가 권력에 개입한 죄, 뇌물이 오가게 한 죄, 남을 해치려는 사람이 많은 죄)를 들어 자책하며 기도했다. 이른바 '육사자책六事自責'이다.

이승만 집권 12년 동안 정치는 절제를 잃었고, 국민은 초근목피와 보릿고개의 궁핍을 벗어나지 못했으며, 특권층의 사치는 극에 이르고, 프란체스카와 박 마리아(이기붕의 처)가 정치를 요리하고, 시장·군수·경찰서장·장성의 진급에는 '정찰제'가 붙고, 살인강도 사건이 줄을 지었다.

파멸의 길로 이어진 '3·15 부정선거 비밀지령'

이승만의 권력욕은 나이가 들수록 수그러들기는커녕 더욱 집요해졌다. 3선에 만족하지 못하고 1960년 5월에 실시하는 제4대 대통령 선거에 또 나서기로 했다. 1875년생이니 만 86살이었다. "이 박사가 대통령으로 권세가 하늘을 찌를 때 많은 아첨꾼들이 산삼을 갖다 바쳤다. 심산유곡에서 수백 년 묵은 산삼을 캐다 바친 일이 여러 번 있었다. 오래 살기를 원한 이 박사는 불로장수한다는 그 산삼을 달여서 먹곤 했다."[1] 그래서였는지 이승만은 외견상 여전히 건강한 편이었다.

제3대 대선이 1956년 5월 15일에 실시했으니 제4대 대선(1960년)도 5월 중순경에 실시하는 것이 상식이었다. 하지만 이승만 정권은 민주당 조병옥 후보가 신병치료차 미국에 체류하고 있을 때 느닷없이 '3월 15일 조기 선거' 실시를 공고했다. 농번기를 피한다는 명분을 내세웠지만 속셈은 훤했다. 조병옥의 병세를 알고서 조기 선거를 공고한 것이다. 때마침 2월 15일에 조병옥이 미국에서 급서함으로써 민주당은 신익희에 이어 또다시 대통령 후보를 잃는 불운을 겪었다. 민주당이 정부에 선거 연기를 요구했지만 들어줄 리 만무했다.

야권은 4년 전 유력했던 신익희 후보가 급서하고, 이승만의 경쟁자로 급부상한 조봉암이 처형당한 데 이어 조병옥마저 잃음으로써 이승만과 대적할 인물이 없게 되었다. 이런 연유로 세간에서는 한때 "이승만은 하늘이 낸 사람"이란 말이 나돌았다. 물론 자유당과 어용언론이 유포한 것이었으나 그렇게 믿는 국민도 적지 않았다.

이승만이 단독후보가 된 대통령 선거는 이미 떼어놓은 당상이었지만 문제는 부통령이었다. 노령의 이승만에게 언제 무슨 일이 생길지 모

이승만.

르는 상황에서 (대통령직 승계 1순위인) 부통령의 직위는 실로 막중했다. 자유당 수뇌부가 장면 부통령을 암살하려 했던 것도 유사시 대통령직 승계를 막으려는 의도였다. 4년 전의 '악몽'을 잊지 못한 이승만과 자유당은 수단방법을 가리지 않고 이기붕 당선에 팔을 걷어붙이고 나섰다. 그것이 결국 파멸의 길로 이어졌다.

1959년 3월, 이승만과 이기붕은 제4대 정·부통령 선거에 대비하여 가장 믿음직한 충견 최인규를 내무장관에 앉히는 등 소규모 개각을 단행했다. 최인규는 조선생명보험주식회사 직원 출신이지만 외자청장, 제4대 민의원, 교통장관을 지내면서 보인 충직성은 사활이 걸린 선거의 대사를 맡기기에 충분하다고 보았다.

최인규는 취임사에서 "공무원과 공무원 가족은 대통령과 정부의 업적을 국민에게 선전해야 하며, 이 같은 일이 싫은 공무원은 그 자리에 있을 필요가 없다"라고 공무원들을 공공연하게 협박하면서 선거에 동원했다. 최인규는 1959년 11월부터 전국 각 시도 경찰국장, 사찰과장 및 경찰서장 그리고 군수·시장·구청장 회의를 수시로 소집하고, 지역별 또는 직능별로 회의를 소집하여 부정선거를 지령했다. 최인규는 각 지방의 도지사·시장·군수·경찰서장의 사표를 미리 받아놓고 부정선거에 협력하지 않거나 선거결과가 좋지 않으면 수리하겠다고 엄포를 놓았다.

> 과거의 정·부통령 선거 시에 사망한 신익희에 대한 추모 투표와 공산당 두목인 조봉암에 대한 투표 실적을 보더라도 이번 정·부통령 선거에서 종래의 방식으로 해서는 자유당 입후보자가 당선될 수 없으니, 어떠한 비합법적인 비상수단을 사용해서라도 이승만 박사와 이기붕 선생이 꼭 정·부통령에 당선되도록 하라. 세계 역사상 대통령 선거에서 소송이 제기된 일이 있느냐? 법은 나중이니 우선 당선시켜놓고 보아야 한다. 콩밥을 먹어도 내가 먹고 징역을 가도 내가 간다. 국가대업 수행을 위해 지시하는 것이니 군수·시장들은 시키는 대로만 하라.[2]

이기붕은 자신의 장남을 이승만의 양자로 입적시켰으며, 부인인 박마리아는 프란체스카의 충실한 '말동무'가 되어주었다. 이승만은 그런 이기붕 부부가 더없이 고마웠다. 그래서 이승만은 1960년 새해 첫날 자유당과 반공청년단 간부들을 경무대로 불러 "금년 선거에서는 반드시 같이 일할 사람을 뽑아야 한다"라며 이기붕을 당선시킬 것을 공개적으로 지시했다.

야권의 부통령 후보로 장면(민주당) 외에 김준연(통일당), 임영신(국민당)이 선관위에 등록을 하자, 이승만은 2월 13일 다시 "러닝메이트가 아닌 부통령 후보자가 당선되면 불응하겠다"라고 언명했다. 법이나 국민의 시선 따위는 안중에 두지 않는 독선이었다. 자유당과 정부가 이기붕 당선에 목을 매게 된 배경이 되기도 했다.

자유당은 제4대 대통령 선거가 1년이나 남아 있는 1959년 6월 29일, 서울 대한극장에서 전국 대의원 1,008명이 모인 가운데 제7차 전당대회를 열어 이승만 총재의 유임을 결의하고, 중앙당 간부들의 교체와 정책개정안 등을 채택했다. 그런데 대회 도중 이재학 국회부의장을 통해 돌연 정·부통령 후보 지명대회를 겸행하자는 긴급동의가 채택되었다. 이에 따라 이승만 총재를 대통령 후보로 추대하고, 부통령 후보는 이승만에게 일임할 것을 만장일치로 결의했다. 대통령 후보 지명대회가 아닌 당 총재 선출 전당대회에서 변칙으로 대통령 후보를 추대할 만큼 이승만 정권은 위기에 몰리고 있었다.

민주당은 1959년 11월 26일 서울 시공관에서 정·부통령 후보 지명대회를 열었다. 966명의 대의원이 참가한 가운데 무기명 비밀투표로 대통령 후보에 구파의 조병옥(484표), 부통령 후보에 신파의 장면(481표)을 선출했다. 다음 날 열린 대표최고위원 선출대회에서는 장면을 대표최고위원에 선출했다.

한편 자유당 정부는 1960년 2월 하순에 내무장관 최인규의 이름으로 선거사상 최악의 부정선거 지령문을 전국 시장·군수·경찰서장에게 내렸다.

1. 자연기권표, 선거인명부에 허위기재한 유령유권자표, 금전으로 매수한 기권표 중 합계 유권자 4할에 해당하는 표를 사전에 자유당 입후보자에게 기표했다가 투표 개시(오전 7시) 전에 무더기로 투표함에 투입할 것

(이른바 '4할 사전투표').

2. 자유당 입후보자에게 투표하도록 미리 공작하는 유권자로서 3인조 또는 9인조를 편성하여 그 조장이 조원의 기표상황을 확인한 후 다시 각 조원이 기표한 투표용지를 자유당선거위원에게 제시하고 투표함에 투입토록 할 것(이른바 '3인조 또는 9인조 공개투표').

3. 자유당 유권자로 하여금 자유당 완장을 착용하고 투표케 함으로써 투표소 부근 일대의 분위기를 자유당 일색화하여 야당 측 유권자에게 심리적 압박을 가하여 자유당에게 투표토록 할 것.

4. 민주당 참관인을 매수하여 참관을 못 하게 하거나, 그것이 여의치 않을 경우 변기를 투표소 내에 가지고 왔다는 등 구실로 시비를 걸어서 투표소 밖으로 축출할 것.[3]

이 악명 높은 3·15 부정선거 지령문은 3월 3일 민주당에 의해 폭로되고, 외국 언론도 비중 있게 보도했다. 《워싱턴 포스트》는 「민주당은 이 씨에게 표 도둑 추궁」이라는 제목으로 "여당 지도자들 자신도 이와 같은 '세포원' 3인조 투표를 숨기지 않고 있다. 오히려 그들은 그 방법의 효율을 자랑하면서 그것이 당 조직의 일부이며 합법적이라고까지 주장하고 있다"[4]라고 보도했다.

그러나 정부·여당은 오히려 야당의 날조라고 공격하고 어용신문들은 이를 대서특필했다. 또한 부정선거를 실행하기 위해 이승만 정권의 실세인 한희석, 박용익, 최인규, 이강학 등이 회합하여 선거자금으로 경찰공무원에게는 11억 1,000만 환, 일반 및 교육공무원에게는 2억 4,000만 환, 반공청년단에게는 1억 8,000만 환을 배정하기로 결정했다. 당시로서는 천문학적 금액이었다. 정부·여당은 엄청난 선거자금을 마련하고

자 한국은행과 산업은행을 통해 거액의 은행돈을 기업에 융자해주는 형식으로 선거자금을 끌어모았다.

자유당 말기의 대한민국은 이성과 정의가 실종된 사회였다. 민주주의는 흔적만 남고 삼권분립은 이승만의 무소불위 독재로 허울뿐이었다. 언론은 《경향신문》 폐간 이후 더욱 위축된 가운데 《동아일보》가 그나마 비판기능을 유지하고 있었다. 야당의 활동은 거의 봉쇄되고, 장외집회는 신도환이 이끄는 반공청년단 등 정치깡패들의 습격으로 무산되기 일쑤였다.

어용 계보의 선구 '만송족'

자유당 말기, 대학·언론·문화·예술계에 이른바 '만송족晩松族'이라는 해괴한 어용집단이 등장해 주류가 되었다. 이기붕의 아호를 따서 불리게 된 '만송족'은 이기붕 부통령 만들기의 전위그룹으로 활동했다. 여기에는 많은 어용 언론인·지식인·예술인·종교인들이 참여했다. 이승만을 '신성불가침'의 성역에 놓고, 이제 유사시에 그를 이을 '이기붕 선생'을 부통령에 당선시키는 일이 이들의 급선무였다. 이것은 이승만의 지침이기도 했다.

한국 현대사에서 이성과 지성, 정의와 양식이 가장 처절하게 먹구름에 덮이고 천대받은 시기는 이승만의 자유당 말기, 박정희의 유신 말기, 전두환의 5공, 이명박과 박근혜 집권기였다. 자유당 말기는 이 모든 말기현상의 효시이자 전범이었다. 이승만 시대의 '만송족', 박정희 시대의 '유신족', 전두환 시대의 '땡전족', 김영삼 시대의 'YS 장학생', 이명박·

박근계 시대의 '뉴라이트족'은 그때마다 정치·언론·학계·문학·예술 분야를 장악하면서 한국 사회를 어둠의 중세中世 시대로 몰아넣었다.

'만송족'은 정·부통령 선거를 앞두고 다투어 어용곡필을 지상에 실었다. 〈성북동 비둘기〉의 시인 김광섭은 「정·부통령은 동일 정당에서 나와야 한다」라는 글로 이기붕 부통령 만들기를 거들었다.

> 정치윤리상 정·부통령은 서로 다른 정당에서 나올 수 없다. 만일 한 정당에서 다른 정당의 대통령 아래 부통령을 들여보낸다면 그것은 일종의 연립정부의 성격이라고 볼 수 있는 점에서 부통령이 속한 정당에서 정부나 정당의 시책을 공격 비난할 수 없는 것이다. 그것은 정치윤리상 부통령이 대통령을 공격비난할 수 없음과 마찬가지인 것이다. (…) 정치도 다른 모든 것과 같은 바른 것이요, 바른 길인 것이다. 길을 잘못 들어간 부통령의 길이란 사도일 수밖에 없는 것이다.[5]

경희대 총장 조영식은 「이기붕 의장과 현정국」이라는 시론에서 "이 대통령의 유일한 보필자로서 비서실장과 서울시장 또는 국방장관과 민의원 의장을 역임하는 가운데 한결같이 아무런 사고 없이 그 어려운 직책들을 무난히 감당하여 세인으로 하여금 그분의 청렴결백함과 탁월기민한 수완능력에 감탄케 하였음을 아직도 우리 기억에 새로운 일들"[6]이라고 '이기붕 찬가'를 읊었고, 동요작가 윤석중은 "흰 머리 젊은 기운 어린 마음으로 여든다섯 돌 맞이하신 우리 대통령"[7]으로 끝나는 이승만 찬양 동요(?) 〈여든다섯 돌 맞이〉를 지어 바쳤다.

어디 이들뿐이었겠는가. 종교계는 이승만·이기붕의 만수무강 기원 기도회를 열고, 기업인들은 신문광고를 통해 두 이 씨의 당선을 강요했

다. 문인·학자·법조인·한국노총·여성계 등 대한민국의 기간조직이 총동
원되어 자유당 선거운동의 전위가 되었다. 자유당과 관·경은 물론 반공
청년단 등은 완장을 차고 전국을 누비면서 부정선거를 강요하고 야당계
인사들을 테러했다. 무법천지의 공포 분위기에서 국민은 숨도 크게 쉬
기 어려웠다.

　이승만 정권의 불법과 횡포는 끝날 줄을 몰랐다. 선거법이나 국민
의 시선, 야당의 비판은 안중에도 없었다. 각종 사회단체가 속속 자유
당 후보 지지를 선언하고, 사립대학 총·학장이 자유당선거대책위원회 지
도위원이 되었다. 민주당에서 선거법 위반을 들어 시정을 촉구했으나
사회단체의 지지 성명은 선거운동이 아니라고 강변했다.

　야당 정치인들의 변신 또한 국민을 절망시켰다. 민주당 소속 의원
구철회, 김규만, 김식, 송영주, 유승준, 허윤수, 허순회, 박창화 등이 돈
에 팔리거나 권력에 눌려 선거구민을 배신하고 자유당으로 넘어갔다.

　이 무렵에 시인 조지훈이 월간 《새벽》에 「지조론」을 발표하여 변절
자들을 질타하고 지조의 소중함을 역설했다. 어둠 속에서 비친 한 줄기
서광이었다.

무법천지 깡패들 세상, 어린 학생들의 '경고음'

야당은 4년 전 신익희 후보의 유세장이었던 한강 백사장을 선거 유세장
으로 신청했으나 정부는 경비에 문제가 있다는 구실로 허가를 내주지
않았다. 자유당과 관·경은 두 이 씨의 '85% 득표'를 목표로 더욱 국민을
죄어갔다. 신도환의 반공청년단, 임화수의 반공예술인단, 이정재의 동

1960년, 서울 시내에 붙은 정·부통령 선거 홍보 벽보.

대문사단(깡패 집단)이 반자유당 세력을 말살시키기 위해 정치테러에 광분
했다.

3월 9일에는 민주당 여수시당 재정부장 김용호가 당사 앞에서 괴
한 예닐곱 명의 피습을 받아 절명하고, 3월 11일에는 전남 광산군에서
반공청년단 오세열이 자유당 선거유세가 끝난 후 민주당원 이상철을 살
해하는 사건이 버젓이 벌어졌다. 1960년 봄, 무법천지 광란이 대한민국
을 뒤덮었다.

한국의 근현대사에서 청년·학생들은 민족이 고난에 빠져 있을 때
맨 먼저 횃불을 들었다. 1910년대 신흥무관학교 출신 독립군들의 무장
독립운동, 1919년 2월 8일 도쿄 유학생들의 독립선언, 기미 3·1 혁명, 같
은 해 의열단의 결성과 의열투쟁, 1926년 6월의 6·10 만세운동, 1929년

11월의 광주학생운동 등 항일민족해방투쟁의 선두에는 언제나 청년·학생들이 있었다.

1960년이 시작되자마자 이승만 정권이 잇단 폭압과 부정선거운동으로 민주주의의 기본마저 허물어뜨리자 학생들은 더 이상 침묵하지 않았다. 맨 먼저 나선 것은 고등학생들이었다.

민주혁명의 도화선이 된 것은 대구 경북고등학교 학생들의 시위였다. 2월 28일, '민주당 선거강연회 참석을 방해하기 위한 일요일 등교'에 항의하여 그동안 관제데모에만 동원되어온 학생들이 처음으로 반기를 들었다. 학생들은 학원의 정치도구화에 더 이상 침묵하지 않고 저항에 나섰다.

이날 영화 관람을 이유로 등교했던 1, 2학년 학생 800여 명은 도청 광장으로 진출하여 오후 1시 15분경, 미리 준비한 선언문을 낭독하고 시위를 벌여 경찰과 대치했다. 일부 학생들은 오후 늦게까지 학원의 정치도구화를 일삼은 이승만 정권을 규탄하는 시위를 벌였다. 이날 학생 100여 명이 검거되고, 더러는 부상당하기도 했다. 학생들은 「결의문」에서 "정의에 배반되는 불의를 목숨 다하도록 쳐부수자"라고 결의했다.

인류 역사에 이런 강압적이고 횡포한 처사가 있었던가. 근세 우리나라 역사상 이런 야만적이고 폭압적인 일이 그 어디 그 어느 역사책 속에 끼어 있었던가? 백만 학도여, 피가 있거든 우리의 신성한 권리를 위하여 서슴지 말고 일어서라. 학도들의 붉은 피는 지금 이 순간에도 뛰놀고 있으며, 정의에 배반되는 불의를 쳐부수기 위해 이 목숨을 다할 때까지 투쟁하는 것이 우리들의 기백이며, 정의감에 입각한 이성의 호소인 것이다. 우리는 민족을 사랑하고 민족을 위하여 누구보다도 눈물을 많이 흘릴 학도요, 조국을 괴뢰가 짓밟으려 하면 조국의 수호신으로 가버릴 학도이다. 이 민족애의, 조국애의, 피가 끓는 학도의 외침을 들어주려는가?[8]

이것은 가장 순수한 학생들이 오직 나라사랑 정신에서 제기한 시대의 '경고음'이었다. 하지만 이성을 잃은 이승만과 자유당 정권은 학생들의 외침을 귓등으로 흘리고, 경찰을 동원하여 시위 확산을 막고 '배후' 조사에 나섰다. 이승만은 일주일 뒤인 3월 5일 밀양역 유세에서 "이기붕 씨를 뽑아야 나라 일이 더 잘 된다"라며 러닝메이트의 당선을 강조하면서 '일부 학생의 난동'을 비난했다. 3월 7일에는 서울경찰국장이 학생들에게 '경고문'을 발표하여 시위를 엄중히 처벌하겠다고 협박했다. 그 뒤 학교 주변에는 반공청년단원들이 배치되어 학생들을 감시했다.

1959년 8월 12일, 단장을 신도환으로 바꾼 대한반공청년단은 세칭 100만 단원을 거느리면서 전국 89개 시·군 단부를 조직하여 세를 과시했다. 이들은 "우리 전 단원은 국부 이승만 각하와 서민정치가 이기붕 선생을 정·부통령으로 선출하기 위하여 엄숙히 약속한다"라는 구호를 외치고 다니면서 경찰과 함께 학생들을 감시하고, 선거 분위기를 공포로 몰아넣고, 부정선거의 일선 앞잡이 노릇을 했다.

3월 15일 실시된 정·부통령 선거는 자유당 정권의 사전 계획대로 철저한 부정선거로 진행되었다. '4할 사전투표'와 '3인조, 9인조 공개투표' 외에 유령유권자 조작과 기권 강요 및 기권자의 대리 투표, 내통식 기표소 설치, 투표함 바꿔치기, 개표 시 혼표와 환표, 득표수 조작·발표 등이 공공연하게 이루어졌다.

이성이 눈먼 시대에는 광기가 춤을 춘다. 전국에서 공무원, 교사들이 정부와 자유당의 지침에 따라 투개표소 참관인으로 선정되어 부정선거를 도왔다. 경찰과 반공청년단의 부정선거활동은 그야말로 눈부셨다.

태양도 빛을 잃은 3·15, 그리고 시민 봉기

1960년 3월 15일은 대한민국에서 태양이 빛을 잃은 날이었다. 칠흑의 어둠 속에서 부정선거가 치러지고 야당 참관인들이 내쫓긴 가운데 부정개표가 자행되었다. 민주당은 이날 선거참여를 포기하고 선거의 불법무효를 선언했다.

개표가 진행되면서 일부 지역에서는 이승만과 이기붕의 득표수가 유권자 수를 초과하기도 하여 자유당은 최인규에게 이승만 표는 80% 정도로, 이기붕 표는 70~75% 정도로 하향조정하도록 지시하는 촌극을 빚기도 했다.

이승만 정권의 하수기관으로 전락한 중앙선관위는 총유권자 1,119만 6,498명 중 1,050만 9,482명이 투표에 참가하여 963만 3,376표(92%)를 얻은 이승만이 대통령에 당선되고, 833만 7,059표(78%)를 얻은 이기붕이 부통령에 당선되었다고 발표했지만 (입맛대로 조작된) 의미 없는 숫자놀음일 뿐이었다.

3·15 선거가 부정과 폭력으로 얼룩진 것을 지켜본 국민은 대부분 분노에 치를 떨었다. 가장 먼저 마산 시민·학생들이 용기 있게 떨치고 일어섰다. 마산 시민·학생들은 3월 15일 오후, 투표를 거부하고 부정선거를 규탄하는 시위를 벌였다. 그런데 이를 강제해산시키려는 경찰과 투석전을 벌인 끝에 경찰의 무차별 발포와 체포·구금으로 다수의 희생자가

생겼다. 격분한 시민들이 남성동파출소를 비롯한 경찰관서와 변절한 국회의원 및 경찰서장 자택을 습격했는데, 이 과정에서 경찰의 발포로 80여 명의 사상자가 발생했다.

경찰은 주모자로 구속한 26명을 공산당으로 몰아 혹독하게 고문하고, 정부는 마산의거를 공산당의 조종으로 몰아붙여서 다시 시민들의 분노를 샀다. 경찰과 자유당, 반공청년단 단원들은 시위 학생들의 호주머니에 공산당을 찬양하는 전단을 몰래 집어넣어, 이들을 공산당으로 조작하려 들었다.

3월 15일, 광주 민주당원 50여 명도 12시 50분경 '곡哭! 민주주의 장송'이라고 쓴 만장을 선두로 "민주주의는 죽었다"라는 곡성을 외치며 금남로 4가에서 광주지방법원 앞까지 시위를 벌였다. 그러나 경찰에 저지당해 다수의 부상자를 내고 해산되었다. 시위는 전국적으로 확산될 기미를 보였다.

이승만은 3월 16일 경무대에서 마산 사건의 보고를 받고 "이것은 지금까지의 학생 데모를 관대하게 조치함으로써 일어난 일이 아닌가? 철저히 배후 관계를 규명하여 의법 처리하라"[9]라고 강력히 지시했다. 이승만은 여전히 3·15 부정선거와, 국민이 이에 항의하는 이유를 외면하고 있었다. 대통령의 '배후 규명'과 '의법 처리' 지시는 시위에 나선 학생과 시민들을 살상과 고문, 용공조작하는 결과를 가져왔다.

국민은 더 이상 참지 않았다. 대통령의 담화나 경찰의 탄압에 더 이상 겁먹지 않았다. 3월 17일, 진해 고교생, 서울·성남 고교생, 전남 여고생들이 데모를 벌였다.

3월 18일, 부통령 당선자로 공고된 이기붕은 마산 사건에 대한 기자들의 질문에 "총은 쏘라고(일부는 '쏘라고'로 들었다 함) 준 것이지 가지고 놀라고 준 것은 아니"[10]라고 말했다. 이 같은 발언은 시위진압에 나선 일선 경찰들에게 발포명령으로 받아들여졌다.

경찰이 마산 시위에 참여한 시민·학생 부상자를 마산시청 지하실에 감금한 채 고문하면서 희생자가 생겼다. 마산 사건 희생자는 16명으로 확인되었다. 이승만은 이날 다시 담화를 발표해 마산 시위를 난동으로 규정하면서 이들을 의법 처리하겠다고 말하고, "이제 같은 당에서 정·부통령이 당선되었으니 나라 일이 잘 될 것이라고 천명했다."[11]

AP통신은 "한국의 민주주의는 썩은 나무에 핀 곰팡이에 지나지 않는다. 마산 사건의 경찰 행동은 정복을 노리는 침략자의 수법과 같다"(3월 18일)라고 논평했다.

한국에서 전대미문의 부정선거가 자행되고 있을 때, 그리고 국내 언론이 대부분 이를 외면할 때 외신들은 엉터리 선거의 실상을 속속 보도하기 시작했다. 《워싱턴 포스트》는 「민주당은 이 씨에게 표 도둑」이란 기사(3월 9일)에서 "며칠 전 한국말을 하는 미국인이, 수십 명이 셋 또는 아홉 명씩 짝을 지어 길가에 줄을 지어 서 있는 것을 보고 '뭐 하고 있소?' 하고 물었더니 '선거 훈련을 하고 있는 거요'라고 답하는 것이었다"라며, 3인조·9인조의 '예행연습' 실태를 보도했다.

AP통신은 또 「살인·폭력으로 불안」이라는 기사(3월 12일)에서 "유례없는 폭력행위로 불거진 불안한 분위기가 3월 15일의 대통령 선거를 앞두고 한국을 덮고 있다. 지난 48시간 동안에 민주당원으로 판명된 한국인 2명이 살해된 사건과 철권적인 선거 전략은 자유·민주 양 지도자들에게 서로 다른 이유로 우려를 일으키고 있다"라고 보도했다.

그 밖에도 《런던 타임스》는 「고교생도 반항적」이라는 기사(3월 15일)에서 대구 고등학생들의 시위를 상세히 보도하고, 《타임》은 「경찰 통제

1960년 4월, 3·15 부정선거를 규탄하는 시위행렬.

하의 3인조 선거」(3월 21일), 《뉴스위크》는 「붙들고 놓지 않으려는 연극」(3월 21일), 《워싱턴 포스트》는 「침묵에 잠겼던 한국의 젊은 세대 잠을 깨다」(3월 16일), 《르몽드》는 사설 「심각한 투쟁양상」(3월 18일), 《크리스천 사이언스 모니터》는 사설 「이 씨의 승리, 중대 문제를 야기」(3월 16일), 《뉴욕 타임스》는 사설 「마산 사건의 발생」(3월 16일), UPI통신은 「양당제도 파탄 위기」(3월 16일), 《워싱턴 포스트》는 사설 「더러운 승리」(3월 17일), 《런던 타임스》는 사설 「차라리 가장假裝선거를…」(3월 17일), 《이코노미스트》는 「이 박사의 희미한 승리」(3월 21일), 《뉴욕 타임스》는 사설 「이 박사의 후계자」(3월 22일)를 실어 한국의 실상을 세계에 전했다.

3월 23일, 마산 사건 국회조사단(여 6, 야 5)이 현지에 도착하여 조사활동을 벌이고, 자유당 의원들은 공산당이 배후에서 사주했다고 말했다. 그러나 소진섭 대검 차장검사는 아직 마산 사건에 공산당이 연관되었다는 확증을 잡지 못했다고 밝혔다.

시민들의 분노가 쉽게 가라앉지 않던 4월 11일, 실종되었던 마산상
고생 김주열의 사체가 바다에 떠올랐다. 오른쪽 눈에 최루탄이 박힌 처
참한 모습이었다. 김주열에게 정면에서 최루탄을 쏴 사망에 이르게 한
마산경찰서 경비주임 박종표는 악질 일제 경찰 출신이었다. 이를 지켜본
시민들은 경찰의 만행과 부정선거를 규탄하며 다시 들고일어났다. 이렇
게 다시 시작된 제2의 마산 사건은 결국 4월혁명의 불길을 당기는 불씨
가 되었다.

김주열 군의 사망으로 촉발된 제2의 마산 사건은 경찰의 발포로 2
명 사망, 14명 부상 등의 희생을 치르면서 며칠 동안 계속되었다. 정부
는 4월 13일 이른바 마산의 '적색분자'를 조사한다며 군·검·경의 대공 3
부 합동조사위원회를 파견하고, 마산에서 일대 검거 선풍을 일으켰다.
이승만은 4월 15일에 다시 마산 사건은 배후에 공산당의 조종이 있다는
담화를 발표했다. 검찰은 2차 마산 사건과 관련하여 시민·학생 30명을
구속하고 28명을 불구속 입건했다.

이승만은 3·15 부정선거에 항거하는 마산 시민·학생들을 끝까지 '공
산당 조종'이라는 용공사건으로 몰아 위기의 국면을 벗어나고자 했다.
이승만의 추종자들이 3·15 부정선거는 최인규 등 내각에서 저지른 것이
며, 이승만은 몰랐다고 하는 주장은, 그의 거듭된 '용공 담화' 발표에서
거짓임이 확인된다. 이승만은 3·15 부정선거와, 이에 항거한 마산 시민·
학생 학살의 주범이다.

혁명의 불길에 '껍데기'로 사그라진 독재자

독재권력의 심장을 겨눈 거대한 해일, 4·19

남쪽에서 시작되어 봄바람과 함께 북상하기 시작한 반독재 시위 열풍은 중부지역을 거치면서 세를 더하여 수도권에 상륙했을 때는 거대한 태풍으로 변했다. 그 사이 이승만은 민심수습책으로 내무장관 최인규, 치안국장 이강학, 내무차관 이성우 등을 교체했으나 성난 '태풍'을 잠재우기에는 역부족이었다.

반이승만 태풍이 서울에 상륙한 것은 4월 18일이다. 이날 고려대생들은 대규모 시위에 나섰다. 4,000여 학생들은 오후 1시에 교내에서 선언문을 낭독한 다음 스크럼을 짜고 안암교, 종로를 거쳐 경찰과 9번이나 충돌하면서도 저지선을 뚫고 오후 2시 15분에 국회의사당(지금의 서울특별시 의회) 앞에 도착한 뒤 곧바로 연좌시위에 들어갔다.

얼마 뒤 유진오 총장 등이 설득에 나서 학생들은 농성을 풀고 학교로 돌아가기로 결정했다. 그런데 학교로 돌아가던 중 청계천4가에 잠복해 있던 정치깡패 100여 명이 부삽, 쇠갈퀴, 몽둥이, 벽돌 등으로 학

서울 종로4가 천일극장 부근에서 정치깡패들의 습격을 받고 쓰러진 고려대 학생들.

생들을 마구 난타하여 여럿이 다치는 사태가 일어났다. 고대생들을 습격한 정치깡패는 반공청년단 소속으로, 이정재가 두목인 동대문 특별단부라는 조직폭력배들이었다.

이 소식이 전해지면서 서울의 대학가는 다음 날 일제히 폭발했다. 지층에서 분화구를 찾아 부글거리던 화산이 4·18 폭력사태를 계기로 마침내 폭발하고, 거대한 용암은 이승만의 경무대와 이기붕의 서대문 권부를 향해 노도와 같이 밀려갔다.

흔히 '피의 화요일'로 불리는 4월 19일 오전, 서울대생 2,000여 명이 "민주주의를 위장한 백색 전체주의에 항거한다"라는 선언문을 낭독하고 교문(동숭동)을 출발하여 경찰의 저지선을 뚫고 국회의사당 앞까지 진출했다. 이와 함께 서울 지역 대학생은 물론 고등학교 학생들까지 가세한 10만여 학생들이 광화문으로 밀려왔다. 거대한 해일이고 용암이었다.

용암처럼 치솟고 해일처럼 밀려드는 '카비테' 무리는 특정한 지휘자도 계획된 연대도 없는 자발적인 시위대였다. 학생들은 학교 주변에 배치된 경찰의 저지선을 육탄으로 뚫고 〈해방가〉 등의 노래를 부르며 광화문 쪽으로 밀려왔다. 중앙청 앞에 모여든 시위대에게 경찰이 실탄사격을 하면서 서울에서 첫 사상자가 생겼다. 피를 본 학생과 시민들은 더욱 격렬하게 경무대로 전진했다. 경무대 앞에서 다시 경찰의 사격으로 많은 학생이 죽고 다쳤다. 급기야 학생들의 희생을 지켜보던 시민들이 합세하면서 시위대는 더욱 크게 불어나고, 흥분한 시민들 중에는 "총으로 살인경찰을 없애버리자"라는 구호에 따라 시경의 무기고로 몰려가 총기 탈취를 시도했다.

경무대 앞에서 증원된 경찰의 무차별 총격을 받고 후퇴한 시위대는 자유당사, 반공회관, 서울신문사 등에 불을 지르고, 중앙방송국 점거를 기도했으나 경비 강화로 뜻을 이루지 못했다. 이날 하루 종일 서울 시내 곳곳에서 시위대와 경찰의 '접전'이 벌어졌다. 경찰의 무차별 발포로 사망한 사람이 100여 명이었고, 부상자는 수천 명에 이르렀다. 학생들은 쓰러진 동료들의 시신을 업고 일진일퇴를 거듭했다. 이성을 잃은 경찰이 최루탄, 실탄, 기관포를 가리지 않고 난사하면서 사상자는 더욱 늘어났다. 4·19 혁명 과정에서 발생한 사망자는 186명, 부상자는 6,230명이었다. 이승만의 폭정과 영구집권에 항거하다가 희생된 민주주의 수호자들이었다.

4·19 혁명의 중심이 된 시위에서 학생들은 「시국선언문」을 통해 "만약 이와 같은 극단의 악덕과 패륜을 포용하고 있는 이 탁류의 역사를 정화시키지 못한다면 우리는 후세의 영원한 저주를 면치 못하리라"(고려대)라고 외치는가 하면, "몽매와 무지와 편협 그리고 집권과 데모의 제

무더기로 안치된 4·19 혁명 희생자의 유해.

지, 학생 살해, 재집권을 위한 독단적인 개헌과 부정선거 등은 이 나라
를 말살하는 행위인 것이며, 악의 오염을 더욱 증가시키는 것 이외에 그
무엇이 되겠는가"(연세대)라며 이승만 정권을 질타했다. 또 "상아의 진리
탑을 박차고 거리에 나선 우리는 질풍과 같은 역사의 조류에 자신을 참
여시킴으로써, 지성과 진리 그리고 자유의 대학정신을 현실의 참담한
박토에 뿌리려 하는 바"(서울대)임을 천명했다.

위기에 몰린 이승만은 4월 19일 오후 1시를 기해 서울 일원에 국무
원 공고 83호로 비상계엄령을 선포하고, 계엄사령관에 육군참모총장 송
요찬 중장을 임명했다. 16시 30분, 부산·대구·광주·대전 지구에도 계엄
을 선포하여, 언론을 사전점열하고 오후 7시부터 새벽 5시까지 통행을
금지했다.

이승만은 국민의 정당한 주장을 받아들이기는커녕 계엄령을 선포

하여 시위를 물리력으로 진압하고자 했다. 경찰은 계엄이 선포되자 장갑차를 동원하여 반격을 개시하고, 시민들까지 다수 합세한 시위대는 파출소에 불을 지르고, 총기를 탈취하여 경찰에 응사했다. 서울의 시위는 시가전을 방불케 할 만큼 격렬했다.

이날 시위 군중을 향해 발포명령을 내린 자는 서울시경 국장 유충렬(중앙청 앞 진압대), 대통령 경호실장 곽영주, 내무장관 홍진기(경무대 앞 진압대)였다.

계엄사는 이날 오후 8시 40분, 탱크를 포함한 예하부대를 서울에 진주시켰다. 한국 민주주의 투쟁사에서 가장 긴 하루였던 4월 19일은 계엄군이 서울과 주요 도시에 진주하면서 소강상태로 접어들었다. 계엄령 아래서도 시민·학생들의 산발적인 시위는 계속되었다.

이승만은 4월 20일, "4월 19일 일어난 난동으로 본인과 정부 각료들은 막대한 충격을 받았다. 불만의 주요 원인이 있으면 시정될 것"이라는 담화를 발표했다. 어느 정도 기가 꺾인 듯했으나 여전히 4·19 시위를 '난동'으로 규정하고 있었다.

21일, 국무위원 전원이 총사퇴한 가운데 계엄사는 사상자 명단을 발표했다. 총사망자는 115명(민간인 111명, 경찰 4명), 총부상자 727명(민간인 558명, 경찰 169명)이었다.

이승만의 충견으로 변한 경찰이 서울에서 시민·학생 가리지 않고 대량학살을 자행할 때 《워싱턴 포스트》는 사설 「서울의 대학살」을 통해 이승만의 만행을 비판했다.

이승만 정부는 스스로가 한국에 심었던 선거의 씨를 거두고 있다. 5개 도시의 계엄령을 불러온 서울에서 데모 학생에 대한 대량 사살은 그 자신의

치적이 일으켜놓은 세력들을 어떻게 다루어야 할지 모르는 전전긍긍하는 정권의 행동인 것이다. 이 반항은 직접적으로 지난달 대통령 선거에서 분명한 협잡과 야만적 행위에서 결과된 것이며, 이 박사의 자유당이 그 통치를 영속시키기 위해 민주정부를 죽이는 도살장을 만들어놓았다는 이유 있는 감정에서 결과된 것이다.

태아적 국민혁명이 확실히 진행되고 있다. 지금까지 금성탕지의 지위를 차지하고 있던 이 대통령은 다음 두 가지 방법 중 어느 하나로 이 혁명을 처리할 수 있을 것이다. 그는 이 불평의 정당성을 인정하고 진정한 개혁을 통해서 그 정부의 죄과에 대한 광정을 꾀할 수 있을 것이다. 그렇지 않으면 경찰 수법을 강행하여 완전한 독재정치로 진일보할 수 있을 것이다. 이승만 정부는 후자의 방향으로 가는 것 같다. 그러나 그 항거가 표면화한 것과 같이 확대되었다면, 그 탄압은 단지 안전밸브 위에 앉아 있는 것에 불과한 것이다.[12]

사면초가의 궁지에 몰린 이승만은 일단 위기를 벗어나고자 제스처를 취했다. 경찰 책임자들 사퇴, 내각 총사퇴, 이기붕 부통령 당선자 사퇴에 이어 4월 22일에 자신은 "자유당 총재직을 사퇴하고 국무에만 전념하겠다"라는 성명을 내며 한발 물러섰다. 하지만 마지막까지 권력을 내놓으려 하진 않았다.

사면초가, 고립무원, 버림받은 독재자

이승만에게 더욱 절박한 위기가 다가왔다. 4월 22일부터 시민·학생들은 사태 해결에 미온적인 이승만을 직접 겨냥하고 저항에 나섰다. 4·19 이후 시위대의 구호는 "부정선거 다시 하라"에서 "이승만 물러나라"로 바뀌었다. 또 '기대'했던 대로 계엄군이 시위대를 강경진압하지 않고 중립적인 태도를 보임으로써, 오히려 학생들이 탱크 위에 올라가 군인들을 격려하고, 이런 광경을 지켜본 시민들은 계엄군에 박수를 보냈다.

그리고 더욱 중요한 변수는 미국의 태도 변화였다. 정권을 잡고 12년간 권력을 유지해온 버팀목이었던 미국이 이승만에게 등을 돌리기 시작했다. 미국으로서도 이미 국민으로부터 버림받은 늙은 독재자를 더 이상 비호할 명분도 실리도 없었다. 그러다가 격앙된 민심의 불길이 반미감정으로 옮겨붙기라도 하면 게도 구럭도 다 놓칠 판이었다.

'서울의 대학살'을 지켜본 주한 미국 대사 매카나기는 "정당한 불만의 해결을 희망한다"라는 공식성명을 발표하고, 4월 19일 저녁 8시에 경무대를 방문하여 이승만에게 '근본적인 원인'을 고려해야 한다는 미국의 뜻을 전달했다.

워싱턴에서는 허터 미 국무장관이 양유찬 주미 한국 대사를 불러 4·19 사태에 대한 미국의 입장을 통고하면서 선거부정의 증거를 제시하는 항의각서를 전달한 데 이어, 이튿날(20일), 미 국무성은 한국의 민주화를 촉구하는 강경한 성명을 발표했다. 사면초가, 고립무원의 상태에서 이승만은 더 이상 버티기가 어렵게 되었다. 4월 21일, 주한 미국 대사 매카나기는 경무대를 찾아가 이승만에게 미국의 입장을 정중하게 전달했다.

> **매카나기:** 미국이 이번 사태(4·19)에 관심을 갖고 있는 것은 한국에 대한 우정과 선의의 결과다.

경찰의 무차별 발포에 항의하는 수송초등학교 학생들.

이승만: 이번 문제는 장면 한 사람에 의해 저질러진 것이다. 노기남 주교
와 장張이 한국의 헌법을 어기고 권력을 잡으려는 정치적 목적에서 가
톨릭과 교회를 이용했다.

매카나기: 미국은 장이 혼자 문제를 일으킬 만큼 파워풀하다고 생각지 않
는다.

이승만: 현 상황을 해결하기 위한 대사의 견해는 무엇인가?

매카나기: 정부와 국민 간의 진실한 관계회복을 위해 빠른 시일 내에 헌법
을 개정할 필요가 있다고 본다.[13]

매카나기는 본국 정부에서 전달된 메시지를 외교관답게 '마사지'하
여 이승만에게 전달했다. 미국 생활을 40여 년 하면서 미국 권력의 생리
를 익혀온 이승만은 더 이상 버틸 재간이 없다는 걸 깨달았다. 그는 이

때까지도 시위군중이 민주당 장면의 조종에 의해 움직이는 것으로 변명했다.

계엄군이 시위대에 발포하지 않는다는 사실을 안 시민·학생들이 다시 가두시위에 나섰다. 4월 25일, 서울 시내 대학교의 교수 258명이 시국선언문을 발표하고, '학생의 피에 보답하라'라는 플래카드와 태극기를 앞세우고 시민들의 환호를 받으며 국회의사당까지 행진했다. 교수단 시위대에 수많은 시민·학생들이 합세하여 "이승만 물러나라"라는 구호를 외쳤다. 교수단은 15개 항의 요구조건을 내걸고, "이 대통령은 즉시 물러나라" "부정선거 다시 하라" "살인귀 처단하라"라는 구호를 외쳤다.

교수단의 이날 시위는 너무 늦은 감이 없지 않았으나, 이승만 퇴진에는 결정타가 되었다. 교수단의 시위로 그동안 위축되었던 학생·시민들이 다시 거리로 쏟아져 나왔다. 시위군중이 서대문 이기붕의 집을 포위 공격하는 과정에서 다시 경찰이 발포하면서 사상자가 몇 명 발생했다. 이 틈을 타서 이기붕은 환자로 가장하고 집을 빠져나갔다.

"그놈의 사진을 떼어서 밑씻개로 하자"

운명의 날 4월 26일이 밝았다. 정부는 이날 새벽 5시를 기해 서울지구에 다시 비상계엄을 선포하여 시위를 봉쇄하려 했으나 이제 시위대는 이를 두려워하지 않았다. 오전 7시부터 3만여 시민이 이승만 하야를 요구하며 시내 중심가로 이동하고, 광화문 거리에 모인 1만 여 시민은 계엄군의 탱크 위에 올라가서 시내를 누볐다. 계엄군 일부가 최루탄과 공포탄을 발사했지만 시민들은 물러서지 않았다. 이날 송요찬 계엄사령관이

1960년 4월 26일. 계엄군의 탱크 위에서 이승만의 하야 소식에 기뻐하는 시민들.

이승만을 만나 사태수습과 시민·학생 대표의 면담을 요청해, 오전 9시
경 면담이 성사되었다.

　이날 남산과 탑골공원의 이승만 동상이 시민들에 의해 끌어 내려
진 뒤 동아줄에 묶여 끌려다니는 수모를 당했다. 우상화를 위해 세운
독재자의 동상은 그 주인의 처지를 예고하듯 시민들의 발길에 차이며
조롱거리가 되었다.

　10시 20분경, 이승만은 학생·시민 대표와 면담하면서 "국민이 원한
다면 물러나겠다"라고 하야 의사를 밝혔다. 이날 오후 1시, 이승만은 전
국에 대통령직 하야를 녹음으로 방송했다. 이승만의 하야를 촉구하는
그날의 시위에서도 사망 24명, 부상 113명이 발생하여 국민의 분노가 다
시 들끓었다. 계엄군이 아니라 경찰이 발포해 마지막 날까지 희생자를
낸 것이다. 이승만의 하야 발표가 더 늦어졌다면 경무대는 시민들에게

포위당하고 그는 어떠한 변을 당했을지 모른다.

　4월 27일 오후 3시, 국회는 이승만의 사임서를 즉시 수리하고, 헌법 규정에 따라 허정 수석 국무위원이 대통령권한대행을 맡았다. 장면 부통령이 이승만의 하야를 촉구하고자 이미 사임한 터여서 법률에 따라 외무장관 허정이 승계한 것이다.

　다음 날 오후, 경무대 관사 36호실에서 이기붕 부부를 비롯해 장남과 차남 등 이기붕 일가족이 장남 이강석이 쏜 총으로 자살했다. 이기붕 일가의 집단자살에는 의문이 따랐다. 모든 책임을 이기붕에게 떠넘기고 이승만을 구하려는 측근들의 소행이라는 주장도 있었다. 하지만 아직까지 역사는 '집단자살'로 기록하고 있다.

　이승만은 이기붕 일가의 비극적인 참사 현장을 잠시 둘러보고 경무대를 떠나 걸어서 이화장으로 거처를 옮겼다. 12년 동안 전제권력을 누리다가 국민을 적으로 돌려 살상을 자행한 끝에 시민혁명으로 권좌에서 쫓겨나 사가로 돌아간 것이다. 그의 하야 길을 박수로 맞은 시민도 있었다. 참으로 '선량'한 국민이다.

　4·19 혁명의 현장에서 무자비한 경찰에 의해 살상당하는 어린 학생들을 지켜본 시인 김수영은 〈우선 그놈의 사진을 떼어서 밑씻개로 하자〉라는 시를 발표했다. 그 첫 연이다.

　　우선 그놈의 사진을 떼어서 밑씻개로 하자
　　그 지긋지긋한 놈의 사진을 떼어서
　　조용히 개굴창에 넣고
　　썩어진 어제와 결별하자
　　그놈의 동상이 선 곳에는

민주주의의 첫 기둥을 세우고

쓰러진 성스러운 학생들의 웅장한

기념탑을 세우자.

아아, 어서어서 썩어빠진 어제와 결별하자.[14]

시인 신동엽은 4·19 직후 '혁명'의 순결함을 더럽히는 자들을 향해 "사월도 알맹이만 남고 껍데기는 가라"라고 일갈했다. 바로 그 '껍데기'들의 원조 이승만은 하야 한 달여 만인 5월 29일 오전 8시 5분, 부인 프란체스카만 동반하고 하와이 교포 몇 사람이 제공한 대만 CAT 전세기 편으로 비밀리에 김포공항을 떠나 하와이로 망명했다. 세 번째이자 마지막 망명길이었다. 김포공항에는 허정 과도정부 수반과 이수영 외무차관이 전송을 나왔을 뿐이다. 망명 사실을 국민에게는 밝히지 않고 꼭두새벽에 줄행랑을 친 것이다.

이승만은 하야성명 발표에서부터 이화장에서의 칩거, 망명길을 떠나기까지 한 번도 폭정 12년과 4·19 학살에 대해 국민에게 사과하지 않았다.

5월 30일, 국회에서는 이승만 망명에 대한 책임추궁이 있었다. 민주당 양일동 의원의 추궁에 허정은 "이 박사는 건강이 나빠 하와이로 요양 차 여행한 것이며 외교관 여권을 주선해주었다"라고 말하고, "이 박사의 출국은 오히려 시국수습에 도움이 될 것이며 필요하면 언제든지 소환할 수 있다"라고 답변했다. 한편 장면 민주당 대표는 과도정부에 이승만 탈출의 경위와 진상을 밝히도록 요구하고, "부패와 독재와 학정에 인책·사과하지 않고 망명함은 무책임한 행동"이라는 성명을 발표하여 정부를 비난했다.

1960년 5월 29일, 비밀리에 하와이 망명길에 오르는 이승만.

12년 동안이나 전제군주로 군림하면서 독재와 전횡을 일삼아온 이승만은 시민의 민주혁명으로 쫓겨나 해외에 망명하고, 이승만을 등에 업고 부정선거를 획책한 이기붕 일가는 집단자살로 비극적인 종말을 고했다. 화무십일홍花無十日紅이라더니, 권력무상, 인생무상이다.

이승만의 폭정을 비판하다가 폐간되어 4월혁명 과정에서 복간된 《경향신문》은 '여적'에서 이렇게 썼다.

"선을 쌓은 집안은 경사스럽게 되고, 악을 쌓은 집은 재앙이 찾아온다"는 말이 있는데 너무나도 소연한 인과업보의 법칙에는 숙연하게 머리를 숙이지 않을 수 없다. 이번 4·19의 학생의거가 우리나라에 분명히 정치적 혁명을 가져온 데에 큰 의의가 있는 것은 물론이지만 도의 진흥에도 크나큰 공헌을 하였다는 것을 우리는 간과할 수 없다. 아~ 뉘라서 지금 세상에는 도의가 없다고 하였던고. 아~ 뉘라서 지금 세상에는 천도가 무심하다고 하였던고. 금성철벽 같은 자유당 권세가 이십 전후의 청년학생들의 의거로 인하여 그렇게 허무하게 무너질 줄을 누가 꿈엔들 짐작하였으랴! 그러나 불의는 드디어 굴服하였다. 도의는 소생되었다.[15]

쓰레기통에서 장미가 필 수 없는 것은 사실이다. 그러나 한국에 장미가 핀 것이 사실인 이상 한국이 쓰레기통이 아니라는 증거로 이보다 더 확실한 것은 없다. 세계 역사상 이번 한국 학생의 의거처럼 성공적인 것은 없었다. 외국 사람들은 한국을 가리켜 아무것도 배울 것 없는 나라로만 여겨왔는데 4·19 의거는 전 세계적으로 절찬을 받았으며 이미 일본이나 터키 같은 나라에서는 "한국 학생을 본받으라"라는 슬로건을 내걸고 데모운동이 전개 중이라고 하니 이만하면 대한민국 사람들도 어깨가 으쓱하다. 장미꽃은 장미동산에서 피는 것이요, 쓰레기통에서 피지는 않는다. 우리는 이번 학생들을 구구하게 장미꽃에 비하고 싶지는 않다. 우리나라는 훌륭한 무궁화동산이다. 이 무궁화동산에서 무궁화가 피는 것은 당연하다. 우리 학생들은 바로 이 무궁화다. 그러므로 이번 의거를 계기로 "쓰레기통에서 장미가 필 수 없다"라는 수치스러운 속담 대신에 "무궁화동산에서는 무궁화가 핀다"라는 새로운 격언을 세계적으로 전파시켰으면 좋을 것 같다.[16]

4·19 혁명은, 민주공화정을 수립하고도 전제군주로 군림한 '국부 이승만'과 그 추종자들 때문에, 국제사회에서 장미가 피지 않는 '쓰레기통'으로 비하되다가 장미와 무궁화를 피게 하는 계기가 되었다. 학생·시민들은 6·25 전쟁 발발 10년, 휴전 성립 7년 만에 반독재 민권승리의 위대한 민주혁명을 이룬 것이다.

반세기가 넘게 지나도록 배회하는 '독재자의 망령'

4·19 혁명은 현상적으로는 독재자 이승만과 그 아성 자유당 정권을 퇴진시키는 데 성공했으며, 역사적으로는 한민족 최초로 피압박 민중세력이 지배계급을 전복시킨 근대적 시민혁명으로서의 의미가 크다. 우리 역사에도 창업과 반란으로 인한 왕조의 명멸과 반정으로 인한 권력의 교체가 수차례 있었으나 모두 기득권 세력 간의 권력교체에 머물렀을 뿐 민중 봉기에 의한 진정한 권력교체는 한 번도 성공한 적이 없었다. 홍경래의 난, 동학농민전쟁, 3·1 혁명이 다 그랬다. 엄청난 희생에도 불구하고 그 저항정신만 남긴 채 부조리한 현실을 타파하지는 못했다.

그런데 4·19 혁명은 사상 처음으로 철옹성 같은 권력집단을 타도하는 데 성공했다. 에리히 프롬은 "집권세력은 화학무기로 무장하고 있는데 민중은 주먹이나 돌멩이밖에 갖고 있지 못한 처지에서는 프랑스혁명과 같은 민중혁명은 불가능하다"라고 말했다. 하지만 4·19 혁명은 프롬의 '불가능'을 뒤집고 말았으니, 세계사적으로 유래가 드문 쾌거였다.

4·19 혁명은 이승만의 장기집권과 폭정에 저항하면서 남북통일운동의 한 전기를 만들었다. 이승만에 의해 철저히 차단되어온 통일구호가 봇물처럼 쏟아졌다. 이승만은 허황한 '북진통일론'을 외치면서 남북협상파·평화통일세력을 극형으로 다스렸다. 이승만의 북진통일론은 사실 "통일의 외피를 쓴 반통일운동"(서중석)이었다. 4·19는 이 '외피'를 벗기는 계기가 되었다.

하와이에 망명한 이승만은 칩거했다. "이 박사는 반수半睡 상태로 몇 년을 살았다. 산 것도 아니고 죽은 것도 아니고, 아마 이 박사의 반수야말로 현대과학으로 해석이 안 된다고 해야 할 것이다."[17]

반수 상태로 몇 해를 더 살았던 이승만은 1965년 7월 19일, 하와이 마우나라니 요양원에서 사망했다. 90년 4개월의 긴 생애였다. 생전에 국내로 돌아오기를 원했으나 5·16 쿠데타로 집권한 박정희 정권은 이를 허락하지 않았다. 국내에 남아 있는 이승만 세력의 준동을 겁낸 것이다. 이승만의 유해는 국내로 옮겨져 국민장으로 국립묘지에 안장되었다. 장례식 날 연도에서 장송하는 인파가 120여 만이라고 언론은 보도했다.

당시 한 정치평론가는 "이런 현상은 이역만리에서 죽은 데 대한 인간적인 동정심, 구경거리라면 밥 먹기보다 좋아하는 국민의 호기심, 신격화되어 생전에는 도저히 접할 수 없었던 독재자에 대해 사후라도 접해보았으면 하는 서민의 열등자 의식, 이 박사 통치시대가 적어도 지금보다 좋았다는 중·노년층의 회구감懷舊感이 작용한 것으로, 그 밑바닥을 흐르고 있는 것은 국민의 낮은 정치의식이다. 죽음은 가장 엄숙한 사실이기 때문에 생자로 하여금 사자 생시에 대한 은원·애증의 감정을 초월케 하고 한없는 관용심을 자아내게 한다"[18]라고 분석했다.

이승만 영결식에서 박정희 대통령은 "역사를 헤치고 나타나 자기 몸소 새 역사를 짓고 또 역사 위에 숱한 교훈을 남기고 가신 조국근대화의 상징적 존재"라고 추켜세웠다. 이승만과 박정희는 인연이 깊었다. 군인 박정희가 남로당 전력으로 사형선고를 받았을 때 이승만은 무기형으로 감형시켜주고, 6·25 전쟁이 일어나자 군에 복귀시켜주었다. 박정희는 한때 쿠데타를 모의하여 이승만 타도에 나선 바도 있었다. 생존한 이승만의 귀국을 반대했던 박정희는 막상 그가 죽어서 돌아오자 극존의 영결사를 바쳤다.

이승만의 파란만장한 90년 생애는 이렇게 하여 영욕의 삶을 접고 역사의 뒤안길로 사라졌다. 그가 망명한 뒤 허정 과도정부에 의해 국정

2억 600만 환(당시 쌀 2만 600여 섬의 값)의 거액을 들여서 남산에 세워졌던
거대한 이승만 동상이 4년 만에 시민들에 의해 철거되는 모습.

이 운영되어 6월 15일에 국회는 내각책임제 개헌안을 통과시키고, 7월
29일에 민·참의원 총선거를 실시해 민주당이 과반수 의석을 차지했다.
8월 13일에 윤보선 대통령이 취임하고 총리에 장면이 인준되면서 마침
내 민주정부 제2공화국이 수립되었다.

4·19 혁명으로 민주주의를 되찾은 한국의 민주주의는 1년여 만에
또 한 차례 거센 시련을 맞았다. 1961년 일본군 장교 출신 박정희 소장
이 주도한 군사 쿠데타로 민주당 내각은 8개월 만에 붕괴하고, 군부세력
이 국권을 장악했다.

그렇게 권력을 찬탈한 박정희의 독재는 이승만보다 한술 더 떴다.
그래도 이승만은 명색이나마 민주주의 '체제' 자체는 유지했는데, 박정
희는 아예 민주헌정 '체제' 자체를 없애버리고 철권통치를 일삼았다. 그

4·19 혁명 이후 민가의 뒤뜰(명륜동 1가)로 옮겨진 이승만 동상.

뒤를 후계자 전두환·노태우가 이어받아 군부독재 30년을 채웠으니, 따지고 보면 원죄는 이승만에게 돌아간다. 초대 대통령으로서 민주주의를 실천하고, 친일파를 척결하여 군부의 인사를 쇄신·정화했다면 박정희와 같은 친일반민족 정치군인 무리가 군에 설 자리는 없었을 것이고, 당연히 군부독재를 겪지 않아도 되었을 것이다.

나는 미국 초대 대통령 조지 워싱턴의 생가 '마운트 버넌'을 방문하고, 그가 노년에 거처했던 숙소와 유품들을 둘러볼 기회가 있었다. 그때 이승만이 미국에서 교육받고 오랫동안 생활하고서도 왜 워싱턴을 배우지 못했는지 안타까운 생각이 들었다.

워싱턴은 나라와 국민을 위해 자신이 할 수 있는 일을 했을 뿐, 한순간도 자신을 위해 무엇을 하고자 하지 않았다. 따라서 자신의 할 일이 끝났다고 여기는 순간 표연히 자신의 처음 자리로 돌아갔다. 그래서 그는 헨리 리의 추도사대로 "미국민의 마음속에서 최고"가 되었다.

악수악과惡樹惡果라는 말이 있다. 이승만의 추종세력은 지금도 무슨 '학당'을 만들어 일본의 극우세력을 대변하면서 민족정신을 훼손하고 있다.

워싱턴만 그런 것이 아니었다. 터키의 케말 파샤, 인도의 네루, 베트남의 호치민, 남아프리카공화국의 넬슨 만델라도 워싱턴의 길을 걸음으로써 '건국의 아버지' '국부'로서 존경받고 있다.

이승만의 실패는 그 개인만의 실패가 아니라는 점에서 문제가 따른다. 어느 사회, 단체를 막론하고 초대 책임자의 역할은 막중하다. 바로 '전통'이 되기 때문이다. 이승만의 실패는 대한민국 정부의 실패, 민주주의의 실패를 가져왔다.

이승만의 90년 파란만장한 생애는 파란격동의 한국 근현대사와 겹치게 되고, 지난 반세기 민주주의의 시련은 그 부산물이기도 하다. 그의 비뚤어진 역사관과 권력욕에 호가호위한 아첨꾼들과 하수인 노릇을 한 관료·법조인, 언론·지식인들에게서 지금의 모습을 보게 된다.

한국 사회의 중심부에는 여전히 '아류 이승만'식 반통일 반민주를 획책하면서 1950년대의 미몽에 사로잡혀 있는 부류가 활개를 친다. 이승만에게 대한민국 임시정부와 무장독립운동이 그렇게 고까웠듯이, 이 '아류'들에게는 4·19 혁명이 낳은 '민주'와 '평화통일'의 정신과 가치가 그렇게 못마땅한 것이다. 5·16 쿠데타로 인한 가치전도 현상 때문이다. 모두 '이승만의 원죄'라면 그가 억울해할까.

'독부' 이승만이 민족반역자이자
민주반역자인 증거

이승만의 독재와 실정이 절정으로 치닫던 자유당 말기, 심산 김창숙은 '독부獨夫 이승만'이라 했다. '독부'란 "민심을 잃어서 남의 도움을 받을 곳이 없게 된 외로운 남자"를 말한다. 과연 이승만은 독부였다. 자유당 말기뿐만 아니라 미국 망명 기간, 귀국하여 단독정부를 세우고 12년 전제권력을 유지할 때가 다르지 않았다. 독재·독부·독선·독점 등 그에게는 홀로 '독獨' 자가 유독 많이 따랐다. 물론 '독'에는 독립운동도 포함된다.

'독재자 이승만' 평전을 집필하면서 '위대한 독립운동가'로 분장된 그의 망명기가 얼마나 위선적이었는지, 추종자들이 '건국 대통령'으로 포장하는 해방공간의 행적이 얼마나 사대적·반민족적이었는지, 집권기간의 전제정치가 얼마나 비민주적이었는지를 새삼 절감하게 되었다.

여기에 그 증거들을 요약 정리하여, 분칠된 '영웅'의 가면을 벗긴 그 진짜 모습을 전하고자 한다.

1. 1904년 8월 9일, 일본 공사 하야시 곤스케의 도움으로 5년 7개월 만에 조기 출감했다. 출감 후 잠시 상동교회 부설 상동청년학원 교장을 지내다가 미국 미니애폴리스에서 열리는 기독교 국

제회의에 참석하기 위해 일본을 거쳐 미국으로 갔다. 이때 총독부에 그의 출국을 주선한 미국인 감리교 감독 헤리스는 유명한 친일파였다.

2. 한미수호조약 이행을 촉구하는 외교에 실패하고 그길로 미국에 눌러앉아, 미 기독교계 인사들의 주선과 도움으로 대학에 입학하여 유학생이 되었다. 하버드 대학 재학 중이던 1908년, 스티븐슨을 처단한 장인환 의사의 재판 통역 의뢰를 받고 "예수인 신분으로 살인재판을 통역할 수 없다"라는 이유로 이를 거부해 교민사회의 분노를 샀다. 이후에도 이봉창·윤봉길 의사 등의 의열투쟁을 '테러'라고 비난했다.

3. 주한 미국 선교사들의 요청으로 (한국이 일제에 병탄된 지 한 달여 만인) 1910년 10월 5년 만에 귀국해 1912년 초까지 YMCA 학생부·종교부의 간사로 근무했다. 한국에 머무는 동안 민족문제, 독립운동은 외면한 채 오히려 반일운동에 관심이 많았던 학생들에게 자신의 유학을 통해 많은 지식을 갖게 되었다고 발언하는 등 학생들에게 반일운동보다 해외유학을 권장했다.

4. 총독부가 1912년 데라우치 총독 암살 사건을 조작해 신민회 간부와 기독교 지도자 등 900여 명을 구속하고, 그중 105명을 기소한 '105인 사건' 와중에 미국인 친일 목사의 주선으로 미국으로 출국했다. 이때 많은 애국지사들이 혹독한 고문으로 사망하거나 불구가 되고, 해외로 망명했다.

미국에 도착한 그는 이 무렵 《워싱턴 포스트》와 한 회견에서 "(병탄 이후) 불과 3년이 지나기도 전에 한국은 낡은 인습이 지배하는 느림보 나라에서 활발하고 떠들썩한 산업경제의 한 중심으로 변모했다"라고 일제 식민통치를 옹호하는 발언을 했다. 박용만의 주선으로 1913년 2월, 하와이 호놀룰루에 정착했다.

5. 당시 하와이에는 교민 8,000여 명이 살고 있었다. 교민들은 이승만이 '105인 사건'을 피해 도망왔다고 불만이었다. 《태평양잡지》를 발행한 이승만은 독립지사들의 무력항쟁과 의열투쟁을 비판하여 교민들의 항의를 받았다. 그는 대한인국민회 주도권 싸움을 벌여 교민사회를 분열시키고, 무장투쟁론에 반대하여 박용만을 축출했다. 그는 미주 한인사회에서 '트러블 메이커'였다.

6. 1919년 초 1차 세계대전 전승국들의 파리강화회의 참석을 시도했으나 좌절되고, 대학 은사였던 윌슨 대통령과의 면담도 좌절된다. 파리강화회의에는 상하이 한국독립당의 김규식이 참석했다. 정한경과 1919년 2월 25일, "연합국 열강이 현 일본의 통치로부터 해방시켜 국제연맹의 위임통치에 두는 조처를 해달라"라는 내용의 「위임통치청원서」를 파리강화회의에 제출하고, 측근 정한경은 국내의 3·1 혁명 뒤에도 《뉴욕 타임스》에 쓴 「한국의 호소」에서 일본 대신 미국의 통치를 요청했다.

7. 1919년 3·1 혁명 이후 서울에서 수립된 한성임시정부는 실체가 거의 없는 '지상紙上 정부'에 불과한데 언론보도로 과대 포장되었

다. 한성임시정부 수반으로 추대된 그는 집정관총재직을 '대통령'으로 바꿔 행세했다. 또 그해 상하이임시정부의 '국무총리'로 선출된 그는 미국에서 내내 '대통령'으로 행세했다.

8. 1920년 상하이에 도착한 이후 정부수반으로서 지도력을 발휘하기는커녕 임정의 내분만 격화시킨 끝에 다시 미국으로 돌아간 이후에도 계속 현실성 없는 '외교독립론'만 주장했다. 1922년 2월에 하와이로 귀환하여, 이듬해 6월 자신이 운영하는 한인기독학원 남녀학생 20명으로 '하와이 학생 고국방문단'을 구성하고, 일본 총영사관과 교섭 끝에 일본 여권으로 한국을 방문하도록 했다. 명색이 임시정부 대통령 신분으로 한 일이다. 이때 하와이에서 한 강연에서는 청일전쟁 당시 일본군이 모범적이라고 찬양하여 물의를 일으켰다. 그의 숱한 친일적 발언 가운데는 "대일전은 불가능하며 새로운 총독이 개혁을 단행해 한국인들의 성원을 얻고 있다"라고 한 1922년 9월의 망언도 있다.

9. 1922년 6월 17일, 상하이임시정부 의정원은 이승만의 독선적 행위와 독립기금의 사적 유용 등 5개 항의 사유를 들어 그를 '대통령직'에서 탄핵했다. 또 임정은 1925년 4월 10일 이승만이 위원장으로 있는 구미위원부를 폐지했다. 이승만은 이에 불복하여 윤치영 등을 시켜 명맥을 유지하면서 임정을 격렬하게 비난하는 성명을 발표했다. 하와이 체류 중에 한인 사회단체를 자기 중심체제로 바꿔 교민사회를 분열시키고, 대한인동지회를 개편하여 자신을 '종신총재'로 추대했다.

10. 1923년 있었던 이봉창·윤봉길 의사의 의거를 비난하면서 '어리
석은 짓들'이라고 조소했다. 미국 신문 《크로니클》에 따르면, 이
승만은 '비밀사절'을 상하이임시정부에 파견하여 테러 행위를
즉각 중지토록 설득했다. 이봉창·윤봉길 의거가 한국독립에 하
등 도움이 되지 않고, 일본으로 하여금 한국을 탄압하는 구실
밖에 주는 것이 없다는 게 이유였다.

11. 1944년, 한인연합회 하와이 지부 등 한인사회는 "교민사회를
불화와 분열에 빠뜨린다"라는 사유를 들어 충칭임시정부에 이
승만의 소환을 요청했다. 미 정부가 한국임시정부 승인을 거부
한 데에는 미주 한인사회의 분열과 이승만에 대한 불신도 작용
했다. 그 무렵 이승만은 별도의 임시정부를 설치하려다 교포들
의 반발로 실패했다.

12. 1945년 7월 말, 태평양전쟁을 이끄는 맥아더에게 전문으로 강
력한 반소·반공 입장을 전달해 맥아더의 주목을 받았다. 일제
의 항복 직후 맥아더 면담에 성공한 이승만은 맥아더의 주선으
로 9월 16일에 미 군용기를 타고 미군 장교 복장으로 귀국했다.
그에 앞서 이승만은 1941~42년 사이에 미국 샌프란시스코
OWL이 방송한 '미국의 소리'와 미 정보조정국의 요청으로 행
한 한국어 단파방송을 통해 '미국이 지원하는 사람'으로 인식
되었다.

13. 해방 공간 미 군정하에서 남북협상파와 내내 대립각을 세운 채

'민족'을 외면하고 자신의 권력욕만 채우고자, 1946년 6월 '정읍 발언'을 시발로 '분단정부' 수립에만 매달렸다. 1948년 5·10 총선 에서 '동대문 갑'구에 출마한 이승만은 독립운동가 최능진의 입 후보를 봉쇄하고 무투표로 당선되었다. 이어 그는 6·25 전쟁 통 에 최능진에게 내란음모죄를 뒤집어씌워 총살했다.

14. 제헌헌법의 내각책임제 시안을 억지를 부려 대통령중심제로 바 꾸게 하고 초대 대통령이 되었다. 이후 권력의 유지·강화에만 몰두하여 반민특위를 와해시킨 그는 친일분자들을 중용하는 한편 (주로 독립지사 출신 정치인들을 대상으로) 정치보복을 자행함으 로써 김구 암살, 국회 프락치 사건 조작의 배후로 지목되었다.

15. 제주 4·3 사건 발발하자 관련 법률도 없는 계엄령을 선포하고 "강력한 처벌"을 지시하여, 3만 명에 이르는 희생자를 냈다. 제 주 4·3 사건, 여순 사건 등을 빌미로 국가보안법을 제정하여 정 적 제거와 언론 탄압에 활용했다.

16. 이승만 정권은 국방안보에는 소홀한 채 '북진통일'의 허세만 일 삼다가 6·25 남침을 초래하고, 서울시민을 속인 채 맨 먼저 후 방으로 줄행랑을 놓는 등 무책임한 행동을 일삼는 한편으로 죄 없는 시민들을 부역자로 몰아 학살했다. 그런가 하면 피난 수도 부산에서까지 권력욕을 채우기 위해 온갖 반민주 만행을 일삼았다.

17. 1950년 7월 15일 유엔군 사령관 맥아더에게 「대한민국 육해공군 지휘권 이양에 관한 공한」을 보내 한국군의 지휘권을 미군에게 이양하면서 시효도 명시하지 않았다. 그리고 휴전협정 당시 정치적 책임추궁 회피용으로 맹목적인 휴전반대운동을 전개하여 전쟁 당사국이면서도 휴전협정에서 제외되어 주권을 포기한 결과를 초래했다.

18. 1954년 7월 28일, 미 상하 양원 합동회의에서 3차 세계대전을 촉구하는 초강경 연설을 행하면서 한국군 20개 사단 제공 의사를 밝혔다. 이에 《워싱턴 포스트》는 "불행한 연설"이라고 비판했으며, 그 자신 역시 나중에 "일생일대의 가장 큰 잘못"이라고 고백했다.

19. 6·25 전쟁 이후 미국의 소비재 원조에만 의지한 채 중장기 경제정책의 부재로 대미종속화가 심화되는 가운데 반공·독재체제를 강화하고 평화통일론을 탄압했다. 그의 북진통일론은 '통일의 외피를 쓴 반통일론'이라는 평가를 면치 못했다. 이 무렵 그의 비판언론 탄압은 극에 이르러 결국 《경향신문》을 강제로 폐간했다.

20. 이승만 정권의 만행이 말기적 증상으로 치닫는 가운데 행해진 3·15 부정선거에 항거하여 일어난 마산의거를 '공산당의 조종'이라 무고하고 4·19 의거를 '난동'이라 비하했다. 그런 가운데 학생·시민에게 발포하여 수천 명의 사상자를 냈다.

이승만 연보

1875년 3월 26일, 황해도 평산군 마산면 능내동에서 이경선과 김해 김씨
        슬하의 3남 2녀 중 막내로 태어나다. 두 형이 그가 태어나기 전에
        사망하여 사실상 5대 독자가 되다. 아호는 우남雩南.

1877년 서울로 이사하여 남대문 밖 염동, 낙동을 거쳐 도동의 우수현雩守峴
        에서 자라다.

1879년 퇴직 대신(예조판서) 이건하가 운영하는 낙동서당에 입학하다.

1885년 사간원 대사간을 지낸 이근수(양녕대군 봉사손)의 도동서당에 입학하여
        과거시험을 준비하다. 13살 때부터 11차례 과거시험에 응시하다.

1891년 부모가 간택한 마을 처녀 음죽 박씨와 혼인하다.

1895년 신긍우의 권유로 아펜젤러가 세운 배재학당에 입학하다. '춘생문 사
        건' 연루 혐의를 받아 황해도 평산의 누나 집에서 3개월간 피신하
        다.

1896년 배재학당에서 서재필의 가르침으로 서구사상에 눈뜨다. 서재필의
        제자들이 조직한 협성회에 참여하다.

1897년 7월 8일, 배재학당을 졸업하다. 졸업생 대표로 '한국의 독립'을 주제
        로 영어연설을 하다.

1898년 1월, 이익채(회장), 양홍묵(회보장) 등과 더불어 한글판 주간신문 《협
        성회보》을 발간하고 주필로 활동하다.
        4월, 《협성회보》를 우리나라 최초의 일간지인 《매일신문》으로 제목
        을 바꾸어서 발간하다.
        8월, 이종일 등과 더불어 한글신문인 《제국신문》을 창간하다.

11월, 독립협회 간부 16명과 함께 대한제국 중추원 의관(종9품)에 제
수되다. 정부가 만민공동회 해체로 방침을 바꾸고 독립협회를 탄압
하자 미국인 의사 해리 셔먼의 집으로 피신하다.

1899년   1월 9일, 박영효 일파의 고종 폐위 음모(독립협회 사건)에 가담한 혐의
로 체포되어 감옥 생활을 시작하다.

1월 30일, 탈옥을 시도했으나 실패하다.

7월, 평리원(고등법원)에서 종신형을 선고받고 한성감옥서에 수감되다.

1904년   8월 9일, 러일전쟁이 일어나면서 일본 공사 하야시의 도움을 받아
특사로 출옥하다.

10월 15일, 상동교회 부설 상동청년학원 교장에 취임했으나 미국에
가기 위해 3주 만에 퇴임하다.

11월 4일, 민영환·한규설의 밀지를 지니고 미국으로 출국하다.

12월 31일, 워싱턴에 도착하여 밀지를 미 상원의원 딘스 모어에게
전달하다.

1905년   조지워싱턴 대학에 입학하다. 미국의 조미수호조약 이행을 이끌어
내어 한국의 독립을 지원받으려는 외교활동이 모두 실패로 돌아가
자 미국에 눌러앉을 결심을 굳히다.

1907년   조지워싱턴 대학 학부를 졸업하다.

1908년   프린스턴 대학에 입학하다. 악질 친일파 스티븐스를 처단하고 재판
에 회부된 장인환·전명운 의사의 법정 통역을 거부하여 재미 한인
사회의 원성을 사다.

1910년   7월, 프린스턴 대학에서 박사학위를 받다.

9월 3일에 뉴욕 항을 출발하여 유럽과 만주를 거쳐 10월 10일 서울
에 도착하다. 서울 YMCA 한국인 총무 및 청년학교 학감에 취임하
다.

1912년   3월, '105인 사건'의 후폭풍을 피해 '종교활동'을 핑계로 미국인 친일
파 해리스의 도움을 받아 미국으로 도피하다.

1913년   2월, 박용만의 도움으로 하와이에 정착하다.

         9월, 월간 《태평양잡지》 창간하다.

1915년   5월, 대한인국민회 하와이 지방총회의 주도권과 재정 문제를 놓고
         박용만 측과 다툼을 벌인 이승만은 박용만이 지도하던 대한인국민
         회의 주도권을 빼앗으려 하다. 이후 '트러블 메이커'로 재미 한인사
         회 분열의 '원흉'이 되다.

1919년   대한인국민회 한인대표로 파리강화회의에 참석하기 위해 나섰으나
         절친하다고 했던 윌슨 대통령의 외면으로 파리행 여권을 받는 데
         실패하다.

         3월, 외교활동의 한계로 초조해진 나머지 윌슨에게 국제연맹 위임
         통치를 청원하여 "이완용보다 더한 매국노"라는 비난을 사다.

         그해 3·1 혁명 이후 수립된 노령임시정부(국무령), 한성임시정부(집정관
         총재), 상하이임시정부(국무총리) 수반으로 추대되다. 그러나 계속 미
         국에 머물면서 직제에도 없는 '대통령'을 참칭하며 행세하다.

         9월, 상하이 통합임시정부 의정원에서 '임시대통령'으로 선출되다.

1920년   11월 15일, 화물칸에 숨어 호놀룰루항을 출발해, 12월 5일에 상하
         이에 도착하여 (임시대통령에 선출된 지 15개월 만에) 현지에 부임하다.

1921년   5월 29일, 현지 부임 1년 6개월 동안 임정의 갈등만 조장하다가 '외
         교상의 긴급'을 핑계로 다시 미국으로 떠나다.

         6월, 호놀룰루에 도착하여 임정을 격렬하게 비난하고 대한인동지회
         를 조직하다.

1925년   3월, 중첩된 범과로 대한민국 임시정부 대통령직에서 탄핵되다.

1932년   '임정 승인' '군사 지원'을 이끌어내기 위한 대한민국 임시정부 전권
         대사로 임명되어 활동했으나 성과 없이 끝나다.

1934년   오스트리아 출신의 25살 연하 프란체스카와 재혼하다.

1941년   4월, 재미한족연합위원회 외교위원장으로 임명되다.

         6월, 대한민국 임시정부 주미외교위원부 위원장으로 임명되다.

1944년 6월, 재미한인연합회가 충칭임시정부에 자신의 소환을 요청한 시점
       부터 충칭임시정부를 대체하려는 새로운 임시정부 수립을 획책하다
       가 교포사회의 반발로 실패하다.

1945년 10월 16일, 일본을 거쳐 맥아더가 제공한 미 군용기 편으로 귀국하
       다.

       10월, 독립촉성중앙협의회 총재에 선임되다.

1946년 2월, 대한독립촉성국민회 총재에 선임되고, 미 군정청 민주의원 의
       장에 선임되다.

       6월, 남한 단독정부 수립을 주장한 '정읍 발언'으로 좌우통합 노력
       에 찬물을 끼얹다.

1947년 9월, 대동청년단(단장 지청천) 총재에 취임하다.

       10월, 이화장에 입주하다.

1948년 5·10 총선에서 서울 동대문 갑구에 출마, 독립지사 최능진의 출마
       를 야비한 수단으로 저지하고 무투표로 당선되다.

       5월 31일, 제헌의회 의장으로 선출되다.

       6월, 헌법기초위원회가 이미 정해놓은 내각책임제를 떼를 써서 대
       통령중심제로 바꿔버리다.

       7월, 국회에서 대한민국 초대 대통령으로 선출되다.

       8월 15일, 대한민국 정부 수립을 선포하다.

       8월 26일, 한미상호방위원조협정 체결되다.

1949년 5월, 국회 프락치 사건 조작으로 반이승만 국회의원들 제거되다.

       6월, 반민특위 습격을 지시하여 사실상 와해시키다. 김구 암살 사건
       (6. 26)의 배후로 의심을 살 만한 행보를 보이다.

       12월, 민국당에 맞서 대한청년단을 조직하여 총재에 취임하다.

1950년 5월 30일, 제2대 민의원 선거에서 전체 210석 가운데 무소속이 126
       석을 차지하여, 이승만의 여당 계열이 사실상 참패하다. 따라서 이
       승만의 재선이 거의 불가능한 국회 의석 구도가 성립되다.

6월 25일 새벽 4시, 북한군이 전면 남침하다.

6월 27일 새벽 2시, 대통령 이승만은 서울시민을 속인 채 대전으로 줄행랑하다.

6~8월, 국민보도연맹학살 사건 발생하다.

7월 14일, 시한도 두지 않고 군지휘권을 미군에 위임하다.

8월 18일, 인민군의 남하에 밀려 수도를 부산으로 이전하다.

9월, 연합군의 인천상륙작전 성공으로 북진하여 10월에 함흥까지 수복하다.

12월, 중국군의 참전으로 전세가 역전되다.

1951년 1월, 중국군에 서울을 점령당하고 후퇴하다(1·4 후퇴). 이후 3·8선을 사이에 두고 일진일퇴의 공방전이 벌어지다. 국민방위군 사건 발생하다.

11월, 자유당을 창당하고 총재에 취임하다. 대통령직선제 개헌안을 제안하다.

1952년 1월 18일, '평화선' 선포하다.

1월 28일, 대통령직선제 개헌안이 국회에서 압도적(부 143, 가 19)으로 부결되다.

7월 4일, 대통령직선제와 양원제를 골자로 하는 발췌 개헌안을 사실상 강제(기립투표)로 통과시키다(1차 개헌파동).

8월 5일, 전시 부산에서 일방적인 선거운동으로 제2대 대통령에 당선되다.

1953년 7월 23일, 정전협정으로 한국전쟁이 끝나다.

1954년 11월 29일, 전날 국회에서 부결된 개헌안(초대 대통령에 한해 연임제한 철폐)을 '사사오입'이라는 전대미문의 억지로 통과된 것으로 의결시켜 3선의 길을 트다.

1955년 3월 26일, 이승만의 80회 생일을 기화로 전국적으로 목불인견의 이승만 우상화 작업이 본격화되다.

1956년	5월 15일, 정·부통령 선거에서 야당 유력 후보 신익희의 급서로 인해 어부지리로 제3대 대통령에 당선되다. 선거 과정에서 야당 후보 조봉암은 살해 위협으로 사실상 선거운동을 접다.
	9월 28일, 이승만의 오른팔 이기붕을 꺾고 부통령에 당선된 장면(민주당) 암살미수 사건 발생하다.
1957년	이기붕의 장남 이강석을 양자로 입적하다.
	이강석 서울법대 부정입학 사건 발생하다.
1958년	5월 2일, 제4대 민의원 선거가 자유당의 노골적인 부정·폭력선거로 얼룩지다.
	조봉암을 간첩으로 몰아 사법살인하다.
1959년	4월 30일, '여적' 필화 사건을 일으켜 정권에 비판적인《경향신문》을 강제로 폐간하다.
	12월 19일, 자유당의 날치기로 신보안법이 통과되다.
1960년	전대미문, 사상초유의 3·15 부정선거가 자행되자, 4·19 혁명이 일어나다. 이승만 정권은 저항하는 학생·시민들을 무차별 살상한 끝에 계엄군과 미국까지 등을 돌리는 고립무원의 처지가 되다.
	4월 26일, 하야 성명을 발표하다.
	5월 29일, 비밀리에 하와이로 출국하다.
1965년	7월 19일, 호놀룰루 마우나라니 요양원에서 사망하다.
	유해를 국내로 옮겨 국민장으로 국립묘지에 안장하다.

주註 (참고문헌은 주註로 대신함)

여는 글

1. 송건호, 「이승만 박사의 정치사상」.
2. 이병윤, 「정신의학자가 본 이승만」.

1. 젊은 날의 이승만, 출생과 성장

1. 이정식, 『이승만의 구한말 개혁운동』, 배제대학교출판부, 2005, 24쪽.
2. 정병준, 『우남 이승만 연구』, 역사비평사, 2010, 56쪽.
3. 유영익, 『이승만의 삶과 꿈』, 중앙일보사, 1996, 16쪽.
4. 정병준, 앞의 책, 2010, 57쪽.
5. 이정식, 앞의 책, 2005, 24쪽.
6. 위의 책, 26쪽, 재인용.
7. 손세일, 『이승만과 김구』, 일조각, 1979, 9~10쪽.
8. 서정주, 『우남 이승만전』, 화산문화기획, 1995, 78~79쪽; 정병준, 앞의 책, 2010, 66쪽, 재인용.
9. 서정주, 앞의 책, 32~33쪽.
10. 손세일, 앞의 책, 7쪽, 재인용.
11. 정병준, 앞의 책, 2010, 67~68쪽.
12. 유영익, 『젊은 날의 이승만』, 연세대학교출판부, 2002, 6~7쪽.
13. 이정식, 앞의 책, 2005, 38쪽.
14. 위의 책, 40쪽.

15. 위의 책, 50쪽, 재인용.

16. 위의 책, 72쪽, 재인용.

17. 위의 책, 58쪽.

18. 위의 책, 54쪽, 재인용.

19. 위의 책, 61쪽.

20. 정병준, 앞의 책, 2010, 72~73쪽, 재인용.

21. 『윤치호 일기』, 제5권, 177~178쪽.

22. 서정주, 앞의 책, 157쪽.

23. 이승만, 김충남·김효섭 풀어씀, 『독립정신: 조선민족이여 깨어나라!』, 동서
문화사, 2010.

24. 《신학월보》, 1904년 11월호.

25. 정병준, 앞의 책, 2010, 81쪽.

26. 위의 책, 76~79쪽.

27. 이정식, 앞의 책, 2005.

28. 유영익, 앞의 책, 2002, 143~163쪽.

2. 일신의 영달을 앞세운 '겉치레' 독립운동

1. 이정식, 앞의 책, 2005, 231쪽.

2. 이승만, 「상동청년회에 학교를 설치함」, 《신학월보》, 1904년 11월호.

3. 윤춘병, 「전덕기 목사와 상동청년학원 고찰」, 감리교 신학대학 대학원, 『한
길 김철손 교수 고희기념논문집』, 글벗사, 1988, 179~204쪽.

4. 전택부, 『한국 기독교청년회 운동사』, 범우사, 1994, 101쪽; 이정식, 앞의
책, 2005, 241쪽, 재인용.

5. 이정식, 앞의 책, 2005, 254쪽.

6. 이승만, 앞의 책, 2010, 184쪽.

7. 김원용, 『재미한인 50년사』, 캘리포니아 리들리, 1959, 6쪽.

8. 이원순, 『인간 이승만』, 신태양사, 1988, 89쪽.

9. 방선주, 『재미한인의 독립운동』, 한림대 아시아문화연구소, 1989, 194쪽.

10. 이원순, 앞의 책, 1988, 98쪽, 재인용.

11. 정병준, 앞의 책, 2010, 86쪽.

12. 《한겨레》, 2011년 8월 21일 자.

13. 위의 글.

14. 유영익, 앞의 책, 1996, 46쪽.

15. 위의 책, 58~60쪽.

16. 김현구, 서대숙 번역, The Writings of Henry Cu Kim, 하와이대 출판부, 1987, 179쪽.

17. 「인간 이승만 백년」 46회, 《한국일보》, 1975년 5월 21일 자; 정병준, 앞의 책, 2010, 87~88쪽, 재인용.

18. 「이승만 박사의 경력담(2)」, 《신한민보》, 1919년 9월 23일 자; 김상구, 『다시 분노하라: 이승만의 숨겨진 친일행적』, 구절리, 2012, 재인용.

19. 김원용, 앞의 책.

20. 성백걸, 『샌프란시스코의 한인과 교회: 상항한국인연합감리교회의 역사』, 한들출판사, 2003, 134~135쪽.

21. 방선주, 앞의 책, 20~21쪽; 정병준, 앞의 책, 2010, 90쪽, 재인용.

22. 정병준, 앞의 책, 2010, 91쪽.

23. 고정휴, 「이승만은 독립운동을 했는가」, 역사문제연구소 편, 《역사비평》, 15호, 역사비평사, 1991, 199쪽.

24. 유영익, 앞의 책, 1996, 74쪽.

25. 주진오, 「청년기 이승만의 언론·정치활동 해외활동」, 역사문제연구소 편, 《역사비평》, 33호, 역사비평사, 1996, 193쪽.

26. 전택부, 앞의 책, 158~160쪽.

27. 주진오, 앞의 글, 194쪽.

28. 「강준식의 정치비사」, 《월간중앙》, 2010년 4월호, 중앙일보사, 2010.

29. 《조선일보》, 1926년 7월 15일 자(석간 2면).

30. 로버트 올리버, 황정일 옮김, 『이승만: 신화에 가린 인물』, 건국대학교출판부, 2002.

31. 《워싱턴 포스트》, 1912년 11월 18일 자; 로버트 올리버, 앞의 책, 1954; 정병준, 앞의 책, 2010, 104쪽, 재인용.

32. 정두옥, 『재미한족독립운동실기』(필사본, 하와이대학한국연구소 소장), 1969, 53쪽.

33. 고정휴, 앞의 글, 1991b, 200쪽.

34. 정두옥, 앞의 책, 66쪽.

35. 정병준, 앞의 책, 2010, 103쪽.

36. 위의 책, 104~105쪽.

37. 위의 책, 105~106쪽, 재인용.

38. 정두옥, 앞의 책, 62쪽.

39. 위의 책, 63쪽.

40. 《신한민보》, 1915년 6월 24일 자.

41. 《신한민보》, 1918년 6월 27일 자.

42. 프레드릭 스탠턴, 김춘수 옮김, 『위대한 협상: 세계사를 바꾼 8개의 협정』, 말글빛냄, 2011, 148~149쪽.

43. 유영익, 앞의 책, 1996, 137~138쪽.

44. 이정식, 『몽양 여운형』, 서울대학교출판부, 2008, 160~161쪽.

45. 『건국의 아버지? 친일파의 대부!: 독재자 이승만의 실제를 증거한다』, 친일·독재 찬양방송 저지 비상대책위원회, 2011, 10쪽.

46. 방선주, 앞의 책, 239쪽, 재인용.

47. 고정휴, 「이승만의 위임통치론」, 『한국독립운동사사전(6)』, 독립기념관, 2004, 57쪽.

48. 위의 책, 58쪽.

49. 정병준, 앞의 책, 2010, 105쪽.

3. 분열을 부른 야망, 순진한 외교주의

1. 신재홍, 「대한민국 임시정부의 수립」, 『한국독립운동사사전(1)』, 독립기념관, 1996, 422~423쪽.
2. 고정휴, 「세칭 한성정부의 조직주체와 선포경위에 대한 검토」, 《한국사연구》, 97집, 한국사연구회, 1998.
3. 정병준, 앞의 책, 2010, 186쪽.
4. 위의 책, 425~426쪽.
5. 주진오, 앞의 글, 198쪽.
6. 위와 같음.
7. 《신한민보》, 1919년 8월 21일 자.
8. 정병준, 앞의 책, 2010, 181쪽.
9. 《신한민보》, 1919년 6월 17일 자.
10. 『한민족독립운동사 8』, 국사편찬위원회, 1989, 199쪽; 여기서는 정병준, 앞의 책, 2010, 183쪽, 재인용.
11. 유영익, 앞의 책, 1996, 147~148쪽.
12. 한승인, 『독재자 이승만』, 일월서각, 1984, 59쪽.
13. 위의 책, 60쪽.
14. 위의 책, 61쪽.
15. 임병직, 『임병직 회고록』, 여원사, 1964, 171~172쪽; 고정휴, 「독립운동가 이승만의 외교노선과 제국주의」, 역사문제연구소 편, 《역사비평》, 31호, 역사비평사, 1995, 재인용.
16. 임병직, 앞의 책, 128~129쪽.
17. 《국민보》, 제660호, 대한인국민회(하와이지방총회); 여기서는 한승인, 앞의 책, 64쪽, 재인용.
18. 한승인, 앞의 책, 65쪽.
19. 정병준, 앞의 책, 2010, 106쪽.

20. 《사상휘보》 16호, 조선총독부 고등법원 검사국 사상부, 1938, 288~289쪽; 정병준, 앞의 책, 2010, 재인용.

21. 김현구, 앞의 책, 186쪽.

22. 정두옥, 앞의 책.

23. 로버트 올리버, 앞의 책, 1954, 129쪽.

24. 정병준, 앞의 책, 2010, 87~88쪽, 재인용.

25. 《호놀룰루 스타블레틴》, 1916년 10월 6일 자.

26. 「이승만 박사 해외독립운동의 내막(4)」, 《경향신문》, 1965년 8월 5일 자.

27. 김정주 편, 『조선통치사료 제7권』, 한국사료연구소, 1970, 320~321쪽.

28. 한승인, 앞의 책, 67~68쪽.

29. 위의 책, 68~69쪽, 인용.

30. 공훈전자사료관, 『독립운동사자료집 7: 임시정부사자료집』, 1366~1367쪽.

31. 위와 같음.

32. 한승인, 앞의 책, 75쪽.

33. 윤병욱, 「이승만·안창호·박용만·서재필의 역할과 갈등」, 『미주한인사회와 독립운동 1』, 미주한인 이주 100주년 남가주기념사업회, 2003.

34. 위의 글, 83~84쪽.

35. 국학자료원 편집부, 『우남 이승만 문서 18권』, 국학자료원, 1998, 218~220쪽, 요약.

36. 「이승만 박사 해외독립운동의 내막(5)」, 《경향신문》, 1965년 8월 7일 자.

37. 국회도서관 편찬, 『대한민국임시정부의정원문서』, 1974, 246~247쪽; 고정휴, 앞의 글, 1995, 155쪽, 재인용.

38. 국학자료원 편집부, 『우남 이승만 문서 6권』, 국학자료원, 1998, 444쪽.

39. 고정휴, 『이승만과 한국독립운동』, 연세대학교출판부, 2004, 260쪽.

40. 고정휴, 앞의 글, 1991a, 67쪽.

41. 위의 글, 68쪽.

42. 위와 같음.

43. 정병준, 앞의 책, 2010, 226쪽.

44. 《국민보》, 1943년 10월 13일, 대한인국민회(하와이지방총회); 여기서는 정병
준, 앞의 책, 2010, 229쪽, 재인용.

45. 미 국무부 문서, 895. 01/260, 극동국이 입수한 전문(1943년 3월 7일 자); 여
기서는 고정휴, 앞의 글, 1991a, 166쪽, 재인용.

46. 고정휴, 앞의 글, 1991a, 166쪽, 재인용.

47. 정병준, 앞의 책, 2010, 233쪽.

48. 신용하, 「광복직전 한국민족 독립운동과 민족연합전선」, 《백범과 민족운
동연구》 제2집, 백범학술원, 2004, 155~156쪽.

49. 위의 책, 157~158쪽.

50. 《신한민보》, 1944년 6월 15일 자.

51. 《신한민보》, 1944년 6월 22일 자; 여기서는 정병준, 앞의 책, 2010, 235쪽,
재인용.

52. 정병준, 앞의 책, 2010, 237쪽.

53. 위의 책, 238쪽.

54. 위의 책, 239쪽.

55. 유영익, 앞의 책, 1996, 246쪽.

56. 김자동, 「이승만은 독립의 '훼방꾼'」, 《한겨레》, 2011년 8월 13일 자.

57. 유영익, 앞의 책, 1996, 166쪽.

58. 위와 같음, 인용·발췌.

4. 자주독립 민족통일을 외면한 권력의 화신

1. 윤치영, 『윤치영의 20세기』, 삼성출판사, 1991, 156쪽.

2. 정병준, 앞의 책, 2010, 427~428쪽.

3. 위의 책, 420쪽, 재인용.

4. 로버트 T. 올리버, 박마리아 역, 『이승만 박사전: 신비에 싸인 인물』, 한국
   학자료원, 2013, 126쪽.

5. 『광복 30년 주요자료집』, 《월간중앙》 1975년 1월호 별책부록, 1975, 31쪽.

6. 위와 같음.

7. 브루스 커밍스, 김동노·이교선·이진준·한기욱 옮김, 『브루스 커밍스의 한국
   현대사』, 창비, 2001, 263~264쪽.

8. 위의 책, 264쪽.

9. 최영희, 『격동의 해방 3년』, 한림대학교 아시아문화연구소, 1996, 6쪽.

10. 위의 책, 21쪽.

11. 위의 책, 68쪽.

12. 박용만, 『경무대 비화』, 한국정경사, 1965, 25쪽.

13. 김삼웅, 「해방후 정치지도자들의 인기순위는?」, 『한국현대사 뒷얘기』, 가
    람기획, 1995, 147~148쪽.

14. 《매일신문》, 1945년 10월 26일 자.

15. 《서울신문》, 1945년 12월 21일 자.

16. 최명희, 앞의 책, 99쪽.

17. 《경성일보》, 1945년 11월 8일 자.

18. 최영희, 앞의 책, 95쪽.

19. 박용만, 앞의 책, 39~39쪽.

20. 김정원, 『분단한국사』, 동녘, 1985, 85쪽.

21. 한태수, 『한국정당사』, 신태양사, 1961, 78~79쪽.

22. 이기형, 『여운형 평전』, 실천문학사, 2005, 428쪽.

23. 「비상국민대회대표회 제3회 회의록」(1946년 1월 21일), 국학자료원 편집부,
    앞의 책, 406~407쪽.

24. 《서울신문》, 1946년 3월 11일 자; 《조선인민보》, 1946년 3월 12일 자.

25. 정병준, 앞의 책, 2010, 537쪽.

26. 《서울신문》, 1946년 6월 4일 자.

27. 《동아일보》, 1946년 4월 7일 자.

28. 《동아일보》, 1946년 5월 12일 자.

29. 《자유신문》, 1946년 5월 25일 자.

30. 정병준, 앞의 책, 2010, 566쪽.

31. 《서울신문》, 1946년 6월 11일.

32. 우남실록편찬회, 『우남실록 1945~1948』, 열화당, 1976, 165~166쪽.

33. 정용욱, 『존 하지와 미군점령통치 3년』, 중심, 2003, 198쪽.

34. 「하지가 굿펠로에게 보내는 서한」, 1947년 1월 28일.

35. 정용욱, 앞의 책, 202쪽.

36. 이원순, 『세기를 넘어서』, 신태양사, 1989, 315쪽.

37. 정병준, 앞의 책, 2010, 640쪽.

38. 《동아일보》, 1947년 11월 6일 자.

39. 최영희, 앞의 책, 429쪽.

40. 위의 책, 431~432쪽.

41. 위의 책, 432쪽.

42. 위의 책, 438쪽.

43. 위의 책, 444쪽.

44. 위의 책, 449~450쪽.

45. 위의 책, 450~451쪽.

46. 선우학원, 『한·미관계 50년사』, 일월서각, 1997, 62쪽.

47. 박명림, 「해방, 분단, 한국전쟁의 총체적 인식」, 박명림·이완범·김명섭·백일·신형기, 『해방전후사의 인식 6』, 한길사, 1989, 38~39쪽.

48. 전상인, 「이승만과 5·10 총선거」, 유영익 편, 『이승만 연구』, 연세대학교 출판부, 2000, 472쪽.

49. 위의 글, 475쪽, 재인용.

50. 《중앙일보》, 1973년 2월 8일 자.

51. 《중앙일보》, 1947년 11월 13일 자.

52. 김재명, 「이승만의 정적 최능진의 비극」, 《정경문화》, 1983년 10월호, 경향
신문사, 1983.

53. 「이승만 정권, 최능진 사형 부당했다」, 《한겨레》, 2009년 9월 5일 자.

54. 《서울신문》, 1948년 5월 31일 자.

55. 최영희, 앞의 책, 489쪽.

56. 《서울신문》, 1948년 6월 22일 자.

57. 임종국, 「제1공화국과 친일세력」, 강만길 외, 『해방전후사의 인식 2』, 한길
사, 1985, 159쪽.

58. 김삼웅, 『죽산 조봉암 평전』, 시대의창, 2010, 267쪽.

5. 실질 없는 허세만 일삼다가 전쟁을 부른 무능 대통령

1. 《현대일보》, 1948년 9월 4일 자.

2. 《관보官報》호외, 1949년 11월 24일 자.

3. 『국무회의록』, 1949년 1월 21일 자.

4. 한홍구, 『대한민국사史 4: 386세대에서 한미FTA까지』, 한겨레출판, 2006,
67쪽.

5. 이승만, 『일민주의 개술』, 일민주의보급회, 1949, 17~22쪽.

6. 서중석, 『이승만의 정치이데올로기』, 역사비평사, 2005, 17쪽.

7. 《자유신문》, 1950년 1월 29일 자.

8. 위의 신문, 1949년 12월 21일 자.

9. 서중석, 앞의 책, 2005, 22쪽, 재인용.

10. 《서울신문》, 1949년 12월 20일 자.

11. 서중석, 앞의 책, 2005, 56~57쪽.

12. 이승만, 앞의 책, 1949, 89쪽.

13. 서중석, 앞의 책, 2005, 57쪽.

14. 김정기, 『국회 프락치 사건의 재발견 I』, 한울, 2008, 6쪽.

15. 김삼웅, 『김상덕 평전: 겨레에 바친 애국혼, 반민특위위원장』, 책보세, 2011, 258~259쪽.

16. 《반민족행위 처벌법 등에 관한 법률》, 제176호; 이강수, 『반민특위 연구』, 나남, 2003, 319~320쪽, 재인용.

17. 정병준, 「공작원 안두희와 그의 시대」, 역사문제연구소 편, 《역사비평》 69호, 역사비평사, 2004.

18. 위의 글.

19. 동아일보사, 『비화 제1공화국』, 홍자출판사, 1975.

20. 위의 책.

21. 최대교, 「그때 그 일들─꼬리 문 의혹」.

22. 이경남, 「백범 김구는 누가 죽였는가?」.

23. 동아일보사, 앞의 책.

24. 《동아일보》, 1994년 7월 29일 자.

25. 김삼웅, 『한국현대사 바로잡기』, 가람기획, 1998, 30~56쪽.

26. 서중석, 『대한민국 선거이야기: 1948 제헌선거에서 2007 대선까지』, 역사비평사, 2008, 60~61쪽.

27. 정병준, 『한국전쟁: 38선 충돌과 전쟁의 형성』, 돌베개, 2006, 261쪽, 재인용.

28. 김동춘, 『전쟁과 사회: 우리에게 한국전쟁은 무엇이었나』, 돌베개, 2000, 66~67쪽.

29. 「50년 일본 야마구치에 이승만, 망명정부 구상」, 《조선일보》, 1996년 4월 14일 자, 《산케이신문》 인용 보도.

30. 김동춘, 「서울시민과 한국전쟁: '잔류'·'도강'·'피난'」, 역사문제연구소 편, 《역사비평》, 51호, 역사비평사, 2000.

31. 강정구, 『분단과 전쟁의 한국현대사』, 역사비평사, 1996, 85쪽.

32. 김동춘, 앞의 글, 2000, 75~76쪽.

33. 이한우, 『거대한 생애 이승만 90년(하)』, 조선일보사, 1996, 84쪽.

34. 이정복·윤종일 편, 『사료 한국사』, 신서원, 1994, 545쪽.

35. 김삼웅, 『해방후 양민학살사』, 가람기획, 1996, 163쪽.

36. 박성환, 『세종로 1번지』, 국민문화사, 1969, 124쪽.

37. 시사연구소, 『광복 30년사』, 세문사, 1975, 127~128쪽.

38. 김용직, 『사료로 본 한국의 정치와 외교: 1945~1979』, 성신여대출판부, 2005, 193~ 194쪽.

39. 김삼웅, 『해방후 정치사 100장면』, 가람기획, 1994, 74~78쪽.

40. FRUS 1952~1954, VOL.15, Part 1, p.378; 김용직, 앞의 책, 220쪽, 재인용.

41. 김용직, 앞의 책, 221쪽, 재인용.

42. FRUS 1952~1954, VOL.15, Part 1, p.276.

43. 위의 자료, 302~303쪽.

44. 조성훈, 「왜 이승만은 휴전협정에 반대했을까」, 《내일을 여는 역사》, 21호, 서해문집, 2005, 159쪽.

45. 위의 글, 165쪽.

6. 상상을 뛰어넘는 정치의 모든 악행, 그리고 파멸

1. 한국정치학회, 『현대한국정치론』, 법문사, 1987, 187쪽.

2. 정지환, 『대한민국 다큐멘터리』, 인물과사상, 2004, 31쪽.

3. 김정원, 앞의 책, 173쪽.

4. 한국은행, 『국민소득연감』, 1968; 《한국은행조사월보》, 1961년 12월.

5. 서중석, 「이승만과 북진통일: 1950년대 극우반공독재의 해부」, 역사문제연구소 편, 《역사비평》, 31호, 역사비평사, 1995, 122쪽.

6. 《한국일보》, 1954년 8월 3일 자.

7. 로버트 T. 올리버, 박일영 역, 『이승만 비록』, 한국문화출판사, 1982, 578쪽.

8. 김삼웅, 『한국곡필사⑴』, 신학문사, 1989, 96~97쪽.

9. 위의 책, 107쪽.

10. 외무부, 『조 외무부장관 연설 및 성명집』, 1958, 18쪽.

11. 《서울신문》, 1957년 3월 25일 자.

12. 김삼웅, 앞의 책, 1989, 106~107쪽.

13. 신상초, 「압력단체의 한국적 현상: 관제어용화를 배격한다」, 《사상계》, 1959년 4월호.

14. 서중석, 앞의 책, 2008, 89쪽.

15. 김삼웅, 앞의 책, 2010, 375~376쪽.

16. 서중석, 앞의 글, 1995, 151쪽.

17. 일월서각 편집부, 『4·19 혁명론Ⅱ(자료편)』, 일월서각, 1983, 314쪽.

18. 선우종원, 『격랑 80년: 선우종원회고록』, 인물연구소, 1998, 143쪽.

19. 강준만, 『한국현대사산책: 1950년대편 3권』, 인물과사상사, 2004, 173쪽, 재인용.

20. 이수자, 『내 남편 윤이상』, 창작과비평사, 1998, 46쪽; 여기서는 강준만, 앞의 책, 175~176쪽, 재인용.

21. 한국미국사학회, 『사료로 읽는 미국사』, 궁리, 2006, 79쪽.

22. 김삼웅, 앞의 책, 1994, 97~98쪽.

23. 심산사상연구회, 『김창숙 문존』, 성균관대학교 출판부, 2001; 여기서는 김삼웅, 『심산 김창숙 평전』, 시대의창, 2006, 436~437쪽, 재인용.

24. 심산기념사업준비위원회, 『벽옹일대기』, 태을출판사, 1965; 여기서는 김삼웅, 『심산 김창숙 평전』, 439~441쪽, 재인용(요약).

25. 조은정, 「우상화에 동원된 대통령 이승만의 기념조형물」, 《내일을 여는 역사》, 38호, 서해문집, 2010, 234쪽.

26. 윤호중, 「동상론」, 《신태양》, 신태양사, 1956년 10월호.

27. 이 부분은 조은정, 앞의 글 참조.

28. 김상구, 앞의 책.

29. 서중석, 앞의 책, 2008, 105쪽.

30. 《동아일보》, 1958년 1월 31일 자.

31. 김삼웅, 『한국필화사』, 동광출판사, 1987.

32. 경향신문사 편집부, 『여적』, 경향신문사, 2009, 36쪽.

33. 《뉴욕 타임스》, 1959년 1월 17일 자.

34. 《한국일보》 전 기자 이형 씨와의 인터뷰; 여기서는 김정원, 앞의 책, 183 쪽, 재인용.

35. 심산기념사업준비위원회, 앞의 책, 318~319쪽.

36. 김창숙, 『심산유고』, 성균관대학교 대동문화연구원, 1973, 199~200쪽.

37. 김석윤, 『경무대의 비밀』, 평진문화사, 1968; 여기서는 김정원, 앞의 책, 183쪽, 재인용.

38. 『한국연감』, 1964년; 『한국통계연감』, 1963년; 김정원, 앞의 책, 196쪽, 재인용.

39. 김대환, 「1950년대 한국경제의 연구」, 진덕규 외, 『1950년대의 인식』, 한길사, 1981, 189쪽.

40. 위의 책, 255쪽.

41. 이병윤, 「정신의학자가 본 이승만 박사」, 《신동아》, 9월호, 동아일보사, 1965, 212~213쪽.

42. 송건호·박현채 외, 『해방 40년의 재인식 I』, 돌베개, 1985, 139쪽.

43. 공보처, 『대통령 이승만 박사 담화집』, 183쪽, 공보처, 1953.

44. 『광복 30년 주요자료집』, 《월간중앙》, 1975년 1월호 별책부록, 164~165쪽.

45. 이재오, 『한·일관계사의 인식 1』, 학민사, 1984, 45쪽.

46. 위의 책, 52쪽.

47. 송건호·박현채 외, 앞의 책, 148~149쪽.

48. 임종국, 앞의 글, 146~147쪽.

49. 위의 글, 149~184쪽, 발췌.

50. 김삼웅, 앞의 책, 2010.

51. 윤길중, 『이 시대를 앓고 있는 사람들을 위하여: 청곡 윤길중 회고록』, 호
   암출판사, 1991.

52. 천관우, 『자료로 본 대한민국 건국사』, 지식산업사, 2007.

53. 홍석률, 「한국전쟁 직후 미국의 이승만 제거 계획」, 역사문제연구소 편,
   《역사비평》, 26호, 역사비평사, 1994.

54. 박태균, 『조봉암 연구』, 창작과비평사, 1995.

55. 조봉암, 「우리의 당면과업」, 정태영·오유석·권대복, 『죽산 조봉암 전집 4』,
   세명서관, 1999.

56. 서중석, 『조봉암과 1950년대(상)』, 역사비평사, 1999.

57. 박태균, 앞의 책.

58. 위의 책.

59. 서중석, 『비극의 현대지도자: 그들은 민족주의자인가 반민족주의자인가』,
   성균관대학교 출판부, 2002.

60. 김삼웅, 「이승만과 조봉암 누가 승자인가」, 《내일을 여는 역사》, 42호, 서
   해문집, 2011.

7. '검은 머리 미국인' 이승만의 슬픈 귀거래사

1. 「여적」, 《경향신문》, 1965년 7월 20일 자.

2. 학민사편집실, 『혁명재판: 4월혁명자료집』, 학민사, 1985, 12쪽.

3. 위의 책, 11~12쪽.

4. 《워싱턴 포스트》, 1960년 3월 9일 자.

5. 《서울신문》, 1960년 3월 2일 자.

6. 《서울신문》, 1960년 3월 12~14일 자.

7. 《서울신문》, 1960년 3월 26일 자.

8. 학민사편집실, 『4·19의 민중사: 4월혁명 자료집』, 학민사, 1984, 55~56쪽,

발췌.

9. 학민사편집실, 1984, 23쪽.

10. 위의 책, 24쪽.

11. 위와 같음.

12. 《워싱턴 포스트》, 1960년 4월 20일 자.

13. 김진국·정창현, 『www.한국현대사.com: 디지털 시대에 다시 읽어야 할 한국현대사』, 116쪽, 민연, 2000.

14. 최하림, 『김수영 평전』, 실천문학사, 2001, 278쪽.

15. 「여적: 이승만 하야」, 《경향신문》, 1960년 4월 29일 자, 요약.

16. 「여적: 4·19 의거」, 《경향신문》, 1960년 4월 30일 자, 요약.

17. 경향신문사, 앞의 책, 67~68쪽.

18. 신상초, 「밖에서 본 이승만 박사」, 《신동아》, 1965년 9월호, 동아일보사.

지은이 **김삼웅**

독립운동사 및 친일반민족사 연구가로, 현재 신흥무관학교 기념사업회 공동대표를 맡고 있다. 《대한매일신보》(지금의 《서울신문》) 주필을 거쳐 성균관대학교에서 정치문화론을 가르쳤으며, 4년여 동안 독립기념관장을 지냈다. 민주화운동관련자 명예회복 및 보상심의위원회 위원, 제주 4·3사 건 희생자 진상규명 및 명예회복위원회 위원, 백범학술원운영위원 등을 역임하고 친일반민족행 위진상규명위원회 위원, 친일파재산환수위원회 자문위원, 국립대한민국임시정부기념관건립위원 회 위원, 3·1운동·임시정부수립100주년기념사업회 위원 등을 맡아 바른 역사 찾기에 부단히 노력 하고 있다.

역사·언론 바로잡기와 민주화·통일운동에 큰 관심을 두고, 독립운동가와 민주화운동에 헌신한 인물의 평전 등 이 분야의 많은 저서를 집필했다. 주요 저서로 『한국필화사』, 『백범 김구 평전』, 『을사늑약 1905 그 끝나지 않은 백년』, 『단재 신채호 평전』, 『만해 한용운 평전』, 『안중근 평전』, 『이 회영 평전』, 『노무현 평전』, 『김대중 평전』, 『안창호 평전』, 『빨치산 대장 홍범도 평전』, 『김근태 평 전』, 『안두희, 그 죄를 어찌할까』, 『10대와 통하는 독립운동가 이야기』, 『몽양 여운형 평전』, 『우사 김규식 평전』, 『위당 정인보 평전』, 『김영삼 평전』, 『보재 이상설 평전』, 『의암 손병희 평전』, 『조소앙 평전』, 『백암 박은식 평전』, 『나는 박열이다』, 『박정희 평전』, 『신영복 평전』, 『현민 유진오 평전』, 『송 건호 평전』, 『외솔 최현배 평전』, 『매천 황현 평전』, 『3·1 혁명과 임시정부』, 『장일순 평전』, 『의열단, 항일의 불꽃』, 『수운 최제우 평전』, 『운암 김성숙』, 『꺼지지 않는 오월의 불꽃』 등이 있다.

이승만 평전
권력의 화신, 두 얼굴의 기회주의자

1판 1쇄 인쇄 2020년 10월 20일
1판 1쇄 발행 2020년 10월 25일

지은이 김삼웅
펴낸이 조추자
펴낸곳 도서출판 두레
등 록 1978년 8월 17일 제1–101호
주 소 주소 (04207)서울시 마포구 마포대로 14가길 4–11
전 화 02)702–2119(영업), 02)703–8781(편집), 02)715–9420(팩스)
이메일 dourei@chol.com **블로그** https://blog.naver.com/dourei

이 도서의 국립중앙도서관 출판예정도서목록(CIP)은 서지정보유통지원시스템 홈페이지(http://seoji.nl.go.kr)와 국가자료공동목록시스템(http://www.nl.go.kr/kolisnet)에서 이용하실 수 있습니다.(CIP 제어번호 : CIP2020038885)

ISBN 978–89–7443–133–4 03990